한국학술진흥재단 학술명저번역총서

서양편 ● 38 ●

프롤레타리아 독재

카를 카우츠키 지음 | 강신준 옮김

한길사

Die Diktatur des Proletariats
Terrorismus und Kommunismus
by Karl Kautsky

Published by Hangilsa Publishing Co., Ltd., Korea, 2006.

이 도서의 국립중앙도서관 출판시도서목록(CIP)은
e-CIP 홈페이지(http://www.nl.go.kr/cip.php)에서 이용하실 수 있습니다.
(CIP제어번호: CIP2006002376)

파리코뮌을 붕괴시키면서 파리 시내로 진입하는 프랑스 정부군

파리코뮌은 1871년 보불전쟁에서 프랑스 정부가 항복을 하자 여기에 항거한
파리 시민들이 독자적으로 세운 정부다. 이 정부에는 당시 파리에 집결해 있던
모든 사회주의 세력이 참여했는데, 마르크스는 프랑스 혁명사 3부작에서
이 정부를 자세히 다루면서 '프롤레타리아 독재'를 처음으로 언급했다.
레닌의 볼셰비키 정부는 자신들의 역사적 전범을 이 정부에서 찾았는데,
카우츠키는 그것이 마르크스주의를 왜곡시킨 것이라는 점을
이 책 『프롤레타리아 독재』에서 일관되게 주장하고 있다.

독일사민당의 뮌헨 전국대회 대의원들의 소풍 기념사진

1902년 독일사민당이 주최한 뮌헨 전국대회에서부터 유명한 수정주의
논쟁이 본격화되었다. 논쟁의 선봉에 섰던 두 당사자 카우츠키와 베른슈타인이
앞줄 왼쪽에서부터 5번째와 6번째 자리에 나란히 앉아 있다.
논쟁과 별개로 두 사람의 인간적인 우정은 각별했던 것으로 알려져 있다.

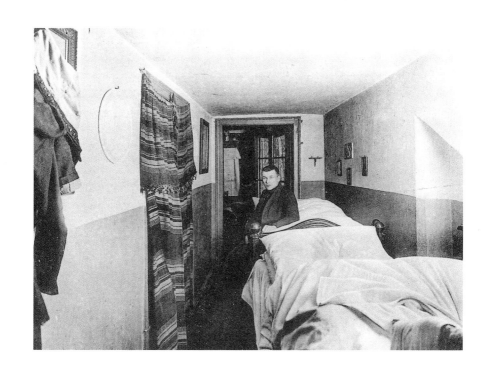

20세기 초 노동자들이 지내던 전형적인 숙소 풍경

좁은 방 속에 침대 하나가 들어가고 나면 더 이상의 공간이 없는 열악한
주거환경을 보여준다. 독일의 전형적인 공업지역이던 루르와 베를린에서는
대개 이런 방이 두 칸인 곳에서 아이가 5~6명인 노동자 가족이 살았는데,
여기에 다시 할머니나 잠만 자는 숙박인이 추가로 얹혀사는 경우가 태반이었다.

1900년 함부르크 노동자 거주지역의 골목 풍경

20세기 초반의 전형적인 노동자 거주지역을 보여주는 장면.
노동자들이 집단적으로 거주했던 공업지역은 편서풍의
영향으로 늘 바람이 동쪽으로 부는 유럽의 지형적 특성
때문에 도시의 동쪽에 자리 잡고 있었다. 각 숙소는
항상 인구가 넘쳐나 북새통을 이루고 있었다.

프롤레타리아 독재

마르크스주의와 민주주의
카우츠키는 오늘날 우리에게 어떤 의미를 주는가

강신준 동아대 경제학과 교수

지금 왜 카우츠키가 문제인가

1917년 러시아에서 사회주의 혁명이 성공했을 때 자본주의적 모순에 저항하던 모든 사람들에게 그것은 "책상에 가만히 앉아 있을 수 없는"(Kautsky an Mehring, 1905년 10월 31일) 사건이었다. 그것은 사회주의가, 그리고 더 나아가 19세기 후반 이후에 다양한 사회주의를 통일한 마르크스주의가(강신준, 1992) 단순히 미래의 희망이나 이상이 아니라 구체적으로 실현될 수 있다는 것을 보여준 사건이었다. 그래서 자본주의의 대안을 사회주의 또는 마르크스주의에서 찾고 있던 사람들은 이 혁명을 지지하고 그 혁명을 지켜내려고 혼연일체로 단결하는 모습을 보였다. 그것은 그들이 생각하기에 아무런 질문이나 의구심이 필요 없는 당연한 지상과제였다.

그런데 바로 이런 때에 1880년대 이후 마르크스주의의 가장 뛰어난 교사요 대변인으로 불리던 한 사람이 이 혁명의 실패를 선언했다. 스스로 "교화 불가능한 마르크스주의자"(Meiner, 1924: 150)로 자처하던 카우츠키였다. 그는 이 혁명이 사회주의 혁명이 아니며 특히 마르크스주의의 가르침을 위반하고 있다고 지적하고, 따라서 그 혁명은 실패할 수밖에 없다고 선언했다. 마르크스주의 진영 내에서 그는 영향력이 막강했기 때문에 러시아 혁명정부의 실질적인 지도자였던 레닌과 트로츠키가 직접 반론에 나섰고, 이것은 "그렇다면 도대체 무엇이 사회주의인가"라는 물음에 대한 논쟁으로 이어졌다. 여기서 번역 소개하는 「프롤레타리아 독재」는 바로 그 논쟁을 촉발한 글이며 다른 한 글은 레닌의 반론에 대한 카우츠키의 재반론에 해당하는 글이다.

논쟁에서 카우츠키는 영향력 있는 사회주의자들에게서 거의 지지를 받지 못했고 그에게는 레닌이 붙인 "변절자"(Lenin, 1918)라는 경멸 어린 낙인이 찍혔다. 볼셰비키의 소비에트 정부가 건재하던 거의 한 세기 동안 카우츠키는 이 낙인에서 자유롭지 못했고 그의 이름과 업적은 모두 이 낙인과 관련해서 평가되는 수모를 겪어야 했다. 무엇이 진정한 사회주의인지를 둘러싼 물음은 더 이상 진전되지 못하고 카우츠키의 수모와 함께 역사 속에 묻혀버렸다. 그것의 명백한 답변은 이미 실현된 사회주의, 소비에트 정부 자체로 간주되었고 이에 대한 어떤 반론도 모두 '이단'으로 낙인찍혔다. 그렇게 20세기가 흘러갔다.

그런데 소비에트 정부가 1980년대 말에 붕괴하고 잇따라 소비에트 정부와 함께 사회주의 블록을 형성했던 나라에서 대부분 사회주의는 소멸했다. 그런데 우리의 주의를 끄는 사실은 사회주의의 몰락이 모두 외부의 자본주의에 의해서 작위적으로 이루어진 것이 아니라 내부에서 자연스럽게 이루어졌다는 점이다. 사회주의는 스스로 몰락한 것이었다. 어떤 나라도 전쟁이나 강압으로 사회주의를 포기하지 않았다. 모든 나라에서 사회주의는 내부의 다수 민중의 의사에 의해서, 말하자면 민주적으로 폐기되었던 것이다. 민주적으로 폐기된 사회주의, 이것은 도대체 무엇을 의미하는 것일까?

그것은 단적으로 사회주의가 민주주의와 화해하지 못했다는 것을 보여주고 민주주의 없는 사회주의는 결국 소멸하고 만다는 것을 보여주는 역사적인 증거였다.

그렇다면 사회주의와 민주주의 사이의 관계는 도대체 어떤 것인가? 사회주의의 정당성을 전혀 의심하지 않던 20세기를 흘려보내고, 사회주의의 소멸을 목도하고 나서야 우리가 새삼스럽게 제시한 이 의문은 바로 한 세기 전에 완고한 마르크스주의자 카우츠키가 당시의 러시아 소비에트 정부에 이미 제기했던 것이다. 그리고 그는 이 의문에 비추어 소비에트 정권의 몰락을 예고하고 그것이 사회주의를 계승하는 것이 아니라 사회주의를 배신하게 되리라는 것도 함께 예고했다. 그는 특히 이런 배신이 바로 사회주의에서 양보할 수 없는 원칙인 민주주의에 대해서 이루어질 것이라는 점을 예언했고 한 세기가 지나서 그 예언은 그대로 현실로 나타난 것이다.

소비에트 사회주의의 정당성에 대해서 의심하지 않았던 것과 마찬가지로 그것의 몰락과 함께 자본주의의 가장 유효한 대안인 마르크스주의도 몰락했다는 점에 대해서도 아무런 의심을 하지 않는 지금, 우리가 새삼 완고한 마르크스주의자 카우츠키를 돌이켜볼 필요를 느끼는 것은 바로 여기에 근거한다. 그러나 한 세기 전 카우츠키의 예언이 지금 현실로 드러났다고 해서 과거에 카우츠키가 했던 모든 얘기들에 대해서 완전한 복권을 주장하는 것은 지나친 논리의 비약일 것이다. 현재의 변화된 정황에 근거할 때 카우츠키에 대한 재평가는 적어도 다음과 같은 세 가지 점에서는 의미가 있다고 보인다.

첫째, 레닌이 일찍이 '변절자'로 낙인찍었던 그 예단에서 카우츠키를 해방시킬 필요가 있다는 점이다. 즉 카우츠키를 있는 그대로의 독립적이고 객관적인 형태로 다시 평가할 필요가 있다는 것이다. 그런 점에서 지금까지 일반적으로 카우츠키를 다루던 방식, 즉 다른 마르크스주의자들과 비교하면서 그를 어떤 하나의 노선으로 분류하거나 또는 그에게 '변절'의 잣대를 들이대면서 평가하려는 시도는 피해야 한다고 생각한다(기존의 연구 경향은 제4절에서 상세히 다루게 될 것이다). 그는 어떤 편견이나 선입견에서도 완전히 해방된 채로 독립적이고 객관적으로 다루어져야 할 필요가 있는 것이다.

둘째, 카우츠키는 당시의 러시아 소비에트 정권, 즉 볼셰비즘을 사회주의나 마르크스주의로 간주하지 않았다. 카우츠키는 19세기의 전체 역사를 통틀어 자본주의적 모순에 대한 가장 유효한 대안은 다양한 사회주의 가운데 특히 마르크스주의며, 이 대안이 볼셰비즘과 구별된다는 관점을 굽히지 않았다. 카우츠키의 관점에서는 오늘날 소비에트를 중심으로 한 현실 사회주의의 몰락은 자본주의의 대안으로서의 마르크스주의의 몰락과 동일시될 수 없다. 따라서 그에게는 자본주의의 대안으로서의 마르크스주의의 유효성도 검증되지 않은 채로 남아 있는 것이다.

셋째, 카우츠키가 볼셰비즘을 마르크스주의로 간주하지 않았던 가장 결정적인 기준은 그것이 민주주의의 원칙을 포기했다는 점에 있다. 그렇다면 마르크스주의, 또는 사회주의와 민주주의는 어떤 관련이 있는 것일까? 만일 위에서 지적한 대로 자본주의의 대안으로서의 마르크스주의의 유효성이 아직 충분히 검증된 것이 아니라면 그 대안의 유효성과 민주주의 사이에는 중요한 관련이 있다고 추정할 수 있다. 따라서 카우츠키의 재검토에서는 진정한 사회주의와 민주주의 사이의 관련을 주목할 필요가 있다.

이런 세 가지 점에 유의하면서 이제 우리는 복권의 기회를 찾은 카우츠키를 새롭게 만나보자. 우리는 이 작업을 이 책과 관련된 개념을 중심으로 다음과 같은 순서로 수행하려 한다. 즉 먼저 카우츠키를 모든 편견에서 해방시켜서 그가 처했던 시대적 상황에서 직접 이해하기 위해 먼저 그의 생애를 살펴보고, 그의 생애의 역사적 배경이 되었던 독일 사민당의 당시의 상태를 살펴보기로 한다. 그런 다음 이를 토대로 카우츠키의 이론적 지위를 재검토하는 작업을 수행한다. 이를 위해 먼저 카우츠키에 대한 기존의 평가를 분석하고 이들 평가에서 나타난 편견과 선입견이 무엇인지를 살펴본다. 그것은 카우츠키의 마르크스주의가 복권될 수 있는 단서를 찾는 과정이 될 것이다. 그리고 나서 마지막으로 이런 단서를 토대로 그와 볼셰비즘 사이의 논쟁을 재검토하기로 한다. 그것은 카우츠키의 마르크스주의를 볼셰비즘과 분리해서 그것의 독자적인 의미를 되찾아보는 작업이 될 것이며 동시에——카우츠키의 마르크스주의가 고전적 마르크스주의라는 점에서——마르크스주의 자체에 대한 재평가, 또는 현재적 의미를 되찾는 작업이 될 거라고 생각한다.

마르크스주의 이론가로서의 생애

카우츠키는 1854년 10월 16일 프라하에서 출생했다. 아버지 요한 (Johann Kautsky)은 무대미술가였고, 평생 그에게 사랑과 신뢰의 후원자였던 어머니 민나(Minna Kautsky)는 배우이자 작가였다. 자연히 집안은 예술가적 분위기를 띠었는데 그것은 어찌 보면 '교화될 수 없는 마르크스주의자'의 출생배경으로는 다소 거리가 있어 보였다. 그에게는 1856년에 출생한 여동생 민나(Minna)와 1857년과 1864년에 출생한 두 남동생 프리츠(Fritz)와 한스(Hans)가 있었다.

그가 9세가 되던 해 그의 가족은 빈으로 이사했고 거기서 그는 "완전히 독일적인 분위기에서 성장"(Meiner, 1924: 117, 118)했다. 1874년에 아비투어(Abitur: 대학입학자격시험)를 통과한 그는 그해 가을 빈 대학에 입학했다. 그는 대학생활을 통해서 역사, 경제학, 철학, 법학, 그리고 자연과학에 이르기까지 다양한 지적 경험의 혜택을 받았다. 다윈의 진화론에 매료되기도 했던 그는 상드(George Sand)와 블랑(Louis Blanc)의 소설, 뷔히너(Ludwig Büchner), 헤켈(Haeckel), 포이어바흐(Feuerbach) 등의 유물론을 두루 섭렵하면서 점차 사회주의로 경도되었고 그 결과 1875년 20세가 되던 해에 사민당에 입당했다. 그러나 그것은 카우츠키 스스로의 술회에 따르면 아직 "감성적 사회주의"(Gefühlssozialismus)의 분위기를 벗어나지 못한 것이었다(Gilcher-Holtey, 1991).

대학을 졸업한 이후 박사논문(이것은 완성되지 않은 채로 남았다)을 쓰면서 장래의 진로를 모색하던 카우츠키는 1880년 회히베르크(Karl Höchberg)에게서 한 가지 제안을 받았다. 사회주의자이고 상당한 부자였던 회히베르크는 취리히에서 사회주의 잡지(『조치알데모크라트』 Sozialdemokrat)를 발간할 계획을 세우고 자신의 일을 도울 사람을 찾았던 것이다. 이것은 카우츠키가 마르크스주의자로 되는 결정적인 계기가 되었다. 당시 취리히는 사회주의자 탄압법(Sozialistengesetz)으로 망명해 있던 독일 사회주의자들의 소굴이었다. 그는 취리히에서 이미 회히베르크의 비서로 일하면서 1881년부터 『조치알데모크라트』의 편집 장직을 맡게 되는 다섯 살 연상의 베른슈타인을 알게 되었고 두 사람은 곧 의기투합해서 마르크스와 엥겔스의 저작들을 함께 읽어나갔다. 1881 년에는 3월부터 6월까지 회히베르크의 주선으로 런던을 방문해 마르크스 부부와 엥겔스를 직접 만나서 알게 되었다. 그것은 그에게 마르크스주의의 "대학생활"(Kautsky an Mehring, 1906년 7월 31일)을 경험한 것과 마찬가지였고 이후 그는 평생 흔들리지 않는 마르크스주의자가 되었다.

1882년 회히베르크가 파산하는 바람에 빈으로 돌아온 카우츠키는 유대인 친구들에게서(카우츠키도 유대인이었다) 마르크스주의 이론을 대중적으로 보급하기 위한 잡지를 발간하자는 권유를 받았다. 그리하여 학창시절부터 친구인 경제학자 브라운(Heinrich Braun)과 자신의 출판사를 가지고 있던 디츠(Heinrich Wilhelm Dietz)의 협력을 얻어서 그는 1883년 『노이에 차이트』(*Die Neue Zeit*)를 창간했다. 이 신문은 사민당 지도부에게서 당시 사회주의자 탄압법(1878년 비스마르크가 제안하고 독일 제국의회에서 승인된 일종의 국가보안법. 이 법은 사회주의 이념을 표방하는 모든 조직과 단체활동을 금지하는 내용이었으므로 당연히 사민당은 불법화되었다. 이 법은 초헌법적 성격 때문에 4년 동안만 유효하도록 한시적으로 의회에서 승인되었으나 이후 2번 더 연장되었고 3번째는 연장에 실패해서 1890년까지 존속했다) 때문에 불법화되어 있던 사민당의 유일하게 합법적인 기관지로 인정을 받았다. 얼마 지나지 않아서 잡지편집의 전권을 장악하게 된 카우츠키는 이후 35년 동안 이 잡지의 편집장으로 지내면서 마르크스주의 진영에서 막강한 영향력을 행사하게 된다.

『노이에 차이트』의 편십실은 1885년 1월부터 1888년 6월까시와 1889년 9월에서 1890년 3월까지 런던에 있었다. 이 기간에 카우츠키는 마르크스가 세상을 떠난 이후 유럽 마르크스주의 진영의 실질적인 대부

역할을 하고 있던 엥겔스에게서 개인교습을 받다시피하면서 마르크스의 사상을 대중적으로 보급하는 중요한 저작들을 집필했다. 마르크스의『자본』을 소개하는『카를 마르크스의 경제이론』(*Karl Marx' ökonomische Lehren*, 1887), 근대 사회주의의 초기사상을 연구한『토머스 모어와 그의 유토피아』(*Thomas More und seine Utopie*, 1888), 마르크스의 계급이론에 기초해 프랑스혁명을 분석한『1789년의 계급대립』(*Die Klassengegensätze von 1789*, 1889) 등이 이 시기에 그가 출판한 저작들이다. 그밖에도 그는 엥겔스의 신임을 얻어 엥겔스가 특별히 그에게 넘겨준 마르크스의 유고를 정리해서 1905~10년 사이에『잉여가치학설사』(*Theorien über den Mehrwert*)를 출판했다. 그리하여 유일한 합법적 기관지『노이에 차이트』의 편집장으로서, 그리고 엥겔스의 권위를 등에 업은 많은 마르크스주의 저작들과 엥겔스가 그에게 보여준 신임 등으로 그는 점차 마르크스주의 진영에서 무시할 수 없는 이론적 권위자로서 자리를 잡아갔다.

1890년 사회주의자 탄압법이 폐기되면서 독일 사민당이 합법화되자『노이에 차이트』는 사민당의 공식적인 이론기관지로 자리를 잡았고 월간에서 주간으로 발간횟수가 변경되었다. 편집실을 슈투트가르트로 옮기자 카우츠키도 런던에서 이사를 해야 했다. 합법화된 독일 사민당은 새로운 강령을 준비했고 카우츠키는『노이에 차이트』를 통해서 당간부회의 강령초안(베벨과 리프크네히트가 기초함)을 비판하고 스스로 만든 강령초안을 제시했고 그것은 이듬해의 에르푸르트 당대회에서 베른슈타인의 강령초안(실천강령)과 함께 이론강령으로 채택되었다. 이 강령은 엥겔스에게서 고타 강령(독일 사민당이 1875년 라살분파와 아이제나흐분파 사이의 통합을 통해서 창당될 당시의 강령으로 두 분파의 이념을 절충한 내용으로 되어 있었음. 마르크스와 엥겔스는『고타 강령 비판』을 통해서 이 강령을 강하게 비판했음)을 대체하는 마르크스주의 강령으로 인정받았고 이후 32개 언어로 번역되어 가장 고전적인 마르크스주의 강령으로 알려지게 되었다. 이제 카우츠키는 국제적으로도 움직일 수 없는 권위를 가진 마르크스주의 이론가로 자리를 잡았고 그가 편집하는 『노이에 차이트』는 이미 1889년에 창설된 제2인터내셔널의 각종 논쟁을 주도하는 국제적인 토론장으로 발전해갔다.

이후 제1차 세계대전이 발발할 때까지 그는 합법화된 독일 사민당 내에서 점차로 자라고 있던 기회주의적 또는 수정주의적 견해들로부터 에르푸르트 강령의 마르크스주의적 견해를 지켜내는 데 진력하게 된다. 이 견해들은 합법화 이후 당이 처한 사회경제적 조건들이 상당히 변화했고 이런 변화에 맞추어 당의 마르크스주의적 견해 가운데 일부, 특히 혁명주의적 목표를 수정할 필요가 있다고 주장했고, 그것은 곧 카우츠키가 기초했던 에르푸르트 강령의 수정을 의미하는 것이었다. 그것은 19세기 말 새롭게 변화하던 사회경제적 조건에서 제기된 고전적 마르크스주의에 대한 하나의 도전이었고 카우츠키는 그 도전에서 마르크스주의를 지켜내야 할 책임이 있는 최일선에 서 있었다.

1896년부터 『노이에 차이트』에 게재되기 시작한 베른슈타인의 『사회주의의 문제』에서 불붙은 수정주의 논쟁에서 카우츠키는 베른슈타인을 비판하는 『베른슈타인과 사회민주당의 강령』(Bernstein und das sozialdemokratischen Programm, 1899)을 써서 에르푸르트 강령의 마르크스주의적 경제분석 시각을 옹호했다. 1905~1906년 대중파업 논쟁에서 카우츠키는 혁명적 목표를 달성하기 위해 대중파업을 정치적 투쟁수단으로 사용할 수 있다는 견해를 표명했고, 특히 1905년에 발발한 러시아혁명이 단지 부르주아 혁명일 뿐이라는 기회주의적 견해들에 반대해서 그것이 프롤레타리아 혁명으로 발전할 가능성을 지지했다 (Luxemburg an Holst, 1905년 7월 3일, 카우츠키의 추신). 1907년과 1908년에 이어진 의회주의 논쟁에서 그는 유명한 『권력에의 길』(Der Weg zur Macht, 1909)을 집필해서 사회주의 혁명의 가능성과 조건을 분석하고 에르푸르트 강령의 혁명적 목표에 대한 이론적 기초를 대폭 보강했다. 이 시기까지 마르크스주의 이론가로서의 카우츠키의 지위와 신망은 별로 흔들리지 않았다.

1914년 제1차 세계대전의 발발은 독일 사민당은 물론 국제 사회주의 진영 전체를 둘로 분열시켰다. 그뿐만 아니라 그것은 마르크스주의 진영 내에서 카우츠키의 영향력이 급격히 쇠퇴하는 계기가 되었다. 그는 독일 사민당 내에서 전쟁을 지지하는 다수파에 반대해 평화정책을 주장하는 소수파 진영에 가담했고, 결국 이들 소수파가 창당한 독립사민당(USPD)에 가담하여 사민당(분당 이후 다수파가 장악한 기존의 사민당을 독립사민당과 구별해서 다수사민당 MSPD이라고도 부른다)을 떠나게 되었던 것이다. 그러나 그것은 또한 그의 당이론가로서의 지위를 지켜준 가장 유효한 수단이었던 『노이에 차이트』 편집장직도 떠나는 것을 의미했다. 1917년 10월 1일 그는 35년간 지켜오던 『노이에 차이트』 편집장직을 사임했다. 그러나 그는 스파르타쿠스단이 주도하는 독립사민당에서 오래 견디지 못하고 1922년에 사민당으로 복귀했다. 사민당으로 복귀한 그는 『노이에 차이트』 편집장직을 다시 맡기를 희망했으나 사민당은 그를 용서하지 않았고 표결을 통해서 그 자리는 힐퍼딩에게 돌아갔다.

사민당 내에서 영향력을 잃은 카우츠키는 이후 남은 생애 동안 볼셰비즘과 대결하면서 마르크스주의 이론가로서의 마지막 역할을 수행하게 된다. 그것은 그가 생애를 걸었던 마르크스주의, 사회주의의 정체성과 관련된 것이었다. 1917년 10월혁명이 일어나기 전까지 볼셰비즘과 러시아혁명에 대한 그의 태도는 우호적이었다. 그는 레닌을 "성실한 열성분자"(Kautsky an L. Kautsky, 1917년 5월 1일)로 높이 평가했고 1917년 2월혁명을 "위대한"(Kautsky an Rjasanoff, 1917년 5월 22일) 과업으로 칭송했다. 그러나 10월혁명이 발발하고 나서 그는 자신의 평가를 바꾸고 볼셰비키에 대해 가장 격렬하게 반대했다. 1918년 그는 「프롤레타리아 독재」를 발표하고 민주주의 없는 사회주의는 없다고 선언하고 볼셰비키의 비민주성을 지적하면서 이들이 "사회주의를 건설할 능력이 없다"(Kautsky, 1920: 52)고 비판했다.

비록 현실적인 영향력이 줄어들었다고는 하나 카우츠키가 가진 마르크스주의 이론가로서의 국제적인 영향력은 무시할 수 없는 것이었고 볼셰비키는 그의 비판에 대응하지 않을 수 없었다. 최고의 책임자인 레닌과 트로츠키가 직접 나서서 반론을 내고 양자는 생사를 건 이론논쟁을 전개했다. 그러나 마르크스주의 진영 내에서 카우츠키의 동조자는 별로 없었다. 과거 그의 동지였던 사람들은 대부분 그의 이런 태도에 경악하면서 그가 "이론적 균열"(Luxemburg, 1983: 337)을 일으켰다고 우려했다. 단 한 곳, 카우츠키의 견해에 동조했고 그도 깊은 관심을 기울인 곳이 있었는데 그곳이 바로 그루지야 공화국(오늘날 그루지야라고 부르는 지역. 코카서스 지역에 있으며 1918년 러시아로부터 독립을 선언했으나 1921년 볼셰비키 정권에 의해 무력으로 러시아에 합병된다)이었다. 카우츠키는 1920년에 이곳의 초청을 받아서 1921년까지 체류하면서 깊은 인상을 받았다. 그러나 그가 돌아오고 나서 얼마 되지 않아 그루지야 공화국은 볼셰비키에 의해 무력으로 합병되어버렸다.

그는 마르크스주의 진영 내에서 점차 "완전히 고립된 상태"(Kautsky an Rjasanoff, 1919년 8월 14일)로 되어갔다. 이제 독일 사민당 내에서 그가 할 수 있는 일은 더 이상 남아 있지 않은 것처럼 보였다. 그리하여 그는 1924년 독일을 떠나 성장기의 대부분을 보냈던 빈으로 이사했다. 빈에 정착한 카우츠키는 집필활동에만 전념했다. 그는 러시아에서 민주주의가 회복되기를 끝까지 희망하면서 볼셰비키에 대한 비판적인 저술을 계속했다. 그리하여 『막다른 골목에 처한 볼셰비즘』(*Bolschewismus in der Sackgasse*, 1930), 『유혈 혁명』(*Die blutige Revolution*, 1933) 등을 잇달아 집필했다. 마르크스주의에 대한 저작도 지속되어 『유물론적 역사관』(*Die materialistiche Geschichtsauffassung*, 1927), 『전쟁과 민주주의』(*Krieg und Demokratie*, 1932), 『사회주의자와 전쟁』(*Sozialisten und Krieg*, 1937) 등을 집필했다. 그리고 1936년 9월에는 자서전의 집필에도 착수했다.

1938년 초 사회주의 인터내셔널의 대표자들이 그를 노벨평화상 후보로 추천해놓은 동안 나치의 오스트리아 침공이 임박했고 그는 나치의 침공이 있기 직전인 1938년 3월 빈을 탈출해서 프라하를 거쳐 암스테르담에 정착했다. 거기서 그는 반년 뒤인 1938년 10월 17일 세상을 떠났다. 그가 사망한 이후 나치는 암스테르담도 점령했고 그의 아내 루이제(Luise)와 막내아들 베네딕트(Benedikt)는 나치의 집단수용소에 수감되었다. 6년 뒤 루이제는 아우슈비츠에서 사망했고 베네딕트는 다행히 부켄발트에서 살아남았다. 나머지 두 아들 펠릭스(Felix)와 카를(Karl)은 미국으로 이민해서 화를 모면했다. 그가 평생 동안 싸웠던 자본주의의 가장 야만적인 얼굴 파시즘에 의한 일가족의 비극이었다. 그 자신이 이 비극의 현장에 있지 않았던 것은 그나마 그의 명예였을지도 모른다.

카우츠키는 현실정치가는 아니었다. 그는 독일 국적을 가지고 있지 않아서(오스트리아 국적을 가지고 있었다) 현실정치가로 성장할 조건을 갖추고 있지도 않았지만(Kautsky an Grutz, 1908년 11월 6일) 성격적으로도 대중 앞에 나서서 연설하는 것을 "두려워"(Kautsky an Mehring, 1906년 12월 6일)했다. 그는 자신의 임무를 이론가로서의 범위에 한정했고 그런 점에서 『노이에 차이트』 편집장직은 그에게 가장 적합한 자리였다. 그러나 그가 공허한 이론가로 머물지 않을 수 있었던 것은 당간부회에 있던 베벨(Bebel), 리프크네히트(Liebknecht)와의 긴밀한 교류 때문이었다. 이들은 현실정치가로서 현장의 분위기와 쟁점들을 카우츠키에게 지속적으로 전달해주었고 또한 카우츠키의 이론가로서의 능력을 현실정치에서 십분 활용하기도 했다. 그의 진가가 처음 드러난 것은 수정주의 논쟁에서였으며 이후 그는 기회주의와의 논쟁에서 자신의 능력을 계속해서 입증해 보였다. 그러나 베벨이 일찍 세상을 떠나고(1913년) 리프크네히트가 룩셈부르크와 함께 스파르타쿠스단을 조직하면서 그와 정치적 노선을 달리하게 되자 그의 이론가로서의 영향력도 점차 감소하게 되었다.

이념적인 면에서 그는 당의 이론기관지 편집장으로서, 그리고 이들 당간부회의 현실정치가들과의 관계 때문에 언제나 당내의 논쟁에서 가능한 한 중립을 지키려고 노력했으며 따라서 그는 일반적으로 당간부회와 함께 중앙파로 분류된다. 그러나 그것이 이론가로서의 그의 견해가 절충적이었다는 것을 의미하지는 않는다고 보인다. 그를 분류한 이 명칭이 얼마나 적합한 것인지는 논외로 하고 우리는 단지 이론가로서 그의 일관된 마르크스주의적 사상을 뒤에서 살펴보게 될 것이다.

배경: 독일 사민당의 새로운 조건과 마르크스주의에 대한 도전

카우츠키는 대학연구실에 앉아 있던 이론가가 아니었다. 그는 19세기 말 유럽에서 가장 활동적인 사회주의 정당이었던 독일 사민당의 공식적인 기관지의 편집장이었고 그의 이론가로서의 지위도 바로 이 사실과 깊이 연루된 것이었다. 그런 점에서 그는 직업적인 "당이론가"(Laschitza, 1995: 216)였다. 따라서 그를 객관적이고 독립적으로 이해하기 위해서는 그의 전반적인 활동에 직접 영향을 미치면서 그것과 불가분의 관계에 있던 독일 사민당이 당시에 처해 있던 상황을 이해할 필요가 있다. 그렇다면 당시의 독일 사민당은 어떤 상태에 있었을까?

카우츠키가 『노이에 차이트』를 통해서 직접적인 관련을 맺기 시작했을 때 독일 사민당은 비스마르크가 만든 사회주의자 탄압법 아래서 불법화되어 있던 상태였다. 원래 독일에는 사회주의 노동운동을 주도하는 두 그룹이 있었다. 한 그룹은 뛰어난 선동가였던 라살(Ferdinand Lassalle, 1825~64. 독일 브레슬라우 출생. 부유한 유대인 상인의 아들로 태어나 브레슬라우 대학과 베를린 대학에서 역사와 철학을 공부했다. 일찍이 사회주의자가 되어 독일 노동운동을 지도했고 1863년 전독일노동자동맹[Allgemeine Deutsches Arbeiterverein, 줄여서 ADAV로 표기한다]을 조직했다. 열정적인 성격 때문에 1864년 여성문제로 결투를 한 끝에 부상을 당하고 39세의 젊은 나이로 사망하고 말았다. 헤겔의 국가관에 깊은 영향을 받았고 국가의 개입에 의한 생산자협동조합을 통해 사회주의를 건설하려는 국가사회주의 이념을 주창했다)이 주도하던 전독일노동자동맹이었고, 다른 한 그룹은 마르크스주의를 신봉하는 베벨과 리프크네히트가 주도하던 독일사회민주노동자당[Sozialdemo-kratische Arbeiterpartei Deutschlands. 이 당은 1869년 아이제나흐에서 창당되었기 때문에 아니제나흐 분파로 불린다]이었다. 비스마르크 치하에서 사회주의 노동운동에 대한 탄압이 심해지자 두 정당은 1875년 고타에서 독일사회주의노동자당(Sozialistische Arbeiterpartei Deutschlands, 이 명칭은 1890년에 독일사회민주당[Sozialdemokra-tische Partei Deutschlands]으로 변경되었고 따라서 이 정당은 통상 사민당으로 불린다)으로 통합했다. 통합대회에서 결의된 고타 강령은 두 정당의 이념인 라살의 국가사회주의와 마르크스주의를 절충한 것이었고 마르크스의 호된 비판을 받았지만 1891년 에르푸르트 강령으로 대체될 때까지 독일 사민당의 공식적인 강령으로 지속되었다. 그러나 통합으로 탄압이 멈추지는 않았다. 비스마르크는 통합해서 더욱 강력해진 이 노동자 정당을 아예 마비시키기로 작정하고 1878년 사회주의자 탄압법을 의회에 제출해서 승인받았다. 4년간의 임시입법으로 만들어진 이 악명 높은 법은 이후 두 번 더 연장해서 1890년에야 폐기되었다.

12년 동안 지속된 이 법은 사회주의를 표방하는 모든 조직과 활동을 금지했고 그것은 사민당의 성격에 결정적인 영향을 미쳤다. 무엇보다도 국가의 역할에 대해서 우호적인 기대를 품고 있던 라살주의는 당내에서 입지를 잃었으며 사민당은 자신의 존립근거를 비타협적인 혁명적 마르크스주의에서 찾을 수밖에 없었다. 그리하여 사민당은 명실공히 마르크스주의 정당으로 되어갔다. 그리고 이 과정에서 카우츠키가 이끌던 『노이에 차이트』는 결정적인 역할을 수행했다. 『노이에 차이트』는 마르크스주의를 당원들에게 보급하고 그것을 당내에 뿌리내리게 하는 역할을 수행했으며, 편집장 카우츠키는 마르크스주의의 충실한 교사역할을 담당했던 것이다(Kautsky, 1955: 90). 사민당이 마르크스주의 정당임을 공식적으로 표방하는 것은 사회주의자 탄압법이 폐기되고 다시 합법화된 사민당이 조직을 재정비하는 에르푸르트 대회에서였다. 에르푸르트 강령은 엥겔스가 가장 신임하던 카우츠키(이론강령)와 베른슈타인(실천강령)이 기초했고, 엥겔스의 후광을 업은 이 강령은 마르크스주의 강령의 모범이 되었다.

그러나 합법화는 마르크스주의 정당에게 하나의 도전이기도 했다. 그것은 조건의 변화에서 제기된 것이었다. 이런 도전은 두 군데에서 나타났는데 하나는 외부에서, 즉 자본주의적 발전경향의 변화에서 왔다. 원래 에르푸르트 강령의 이론강령은 당의 마르크스주의적 시각을 대변하는 것으로서 1873년 이후의 자본주의의 위기국면과 정부의 탄압 상황을 토대로 집필된 것이었다(Steinberg, 1992: 25). 그런데 합법화 이후 독일 자본주의는 1890년대 호황국면을 맞으면서 제국주의로 팽창해가기 시작했다(Mandel, 1972: 124). 따라서 당의 교의인 마르크스주의는 새로운 자본주의적 발전경향에 대한 입장과 설명을 제시해야만 했다. 특히 마르크스주의는 이런 새로운 호황국면에서 자신의 혁명적 전망과 견해를 어떻게 해야 할 것인지에 대해서 심각한 물음과 도전을 받았다. 그것이 순조롭지 않았다는 것은 이 문제가 결국 수정주의 논쟁으로 터지는 데서 그대로 확인되었다.

또 하나의 도전은 내부에서 제기되었다. 합법화는 무엇보다도 노동운동의 활성화를 가져와서 노동조합의 양적 팽창을 가져왔고 노동조합을 통해서 당도 급속히 양적으로 팽창했다(Deppe, 1985: 113). 그런데 새롭게 충원된 당원들은 탄압법 아래의 당원들과는 성향이 달랐다. 이들은 이미 자본주의적 호황과 비스마르크의 회유적인 노동정책의 혜택을 맛본 사람들이었다. 따라서 이들 가운데 상당수는 이념적인 성향보다는 현실적인 성향이 전투적인 성향보다는 기회주의적 성향이 강했다(Kautsky, 1971: 46). 그것은 당의 현실이, 특히 대중적 동력이 혁명에서 멀어져간다는 것을 의미했다. 당연히 이런 분위기는 국가와 타협하려는 경향을 가진 라살주의가 당내에서 기회주의적 경향으로 새롭게 자라날 수 있는 좋은 토양이 되었다. 그것은 당의 이념인 마르크스주의(부르주아 국가에 대해 비타협적인)를 실질적으로 훼손하는 것이었고 당의 강령은 수시로 도전을 받았다. 그리하여 당은 이런 기회주의적 경향에서 당의 이념을 지켜낼 필요가 있었다.

실제로 합법화 이후 당은 지속적으로 기회주의 문제 때문에 논쟁에 휘말렸다. 가장 먼저 발생한 논쟁은 1895년 농업강령의 제정을 둘러싼 논쟁이 독일 남부의 기회주의 분파와 긴밀한 관련을 가지고 발생했고 (강신준, 1991) 1905~1906년에는 러시아혁명이 발발하면서 대중파업을 정치적 수단으로 사용할 것인지의 여부를 둘러싸고 주로 노동조합의 기회주의 분파들이 깊숙이 개입된 논쟁이 발생했다(Laschitza, 1992: 127쪽 이하). 1907년에는 애국주의 열풍으로 제국의회 의석을 절반가량 상실하고 난 후 식민지와 민족문제를 둘러싸고 기회주의 분파와의 논쟁이 발생했으며 1908년 독일 남부 사민당의 예산승인을 둘러싸고 또다시 기회주의 분파와 관련된 논쟁이 발발했다.

전반적으로 사민당은 새로운 조건의 변화에 직면했고 이들 변화는 탄압법 아래서 당을 명예롭게 지켜주었던 마르크스주의와 많은 갈등을 일으켰다. 그러나 많은 도전을 받기는 했으나 마르크스주의는 아직 그 유효성이 완전히 소멸했다는 증거를 보이지 않았다. 그리고 무엇보다도 제국주의라는 호전적이고 적대적인 모습으로 날로 변해가고 있는 자본주의에 대한 대안으로서 마르크스주의를 대신할 이념체계는 아직 발견되지 않았다. 이런 조건에서 '당이론가'이면서 당의 이론적 입장을 대변하는 기관지의 편집장이던 카우츠키의 임무는 이들 조건의 변화에서 당을 지켜내는 일이었고 그것은 바로 당의 이론적 토대인 마르크스주의를 방어하고 대중적으로 확산시키는 일이었다. 더구나 마르크스주의는 바로 그가 사회주의자 탄압법 아래서 직접 당원들에게 전파시킨 것이었고 또한 자신이 직접 기초한 에르푸르트 강령의 이념체계였다. 그에게 마르크스주의는 자신은 물론 자신의 마르크스주의로 교화된 사민당원들 전체의 생애가 걸린 절박한 것이었다(Meyer, 1992: 67).

이런 배경에서 카우츠키의 마르크스주의는 단순히 마르크스-엥겔스가 만들어놓은 마르크스주의를 전달하는 것 이상이어야만 했다. 그것은 새로운 변화들에 맞는 해답을 제시해야 했고 새로운 해답을 고전적 마르크스주의와 접합시켜야 하는 작업이었다. 카우츠키가 당시에 처했던 이런 시대적 배경을 전제로 해서만 우리는 카우츠키에 대한 기존의 편견에서 어느 정도 해방되어 그에 대한 객관적 평가를 새롭게 내릴 수 있으리라 생각한다. 그렇다면 기존의 평가에서 카우츠키가 얻고 있는 이론적 지위는 어떤 것이며 그것의 의미와 문제점이 무엇인지 이제부터 살펴보겠다.

이론적 지위: 카우츠키에 대한 기존의 평가와 새로운 해석

카우츠키의 이론적 지위에 대한 기존의 평가는 지난 20세기 동안 다른 마르크스주의자들의 평가와 마찬가지로 본질적으로 볼셰비키 혁명에서 자유로울 수 없었다. 왜냐하면 볼셰비키 혁명은 지구상에서 최초로 사회주의를 실현했고, 혁명을 이끈 볼셰비키는 스스로 '정통 마르크스주의'를 계승한다고 표방했으며 이후 마르크스주의에 관한 한 그와 대적할 만한 경쟁자는 거의 없었기 때문이다(티토가 이끄는 유고슬라비아가 있었지만 그것은 소수파였을 뿐이다). 따라서 그동안 볼셰비즘이 곧 마르크스주의라는 점에 이의를 제기할 수 있는 사람은 거의 없었고 설사 있었다고 하더라도 그것은 현실적으로 의미를 가질 수 없었다. 따라서 이 정권이 현실적으로 건재하는 동안 마르크스주의자에 대한 모든 평가는 볼셰비키의 공식적인 평가에서 자유로울 수 없었다.

카우츠키도 예외가 아니었다. 그래서 그에 대한 기존의 평가는 볼셰비키의 평가를 기준으로 크게 두 가지 유형으로 나뉜다. 하나는 우리가 여기서 소개하는 『프롤레타리아 독재』가 출판되기 이전과 이후로 그의 사상이 단절되어 있다는 견해며 다른 하나는 그의 사상이 이 책의 출판과 무관하게 생애 전체를 통해서 비교적 일관되어 있다는 견해다. 말하자면 카우츠키의 이론적 지위가 연속성을 가졌느냐 아니면 단절적인 것이냐가 기존 평가의 중요한 기준이었던 것이다. 물론 이런 기준은 볼셰비키가, 특히 카우츠키와 생사를 건 논쟁을 수행했던 레닌이 처음으로 제기했다.

　카우츠키에 대한 평가의 출발점을 이루는 레닌의 견해는 카우츠키와의 논쟁을 통해서 처음으로 표출되었는데(Lenin, 1918), 이 견해에 따르면 카우츠키는 초기와 후기로 그 이론적 지위가 달라진다. 즉 초기의 카우츠키는 탁월한 마르크스주의자였지만 후기의 카우츠키는 변절자로 규정된다. 그리고 이렇게 초기와 후기를 나누는 갈림길은 볼셰비즘과 논쟁을 시작하는 1918년으로 해석된다. 한편 카우츠키의 사상이 단절되지 않고 일관성을 가지고 있다는 후자의 견해는 다시 두 가지 유형으로 나뉜다. 하나는 코르쉬 등의 견해로 대표되는데(Korsch, 1929; Waldenberg, 1992; Matthias, 1957) 이 견해에 따르면 카우츠키는 처음부터 진정한 의미에서의 마르크스주의자가 아니었으며 그의 마르크스 해석은 초기나 후기 모두 진화론적 입장이거나 이미 체제 내에 통합된 독일 사민당의 입장을 대변하는 통합이론이었다고 해석된다. 반면 또 하나의 견해는 카우츠키의 마르크스주의가 일관된 마르크스주의적 노선을 벗어나지 않고 있다는 것인데(Kautsky, 1954; Salvadori, 1982; Steinberg, 1992; Gilcher-Holtey, 1986) 이 견해에 따르면『프롤레타리아 독재』에서 사용되고 있는 개념들이 카우츠키의 초기 저작에서 이미 개념화된 것들과 전혀 모순되지 않는 연속성을 유지하고 있으며 그들 개념은 마르크스주의가 당시의 시대적 조건에 맞추어 적당하게 변용된 형태를 취하고 있다고 해석한다.

　이들 평가는——카우츠키를 옹호하는 것이든, 그를 비판하는 것이든 마찬가지로——대부분 카우츠키의 마르크스주의 해석이 얼마나 '정통'과 가까웠는지, 또는 거기서 벗어나 있는지를 재단하는 것에 집중되어 있다(Meyer, 1992: 57). 물론 이때 카우츠키를 재단하는 기준이 된 '정통' 마르크스주의는 레닌에 의해서 대표되는 볼셰비즘이었다. 그러나 이런 인식은 현실 사회주의인 볼셰비즘을 당장 옹호하려는 정치적 이유에서만 정당성을 갖는다. 지금 여기서 우리가 문제로 삼고 있는 바와 같이 정치적 이유에서 벗어나서 카우츠키를 객관적으로 평가하려는 데에서는 그런 인식이 별로 의미를 갖지 못한다.

무엇보다도 카우츠키의 마르크스주의는 볼셰비즘 이전에 이미 존재하고 있었고 그것은 독일 국내는 물론 제2인터내셔널에서도 국제적인 신뢰와 영향력을 발휘했다. 따라서 카우츠키의 마르크스주의는 볼셰비즘 이후의 시각이 아니라 카우츠키 자신이 활동하던 바로 그 시기의 마르크스주의로 평가받을 필요가 있다. 즉 카우츠키의 마르크스주의는 볼셰비즘에서 분리시켜 그것이 영향력을 행사하던 당대의 역사적 조건 속에서 독립적으로 평가받을 필요가 있는 것이다(Meyer, 1992). 그것은 마르크스주의가 더 이상 볼셰비즘과 동일하지 않다는 인식을 전제로 하고 있는 것이며, 따라서 마르크스주의 자체에 대한 새로운 평가를 의미하는 것이기도 하다. 레닌이 카우츠키를 총체적으로 부인하지 못하고 전기와 후기로 나누어서 차별적으로 다룰 수밖에 없었던 것은 그의 마르크스주의가 볼셰비즘 이전에 존재하던 엄연한 현실이었기 때문이었다.

그렇다면 카우츠키의 마르크스주의는 어떤 것이었을까? 그것은 어떤 이론적 · 사상적 지위를 갖는 것일까? 이 의문에 대한 해답으로 우리는 앞서 살펴보았던 당시의 시대적 조건에서 최소한 세 가지 단서를 얻을 수 있을 것으로 보인다.

먼저 카우츠키가 『노이에 차이트』를 통해서 활동하던 당시에 마르크스주의가 갖는 시대적 의미에서 우리는 두 가지 단서를 얻을 수 있다. 하나는 그것이 자본주의의 유일한 대안이었다는 점, 따라서 그것은 하나의 기본적인 교의 또는 패러다임으로서의 의미가 있었다는 점이다. 그리고 또 하나는 그것이 대중의 지지를 받았던, 따라서 민주적 대안이었다는 점이다.

자본주의적 모순이 날로 심화되어가던 19세기에 그 모순 때문에 억압당하고 수탈당하던 대다수 노동대중의 유일한 희망은 사회주의였고 그 사회주의는 1880년대 들어서 급속히 대중화의 물결을 타고 있었다(강신준, 1992). 그리고 이들 자본주의의 대안으로 등장했던 각종 사회주의는 대체로 1889년 제2인터내셔널의 성립과 함께 마르크스주의로 통일되었다. 사회주의는 곧 마르크스주의를 의미했고 그것은 자본주의를 대신할 유일한 대안이었다. 따라서 마르크스주의는 유럽 곳곳에서 대중의 압도적인 지지를 받고 있었다(Meyer, 1992: 57). 독일 사민당이 12년간이나 지속된 사회주의자 탄압법이 끝난 직후에도 1위의 득표율을 기록할 수 있었던 것은 바로 마르크스주의에 대한 대중의 열망을 보여주는 증거였다. 즉 카우츠키의 마르크스주의는 당시의 자본주의적 모순에 대한 유일한 대안이었으며 동시에 다수대중의 압도적인 지지 위에서 있는 가장 민주적인 이념체계였다. 카우츠키는 이런 시기에 마르크스주의를 대중화하는 데 가장 중요한 역할을 수행했으며(『노이에 차이트』) 그런 대중화가 성공적으로 이루어지는 것을 지켜보았다. 따라서 그에게 마르크스주의는 '수정'될 수 없는 패러다임이면서(수정주의 논쟁) 동시에 민주주의와 분리시켜 생각할 수 있는 것도 아니었고 그것은 그가 끝까지 볼셰비키와 타협할 수 없었던 이유였다(볼셰비즘 논쟁).

그런데 이 마르크스주의는 완전하게 만들어져 있는 것이 아니었다. 그것은 아직 원형만 만들어져 있었고 점차 성장하면서 모습을 다듬어 나가야 하는 것이었다. 이것이 우리가 고려해야 할 세 번째 단서다. 마르크스주의는 이론으로만 만들어져 있었고 실천적으로는 아직 검증을 거치지 않은 상태였다. 대중화되면서 마르크스주의는 대중의 생활과 직접적인 관련이 있는 각종 사안들에 대해서 대안을 제시해야만 했다. 이들 대안은 당연히 실천의 구체적인 조건에 따라서 그때그때 갖가지 다양한 모습을 띠게 될 것이었다. 카우츠키의 마르크스주의는 바로 그런 시대적 조건에 당면해 있었다. 카우츠키는 독일 사민당이 합법화되고 나서 부딪힌 다양한 실천적 문제들, 즉 농업문제, 민족문제, 식민지 문제, 그리고 의회주의 문제 등과 계속 씨름을 해야만 했고 이들 문제에 대한 마르크스주의적 해답을 제시해야만 했다. 따라서 카우츠키의 마르크스주의는 유일한 교의이면서 단 하나의 해답만 가진 화석화된 것일 수 없었고 오히려 다양한 변이를 갖는 유연한 것이어야 했다(Gilcher-Holtey, 1991: 248; Laschitza, 1992: 137). 대체로 레닌의 평가에서 자유롭지 못했던 기존의 평가들은 그의 마르크스주의에서 교의적인 성격을 강조하는 경향이 있었지만(Pierson, 1993: 66) 이는 다양한 사안들과 논쟁하면서 카우츠키의 마르크스주의가 점차 내용을 풍부하게 키워나갔던 것을 충분히 고려하지 못한 평가였던 것으로 보인다.

결국 전체적으로 볼셰비즘과의 관련에서 분리시킬 경우, 카우츠키의 마르크스주의는 자본주의에 대한 유일한 대안으로 흔들릴 수 없는 교의이면서 동시에 대중적 지지에 토대를 둔 민주주의적인 것이었으며 또한 실천적으로는 구체적인 조건과 사안에 따라서 유연하게 변화하기도 하는 이념체계였던 것이다. 이들 세 가지 단서가 카우츠키의 이론적 지위에 대한 평가에서 새로운 출발점이 되어야 할 것으로 보인다.

한편 카우츠키의 이론적 지위와 관련하여 본질적인 것은 아니라 할지라도 부수적으로 한 가지 지적해야 할 점이 있다. 그것은 다른 마르크스주의자들과는 달리 카우츠키에게는 "정치적 후계자"(Steinberg, 1986: 294)라고 할 만한 "카우츠키주의자"(Kautskyianer)가 없다는 점이다. 카우츠키와 비슷하게 역시 볼셰비즘의 평가에서 제약을 받았던 룩셈부르크나 베른슈타인, 트로츠키 등에게는 모두 분명한 정치적 후계자들이 있는 데 반해 왜 카우츠키에게는 그런 추종자가 없는 것일까? 카우츠키에게는 후대의 관심을 끌 만한 이론적 가치가 없었기 때문일까? 그래서 이 점은 지금까지 카우츠키의 이론적 지위에 대한 평가가 부정적인 방향으로 기울게 만든 또 하나의 요인이기도 했다.

그러나 이 점은 아마도 카우츠키의 이론가적 특징과 관련지어 설명해야 할 것 같다. 무엇보다도 카우츠키는 정치가가 아니었다. 아마도 그가 독일 국적을 가지고 있지 않은 때문이기도 하겠지만 그는 당간부회에 소속되어 있지도 않았고 국회의원도 아니었으며 당내에 자기파의 대의원을 거느리고 있지도 않았다(Gilcher-Holtey, 1991: 248). 게다가 그는 대중적이지 않았다. 그는 대중적 연설가가 아니었고 오히려 "책벌레"(Kautsky an Engels, 1893년 11월 25일)에 가까웠다. 따라서 그는 현실적으로 정치적 기반이 없는 사람이었으며 단지 이론가였을 뿐이었다. 아마도 이런 이유들 때문에 그에게는 정치적 후계자가 없었던 것으로 추정된다.

그렇다면 이제 새롭게 확보한 세 가지 단서를 토대로 카우츠키의 마르크스주의 가운데 오늘날 가장 먼저 복권되어야 할 부분, 즉 볼셰비키와의 논쟁 부분을 좀더 자세히 살펴보기로 하자.

논쟁: 볼셰비키 혁명과 카우츠키

1917년 2월 러시아에서 혁명이 발발하자 카우츠키는 1905년의 혁명에 보냈던 찬사와 마찬가지로 이 혁명에 대해서 찬사를 퍼부었다. 그는 "러시아에서 일어난 이 일이 〔……〕 위대한"(Kautsky an Rjsanov, 1917년 5월 22일) 사건이며 "동방에서 움튼 봄의 기운"(Kautsky an Rjasanoff, 1917년 4월 2일) 같은 것이라고 찬양하고 볼셰비키를 "사회주의를 실현하는 과업을 수행한 세계 최초의 정당"(Kautsky, 1918: 7)으로 높이 평가했다.

그러나 불과 몇 달이 지나지 않아서 10월혁명이 발발하자 그의 이런 평가는 완전히 반전되어 그는 볼셰비키에 대해 격렬하게 반대했다. 10월혁명에 대한 그의 최초의 의견은 혁명 직후인 11월 15일 『라이프치거 폴크스차이퉁』(*Leipziger Volkszeitung*)에 「볼셰비키의 봉기」라는 제목의 논문을 통해서 발표되었다. 그의 생각은 단호하고 명쾌했으며 이후의 논쟁과정에서도 전혀 흔들리지 않고 지속되었다. 그는 이 글에서 러시아의 사회경제적 조건이 사회주의 혁명을 달성할 수 있을 만큼 충분히 성숙하지 않았고, 따라서 그것이 반혁명을 조장해 결국 혁명을 실패로 몰아갈 것이라고 주장했다. 이후 그는 10월혁명의 오류를 지적하는 일련의 글들을 『라이프치거 폴크스차이퉁』과 『조치알리스티세 아우스란즈폴리틱』(*Sozialistische Auslandspolitik*)에 게재하다가 드디어

1918년에 볼셰비즘에 대한 본격적인 비판서인『프롤레타리아 독재』를 출판했다. 그것은 "볼셰비즘과의 이론적 논쟁을 목표로 한"(Kautsky an Eisner, 1918년 9월 20일) 것이었다.

12년 뒤에 카우츠키 자신이 밝힌 바에 따르면 이 책은 마르크스주의의 과학적 확신 위에서 집필된 것이었다. 그는 볼셰비키들이 당시 러시아의 낙후된 사회경제적 조건 아래서는 실현불가능한 과제를 실현하려는 무모한 신화에 도전하고 있으며 그런 도전은 결국 프롤레타리아의 조건과 역량을 높이기보다는 오히려 악화시키게 될 것이라는 점을 알고 있었다. 그것은 마르크스주의의 가르침을 정면으로 거스르는 행위였고 따라서 마르크스주의 이론가로서 그는 '볼셰비키의 이런 무모한 시도를 경고'하는 것이 '자신의 임무'라고 생각했다. 그는 이 책이 1880년 이후 자신의 오랜 러시아 친구들과의 교류를 통해서 러시아의 사정을 상세히 파악한 결과를 토대로 집필된 것이라는 점을 밝히고 있다. 이런 친구들 가운데에는 러시아 사민당의 창시자들인 악셀로트(P. Axelrod), 플레하노프(G. Plekhanov), 자술리치(V. Zasulich), 도이치(Leo Deutsch) 등과 자신에게 우호적이었던 마르토프(I. Martov), 단(T. Dan), 아브라모비치(R. Abramowitsch) 등은 물론 나중에 자신의 반대파가 된 레닌, 트로츠키, 라코프스키(C. Rakovsky) 등이 모두 포함된다고 그는 밝혔다.

그러나 그는 이 책이 실천적으로 그다지 큰 성공을 거두리라고는 기대하지 않았다. 전쟁이 한창 진행중인 상황에서 독일에서 출판된 이 자그만 팸플릿이 러시아에서 얼마나 널리 읽힐지에 대해서 그는 회의하고 있었다. 그리고 좀더 중요한 사실은 그가 보기에 볼셰비키는 이미 돌아올 수 없는 길을 건너버린 상태였다. "언제나 현실의 논리는 이념의 논리보다 강한 법이기 때문이었다"(Kautsky, 1931a: 261, 262). 따라서 이 책은 어디까지나 볼셰비키에 의한 마르크스주의의 훼손에서 마르크스주의를 지켜내기 위한 이론가로서의 최소한의 의무로 집필된 것이었다.

그러나 그것은 단순히 한 이론가의 마르크스주의를 위한 변론으로만 머물지 않았다. 그것은 마르크스주의의 해석을 둘러싼 큰 논쟁의 출발점이 되었다. 왜냐하면 카우츠키의 이 반론은 볼셰비키 정권의 운명에 중요한 영향을 미칠 수 있었기 때문이다. 당시 볼셰비키는 두 가지 정치적 목표를 추구하고 있었다. 하나는 마르크스주의 진영 내에서 일종의 내란 형태로 권력을 획득한 그들로서는 자신들의 권력의 정당성을 확보해야 할 필요가 있었고 이를 위해서 특히 외부의 마르크스주의 진영에서 지지를 얻어야 할 필요가 있었다. 그리고 또 하나의 목표는 제3인터내셔널을 통한 세계혁명의 수행이었다. 즉 볼셰비키 혁명을 수출하여 러시아를 주변의 부르주아 국가들에게서 방어해야 할 필요가 있었던 것이다(Kautsky, 1964: xiii). 그리고 두 가지 정치적 목표는 모두 아직 불안정한 볼셰비키 정권에게 존망이 걸린 문제였다.

그런데 이들 목표를 달성하기 위해서 볼셰비키는 자신들이 마르크스주의를 정통으로 계승하고 있다는 것을 내외에서 인정받을 필요가 있었다. 그러므로 제2인터내셔널 내에서 가장 권위 있는 마르크스주의 이론가로 명망이 있던 카우츠키의 비판은 그들의 두 가지 계획에 치명적인 장애물로 작용할 수 있었다. 물론 이 시기는 카우츠키가 자신의 가장 유효한 무기였던『노이에 차이트』편집장직을 그만둔 시기였기 때문에 그의 영향력은 이전에 비해 상당히 위축되어 있었다. 그러나 내외적으로 적이 많았던 볼셰비키로서는 카우츠키의 이런 비판이 자신들의 반대파들에게 상당한 정당성을 부여할 가능성이 있는 것으로 생각했다.

레닌이 카우츠키에 대한 대응에 직접 나섰다. 레닌의 최초의 공격은 1918년 10월 11일『프라우다』를 통해서 이루어졌으며 곧바로『프롤레타리아 혁명과 변절자 카우츠키』의 출판으로 이어졌다. 이 책은 이후 카우츠키에게 오욕의 대명사인 '변절자'(Renegat)라는 명칭을 부여하게 되는 기원이 되었다. 이에 대해 카우츠키는 1919년 여름에 재반론격인『테러리즘과 공산주의』(*Terrorismus und Kommunismus. Ein Beitrag zur Naturgeschichte der Revolution*)를 출판했다. 앞서 레닌의 반론이 주로 카우츠키가 마르크스주의를 포기했다는 점에 초점이 맞추어졌던 점과 관련해서 카우츠키의 재반론도 주로 레닌이(그리고 볼셰비키가) 마르크스주의를 포기했다는 점에 초점을 맞추었다. 그리하여 이제 논쟁은 '그렇다면 도대체 마르크스주의가 무엇인가'라는 본질적인 문제로 비화되었다.

카우츠키의 재반론이 나온 지 얼마 되지 않아 이번에는 트로츠키가 카우츠키의 재반론과 같은 제목인 『테러리즘과 공산주의』로 포문을 열었다. 트로츠키의 이 책은 러시아에서 내전이 한창이던 1920년의 긴박한 상황에서 집필된 것으로 이는 카우츠키의 비판에 대응하는 것이 볼셰비키들에게 얼마나 절박한 문제였는지를 간접적으로 보여주는 일이기도 했다(Trotsky, 1961 : xxvii). 트로츠키의 반박에 대해서 카우츠키는 이듬해인 1921년 『민주주의에서 국가노예제로: 트로츠키에 대한 반론』(*Von der Demokratie zur Staatssklaverei. Eine Auseinandersetzung mit Trotzki*)을 출판했다. 여기서 그는 민주주의 문제를 집중적으로 거론했다. 그해에 러시아는 심한 기근에 시달렸는데 그는 이 기근의 상당한 책임이 볼셰비키의 잘못된 정책에 있다는 점을 함께 지적했다. 그리고 비슷한 시기에 그는 러시아의 경험을 좀더 일반화시켜서 민주주의 문제를 집중적으로 다룬 또 하나의 글을 출판하는데 그것이 1918년의 『민주주의냐 독재냐』(*Demokratie oder Diktatur*)다. 이 글은 독일혁명이 볼셰비즘의 영향력에서 벗어나도록 하기 위해서 집필된 것으로 볼셰비즘의 일반화가 갖는 위험을 지적했다. 그리하여 전반적으로 볼셰비즘과의 논쟁에서 핵심적인 저작은 크게 네 권이 있는 셈인데 가장 중심이 되는 『프롤레타리아 독재』와 『테러리즘과 공산주의』가 주요한 내용을 거의 다루고 있는 중심적인 저작에 해당하며 나머지 두 저작은 이들 중심저작에서 다룬 주제들을 일반화시킨 저작에 해당한다.

카우츠키는 2월혁명 직후의 짧은 몇 날을 제외하고는 일관되게 볼셰비키에 대해서 반대 태도를 견지했다. 그것은 당시 국제사회주의 진영 내에서는 극히 예외적인 것이었다. 아브라모비치의 표현대로 "카우츠키는 당시 외국의 혁명적 마르크스주의 이론가 가운데 마르크스주의적 관점에서 볼셰비키 정권을 명료하고 상세하게 비판한 [……] 유일한 사람이었다"(Abramowitsch, 1922: iv). 좌파와 우파를 막론하고 대부분의 사회주의자들은 모두 볼셰비키 정권의 문제점을 비호하거나 은폐하려 했다. 이런 예외적인 경향 때문에 그는 유럽 사회주의 진영에서 고립되었고 소련 정부에게 변절자로 낙인찍힌 채 영향력을 급속하게 잃어갔다. 그는 반볼셰비키 견해 때문에 멘셰비키들과는 교류와 친분을 유지했으나 이들의 정치적 견해에 충분히 동의하지는 않았다(Kautsky to Axelrod, 1925년 1월 5일). 그리고 그는 멘셰비키와 함께 제3인터내셔널은 물론 제2인터내셔널의 개량주의 진영과도 화해하지 못하고 고립되었다. 볼셰비키에게서 혁명적 마르크스주의를 지켜내려는 이론가에게 주어진 공간은 어디에도 없었다. 논쟁은 카우츠키에게 이론가로서의 의무를 다하게 만들었으나 평생 동안 쌓아올린 개인적인 명망과 지위를 모두 빼앗아가고 말았던 것이다.

그러나 하나의 수수께끼가 남아 있다. 1924년 레닌이 사망했을 때 그의 서재에서 발견된 책들 가운데 저자별로 보면 카우츠키의 책이 가장 많았다. 그것은 러시아 내외를 통틀어 다른 어떤 저자들의 것보다 많았다. 모두 89권이 있었는데 놀라운 것은 이들 가운데 볼셰비키 혁명 이전에 출판된 것보다 1918년 이후의 책들이 더 많았다는 점이다. 42권이 1917년 이전에 출판된 것이었고 나머지 47권은 1918년 이후에 독일이나 러시아에서 출판된 책들이었다. 공식적으로 검열이 있긴 했으나 1918년 이후 러시아에서 출판된 카우츠키의 책은 70권이 넘었다(Donald, 1993: 247). '변절자'에 대한 레닌과 소비에트 정부의 이런 태도는 무엇을 의미하는 것일까? 그것은 풀리지 않는 수수께끼로 남아 있다.

마르크스주의의 핵심개념: 마르크스주의와 민주주의

카우츠키와 볼셰비키 사이의 논쟁에서 핵심적으로 다루어진 문제는 10월혁명 이후 만들어진 볼셰비키 정권의 정당성, 특히 마르크스주의적 정당성이었다. 볼셰비키 정권은 자신들의 마르크스주의적 정당성의 근거를 이론적으로는 마르크스의 프롤레타리아 독재론에 두었고 실천적으로는 파리코뮌에 두었다. 그러나 카우츠키는 볼셰비키가 이론적 모델로 내세운 프롤레타리아 독재론이 마르크스의 이론을 자의적으로 해석한 것이며 그들이 실천적 모델로 내세운 파리코뮌은 볼셰비키가 건설한 소비에트 체제와는 본질적으로 다른 모델이라고 주장했다. 논쟁은 이처럼 상반된 양자의 견해를 각기 이론적으로나 경험적으로 입증하는 내용으로 이루어졌다. 논쟁에서 카우츠키가 볼셰비키와 마르크스주의의 차이점으로 지적한 핵심문제는 민주주의 문제였다. 그는 볼셰비키의 프롤레타리아 독재이론과 마르크스 이론의 차이점, 그리고 파리코뮌의 실천적 모델과 소비에트 체제의 차이점은 모두 민주주의에 있으며 이 차이점은 궁극적으로 볼셰비키의 정당성은 물론 그것의 역사적 운명을 결정지을 것이라고 주장했다. 그리고 그는 이런 자신의 주장이 궁극적으로 마르크스주의의 과학적 운명을 시험하게 될 것이라고 주장했다(Kautsky, 1964: viii).

카우츠키의 공격은 먼저 볼셰비키의 이론적 정당성을 겨냥하면서 사회주의 성격에 대한 것에서 시작하고 있다. 그에 따르면 엄밀하게 얘기해서 사회주의는 그 자체가 최종목표가 아니다. 사회주의 운동의 최종목표는 오히려 "모든 착취와 억압을 지양"(에르푸르트 강령)하는 것이며 사회주의는 이런 목표를 달성하기 위한 수단일 뿐이라는 것이다. 그렇다면 사회주의가 그런 목표를 달성하기 위한 유일한 수단인가? 그렇지 않다. 카우츠기에 따르면 또 하나의 수단이 필요하다. 왜냐하면 사회주의를 의미하는 생산의 사회화는 사회주의하고만 결합하는 것이 아니기 때문이다. 그래서 그는 생산의 사회화는 그 자체 사회주의와 동일한 것이 아니라고 구별한다. 예를 들어 러시아나 인도의 고대촌락, 그리고 제수이트에 의한 파라과이의 식민농장 등은 모두 생산의 사회화를 이룩했지만 이것들을 우리가 사회주의라고 부르지는 않기 때문이다.

그렇다면 어떤 생산의 사회화를 우리는 (근대적 의미에서의) 사회주의라고 부를 수 있는가? 카우츠키는 민주주의가 바로 그것이라고 주장한다. 민주적인 방식으로 이루어진 사회화야말로 진정한 사회주의를 의미한다는 것이다(『민주주의냐 독재냐』*Demokratie oder Diktatur*, 10쪽 이하. 이하 DD로 표기함). 이것은 사회주의와 관련된 세 가지 개념과 결합되어 있다. 사회주의는 자본주의에 비해 물적으로 성숙한 사회를 의미한다. 이를 위해서는 기술적·사회적 조건이 충분히 발전해야 하고 그 결과 프롤레타리아가 사회의 다수를 차지해야만 한다. 그리고 이들 다수의 프롤레타리아가 자신들의 해방을 위해서는 생산의 사회화, 즉 사회주의가 필요하다는 것을 인식하고 그것을 요구해야만('사회주의를 향한 의지'Wille zum Sozialismus) 한다. 그럴 경우 이들 다수 프롤레타리아의 요구가 생산의 사회화를 달성할 수 있기 위해서는 민주주의가 반드시 필요한 조건을 이룬다. 그러므로 이런 개념에서 사회주의적목표는 생산의 사회화, 사회경제적 발전수준 그리고 민주주의의 세 가지 요소와 함께 결합된 개념을 이룬다. 그래서 카우츠키로서는 일정한경제적 발전이 이룩되지 않은 상태에서의 사회주의도 생각할 수 없는것이지만 동시에 민주주의 없는 사회주의란 것도 생각할 수 없는 것이었다(『프롤레타리아 독재』*Die Diktatur des Proletariats*, 4쪽. 이하 DP로 표기함). 이들 세 가지 구성요소는 서로 긴밀하게 결합되어 있다.

그렇다면 볼셰비키들이 이론적 정당성의 근거로 삼는 마르크스의 '프롤레타리아 독재'는 이런 사회주의 개념과 어떤 관련이 있는가? 카우츠키는 마르크스의 '프롤레타리아 독재'가 자본주의에서 사회주의로 이행하는 '상태'를 나타내는 것이며 볼셰비키들이 강변하고 있듯이 '통치(또는 정부)형태'를 나타내는 것이 아니었다고 주장한다. 사회주의로 이행하는 상태란 위에서 말한 세 가지 구성요소가 충족된 상태며 그것은 충분한 물적 조건이 성숙해 있는 바탕 위에서 생산의 사회화가 민주적으로 이루어질 수 있는 상태를 의미하고, 이는 사회주의의 목표를 올바로 이해하고 있는 혁명적 프롤레타리아가 이미 다수를 점하고 있는 사회라는 것을 의미한다. 따라서 바로 이런 상태, 즉 사회주의적 프롤레타리아가 다수를 점하고 있는 상태가 바로 프롤레타리아 독재를 의미하는 것이고 그 독재는 룩셈부르크와 카우츠키가 함께 동의했던 "민주주의의 사용방식을 나타내는 것이며 민주주의의 폐기를 의미하는 것이 아니다"(Kautsky, 1922: 37). 이런 상태에서 프롤레타리아에 의한 권력의 획득은 오로지 민주주의에 의존하는 것이 가장 효과적이며 그런 의미에서 그것은 근대적인 의미의 사회주의가 된다.

이런 사회주의 개념에 입각해서 볼 때 볼셰비키 정권은 태생적으로 이미 근대적인 사회주의를 실현할 수 있는 조건을 갖추고 있지 못했다. 볼셰비즘은 무엇보다도 객관적인 물적 조건이 충분히 성숙하지 못한 농노사회, 러시아를 배경으로 탄생했기 때문에 그것은 "미숙아"(DD: 42쪽)로 출발했다. 이런 배경 때문에 프롤레타리아는 사회 내에서 객관적으로 다수가 아니었고 오히려 다수는 농민이었다. 게다가 이들 농민과 프롤레타리아는 모두 오랜 기간 차르의 전제군주 체제 아래서 억압적인 통치에만 길들여져 있었고 민주주의에 대한 경험은 거의 없었다. 주관적으로도 민주주의적인 역량이 전혀 갖추어져 있지 않았던 것이다. 이런 상태에서 소수의 프롤레타리아가 정권을 잡을 수 있는 방법은 민주적인 방식으로는 불가능했고 오로지 소수에 의한 독재와 관료 그리고 경찰의 통제력에 의존하는 방식이 될 수밖에 없었다.

카우츠키의 이런 주장에 대해서 레닌은 카우츠키의 민주주의 개념이 부르주아적인 것으로서 혁명을 거부하려는 의도를 가진 것이라고 반박했다. 그는 카우츠키가 관심을 갖는 "다수와 소수의 관계"는 부르주아 민주주의 개념이며 마르크스주의자의 관심은 "착취자와 피착취자 사이의 관계"에 토대를 둔 "계급민주주의"가 되어야 한다고 주장했다(Lenin, 1971a: 249). 그리고 이런 '계급민주주의'는 필연적으로 적대계급에 대한 독재가 될 수밖에 없으며 프롤레타리아 독재는 바로 그것을 대변하는 개념이라고 주장했다. 그러나 카우츠키는 이에 대해 계급의 "지배"(어떤 계급이 다수가 되는 상태)는 가능하지만 계급의 "통치"(어떤 계급이 직접적으로 정부를 구성하는 상태)는 불가능하다고 반박했다(DD: 23). 왜냐하면 동일한 계급의 이해도 다양한 방식으로 대변될 수 있고 바로 그 때문에 다양한 방식을 대표하는 다양한 정당이 있을 수 있으며 지배계급은 바로 이런 다양한 정당을 그때그때 선택할 수 있어야 하기 때문이라는 것이다.

이에 대해 레닌은 러시아에서 프롤레타리아를 대변하는 정당은 유일하게 볼셰비키 정당뿐이며 그들과 경쟁관계에 있는 다른 정당, 즉 멘셰비키와 사회혁명당은 사회주의 정당이 아니라 소부르주아 정당이라고 주장하고, 따라서 러시아에서는 프롤레타리아 계급에 의한 정당의 교체가 불가능하고 볼셰비키에 의한 독재가 불가피하다는 점을 강조했다(Lenin, 1971a: 230). 그러나 카우츠키에 따르면 그런 독재는 프롤레타리아 독재가 아니라 프롤레타리아 가운데 일부에 의한 독재라고 반박하고, 이는 조직화된 소수가 조직화되지 못한 다수에 대한 지배를 의미한다는 점에서 보나파르트 독재를 그대로 닮은 것이라고 반박했다(DD: 38). 따라서 그것은 이미 사회주의가 아니라 부르주아 혁명의 길로 벗어나버린 것이다.

한편 트로츠키의 반론은 주로 러시아의 주관적·객관적 조건이 사회주의를 실현하기에 미성숙한 상태라는 카우츠키의 지적에 맞추어졌다. 트로츠키는 먼저 제1차 세계대전 이후 유럽은 근본적인 변화를 보이고 있지만 이런 객관적 조건의 변화를 정치적 상부구조가 따라잡지 못하고 있는 상태를 보이고 있다고 지적했다. 그는 전쟁이 대중과 국가의 관계, 특히 자본주의적 민주주의 질서를 파괴시켜버렸으며 사회주의 실현을 위한 조건이 마치 수증기의 압력처럼 폭발 직전의 상태로 성숙되었다고 주장했다(Trotsky, 1961: 15쪽 이하). 그것은 바로 혁명적 상황이며 이런 상황에서 카우츠키처럼 의회민주주의에 집착하는 것은 시대착

오적인 것이라고 지적했다. 카우츠키는 프롤레타리아에 의한 권력의 획득을 오로지 선거에 의한 방식으로 물신화시켰으며 이는 "마르크스주의와 혁명을 모두 포기"(Trotsky, 1961 : 67)한 행위와 마찬가지라고 그는 비판했다. 특히 트로츠키는 카우츠키가 볼셰비키가 처한 러시아의 현실을 무시하고 대안 없는 비판만 하고 있어서 이는 마치 "낡은 악사가 악기(혁명)의 연주를 거부하는 것"(Trotsky, 1961 : 185)과 마찬가지라고 비난했다.

이런 트로츠키의 반론에 대해서 카우츠키는 논쟁의 핵심이 민주주의 문제임을 환기시키고 주로 이 문제를 집중적으로 논의함으로써 대응했다. 그는 트로츠키가 자신의 민주주의 개념을 '자연권'에만 의존한 것으로 비판한 것은 잘못된 것이라고 지적했다. 그는 민주주의 개념을 원시 민주주의(공동체)와 근대 민주주의로 구분하고 이 양자의 차이는 토대의 차이, 즉 경제발전 수준의 차이에서 비롯된다고 주장했다. 전자의 민주주의가 모든 사회구성원의 직접참여로 이루어지는 반면(따라서 지배계급이 곧바로 통치계급이 된다) 후자의 민주주의는 높은 경제수준과 그로 말미암은 복잡한 사회조직 때문에 직접적인 참여가 불가능해지고 (따라서 지배계급이 직접 통치계급이 될 수 없다) 대중적 언론매체와 다양한 정보의 보급, 국가로부터 독립적인 지식인 그룹 등을 통해서 대중이 간접적으로 정치에 참여하게 된다(『민주주의에서 국가노예제로: 트로츠키에 대한 반론』*Von der Demokratie zur Staatssklaverei. Eine Auseinandersetzung mit Trotzki*, 18~25쪽. 이하 VDSS로 표기). 따라서 이런 근대 민주주의에서는 지배계급이 통치자들을 통제할 수 있는 민주주의적 자유, 특히 언론의 자유가 매우 중요하게 된다. 그리고 이런 민주적 자유를 억압하는 볼셰비키 정권이야말로 시대착오적인 것이며 여기에는 "아무런 미래가 없다"(VDSS : 37)고 비판했다.

한편 카우츠키의 볼셰비키 비판에서 또 하나의 중요한 부분은 볼셰비키 정권이 자신들의 실천적 모델로 삼고 있는 파리코뮌에 대한 분석이었다. 그는 여기서 파리코뮌과 볼셰비키의 소비에트 체제 사이에는 닮은 점이 없으며 오히려 차이점만 드러난다고 분석했다. 먼저 카우츠키는 파리코뮌에서는 당시 프랑스에 존재하던 모든 사회주의 정파가 망라되었는 데 반해 소비에트 공화국에서는 모든 사회주의 정파가 배제되었다고 지적했다(DP: 3). 그리고 파리코뮌은 철저한 민주주의 원칙에 따라 보통선거에 의해 선출된 사람들에게만 최고의 권력을 부여한 데 반해 소비에트 공화국은 차별선거를 실시해 권력을 민주주의의 토대에서 분리시켜 독재의 기반으로 삼았다(*Terrorismus und Kommunismus. Ein Beitrag zur Naturgeschichte der Revolution*, 45쪽. 이하 TK로 표기).

볼셰비키는 낡은 국가기구의 파괴를 정당화하는 데에만 파리코뮌을 모델로 삼았고 새로운 기구를 건설하는 데에는 파리코뮌을 모델로 삼지 않았다. 코뮌(그리고 마르크스)은 부르주아 정부를 받쳐주던 기존의 상비군을 해체하고 이를 민병대로 대체하려 했지만 볼셰비키들은 기존 군대를 해체한 후 오히려 더욱 강력한 상비군인 적군을 창설했다. 그리고 코뮌(그리고 마르크스)은 국가경찰을 해체하려고 했는 데 반해 볼셰비키는 기존 경찰을 해체시키는 대신 더욱 강력하고 무시무시한 경찰(Tsheka)을 창설했다. 코뮌(그리고 마르크스)은 국가관료를 해체하고 국민의 보통선거에 의해 선출된 관료로 이들을 대체하려 했지만 볼셰비키는 차르의 관료를 해체하고 그 대신 국민의 생사여탈권을 쥔 새로운 중앙집권적인 관료를 창설했다(VDSS: 42쪽). 볼셰비키가 코뮌에게서 계승한 것은 단 한 가지로서 입법권과 행정권을 통합한 것이었지만 그것은 사실 독재에 유용한 수단이기 때문이었다. 그리고 무엇보다도 코뮌에서는 이 통합기구가 보통선거를 통해서 구성되었지만 볼셰비키에서는 그렇지 않았다(Kautsky, 1922: 135). 결국 볼셰비키는 기존 체제를 파괴하는 데에는 파리코뮌을 모델로 삼았지만 새로운 체제를 건설하는 데에는 보나파르트 체제를 그대로 본받았다는 것이 카우츠키의 분석이었다.

그러나 카우츠키는 다시 볼셰비키 체제가 보나파르트 체제와도 중요한 점에서 차이가 있다고 지적했다. 즉 보나파르트 체제는 비록 프랑스혁명을 일보 후퇴시키기는 했지만 혁명이 창출한 경제적 토대를 옹호함으로써 프랑스의 경제발전을 이룩할 수 있었으며 또한 프랑스혁명을 유럽 전역에 수출함으로써 유럽을 진일보하게 만드는 데에도 기여했다. 이에 반해 볼셰비키는 정치적으로도 반혁명이지만 경제적으로도 혁명의 성과를 말살해버림으로써 러시아 경제를 도탄에 빠뜨리고 또한 자신의 수출을 통해서 유럽 전체에 정치적·사회적 낙후성을 보급하는 데에만 기여하고 있을 뿐이라는 것이다(Kautsky, 1931b: 58).

결국 카우츠키는 볼셰비키의 소비에트 체제는 이론적으로도 실천적으로도 마르크스주의를 계승한 것이 아니라 오히려 배신했으며 그것과 무관하다고 주장했다. 그리고 그런 행위를 통해서 볼셰비키는 러시아혁명은 물론 사회주의 운동 전체를 망치고 있다고 비난했다. 우연일지는 모르지만 소비에트 체제가 붕괴하고 나자 실제로 자본주의의 대안으로서의 사회주의 운동은 총체적인 위기를 맞고 있다.

카우츠키의 묘비명: 마르크스주의의 부활?

일찍이 19세기에 자본주의적 모순에 대한 대안으로 사회주의가 등장했을 때 그것은 부르주아 혁명이 완성하지 못한 민주주의를 달성하는 것을 자신의 과제로 삼고 있었다. 즉 부르주아 혁명은 정치적으로만 민주주의를 달성하고 경제적으로는 오히려 소수에 의한 독점상태를 빚어냈기 때문이었다. 이 미완성의 민주주의를 완성하는 것, 즉 경제적 토대에서도 민주주의를 만들어내는 것, 그것이 바로 사회주의의 목표였다. 엥겔스가 『프랑스 내전』 서문에서 "지금까지 기만의 수단이었던 것이 해방의 도구로 변화"(Engels, 1895: 519)해야 한다고 했던 말이나 "소수의 의식화된 집단이 다수의 의식화되지 못한 대중을 선도해서 수행하던 혁명"(Engels, 1895: 523)의 시대가 지나갔다고 한 것 등은 모두 이런 배경에서 나온 것이며 사회주의가 스스로를 사회민주주의라고 불렀던 것도 같은 이유에서였다. 이처럼 사회주의가 민주주의와 깊은 관련이 있다는 것은 적어도 제2인터내셔널 시기까지는 당연한 일로 받아들여졌다. 제2인터내셔널에서 공동의 목표로 추구하던 핵심과제 가운데 하나가 보통선거권의 쟁취였던 것은(강신준, 1992) 민주주의와 사회주의 운동의 관련을 보여주는 대표적인 사례다.

그러나 러시아의 볼셰비키 혁명 이후 민주주의와 사회주의의 관계는 달라지고 민주주의 개념은 프롤레타리아 독재 개념으로 대체되었다. 마찬가지로 자본주의의 유일한 대안도 마르크스주의에서 볼셰비즘으로, 그리고 제2인터내셔널의 사회주의에서 제3인터내셔널의 레닌주의(더 나아가 스탈린주의)로 대체되었다. 바로 이런 사회주의 개념의 전환점에 우리가 논의하는 카우츠키가 자리를 잡고 있다. 그는 이 전환점에서 사회주의 진영 전체에서 거의 고립된 채 변절자로 역사에 기록되는 희생을 감수하면서 볼셰비즘 이전의 마르크스주의를 지키고 그것을 볼셰비즘과 구별 지으려는 노력에 남은 생애 전체를 쏟아부었다. 그는 마르크스주의의 본질이 민주주의와 밀접하게 관련되어 있으면서 이런 개념을 벗어난 볼셰비즘은 이미 마르크스주의가 아니고 자본주의의 대안이 될 수 없으며 따라서 결국 스스로 소멸하게 되리라는 것을 예언했다.

오늘날 볼셰비즘의 몰락을 지켜본 우리는 새삼 카우츠키의 복권이 갖는 의미를 되살리게 된다. 그것은 단순히 이론 논쟁에서 희생당한 한 이론가의 복권을 넘어서 자본주의의 대안으로서의 사회주의 또는 마르크스주의 개념의 복권이나 재검토를 의미하는 것이기도 하기 때문이다. 우리는 지금까지 그런 점을 고려하면서 카우츠키를 볼셰비즘의 족쇄에서 해방시켜 객관적이고 독립적으로 재검토하려고 시도해보았다. 그러나 이 글은 카우츠키와 마르크스주의, 그리고 볼셰비즘 전체를 비교해서 종합적인 전망을 얻는 것을 목적으로 하는 것이 아니라 여기서 번역 소개하는 두 글에 대한 해설이므로 그 부분에 국한해서만 살펴보았다.

대체로 지금까지 검토한 부분에서 우리가 얻을 수 있는 함의는 크게 세 가지로 정리된다.

첫째, 카우츠키의 마르크스주의는 이미 마르크스와 엥겔스가 정립했던 고전적 마르크스주의는 아니었다는 점이다. 그것은 19세기 말 마르크스주의가 대중과 만나는 과정에서 새롭게 만난 많은 문제들을 녹여내려고 했던 마르크스주의였고 따라서 교의적으로 화석화된 것이 아니었다. 이는 독일 사민당의 당시의 시대적 조건에서 우리가 알 수 있었듯이 이미 이 시기의 마르크스주의가 현실적 적응을 위해 교의적일 수 없었던 사정을 반영하는 것이다. 그것은 마르크스주의 발전의 경향을 보여주는 것으로 교의적인 화석화가 그것의 발전경향이 아니었다는 것을 보여주는 것이다. 볼셰비즘 이후 많은 마르크스주의 논쟁이 화석화된 교의적인 방식을 취했던 것은 적어도 자본주의의 가장 유효한 대안으로서 대중의 열렬한 지지를 받던 제2인터내셔널 시기의 마르크스주의와는 거리가 먼 것이었다는 점이다.

둘째, 제2인터내셔널 시기의 마르크스주의는 분명히 볼셰비즘과는 다르다는 점이다. 볼셰비키들의 많은 노력과 강변에도 불구하고 카우츠키는 그것이 마르크스주의와는 전혀 다른 기반 위에 서 있다는 점을 여러 면에서 분명하게 논증했다. 따라서 볼셰비즘을 마르크스주의와 동일시하던 지금까지의 인식은 카우츠키의 복권과 함께 재고되어야 할 필요가 있다. 볼셰비즘은 이론적으로나 실천적으로 모두 제2인터내셔널 시기의 마르크스주의와는 다르며 그것이 유일하게 정당한 마르크스주의의 상속자라는 주장은 근거가 희박하다는 것이다. 따라서 오늘날 자본주의의 대안을 검토할 때 볼셰비즘의 소멸과 함께 마르크스주의도 그 대안에서 배제해버리는 것은 재고해보아야 할 문제로 생각한다.

셋째, 새롭게 재고해야 할 마르크스주의에서 가장 핵심적인 요소는 민주주의라는 점이다. 우리가 오늘날 자본주의의 대안으로 새롭게 마르크스주의를 검토한다면 그것은 볼셰비즘 이전의 마르크스주의, 즉 대중의 적극적인 지지를 받던 제2인터내셔널 시기의 마르크스주의다. 그리고 이 시기의 마르크스주의를 가장 대표할 수 있는 이론가가 카우츠키라는 데 대해서는 당대는 물론 레닌조차도 인정했던 점이다. 그리고 카우츠키는 이 시기의 마르크스주의에서 가장 중요한 요소가 민주주의라는 것을 볼셰비키와의 논쟁에서 반복적으로 강조했던 것이다. 그리고 카우츠키는 마르크스주의의 발전 경향에서 민주주의의 확대를 본질적인 것으로 강조했고 그가 볼셰비키를 끝까지 용납할 수 없었던 것도 그들이 바로 민주주의를 마르크스주의에서 제거했기 때문이었다.

21세기를 이미 들어선 지금 자본주의는 19세기 말의 그 자본주의에 비하여 본질적으로 그 모순적인 성격, 특히 비민주적 성격을 극복하지 못하고 있다. 경제적으로 행복한 소수와 행복하지 않은 다수 사이의 간격은 20세기 중반에 어느 정도 좁혀지다가 세기말에 이르러 다시 벌어졌으며 21세기에 들어서 그 경향은 더욱 심해져가고 있는 실정이다. 그런 점에서 자본주의의 대안문제는 한 세기를 넘어서 지금도 여전히 우리에게 당면한 과제로 남아 있다. 이런 시대적 조건에서 아마 우리가 카우츠키의 재검토에서 얻을 수 있는 가장 큰 함의는 자본주의의 대안으로서의 마르크스주의——특히 민주주의의 확대라는 의미에서——에 대한 재검토일 것이다. 그러나 물론 그런 재검토가 마르크스주의, 그것도 19세기 말의 마르크스주의가 그대로 복권하는 것을 의미하지는 않을 것이다. 카우츠키가 처했던 당시의 시대적 조건에서도 확인되듯이 마르크스주의는 결국 현실에서의 시험과정을 거쳐서 그 유효성을 검증받게 될 것이다. 그리고 오늘날 카우츠키의 재검토를 통해서 우리가 얻게 된 인식은 마르크스주의가 그런 유효성의 검증을 아직 받지 않았으며 이제 그런 검증의 첫발을 겨우 내디뎠을 뿐이라는 것이다. 그 첫발은 물론 우리가 지금까지 보았듯이 카우츠키와 함께 볼셰비즘의 족쇄에서 일단 벗어나는 것이다. 카우츠키의 재검토가 오늘날 우리에게 가장 가치 있는 것은 이 부분이 아닐까 나는 생각한다. 마르크스주의는 이제 다시 출발점에 서 있는 것이다.

참고문헌

강신준(1991), 『수정주의 연구 1』, 이론과 실천.

강신준(1992), 「제2인터내셔널 시기의 마르크스주의」, 『이론』, 1992년 겨울호.

Abramowitsch, R.(1922), Foreword to Kautsky, *Ot demokratii k gosudarstyennomu rabstvu*(From democracy to stateslavery), Berlin.

Deppe, Frank(1985), *Ende oder Zukunft der Arbeiterbewegung?*, Pahl-Rugenstein, Köln.

Donald, Moira(1993), *Marxism and Revolution. Karl Kautsky and the Russian Marxists 1900~1924*, Yale University Press, New Haven & London.

Engels, F.(1895), *Einleitung zu Die Klassenkämpfe in Frankreich 1848 bis 1850*, MEW Bd. 22.

Gilcher-Holtey, Ingrid(1986), *Das Mandat des Intellektuellen. Karl Kautsky und die Sozialdemokratie*, Berlin.

───(1991), "Karl Kautsky(1854~1938)," in: Euchner, Walter(Hg.), *Klassiker des Sozialismus*, Verlag C. H. Beck, München.

Kautsky, Benedikt(1954), "Einleitung zum Sammelband," *Ein Leben für Sozialismus. Erinnerung an Karl Kautsky*, Hannover.

───(Hg.)(1955), *Friedrich Engels Briefwechsel mit Karl Kautsky*, Vienna, Danubia Verlag.

Kautsky, John(1964), "Introduction" to *The Dictatorship of the Proletariat*, Ann Arbor Paperbacks, The University of Michigan.

───(Hg.)(1971), *August Bebels Briefwechsel mit Karl Kautsky*, Assen, Van Gorcum & Co.

Kautsky, Karl(1918), *Die Diktatur des Proletariats*, Wien.

───(1918), *Demokratie oder Diktatur*, Berlin.

───(1919), *Terrorismus und Kommunismus. Ein Beitrag zur Natur-geschichte der Revolution*, Berlin.

───(1920), *Delbrück und Wilhelm II*, Berlin.

Kautsky, Karl(1921), *Von der Demokratie zur Staatssklaverei. Eine*

Auseinandersetzung mit Trotzki, Berlin.

――(1922), *Die proletarische Revolution*, Stuttgart, Berlin.

――(1931a), "Die Aussichten des Fünfjahresplanes," *Die Gesellschaft*, VIII, Nr. 3(March 1931).

――(1931b), "Sozialdemokratie und Bolschewismus," *Die Gesellschaft* 8, Bd. I.

Kautsky, K. to Axelrod, P. B., 05. 01. 1925, Axelrod Archive IISG.

Kautsky, K. an Eisner, Kurt, 20. 09. 1918, in: IfGA, ZPA, Berlin, NL 60/65.

Kautsky, K. an Engels, F., 25. 11. 1893, in: Kautsky, Benedikt(Hg.) (1955), *Friedrich Engels Briefwechsel mit Karl Kautsky*, Vienna, Danubia-Verlag, 1955.

Kautsky, K. an Grutz, W., 06. 11. 1908, in: *Institut für Marxismus-Leninismus beim ZK der KPdSU, Zentrales Parteiarchiv*, Moskau(이하에서는 IML, ZPA, Moskau로 줄여서 표기), f. 215, op. 1, Nr. 8.

Kautsky, K. an Kautsky, Luise, 01. 05. 1917, *Familienarchiv Kautsky*, Nr. 1571.

Kautsky, K. an Mehring, F., 31. 10. 1905, IML, ZPA, Moskau, f. 201, op. 1, Nr. 247.

――, 31. 07. 1906, in: IML, ZPA, Moskau, f. 201, op. 1, Nr. 289.

――, 06. 12. 1906, IML, ZPA, Moskau, f. 201, op. 1, Nr. 276.

Kautsky, K. an Rjasanoff, D. I., 22. 05. 1917, in: IML, ZPA, Moskau, f. 213, op. 1, Nr. 6450.

――, 02. 04. 1917, in: IML, ZPA, Moskau, f. 213, op. 1, Nr. 6510.

――, 14. 08. 1919, in: IML, ZPA, Moskau, f. 213, op. 1, Nr. 6566.

Korsch, Karl(1929), *Die materialistische Geschichtsauffassung. Eine Auseinandersetzung mit Karl Kautsky*, Leipzig(Neudruck: Frankfurt/M. 1971).

Laschitza, Annelies(1992), "Karl Kautsky im Widerstreit zwischen Marxismus und Opportunismus 1905 bis 1914," in: Rojahn, Jürgen/Schelz, Till/Steinberg, Hans-Josef(Hg.), *Marxismus und*

Demokratie, Campus Verlag, Frankfurt/New York.

Laschitza, Annelies(1995), "Karl Kautsky(1854~1938) — Ein 'unverbes-serlicher Marxist'," in: Otfried Dankelmann(Hg.), *Lebensbilder europäischer Sozialdemokraten des 20. Jahrhunderts*, Verlag für Gesellschaftskritik, Wien.

Lenin, W. I.(1918), *Die proletarische Revolution und der Renegat Kautsky*, Berlin.

———(1971a), Werke Bd. 26.

———(1971b), Werke Bd. 28.

Luxemburg, Rosa(1983), "Zur russischen Revolution," in: *Gesammelte Werke*, Bd. 4, Berlin.

Luxemburg, Rosa an Roland Holst, H., 03. 07. 1905, PS von Kautsky, in: *IfGA*, Berlin, ZPA, NL 2.

Mandel, Ernest(1972), *Der Spätkapitalismus*, Frankfurt/M.

Matthias, Erich(1957), "Kautsky und der Kautskianismus. Die Funktion der Ideologie in der deutschen Sozialdemokratie bis zum Ersten Weltkrieg," in: *Marxismusstudien* 2. Folge. Tübingen.

Meiner, F.(Hg.)(1924), *Die Volkswirtschaftslehre der Gegenwart in Selbstdarstellungen*, Leipzig.

Meyer, Thomas(1992), "Karl Kautsky im Revisionismusstreit und sein Verhältnis zu Eduard Bernstein," in: Rojahn, Jürgen/Schelz, Till/Steinberg, Hans-Josef(Hg.), *Marxismus und Demokratie*, Campus Verlag, Frankfurt/New York.

Pierson, Stanley(1993), *Marxist Intellectuals and the Working-Class Mentality in Germany, 1887~1912*, Harvard University Press, Cambridge, Massachusetts, London England.

Salvadori, Massimo(1982), *Sozialismus und Demokratie, Karl Kautsky 1880~1938*, Klett-Cotta, Stuttgart.

Steinberg, Hans-Josef(1986), "Kautsky," in: *Lexikon des Sozialismus*, hrsg. von Thomas Meyer/Karl Heinz Klär/Susanne Miller/Klaus Novy/Heinz Timmermann, Köln.

Steinberg, Hans-Josef(1992), "Kautskys Stellung in der Geschichte der sozialistischen Arbeiterbewegung und seine Bedeutung für die

Gegenwart," in: Rojahn, Jürgen/Schelz, Till/Steinberg, Hans-Josef(Hg.), *Marxismus und Demokratie*, Campus Verlag, Frankfurt/New York.

Trotsky, Leon(1961), *Terrorism and Communism, A reply to Karl Kautsky*, Ann Arbor.

Waldenberg, Marek(1992), "Kautskys Marx-Rezeption," in: Rojahn, Jürgen/Schelz, Till/Steinberg, Hans-Josef(Hg.), *Marxismus und Demokratie*, Campus Verlag, Frankfurt/New York, 1992.

프롤레타리아 독재

일러두기

▪이 책은 Karl Kautsky, *Die Diktatur des Proletariats*, Dietz Verlag, Berlin, 1990(Hrsg. von Hans-Jürgen Mende)에 실린 카우츠키의 글 두 편을 발췌·번역한 것이다.

▪본문 속의 각주는 모두 옮긴이가 쓴 것이다.

▪원문의 이탤릭체는 고딕으로 표기했다.

프롤레타리아 독재

문제제기

오늘의 러시아혁명은 세계사에서 처음으로 사회주의 정당을 대제국의 지배자로 만들어놓았다. 그것은 실로 1871년 3월 프롤레타리아 계급이 파리 시의 지배권을 장악했던 것보다 훨씬 커다란 사건이다. 그러나 몇 가지 중요한 점에서 파리코뮌은 소비에트 공화국보다 앞선 부분이 있다. 파리코뮌은 프롤레타리아 계급 전체가 이룬 업적이었다. 즉 거기에는 모든 사회주의 노선이 한데 포괄되어 있었다. 거기에 포함되지 않은 사회주의 노선은 없었으며 또한 어떤 사회주의 노선도 거기서 배제되지 않았다.

반면 오늘날 러시아를 지배하고 있는 사회주의 정당은 다른 사회주의 정당들과의 투쟁을 통해서 권력을 차지했다. 이 정당은 다른 사회주의 정당들을 자신의 지배기구에서 배제해버리고 권력을 행사하고 있다.

이들 두 사회주의 노선 사이의 대립은 소아병적인 시기심에서 비롯된 것이 아니다. 그것은 두 가지 근본적으로 상이한 방법, 즉 민주적 방법과 독재적 방법의 차이에서 비롯된 것이다. 두 노선이 지향하는 목표는 동일하다. 즉 프롤레타리아의 해방, 다시 말해서 사회주의를 통해서 인류를 해방하는 것이다. 그러나 그 목표로 향하는 방법에서 한쪽이 취하고 있는 방법은 다른 한쪽에서 볼 때는 파멸로 가는 잘못된 방법이다.

러시아에서의 프롤레타리아 투쟁과 같은 거대한 사건에 대해 아무런 견해도 표명하지 않고 가만히 앉아 있는 것은 불가능한 일이다. 우리 모두는 그 사건에 대해서 자신의 생각을, 그것도 적극적인 태도로 밝혀야 한다는 것을 절박하게 느끼고 있다. 그런 절박한 느낌은 지금 러시아 동지들이 부딪히고 있는 바로 그 문제가 서유럽에서도 조만간 현실적인 문제가 될 것이기 때문에, 그리고 그 문제가 이미 우리의 선전과 전술방식에 결정적인 영향을 미치고 있기 때문에 더욱 그러하다.

그렇지만 여기서 우리가 지켜야 할 점은 서로 갈라서 있는 러시아 동지들의 양측 주장을 철저하게 검토하기 전까지는 어느 누구의 편도 함부로 들어서는 안 된다는 것이다.

그런데 많은 동지들은 이를 방해하려 하고 있다. 이들은 러시아 사회주의 내에서 주도권을 장악한 노선에 대해서 더 이상 왈가왈부하지 말고 곧바로 지지를 표명하는 것이 우리의 의무라고 주장한다. 그리고 그렇게 하지 않는 것은 혁명을 위협하고 사회주의 자체를 위협하는 것이라고 말한다. 그러나 이 말은 이제부터 검토해야 할 문제, 즉 어떤 노선이 올바른 길을 가고 있는지, 따라서 계속 그 길을 가도록 우리가 그들을 격려해야 하는지의 문제를 이미 검증이 끝난 문제로 간주하는 것과 마찬가지다.

물론 자유로운 토론을 최대한 요구한다는 것은 이미 민주주의를 지지하는 것이다. 독재는 반대되는 견해를 거부하는 것이 아니라 그런 견해가 표현되는 것 자체를 강제로 억압하려 한다. 따라서 토론을 시작하기도 전에 이미 민주주의와 독재라는 양측의 방법은 서로 화해할 수 없이 대립해 있다. 한쪽에서 요구하는 것을 다른 한쪽에서는 금지하고 있는 것이다.

그러나 우리 당에서는 아직 독재가 이루어지지 않고 있다. 우리는 아직 서로 자유롭게 토론하고 있다. 그리고 우리는 자신의 의견을 자유롭게 표현하는 것이 단지 우리의 권리일 뿐만 아니라 의무라고도 생각한다. 왜냐하면 모든 주장을 전부 들어본 다음에야 비로소 올바르고 효과적인 결정을 내릴 수 있기 때문이다. 어떤 사람의 얘기가 누구나 다 아는 얘기인 경우는 결코 없다. 그래서 우리는 다른 사람들의 얘기를 끝까지 경청해야만 한다.

그리하여 이제부터 우리는 프롤레타리아에게 민주주의가 어떤 의미를 갖는지, 프롤레타리아 독재를 어떻게 이해해야 하는지, 그리고 독재라는 통치형태가 프롤레타리아 해방투쟁에서 어떤 조건을 만들어내는지에 대해서 살펴보기로 한다.

민주주의와 정치권력의 획득

사람들은 때때로 민주주의와 사회주의를, 즉 민주주의와 생산수단 또는 생산의 사회화를 다음과 같은 방식으로 서로 다른 것이라고 구별한다. 즉 사람들은 사회주의가 우리의 최종목표,[1] 다시 말해서 우리 운동의 목적이며 민주주의란 이 목표를 달성하기 위한 단순한 수단일 뿐으로서 경우에 따라서는 불필요하거나 방해가 될 수도 있다고 말한다.

그러나 엄격하게 말해서 우리의 최종목표는 사회주의가 아니라 "하나의 계급, 하나의 정당, 하나의 성, 하나의 종족만을 지향하는 모든 유형의 착취와 억압"(에르푸르트 강령)을 지양하는 데 있다.[2]

우리는 프롤레타리아의 계급투쟁을 지지함으로써 이 목표를 달성하려고 하는데 그것은 프롤레타리아가 모든 착취와 억압의 원인을 제거하지 않고는 해방될 수 없는 최하위 계급이기 때문이며 또한 산업프롤레타리아야말로 착취당하고 억압받는 계급 가운데서도 세력이 점차로 증가하고 투쟁능력과 투쟁열기가 갈수록 높아가는 계급으로서 결국은 반드시 승리하고야 말 바로 그런 계급이기 때문이다. 그렇기 때문에 진정으로 착취와 억압에 반대하는 사람들이라면 누구나 프롤레타리아가 이

---

1) 프롤레타리아의 해방.
2) 독일 사회민주당의 1891년 강령으로서 사회주의 노동운동의 강령 가운데 마르크스주의가 가장 잘 반영된 강령으로 평가된다. 이론부분의 1부 강령은 카우츠키가, 실천부분의 2부 강령은 베른슈타인이 기초했다.

끄는 계급투쟁에 동참해야만 하는 것이다.

이 투쟁에서 우리가 사회주의적 생산양식을 목표로 삼는 까닭은 이 생산양식이 오늘날 주어진 기술적·경제적 조건에서 우리의 목표를 달성할 수 있는 유일한 수단으로 간주되기 때문이다. 만일 우리가 프루동 (Pierre-Joseph Proudhon, 1809~65)[3]의 생각처럼 생산수단에 대한 사적 소유를 토대로 해서만 프롤레타리아의 해방, 그리고 인류 전체의 해방이 가능하고 또 가장 바람직하다는 오류에 빠져버린다면 우리는 우리의 최종목표를 끝까지 포기하지 않기 위해서 사회주의를 포기해야만 할 것이다. 그렇다, 만일 그럴 경우에는 최종목표를 위해서 우리는 정말로 그렇게 해야만 할 것이다.

민주주의와 사회주의는 하나가 목적이고 다른 하나는 수단이라는 점에서 구별되는 것이 아니다. 양자는 모두 동일한 목적을 달성하기 위한 수단일 뿐이다.

양자의 차이점은 다른 곳에 있다. 프롤레타리아 해방을 위한 수단으로서의 사회주의는 민주주의 없이 생각할 수 없다. 사회적 생산은 민주적 토대가 없는 곳에서도 물론 필요하다. 사회의 발전이 낙후된 곳에서는 공산주의적 경제가 곧바로 전제주의의 토대가 될 수 있었다. 바로 이 점을 엥겔스는 오늘날까지도 존속하고 있는 러시아와 인도의 촌락공동체주의(Dorfkommunismus)와 관련해서 이미 1875년에 분명하게 지적한 바 있다(「러시아의 사회적 상태」, 『폴크스슈타트』Volksstaat, 1875).

---

3) 프랑스의 무정부주의적 사회주의자. 브장송 출생. 양조업자의 아들로 태어나 아버지가 소송사건으로 파산한 후, 1838년 파리로 가 고학으로 높은 교양을 쌓았다. 자본가적 사적 소유를 원칙적으로 부정했고 노동자가 생산수단을 소유하여 소생산자 개인의 자유의사에 기초를 둔 협동조합조직을 만들고, 이들 조직을 지역적으로 연합시켜 지방분권조직인 연합사회를 건설할 것을 주장했다. 또 모든 권력은 필연적으로 지배와 피지배의 관계를 수반하기 때문에 악이며, 소유는 모든 권력=착취=지배로 통하는 수단이라고 해서 부정했다. 그리고 힘 대신 정의를 가치의 척도로 삼아 인내심을 가지고 자본가의 양심과 인도주의에 호소해야 한다고 강조했다.

자바(Java)⁴⁾에 대한 네덜란드의 식민정책은 이른바 '문화체제'(Kultursystem)라는 개념 아래 오랜 기간 농업생산조직, 즉 토지공동체주의에 토대를 두고 민중을 착취하는 통치조직에 기초를 두고 있었다.

사회적 노동을 수행하는 비민주적 조직의 가장 대표적인 예로는 18세기 파라과이의 예수회국가⁵⁾를 들 수 있다. 지배계급이었던 예수회는 그곳에서 독재적인 권력을 행사하면서 인디언 원주민들의 노동을 조직했는데 그들의 노동조직 방법은 실로 놀라운 것으로서 전혀 폭력을 사용하지 않고 단지 이들 원주민에게서 자발적인 충성을 얻어내는 방법으로 이루어졌다.

그러나 근대화된 사람들은 그러한 가부장적인 체제를 받아들이기 어려울 것이다. 이런 체제는 단지 지배자가 피지배자에 비해 높은 지식을 가지고 있고 피지배자가 지배자와 동일한 지식수준에 도달하는 것이 결코 불가능한 경우에만 가능하다. 해방투쟁을 이끄는 계층이나 계급은 그런 통치체제를 목표로 설정할 수 없으며 그것을 단연코 거부해야만 한다.

따라서 우리는 민주주의 없는 사회주의를 생각할 수 없다. 우리는 근대적인 사회주의를 단지 생산의 사회적 조직화로서만 이해하는 것이 아니라 동시에 사회의 민주적 조직화로도 생각한다. 그러므로 우리에게 사회주의란 민주주의와 불가분의 것으로 결합되어 있다. 민주주의 없는 사회주의란 없는 것이다.

그러나 이 문장의 역은 곧바로 성립하지 않는다. 왜냐하면 민주주의는 사회주의 없이도 얼마든지 가능하기 때문이다. 아무리 순수한 민주주의도 사회주의 없이 가능한데, 예를 들어 소농공동체의 경우가 바로 그러하다. 여기서는 생산수단에 대한 사적 소유를 토대로 모든 사람들

---

4) 오늘날 인도네시아에 소속된 섬.
5) 예수회 교단이 통치주체인 국가체제. 예수회(Jesuit)는 1540년 성 이그나티우스 로욜라가 하비에르 등과 함께 파리에서 창설한 가톨릭의 남자 수도회를 가리킨다.

에게 경제적 조건의 완전한 평등이 이루어진다.

우리는 어떤 경우에도 민주주의가 사회주의 없이도 가능하며 사회주의 이전에도 가능하다고 얘기할 수 있다. 그리고 민주주의와 사회주의의 관계를 수단과 목적의 관계와 같은 것이라고 생각하는 사람들은 분명히 이러한 사회주의 이전의 민주주의를 염두에 두고 있다. 그래서 이들은 대개 양자간의 관계를 얘기할 때 민주주의가 원래는 목적을 달성하기 위한 수단이 아니었다고 얼른 덧붙인다. 그러나 이 덧붙인 문장은 단연코 거부되어야 한다. 만일 이 문장을 일반적인 것으로 해석할 경우 그것은 우리의 운동을 최악의 길로 이끌고 갈 것이기 때문이다.

왜 민주주의는 사회주의의 달성에 불필요한 수단이 되어야 할까? 권력의 획득이 중요하기 때문이라고들 말한다. 사람들은 지금까지 부르주아가 지배하던 민주국가에서 만일 사회민주당이 의회선거를 통해서 다수를 차지할 가능성이 보이면 기존의 지배계급은 그들이 동원할 수 있는 모든 무력수단을 사용하여 민주주의에 의한 권력의 획득을 방해하려 할 것이라고 설명한다. 바로 그렇기 때문에 프롤레타리아는 민주주의를 통해서가 아니라 단지 혁명을 통해서만 정치권력을 획득할 수 있다는 것이다.

물론 민주적인 국가에서 프롤레타리아의 세력이 커질 경우 기존의 지배계급은 성장하는 이 계급이 민주주의를 충분히 이용하는 것을 가로막기 위해서 폭력적인 수단을 사용하려 할 것이라는 점을 우리는 고려해야 한다. 그러나 그렇다고 해서 프롤레타리아에게 민주주의가 아무 쓸모도 없는 것이라고 말할 수는 없는 일이다. 만일 여기서 얘기하고 있는 조건에서 지배계급이 폭력에 호소한다면 그것은 바로 그들이 민주주의의 결과를 두려워하기 때문인 것이다. 그리고 그들의 폭력적 행위는 민주주의의 파괴 이상의 아무것도 아닐 것이다.

그러므로 지배계급이 민주주의를 폐기하려 할 것이라는 생각에서 우리가 얻을 수 있는 결론은 민주주의가 프롤레타리아에게 아무런 쓸모도 없다는 것이 아니라 오히려 프롤레타리아는 이를 악물고라도 민주주의를 지켜내야 할 필요가 있다는 것이다. 만일 우리가 프롤레타리아에게 민주주의란 것이 근본적으로 아무런 쓸모없는 장식품에 불과하다고 계속 가르친다면 민주주의를 지켜내는 데 필요한 세력은 만들어지지 않을 것이다. 그러나 민주주의가 어떻게 운영되든 아무런 관심도 기울이지 않을 것이라고 많은 사람들이 생각하는 것과는 달리 프롤레타리아 대중은 도처에서 자신들의 민주적 권리에 대해 매우 깊은 관심을 보이고 있다. 그래서 오히려 우리는 그런 생각과 정반대되는 사태를 예견할 수 있게 된다. 즉 프롤레타리아 대중은 자신들의 권리를 강력하게 옹호하려 할 것이기 때문에 만일 반대편에서 국민의 권리를 폭력적 행위를 통해서 말살하려고 한다면 그것은 프롤레타리아 대중의 강력한 반대에 부딪혀서 정치적 전복으로 이어지게 되리라는 것이다. 이런 사태는 프롤레타리아가 민주주의를 높게 평가하면 할수록, 그리고 민주주의에 대한 그들의 관심이 크면 클수록 그럴 가능성이 더욱 높아질 것이다.

그러나 다른 한편, 여기서 얘기한 이런 사태의 진행이 어디서나 반드시 그렇게 되리라고 생각할 필요는 없다. 우리가 그렇게 소심해 할 필요까지는 없는 것이다. 국가가 민주적이면 민주적일수록 국가의 권력수단(군대를 포함해서)은 그만큼 더욱더 국민의 동의에 의존하게 된다(대표적인 것이 국민군에 해당한다). 이런 권력수단은 민주주의 아래서도 프롤레타리아 운동을 폭력적으로 진압하는 수단이 될 수도 있는데 예를 들어 프롤레타리아가 농업국가와 같이 수적으로 소수이거나 또는 조직되지 못하고 정신적으로도 자립적이지 못해서 정치적으로 세력이 약할 경우에 그러하다. 그러나 프롤레타리아가 민주적 국가에서 주어진 자유를 이용해 정치권력을 획득할 수 있을 만큼 수적으로 충분히 우세하고 세력도 강력하다면 '자본가들의 독재'는 민주주의를 폭력적으로 억누를 수 있는 마땅한 권력수단을 찾아내는 데 심각한 어려움에 봉착하게 될 것이다.

마르크스는 미국에서와 마찬가지로 영국에서도 프롤레타리아가 평화적인 경로로 정치권력을 획득하는 것이 실제로 가능하고 또 그렇게 되리라고 간주했다. 1872년 헤이그에서 열린 인터내셔널 대회를 마치고 나서 마르크스는 암스테르담의 한 대중집회에서 다음과 같은 연설을 했다.

노동자들은 새로운 노동조직을 건설하기 위해 언젠가 정치권력을 장악해야만 한다. 만일 그들이 구기독교도들처럼 새로운 노동조직에는 관심이나 주의를 기울이지 않고 그것을 '현세의 왕국'에서 건설하는 것을 기피하는 것이 아니라면 그들은 낡은 노동조직을 떠받치고 있는 낡은 정치를 타파해야만 한다.

그러나 우리는 이 목표를 달성하기 위한 경로가 어디서나 모두 똑같아야 한다고 주장하는 것은 아니다.

우리는 각 지역들마다 서로 다른 제도와 윤리, 그리고 관습 등을 고려해야 한다는 것을 알고 있다. 그리고 우리는 노동자들이 평화적인 경로를 통해서 이런 목표를 달성할 수 있는 나라로서 미국과 영국을 들 수 있으며 만일 내가 여러분의 나라에 대해서 알고 있는 바가 정확한 것이라면 여기에 네덜란드도 포함시킬 수 있다는 사실을 부인하지 않겠다. 그러나 이런 경로가 모든 나라에 똑같이 적용될 수 있다는 것은 물론 아니다.

마르크스의 예상이 맞을지는 아직 더 두고 보아야 한다.

물론 위에서 언급한 나라들에서도 프롤레타리아에 대해 점차 폭력적인 행동을 보이는 경향이 있는 자산가계급들이 분명히 존재한다. 그러나 이와 함께 점차 커나가고 있는 프롤레타리아 세력에 대해서 긍정적인 관심을 기울이고 프롤레타리아를 포용함으로써 이들과 좋은 관계를 유지하려는 또 다른 계층도 증가하고 있다. 전쟁상태가 계속 이어지고 있던 기간에 국민대중의 정치운동에 대한 자유는 전반적으로 극히 제약되었지만 영국의 프롤레타리아에게는 오히려 선거권이 대폭 확대되었다. 오늘날 우리가 결코 간과해서는 안 되는 문제는 각 나라별로 프롤레타리아가 정치권력을 획득하는 형태에 민주주의가 어떤 영향을 미치고 있는지, 그리고 위로부터든 아래로부터든 그런 정치권력을 획득할 때 폭력적인 방법이 아니라 평화적인 방법을 사용하도록 하는 데 민주주의가 얼마 만큼 영향을 미치고 있는지에 대한 것이다. 어떤 경우에도 민주주의의 존속은 권력획득 과정에서 매우 중요한 역할을 하게 될 것이다. 인민의 권리——이것들은 인민이 혁명을 통해서 획득하고 그것을 지켜내고 또 확대시켜온 것이며 그런 과정을 통해서 지배계급은 인민대중에 대한 존경을 배워가게 된다——가 수십 년, 아니 수백 년 동안 깊이 뿌리를 내리고 있는 민주적인 공화국에서는 군국주의적인 전제군주가 인민대중에게 지금까지 무제한적으로 강력한 권력수단을 행사해왔고 그렇기 때문에 인민대중에게 재갈을 물리는 일에 익숙해 있는 나라들에서와는 이행형태가 분명히 다를 것이다.

그러나 민주주의가 프롤레타리아 체제로의 이행형태에 미치는 영향도 중요하지만 아직 사회주의로 넘어가기 이전의 시기에 그것이 갖는 의미도 우리에게는 매우 중요하다. 우리가 보기에 무엇보다도 중요한 것은 민주주의가 이 시기에 프롤레타리아를 성숙시키는 데에 결정적으로 영향을 미친다는 사실이다.

민주주의와 프롤레타리아의 성숙

사회주의가 가능하고 또 필연적으로 되기 위해서는 특수한 역사적 조건이 필요하다. 이것은 일반적으로 누구나 인정하는 점이다. 그러나 근대적 사회주의가 가능하기 위해서 충족되어야만 하는 조건들은 과연 무엇이며, 또 어떤 나라가 사회주의에 도달할 정도로 성숙해지는 시점이 언제인지의 질문들에 대해서는 우리들 사이에 통일된 견해가 없다. 그러나 이렇게 중요한 문제에 대해 통일된 견해가 없다고 해서 그것이 무슨 대단한 문제인 양 과장할 필요는 없다. 그것은 단지 우리가 이 문제를 다루어야 할 필요가 있다는 것을 말해주는 것이며 그런 의미에서 약간 즐거운 일이기도 하다. 왜냐하면 이런 필요성은 이제 사회주의가 전쟁 초 숱한 설교자들이 우리에게 얘기했던 것처럼 몇 세기나 기다려야만 하는 그런 미래의 것이 더 이상 아니라는 것을 말해주기 때문이다. 사회주의는 이미 실천적 문제로서 현재의 일상적 과제로 떠올라 있다.

그렇다면 사회주의가 실현되기 위한 전제조건은 도대체 무엇인가?

모든 의식적인 인간의 행동(Handeln)은 의지(Willlen)를 전제로 하고 있다. 사회주의를 향한 의지는 사회주의의 실현을 위한 일차적인 조건이다. 이런 의지는 대경영을 통해 만들어진다. 한 사회 내에서 소경영이 지배적이면 주민 대다수는 이들 경영의 소유주다. 무산자의 수는 적다. 무산자인 사람은 소경영의 소유주가 되는 것을 자신의 이상으로 삼는다. 이런 그의 바람은 경우에 따라서 혁명적인 형태를 취할 수도 있지만 그러나 이 경우의 사회혁명은 결코 사회주의 혁명이 되지 않는다. 그것은 단지 기존의 자산을 모든 사람이 소유주가 되도록 새롭게 재분배하는 것이 될 뿐이다. 소경영은 언제나 인간이 노동하는 데 사용되는 생산수단에 대한 사적 소유의 유지 또는 획득을 향한 의지를 만들어낼 뿐이며 사회적 소유를 향한 의지, 즉 사회주의를 향한 의지를 만들어내지는 않는다.

이런 의지가 대중들 사이에서 만들어지는 것은 대경영이 이미 상당히 발전해서 소경영을 압도하게 되어버렸고 따라서 이제 대경영을 해체하는 것이 하나의 역사적 후퇴를 의미하게 되어 더 이상 불가능한 일로 되어버렸을 바로 그런 때다. 이렇게 되면 대경영에 소속된 노동자들은 생산수단의 소유를 오로지 사회적 형태로서만 요구할 수 있게 되고 아직 명맥을 유지하고 있는 소경영들에서도 그 소유자들이 소경영을 통해서는 더 이상 유복해지는 것을 기대할 수 없는 상태로 된다. 바로 이런 상태에서 사회주의를 향한 의지가 자라나게 되는 것이다.

한편 대경영과 더불어 사회주의의 실현을 위한 물적 가능성(Möglichkeit)도 함께 만들어진다. 한 나라에서 경영체의 수가 많아지면 많아질수록 그리고 각 개별 경영체들의 자립성이 커지면 커질수록 그만큼 그것들을 사회적으로 조직하기는 더욱 어려워진다. 경영체들의 수가 줄어들고 이들 사이의 관계가 점차 규칙적이고 안정적인 것으로 되어가면서 이런 어려움도 함께 사라진다. 그러나 결국 의지, 그리고 사회주의의 원료라고 할 수 있는 물적 토대 이외에도 사회주의를 실현할 수 있는 힘(Kraft)이 있어야만 한다. 즉 사회주의를 원하는 사람들이 사회주의를 원하지 않는 사람들보다 강해야 하는 것이다.

이 힘도 대경영의 발전을 통해서 만들어진다. 이것은 사회주의에 이해관계가 걸려 있는 프롤레타리아의 수가 늘어나고 자본가의 수가 감소하는 것을 말한다. 이때 자본가 수의 감소란 그것이 프롤레타리아의 수에 비해 상대적으로 감소하는 것을 의미한다. 자본가들의 수는 비프롤레타리아 계층인 중간층, 소농, 소부르주아들의 수에 비해서는 상당 기간 증가할 수도 있다. 그러나 전체적으로 보아 가장 급속하게 증가하는 것은 역시 프롤레타리아다.

이들 요소는 모두 경제발전을 통해서 직접적으로 만들어진다. 이들 요소는 인간의 도움 없이 저절로 만들어지는 것은 아니지만 프롤레타리아의 도움을 받는 것은 아니고 단지 자신들의 대경영을 성장시키는 데 이해관계를 걸고 있는 자본가들의 행동을 통해서만 자동적으로 만들어진다. 이 발전은 일차적으로 도시의 발전이며 공업의 발전이다. 농업의 발전은 이들 발전의 부산물로서 매우 약한 형태로만 이루어질 뿐이다. 사회주의는 농업이 아니라 도시에서 그리고 공업에서 나온다. 그러나 사회주의가 실현되기 위해서는 앞서 이미 언급한 요소들 외에 또 하나의 네 번째 요소가 반드시 필요하다. 즉 프롤레타리아가 사회주의에 이해관계를 가지고 또 사회주의를 위한 물적 조건을 갖추어야 하며 또한 사회주의를 실현시킬 힘을 갖추어야 할 뿐만 아니라 또 하나의 요소로서 사회주의를 확립하고 올바로 운영해나갈 수 있는 능력(Fähigkeit)이 있어야만 하는 것이다. 그런 다음에야 비로소 사회주의는 지속적인 생산양식으로 실현될 수 있다.

사회적 관계(Verhältnisse)의 충분한 성숙, 즉 산업의 충분한 발전수준에 **프롤레타리아**의 성숙이 더해져야만 비로소 사회주의는 가능하게 된다. 그러나 이 요소는 산업발전을 통해서는 만들어지지 않는다. 즉 프롤레타리아의 아무런 노력 없이 단지 이윤을 향한 자본가들의 노력의 결과로만 만들어지지는 않는다. 그것은 자본과의 대립 속에서 프롤레타리아 자신의 노력을 통해서 얻어진다.

소경영이 지배하는 경우 무산자는 두 계층으로 이루어진다. 하나는 수공업도제 또는 농민자녀로서 이들은 자신들의 무자산상태를 단지 과도적인 단계의 것으로 간주한다. 이들은 언젠가 자신들이 자산가가 될 것을 기대하며 사적 소유에 자신들의 이해관계를 걸고 있다. 다른 하나의 무산자계층은 룸펜프롤레타리아로서 이들은 사회에서 잉여계층으로, 즉 교육도 받지 못하고 자의식도 없으며 단결도 되지 않는 성가신 기생계층을 이룬다. 이들은 자산가들을 수탈할 수 있는 기회가 오면 언제나 기꺼이 그렇게 할 의사가 있지만 새로운 경제형태를 건설하는 문제에 대해서는 그럴 의사도 능력도 가지고 있지 않다.

자본주의 생산양식은 자본주의 초기에 대량으로 그 수가 늘어난 무산자들을 자신의 내부에 포섭했다. 자본주의는 이들 남아도는 해로운 기생계층을 생산과 사회에 없어서는 안 될 경제적 토대로 변모시켰다. 자본주의는 이들의 수를 늘려나감으로써 이들의 힘도 함께 키워놓았다. 그러나 자본주의는 이들의 힘을 무지와 야만, 그리고 무능력 속에 가두어놓았다. 자본주의는 노동계급 전체를 이들의 수준으로 떨어뜨리려고 노력했다. 실로 과도한 노동과 단조롭고 아무런 생각도 필요 없는 노동을 통해서 그리고 부녀자와 아동까지도 노동하게 함으로써 자본주의는 노동계급 전체를 과거 룸펜프롤레타리아의 정신적 수준보다 더 아래로 떨어뜨리려고 짓눌렀던 것이다. 그런 과정에서 프롤레타리아의 궁핍화는 엄청난 수준으로 증가했다.

이들에게서 사회주의를 향한 최초의 움직임이 나타난 것은 증가하는 대중적 빈곤을 종식시키려는 노력을 통해서였다. 그러나 프롤레타리아는 이 빈곤 때문에 자신을 스스로 해방시킬 능력이 없는 것처럼 보였다. 그들을 구해주고 그들에게 사회주의를 가져다줄 수 있는 것은 부르주아의 동정심인 것처럼 보였다.

그러나 이런 동정심에서 기대할 것은 아무것도 없다는 것이 금방 드러났다. 사회주의를 실현시킬 충분한 힘은 사회주의에 이해관계를 걸고 있는 당사자, 즉 프롤레타리아에게서만 기대할 수 있는 것이었다. 그러나 그들은 아무런 기대도 할 수 없을 정도로 타락해버리지 않았던가? 아니다. 모두가 그렇게 된 것은 아니었다. 빈곤에 대항해서 싸울 힘과 용기를 갖춘 몇몇 계층이 아직 남아 있었다. 이들 소수의 대오는 공상적 사회주의자(Utopisten)[6]들이 할 수 없었던 것을 해내려고 했으며 기습적으로 국가권력을 장악함으로써 프롤레타리아에게 사회주의를 가져다주려고 했다. 그것이 블랑키(Louis Auguste Blanqui, 1805~81)[7]와 바이틀링(Wilhelm Weitling, 1808~71)[8]의 생각이었다. 이들의 생각은 무지와 타락에 빠진 프롤레타리아를 조직하고 관리하기 위해서는 소수의 엘리트들로 구성된 정부가 이런 과업을 수행해야 한다는 것이었

6) 19세기에 엥겔스가 과학적 사회주의에 대비시켜 불렀던 초기의 사회주의 사상가들로서 생시몽, 푸리에, 오언 등으로 대표된다. 이들은 아직 자본주의 생산양식이 충분히 발달하지 않고, 노동자계급과 자본가계급 사이의 계급투쟁도 발달하지 않았던 시기에 자본주의의 단점을 바로잡기 위해 이상사회(유토피아)에 관한 공상적 계획을 세웠으며, 정의와 이성으로 이를 실현하려 했다. 이들은 또한 자본주의와 사적 소유제도에 대해 공격을 가하고 사회주의 사회의 미래를 예견했으나, 노동자계급이 발달하지 않은 당시의 시대적 제약을 반영하여 노동자계급을 단순한 구제 대상으로만 보았다.

7) 프랑스의 혁명가로서 퓌제테니에르 출생. 아버지는 프랑스혁명기의 지롱드파 의원, 형은 경제학자였다. 1822년 파리에서 법학과 의학을 공부했고 1830년 7월혁명 이래 거의 모든 폭동에 가담해서 생애의 절반 가까운 약 30년간을 옥중에서 보냈다. 점진적 개량을 배격하고 소수의 정예분자에 의한 폭력혁명과 프롤레타리아 독재를 주장했다.

8) 재봉사로서 독일의 공상적 사회주의자. 1835년 파리에서 독일 망명자 좌파에 의한 정의자동맹의 지도자가 되었다. 마르크스와 노선을 달리해서 1849년 미국으로 망명했고 거기서 푸리에, 오언 등의 사상에 동조하여 이상촌을 건설하는 운동에 헌신했다.

다. 그것은 파라과이에서 예수회 교단이 원주민들을 조직하고 관리했던 바로 그 방식, 즉 위에서 아래로 향하는 방식이었다.

바이틀링은 무적의 혁명군 선두에서 사회주의를 실현시킬 한 사람에 의한 독재를 염두에 두었다. 그는 이 사람을 메시아(Messias)[9]라고 불렀다.

최초의 교리를 실현시킬 한 사람의 새로운 메시아가 칼을 차고 다가오는 것을 나는 본다.

그는 용맹스럽게도 혁명군의 선두에 서서 이 군대와 함께 낡은 사회체제의 허약한 구조를 깨부수고 눈물의 샘을 과거의 바다로 떠내려 보내며 지상을 낙원으로 변모시킬 것이다.(『조화와 자유의 보장』, 제3판, 1849, 312쪽)

참으로 장엄하고 감격스러운 기대다. 그러나 이 기대는 오로지 혁명군이 제대로 된 메시아를 찾게 되리라는 믿음에 근거해 있다. 그런데 만일 사람들이 이런 메시아에 대한 믿음을 갖지 않고 프롤레타리아 자신만이 스스로를 해방시킬 수 있다고 생각하게 된다면, 그래서 프롤레타리아가 자신이 장악하는 모든 국가 내부의 조직들에 대해서 자주적으로 관리해나갈 수 있는 능력을 갖추지 않는 한 사회주의는 한낱 공상에 머물고 말 것이라고 생각한다면, 사회주의는 자본주의에 의해 프롤레타리아가 점차 궁핍해가는 사태에 대해서 아무런 전망도 갖지 못할 것이 아닌가? 사회주의는 정말 그렇게 아무런 전망도 갖지 못한 것처럼 보인다. 그러나 실천과 이론은 이런 절망에 하나의 돌파구를 보여주고 있다.

---

9) 성서에서 구세주를 일컫는 말. 헤브라이어의 'masiah'(기름을 받은 자)에서 유래하며 나중에 그리스어화(Christos)해서 '그리스도'의 어원이 되었다. 구약성서에서는 기름부음을 받고 왕위에 오르는 이스라엘의 왕은 물론, 사제나 또 사울 왕의 방패와 같은 물건도 메시아라고 부르다가, 장차 나타날 왕으로서의 '구세주'에 대한 기대로 메시아에 관한 많은 예언이 행해졌다.

영국에서는 이미 산업프롤레타리아가 대중으로 성장했으며 민주적 권리의 몇 가지 단초는 물론 조직화와 선전의 몇 가지 가능성도 나타났으며 부르주아들이 프롤레타리아에게 선거권을 둘러싼 귀족들과의 투쟁에 함께 나설 것을 촉구한 바 있다.

노동조합과 차티스트(Chartist)[10] 운동을 통해서 노동운동의 시발점이 마련되었고, 궁핍화와 박탈된 권리에 대한 프롤레타리아의 저항이 시작되었으며 표준노동일과 선거권을 쟁취하기 위한 파업과 대규모 투쟁이 시작되었다.

마르크스와 엥겔스는 일찍이 이런 운동의 중요성을 알고 있었다. '궁핍화 이론'은 마르크스와 엥겔스만의 독창적인 이론이 아니다. 그것은 사회주의자라면 누구나 다 하는 얘기다. 마르크스와 엥겔스는 이 이론을 넘어서 한 걸음 더 앞으로 나아가 있었는데 말하자면 그들은 단지 자본주의의 궁핍화 경향을 인식하는 데 그치고 있었던 것이 아니라 프롤레타리아의 대응경향, 즉 계급투쟁에서 매우 중요한 요소를 함께 인식하고 있었던 것이다. 그들은 프롤레타리아가 우연히 성공할 수도 있는 봉기를 통해 정치권력을 장악했을 때 거기에 필요한 능력을 갖추고 있어야 하는 것은 물론 그런 권력을 지켜내고 이용할 수 있는 능력도 함께 갖추어야 한다는 점을 인식하고 있었다. 그런데 대중투쟁으로서의 성격을 갖는 프롤레타리아 계급투쟁은 민주주의를 전제로 하고 있다. 물론 이런 민주주의는 '무조건적'이고 '순수한 민주주의'는 아니고 대중을 조

---

10) 1838~48년 노동자층을 주체로 해서 전개된 영국의 민중운동 차티즘을 신봉하는 사람들. 1832년의 선거법 개정에서도 선거권을 얻지 못한 노동자들이 1830년대 중반부터 경제적·사회적으로 쌓여온 불만 해소와 선거권 획득을 위한 운동을 벌이게 되었는데 이들은 1836~37년 런던에서 런던 노동자협회, 버밍엄에서 버밍엄 정치동맹을 결성했다. 1837년 초에 이들은 '인민헌장'(People's Charter)을 작성하고 이후 1842년에 다시 325만 명의 서명 청원서를 제출했으나 이도 거부당했고 이에 대항하는 파업운동을 전개했으나 모두 무력으로 진압되었다. 1848년의 프랑스 2월혁명에 고무되어 세 번에 걸친 570만 명의 청원 서명을 모아 4월 런던에서 대청원 시위운동을 시도했으나 무력으로 진압되고 1858년의 대회 후 소멸되었다.

직하고 올바로 계몽해나가는 데 필요한 수준의 민주주의다. 이것은 결코 비밀스러운 방식으로 이루어질 수 없다. 몇 장의 전단이 대량으로 배포되는 일간지를 대신할 수는 없기 때문이다. 대중은 비밀리에 조직될 수 없으며, 무엇보다도 비밀조직은 민주적일 수 없다. 비밀조직은 언제나 몇몇 또는 소수의 지도자들에 의한 독재로 이어진다. 조직의 일반구성원은 단지 행동을 수행하는 도구가 될 수밖에 없다. 이런 상태는 민주주의가 완전히 결여된 상태에서 억압을 받고 있는 계층에게는 어쩔 수 없는 것이겠지만 그것은 대중의 자주관리 능력과 자립성을 키워주지는 못하며 단지 지도자의 메시아적인 의식과 지도자의 독재적 관행만을 부추길 것이다.

메시아의 역할을 그처럼 높이 평가했던 바이틀링은 민주주의에 대해서는 극히 비판적으로 이렇게 말했다.

공산주의자들은 그들의 통치형태를 선택하는 데 아직 아무런 결정도 내리지 않고 있다. 프랑스에서는 이들 중 대다수가 독재의 형태로 기울어지고 있는데 이는 이들이 공화주의자들을 포함하여 대다수 정치가들의 생각과 마찬가지로 낡은 조직에서 새롭고 완전한 조직으로 넘어가는 과도기에는 인민의 지배(Volksherrschaft)가 적절한 통치형태가 아니라고 생각하고 있기 때문이다. 카베(Etienne Cabet, 1788~1856)[11]는 비록 인민의 지배라는 원칙을 공화주의자들에게서 빌려오긴 했지만 현명하게도 과도기 동안에는 거의 비밀에 가까운 독재가 필요하다는 것을 알고 있었다. 영국 공산주의자들의 아버지였던 오언(Robert Owen, 1771~1858)[12]은 결국 모든 성인들이 자신들

---

11) 프랑스의 대표적인 공상적 사회주의자. 디종에서 출생했고 처음에는 의학을 배웠으나, 나중에 법학을 전공하고 변호사가 되었다. 1830년 7월혁명에 참가한 후 코르시가에서 검찰총장, 고향인 디종에서 대의원이 되었다. 1834년 잉국으로 망명, 런던에서 오언, 엥겔스 등과 친교를 맺었으며 그리스도교와 자연법을 기초로 하여 이상적 공산주의 사회를 실현하기 위해 미국 텍사스 주와 일리노이 주에 공산주의적 이상촌을 만들었으나 실패했다.

의 일정한 직무를 수행해야 하고 동시에 행정의 최고 직위는 이들 가운데 가장 나이가 많은 사람이 맡아야 한다고 생각했다. 모든 사회주의자들——통치형태는 어떤 것이나 모두 똑같다고 생각했던 푸리에(Charles Fourier, 1772~1837)[13]주의자들을 제외하고는——은 사람들이 인민의 지배라고 부르는 통치형태가 이제 막 공산사회가 건설되기 시작하는 초기의 원칙으로는 매우 부적절하고 위험하기 짝이 없는 비상수단일 뿐이라는 점을 인정한다.(앞의 책, 147쪽)

바이틀링은 여기서 한 걸음 더 나아간다. 그는 사회주의 사회에서도 민주주의가 아무것도 아니라고 생각하려 한다.

'인민의 지배'라는 개념에 따르기 위해서는 모두 지배자가 되어야 한다. 그러나 이런 경우는 결코 있을 수 없다. 따라서 인민의 지배란 없으며 단지 인민 가운데 몇몇 소수에 의한 지배가 있을 뿐이다.(같은 책, 148쪽)

바이틀링은 가장 뛰어난 천재가 통치자로 되어야 한다고 생각했다. 그리고 이런 천재는 학술대회에서 현상공모를 통해 그 해답을 제시하는 사람들 가운데서 찾아야 했다. 내가 여기서 바이틀링을 상세하게 인용한 것은 오늘날 우리들에게 참신한 교의인 양 제시되는 민주주의에 대

12) 영국의 공상적 사회주의자. 노스웨일스 뉴타운 출생. 10대에 점원으로 출발해서 맨체스터에서 방적기 제조업자가 되었다가 뉴 래너크에서 최신 최대의 방적공장 경영주가 되었다. 산업혁명기 노동자들의 노동조건을 개선하기 위해 여러 가지 실험과 노력을 시도했으며 미국에 공상적 이상향을 건설하기도 했다.

13) 프랑스의 브장송 출생. 사회적 부가 증대하는데도 많은 노동자들이 가난에 허덕이는 것을 보고 자본주의 제도, 특히 자본주의적 상업을 사회악의 근원이라고 생각했다. 그래서 그는 생산자 협동조합을 통해서 상업이 존재하지 않는 협동사회를 실현시키기 위해 노력했으며 이것이 평화적인 방법으로 실현가능하다고 믿고 계급투쟁을 부정했다.

한 멸시가 사실은 오래된 낡은 생각이며 노동운동의 아주 초창기에 얘기되던 생각이라는 것을 보여주기 위한 것이다. 바이틀링이 보통선거권과 언론의 자유를 깔보고 있던 바로 그 시기에 영국의 노동자들은 이들 권리를 얻기 위해서 싸웠으며 마르크스와 엥겔스는 바로 이 노동자들을 지지했던 것이다.

그 이후부터 노동자계급은 유럽 전체에서 무수히 많은 투쟁과 때로는 유혈투쟁을 통해서 민주주의를 조금씩 쟁취해갔다. 민주주의를 쟁취하고 지켜내고 또 확대해가는 힘든 노력을 통해서, 그리고 사회개혁을 조직하고 선전하고 강제해나가기 위해 얼마 안 되는 민주주의를 끊임없이 최대한 이용하는 과정을 통해서 프롤레타리아는 해가 갈수록 점차 성숙해갔으며 인민대중 가운데서 가장 낮은 계층에서 가장 높은 계층으로 발전해 나아갔다.

그렇다면 이제 프롤레타리아는 사회주의를 실현하는 데 필요한 만큼 충분히 성숙한 것일까? 그리고 나머지 다른 조건들은 이미 모두 주어져 있는 것일까? 이 물음은 오늘날 매우 많은 논란을 불러일으키고 있다. 어떤 사람들은 그렇다고 얘기하고 또 어떤 사람들은 그렇지 않다고 말한다. 그러나 내가 보기에 이들 두 대답은 모두 약간 경솔한 것 같다. 사회주의로의 이행이 어느 정도 무르익었느냐 하는 것은 실천적으로 어떤 사례를 시험해보기도 전에 가만히 앉아서 판단을 내리거나 계산해낼 수 있는 것이 아니다. 이 문제를 논의하면서 사회주의의 물적 전제조건들이 얼마나 일반화되었는지에 대한 논의를 뒤로 미루어두는 것은 결코 옳은 일이 아니다. 대경영이 일정한 수준으로 발전하지 않으면 사회주의가 불가능하다는 것은 틀림없는 사실이다. 그러나 만일 사람들이 자본주의가 더 이상 발전할 수 없게 될 때에야 비로소 사회주의가 달성될 수 있다고 주장한다면 이 주장에는 왜 자본주의가 더 이상 발전할 수 없게 되었는지에 대한 증거가 결여되어 있다. 이 얘기는 대경영이 더욱더 발전하고 따라서 소수의 경영체들이 사회적으로 조직될 수 있으면 사회주의는 그만큼 더 쉽게 달성될 수 있다고 해야만 옳은 것으로 된다. 그러나 그것은 이 문제를 한 국가의 관점에서 보았을 때만 타당한 이야기다. 일국적 조건에서 이처럼 단순화시킬 수 있는 생산의 사회적 조직화라는 문제는 대경영의 성장과 함께 그 시장도 확대되고 국제분업과 국제교역이 증가하면 그만큼 더 확대되고 복잡해진다. 그렇지만 또한 오늘날 근대적인 은행제도와 기업조직을 갖춘 산업국가에서 국가나 지방자치단체, 또는 소비조합에 의해서 생산의 대부분이 사회적으로 조직되는 것이 불가능하다고 생각할 이유도 전혀 없다.

결정적인 것은 이제 물적인 요소보다 인적인 요소에 달려 있다. 즉 이런 사회적 통제를 수행해나갈 수 있을 만큼 프롤레타리아가 충분히 강력한 세력과 지적인 능력을 갖추고 있는지, 다시 말해서 프롤레타리아가 민주주의를 정치의 영역에서 경제의 영역으로 옮겨갈 수 있을 만한 힘과 능력을 갖추고 있는지에 달려 있는 것이다. 이 문제는 단정적으로 얘기하기 어렵다. 그것은 또한 나라에 따라 각기 발전수준이 매우 다르고 같은 나라 안에서도 시기에 따라 매우 변동이 심할 수 있는 요소이기도 하다. 왜냐하면 충분한 힘과 능력이라고 하는 것은 상대적인 개념이기 때문이다. 똑같은 크기의 힘이라도 만일 상대가 힘이 강할 때라면 충분하지 않으며 만일 상대가 도덕적으로나 경제적으로 또는 군사적으로 붕괴상태에 처해 있을 때라면 그것만으로도 충분할 수 있는 것이다.

마찬가지로 같은 정도의 능력이라도 만일 사회가 최고도로 발전한 상태에서 권력을 장악했을 때라면 부족할 수 있고 반면 사회적 관계가 좀 더 명료하고 단순하며 또한 물적인 기초가 잘 갖추어진 상태에서 권력을 장악했을 때는 그것만으로도 온갖 요구들을 모두 감당해낼 수 있을 것이다. 어떤 경우든 프롤레타리아가 사회주의를 실현하기에 충분할 만큼 정말로 성숙했는지의 여부는 오로지 실천을 통해서만 알 수 있다. 단지 다음과 같은 얘기는 확실하게 말할 수 있다. 즉 프롤레타리아는 그 수와 세력 그리고 지적 능력에서 부단히 성장하고 그리하여 점점 더 충분히 성숙한 시점으로 다가간다는 것이다. 물론 이 시점에 도달하는 것이 언제일지를 미리 알 수는 없다. 프롤레타리아가 인민들 속에서 다수를 이루고 이러한 다수의 목소리로 사회주의를 향한 의지를 천명하는 시점이 바로 그런 때라고 하는 것도 단정적으로 얘기하기는 어렵다.

그렇지만 인민대중의 다수가 사회주의에 대해서 적대적인 태도를 취하고 사회주의에 대해 알려고 하지 않는 한 인민이 사회주의로 이행하기에 아직 성숙하지 않았다는 것은 단정적으로 상정할 수 있다.

그래서 여기서도 다시 한 번 민주주의야말로 프롤레타리아가 성숙하는 데 가장 중요한 것일 뿐만 아니라 이들이 충분히 성숙한 시점이 언제인지를 알려주는 것이라는 점을 확인하게 된다.

민주주의의 영향

근대국가는 단단하게 짜인 하나의 중앙집권적인 유기체다. 이 조직은 근대사회 내에서 가장 강력한 권력을 형성하고 있으며 개개인의 운명에 결정적으로 영향을 미치는데 이는 특히 전쟁 때 가장 생생하게 드러난다. 그때 각 개인은 자신의 존재가 국가권력의 정책에 의해 얼마나 많이 결정되는지를 절감하게 된다.

시간적인 순서로 본다면 원래 기사단이 먼저 생겨났고 그다음에 지역 공동체가 그리고 맨 나중에 국가가 만들어졌다. 그러나 이들 공동체는 그 토대에서 민주적으로 조직된 반면 근대국가와 관료 그리고 군대는 주민 위에 군림하면서 때로는 사회경제적인 지배계급을 정치적으로 장악하여 절대적인 통치체제를 이루는 힘을 갖기도 한다.

그러나 이런 상황은 어디서도 오래 지속되지는 않는다. 관료들의 절대적 지배는 관료들의 화석화를 가져올 것이고 끝없이 시간을 잡아먹는 형식주의에 그들을 매몰시킬 것이다. 반면 산업자본주의가 발전해 가면서 극히 혁명적인 형태를 띠게 된 생산양식[14]은 모든 경제적·사회적인 조선을 지속적으로 변화시키고 생업활동의 진행속도를 급속하게 증

---

14) 즉 자본주의.

가시키는 것은 물론 모든 의사결정도 신속하게 이루어지도록 요구하게 된다.

이런 상황에서 관료들의 절대적 지배는 전횡과 뇌물을 빚어낸다. 반면 자본주의같이 모든 생산자가 무수히 많은 다른 생산자들에게 의존해 있는 사회적 생산체계는 사회적 관계가 안정되고 규칙적인 틀을 유지하면서 발전해나가기를 요구한다.

그러므로 절대국가는 생산조건과 점점 더 큰 모순 속으로 빠져 들어가고 그 생산조건의 족쇄로 변한다. 이제 국가권력 기구를 공개적으로 비판하고 지역이나 지방단위의 자치기구를 설립하는 것은 물론 관료기구들을 입법기관이 장악하도록 하는 것이, 즉 주민들이 자유롭게 선출한 중앙집권적인 대의기구인 의회의 통제 아래 두는 것이 절실히 필요하게 된다.

정부에 대한 통제는 의회의 가장 중요한 과제며 이것은 어떤 다른 기구에 의해서도 대체될 수 없다. 물론 실제로 그럴 가능성은 별로 없다고 할지라도 관료제가 입법기구의 통제에서 벗어나는 방식, 즉 전문가들의 위원회를 통해서 먼저 법률을 만들고 이것을 국민들이 결정하도록 제출하는 방식도 생각해볼 수 있다. 그러나 국민에 의한 직접적 입법을 아무리 철저하게 지지하는 사람이라 할지라도 국민이 정부를 직접 통제해야 한다고까지는 이야기하지 못할 것이다. 국가기구를 주도하는 중앙집권적인 조직체의 활동은 다른 중앙집권적인 조직체에 의해서만 감시가 가능하고 국민과 같이 비조직적이고 형태를 갖추지 못한 대중에 의해서는 감시가 불가능하다.

여기서 얘기하고 있는 국가권력의 절대화를 극복하기 위한 노력은 근대국가에서 그 권력을 나누어 가진 계급들을 제외한 다른 모든 계급들에 의해서 추진된다. 여기서 제외되는 계급들이란 관료나 관리, 왕실귀족, 왕실교회 그리고 국가와 함께 돈장사로 이익을 얻는 대은행가 등이다. 이들을 제외한 다른 모든 계급들, 특히 지방귀족, 하급성직자, 산업자본가 등의 공동의 압력으로 절대체제는 약화될 수밖에 없었다. 그것은 어느 정도로 출판의 자유, 집회의 자유, 결사의 자유, 그리고 의회의 존재를 보장할 수밖에 없었다. 이런 발전은 유럽의 모든 나라들에서 성공적으로 수행되었다.

그러나 그런 과정에서 모든 계급은 새로운 국가형태를 각자 자신들의 개별적인 이해에 가장 유리한 모습으로 만들려고 했다. 이런 노력은 특히 의회의 모습을 둘러싼 투쟁, 즉 선거권 투쟁에서 뚜렷하게 드러났다.

하위계급인 '국민'들의 구호는 보통선거권으로 되었다. 임노동자는 물론 소농과 소부르주아들까지도 이 보통선거권에 똑같은 이해관계를 걸고 있다. 이들 계급을 모두 합하면 이들은 언제 어디서나 인구의 대다수를 차지한다. 이들 계급 가운데 프롤레타리아가 최대다수를 차지할 것인지의 여부는 경제발전 수준에 달려 있다. 그러나 전체 인구 가운데 노동계급이 전반적으로 다수를 차지할 것인지의 여부는 결코 경제발전 수준에 달려 있지 않다. 착취자는 언제나 인구 가운데 단지 소수를 차지할 뿐이다.

어떤 근대 국가제도도 이런 대중들의 물밀듯한 요구를 지속적으로 거부할 수 없으며 결국 보통선거권제도가 아닌 다른 선거권제도는 오늘날의 사회에서 모두 불합리한 것으로 되고 만다. 사회적 관계가 지속적으로 변화하는 자본주의 사회에서, 계급이란 고정된 지위로 고착화될 수 있는 것이 아니다. 모든 사회적 관계는 유동적이다. 따라서 신분에 따른 선거권은 이미 여기서 배제된다. 그러나 신분으로 조직화되어 있지 않은 계급이란 것은 형태를 갖추지 않은 유동적인 대중을 이루고 있어서 그 경계를 엄격하게 구분짓는 것은 전혀 불가능하다. 계급이란 경제적 범주이지 법률적인 범주가 아니고 어떤 계급에 속하느냐 하는 것도 지속적으로 변동하는 것이다. 다양한 유형의 소(小)수공업자들은 소경영이 지배적인 상태에서는 스스로 자산가로 느끼지만 대경영이 지배적인 상태에서는, 비록 통계에서는 이들을 자산가 또는 자립적인 기업가로 분류할 수 있다고 하더라도, 스스로를 프롤레타리아로 느끼며 또 실제로 프롤레타리아로 몰락하기도 한다. 어떤 재산선거권제도[15]도 자산가들이 의회를 지속적으로 독점하도록 내버려두지는 않는다. 화폐가치가 하락하면 이들의 독점은 언제든지 와해될 수 있기 때문이다. 마찬가지로 학력에 의한 제한선거권제도도 국민교육제도가 발전해감에 따라 점차 그 존립기반이 사라지고 있다.

이처럼 오늘날의 사회에서는 온갖 요소들의 작용이 모두 보통 및 평등선거권이야말로 가장 합리적인 선거제도라는 것을 보여주고 그것을 향해서 나아가도록 만들어가고 있다.

또한 이들 선거권은 무엇보다도 전체 인구 가운데 최하위계급을 이루는 프롤레타리아의 관점에서 가장 합리적인 것이다. 왜냐하면 이들에게서 가장 효과적인 무기는 자신들의 숫자며 자신들이 전체 인구 가운데서 수적으로도 최대의 계급이 되었을 때에만, 즉 자본주의 사회가 충분히 발전하여 노동계급 가운데 농민이나 소부르주아들이 더 이상 다수를 이루지 못할 정도로 되었을 때만 비로소 해방될 수 있기 때문이다.

그러나 프롤레타리아는 보통 및 평등선거권뿐만 아니라 각 선거구에서 남자와 여자, 임노동자와 자산가를 선별하지 않는 차별 없는 선거에도 관심이 있다. 이런 유형의 모든 차별은, 전반적·사회적인 조건으로는 프롤레타리아에 속하지만 형식적으로는 임노동자가 아닌 계층의 사람들을 프롤레타리아로부터 분리시켜버릴 위험이 있을 뿐만 아니라 프롤레타리아의 의미를 지나치게 좁혀버릴 수 있는 훨씬 더 큰 위험도 불러일으킨다. 프롤레타리아의 역사적 과제는 자칫 서로 구별되고 외견상 특수한 이해인 것처럼 보일 수도 있는 자신의 지속적인 계급이해를 사회 전체의 이해와 일치시키는 것에서 나오기 때문이다.

프롤레타리아가 사회 전체의 목표와 제반 관계들을 이해함으로써 자

---

15) 일정한 재산세를 납부하는 사람에게만 선거권과 피선거권을 부여하는 제도로서 프랑스혁명 이후 1791년에 제정된 헌법에서 규정한 선거권제도가 그런 예에 속한다. 즉 1791년 프랑스 제1공화정의 헌법에서는 모든 공화국 국민을 능동시민과 피동시민으로 분류했는데 이 분류의 기준은 3일간의 노임에 해당하는 직접세를 납부할 능력이 있는지의 여부였다. 이를 납부하지 못하는 시민은 피동시민으로 규정되어 일체의 선거권과 피선거권을 부여받지 못했다.

신의 계급의식을 최고의 수준으로 끌어올리는 것은 그가 얼마나 성숙했는지에 달려 있다. 이런 이해는 단지 과학적 사회주의를 통해서만 분명한 수준까지 끌어올려지는 것인데 이론을 통해서만 그렇게 되는 것이 아니라 실천을 통해서, 즉 프롤레타리아가 자신의 특수한 이해가 아니라 전체의 이해를 고려해 정책을 집행함으로써 촉진되고 확대된다. 직업별 이해관계에 국한되는 모든 정책은 그 정책적 의미를 축소시킨다. 이것은 배타적 노동조합주의의 어두운 단면을 보여주는 부분인데 바로 이 점에서 사회민주주의 정당조직은 우월성을 보이고 있다. 그리고 선거권자를 여러 범주로 분할하려고 하는 선거제도에 비해 차별 없는 선거권제도가 갖는 우월성도 바로 이 점에 있다.

지금까지 얘기된 각종 정치적 권리들을 둘러싼 투쟁을 통해서 근대 민주주의가 자라나고 프롤레타리아도 성숙해간다. 그러나 이와 함께 또 다른 새로운 요소, 즉 국가 내부의 소수파와 반대파의 보호라는 문제도 대두된다. 민주주의는 다수파의 지배를 의미한다. 그러나 그것이 소수파의 보호를 감소시키는 것을 의미하지는 않는다.

관료제의 절대적 지배는 영속성을 지향한다. 모든 반대파를 폭력적으로 억압하는 것이 그것의 생존원리다. 거의 모든 곳에서 그것은 자신의 무력이 폭력적으로 와해됨으로써만 제거될 수 있었다.

민주주의에서는 사정이 이와 다르게 나타난다. 민주주의는 이미 말했듯이 다수파의 지배를 의미한다. 그러나 다수파는 계속 변화한다. 따라서 민주주의에서는 어떤 정권도 영속적으로 집권할 수 없다.

계급들 사이의 세력관계란 변함없이 지속적인 것이 아니며 특히 자본주의 시대에는 더욱 그러하다. 그러나 계급(Klasse)들 사이의 세력관계보다 더 급속하게 변하는 것은 정당(Partei)들의 세력관계다. 그리고 정당은 민주주의에서 지배권을 둘러싸고 형성된다.

여기서도 우리가 잊어서는 안 되는 사실은, 현실을 명확하게 인식하기 위해서 추상화된 이론의 단순화가 반드시 필요하지만 그러나 이런 단순화는 '궁극적인 경우'에만 타당한 것이고 이것과 현실 사이에는 많은 중간단계들이 가로막고 있는 경우가 자주 있다는 점이다.

어떤 계급이 지배적일 수는 있지만 그 계급이 곧바로 통치할 수는 없다. 왜냐하면 계급이란 정형화되지 않은 대중일 뿐이지만 통치는 오로지 조직을 통해서만 가능하기 때문이다. 민주주의에서 통치를 위한 조직은 정당이다. 정당은 일차적으로 어떤 계급적 이해를 대변하는 것이긴 하지만 그럼에도 그것이 곧바로 하나의 계급과 일치하는 것은 아니다. 동일한 계급적 이해도 여러 가지 전술적 방법을 통해서 매우 다양한 방식으로 대변할 수 있다. 그러므로 이런 다양한 형태를 통해서 동일한 계급적 이해의 대변자가 여러 정당으로 나뉠 수도 있다. 이때 가장 결정적인 문제는 다른 계급이나 다른 정당에 대한 태도의 문제다. 하나의 계급이 단독으로 국가를 지배할 수 있을 만큼 강력한 세력을 갖추는 것은 매우 드문 경우에 해당한다. 어떤 계급이 주도권은 장악했지만 혼자만의 힘으로 자신의 주장을 관철시킬 수 없는 경우 그 계급은 당연히 연합을 추구한다. 그 계급이 여러 가지 다양한 연합을 이룰 수 있다면 지배적인 계급이해의 대변자 내에는 다양한 의견과 정당들이 함께 존재하게 될 것이다.

바로 그런 예로서 18세기 동안 영국에서는 휘그당과 토리당이 똑같이 토지소유자들의 이해를 대변하고 있었다. 그러나 휘그당은 도시 부르주아들과 연합해서 왕족과 왕족의 권력수단을 희생시키는 방식으로 이런 목표를 추구하려 했고 반면 토리당은 군주제야말로 그들의 이해를 지킬 수 있는 가장 강력한 보루라고 믿었다. 영국에서는 오늘날에도 이와 마찬가지로 보수당과 자유당이 각기 다른 방식으로 자본가의 이해를 똑같이 대변하고 있다. 즉 보수당은 노동자계급을 폭력적으로 억압하기 위해서 토지소유자들과 연합하는 것이 가장 바람직하다고 믿고 있는 반면 자유당은 이런 정책이 초래할 나쁜 결과를 두려워해서 작은 양보를 통해서, 즉 토지소유자들을 희생시키는 방법을 통해서 노동자계급의 불만을 잠재우려고 노력하고 있는 것이다.

경제적·사회적으로 지배적인 계급이나 정당들에서 일어나는 이 같은 일들은 새롭게 떠오르는 계급과 정당들에서도 비슷하게 일어난다.

이처럼 정당과 계급은 반드시 일치할 필요가 없다. 하나의 계급이 여러 정당으로 나뉠 수도 있고 하나의 정당이 여러 계급의 구성원으로 이루어질 수도 있다. 하나의 계급이 계속 지배적인 계급인데도 통치하는 정당이 바뀔 수도 있는데 이는 지배계급의 다수가 기존 통치 정당의 방법에 문제가 있고 오히려 다른 경쟁 정당의 방법이 좀더 바람직하다고 생각할 경우에 그렇게 된다.

따라서 민주주의에서는 계급지배의 변동보다도 통치정당의 변동이 훨씬 더 급속하게 이루어진다.

이런 상황에서는 통치의 주도권을 장악한다는 것이 결코 안정된 것이 아니며 누구나 소수파가 될 가능성을 염두에 두어야 한다. 또한 어느 누구도 정부의 성격을 가지고──만일 그 정부가 참으로 민주적인 정부라고 한다면──그것이 얼마나 오래 지속될 수 있을지를 미리 판단할 수 없다.

이런 관계들 때문에 민주주의에서는 소수파 보호원칙이 점차 중요하게 자리를 잡아가는데, 이 원칙은 민주주의가 좀더 깊이 뿌리를 내릴수록, 그리고 민주주의가 오래 지속되어 정치윤리에 좀더 깊은 영향을 미칠수록 그만큼 더 효력을 발휘하게 되고, 그래서 어떤 정당이든 수단과 방법을 가리지 않고 권력을 유지하려고 기도하지 못하도록 만들어준다.

소수파 보호원칙이 각국에서 극소수파로 시작한 사회주의 정당들의 초기에 얼마나 중요한 것이었는지, 그리고 그것이 프롤레타리아를 성숙시켜나가는 과정에서 얼마나 큰 영향을 미쳤는지는 분명하게 드러난 사실이다. 소수파 보호원칙은 사회주의 정당 내부에서도 매우 중요한 것이 되고 있다. 이론적인 것이든 실천적인 것이든 모든 새로운 교의는 그것이 처음 제기될 때는 언제나 소수파에 의해서만 대변된다. 이들 소수파와 토론하는 대신에 이들을 폭력적으로 억압하면 다수파는 많은 노력과 불편을 아낄 수 있다. 모든 교의가 단지 새로운 것이고 소수파에 의해서 대변된다는 사실만으로 곧 진보를 의미하는 것은 아니기 때문에 다수파는 때에 따라서 이런 폭력적 억압을 통해서 필요 없는 노동을 많이 절약할 수도 있다. 새로운 사상이라고 제기되는 것 가운데 많은 것들은 이미 오래전에 누군가 얘기해서 토론이나 실천을 통해서 근거가 약한 것으로 인식되었던 것들이다. 단지 이런 사실에 대한 무지 때문에 낡은 잡동사니 보따리에서 많은 것들이 끊임없이 새롭게 제기되기도 한다. 또한 어떤 생각들은 처음 제기된 것이긴 하지만 완전히 엉터리인 것들도 많다. 그러나 새로운 사상이나 이념 가운데 실제로 진보를 나타내는 것들이 이처럼 적다고 하더라도 모든 발전은 언제나 처음에는 단지 소수파의 이념으로 제기되는 새로운 이념들에 의해서만 가능하다. 그러므로 정당 내에서 소수파의 이념을 억압하는 모든 행위는 프롤레타리아의 계급투쟁을 해치고 노동자계급이 성숙해가는 과정을 가로막는 행위에 해당한다. 세상은 우리에게 아직 알려지지 않은 문제를 끊임없이 새롭게 제기하고 이 문제들은 전통적인 수단을 가지고는 해결할 수 없는 것들이다.

그래서 설사 산더미처럼 쌓인 새로운 제안들에서 정말로 가치 있는 것들을 찾아내는 일이 매우 힘든 일이라 할지라도 그것은 우리의 운동이 화석화되지 않고 끊임없이 자신의 과제를 높은 수준으로 끌어올리기 위해서는 결코 회피해서는 안 되는 작업인 것이다. 그리고 이것은 정당에게뿐만 아니라 국가에게도 마찬가지로 중요한 일이다. 소수파 보호원칙은 민주주의의 발전에 반드시 필요한 조건이며 그것은 다수파 지배원칙에 비해서 결코 덜 중요한 원칙이 아니다.

여기서 정치투쟁의 형태와 관련해서 민주주의의 특징을 좀더 살펴보기로 하자. 나는 이 문제를 이미 1893년 『노이에 차이트』에 게재한 「사회민주주의의 교리문답서」에 대한 논문에서 다루었고, 이것을 다시 1909년 내가 쓴 저작인 『권력에의 길!』(Weg zur Macht!)에서 상세하게 서술했다. 그 가운데 몇 구절을 여기서 인용해보기로 한다.

결사의 자유, 언론의 자유 그리고 보통선거권(때에 따라서는 일반적 병역의무도 포함된다)은 근대국가의 프롤레타리아가 단지 과거 부르주아의 혁명적 투쟁에서 투쟁대상이 되었던 계급들[16]을 상대로 한때 사용한 적이 있던 무기를 나타내는 것만이 아니다. 이들 제도는 각 정당과 계급 사이의 세력관계는 물론 이들이 사로잡혀 있던 정신에 하나의 새로운 빛을 밝혀주었는데 이 빛은 절대주의 시대에는 없던 것이었다. 절대주의 시기에는 지배계급은 물론 혁명적 계급도 모두 어두운 몽매함 속에서 헤매고 있었다. 반대파는 어떤 얘기도 할 수 없었기 때문에 정부는 물론 혁명가들도 이들 반대파들의 힘을 알 수 없었다. 따라서 두 당파는 모두 한 번 패배를 경험하고 좌절을 겪어본 후 비로소 자신들이 얼마나 상대를 과소평가했는지를 깨닫기 전까지는 모두 자신들을 과대평가할 위험에 처해 있었다. 바로 이것이 혁명적 부르주아의 시대에 왜 그처럼 단 한 번의 공격으로 진압되고 말 쿠데타가 수도 없이 반복해서 일어났는지, 그리고 왜 단 한 번의 공격으로 와해되고 말 정부가 그렇게 많이 등장했는지, 그래서 왜 그렇게 자주 혁명과 반혁명이 꼬리를 물고 일어났는지를 설명해주는 가장 중요한 이유다.

그러나 오늘날 적어도 어느 정도의 민주주의 제도라도 갖춘 나라들에서는 사정이 완전히 달라졌다. 우리는 이들 제도를 사회의 안전판이라고 불러왔다. 그러나 만일 이 말이 프롤레타리아가 민주주의 아래서는 혁명적이기를 포기하고 자신의 분노와 슬픔을 공개적으로 표현하는 데에 만족해서 정치적·사회적 혁명을 기피한다고 말하려는 의도를 담고 있는 것이라면 이 명칭은 잘못 붙여진 것이다. 민주주의는 자본주의 사회의 계급대립을 제거할 수 없으며 자본주의 사회의 필연적인 최종결과, 즉 자본주의 사회의 붕괴를 멈출 수도 없다. 그러나 그것은 한 가지만은 할 수 있다. 즉 그것은 직접적으로 혁명을 이룰 수는 없지만 아직 실익은, 따라서 아무런 선망도 없는 많은 혁명의

---

16) 절대주의 아래서의 왕족과 귀족 등의 특권계급들로서 봉건적 생산양식의 잔재에 해당한다.

시도들을 사전에 방지하고 많은 불필요한 혁명적 봉기를 줄일 수 있다. 그것은 다양한 당파들과 계급들 사이의 세력관계를 명료하게 드러낸다. 그것은 계급들 사이의 대립을 제거하지는 못하며 그런 대립의 최종목표를 가로막지도 못하지만 새롭게 떠오르는 계급[17]이 제대로 성장하기도 전에 자신의 과제를 해결해버리려고 하는 것을 막는 방향으로 작용하고 또한 지배계급이 양보를 거부할 힘도 없으면서 양보를 주저하지 않도록 작용한다. 이런 민주주의의 작용을 통해서 발전의 방향은 변하지 않지만 발전의 진행은 좀더 꾸준하고 차분하게 이루어진다. 어느 정도 민주주의 제도가 갖추어진 국가에서는 프롤레타리아의 성장이 부르주아 혁명의 시기에 부르주아들이 그러했던 것처럼 그렇게 눈에 띄는 승리를 통해서 두드러지게 나타나지는 않지만 또 그렇게 참담한 패배로도 나타나지 않는다. 1860년대에 근대적인 사회민주주의 노동운동이 성장해온 이래 유럽의 프롤레타리아는 1871년 파리코뮌에서만 단 한 차례 큰 패배를 경험했다. 당시 프랑스는 국민들에게 참된 민주제도가 도입되는 것을 가로막고 있던 왕정[18]의 결과로 고통을 받고 있었고 프랑스의 프롤레타리아는 이제 막 눈곱만 한 자의식에 도달한 상태였다. 따라서 파리코뮌 봉기는 이들 프롤레타리아에게 다른 선택의 여지가 없는 상태에서 일어난 것이었다.

프롤레타리아의 민주적인 투쟁방법은 부르주아 혁명의 시기와 비교하면 매우 더딘 것으로 보일 수 있다. 그것은 분명히 덜 극적이며 덜 효과적이다. 그러나 그것은 또한 희생도 덜 요구한다. 그것은 사회주의에서 흥미진진한 시합이나 재미있는 소재를 찾으려는 순수문학가에게는 별로 재미없는 것일 수 있다. 그러나 실제로 투쟁을 이끌어 나가야 하는 사람에게는 그렇지 않다.

민주주의 제도들이 효력을 발휘하면 할수록, 그리고 국민들의 정치적 · 경제적 안목과 자치능력이 커지면 커질수록 그런 나라들에서는

---

17) 카우츠키는 프롤레타리아 계급을 이렇게 부르고 있다.
18) 루이 나폴레옹의 제2제정을 가리킨다.

그만큼 비군사적 수단, 의회주의, 파업, 시위, 언론 그리고 기타 다른 압력수단만을 사용하는 이른바 평화적 계급투쟁 방법이 굳게 지켜질 전망이 높다.

이런 이유들 때문에 나는 프롤레타리아의 사회혁명은 부르주아의 그것과 다른 형태를 취할 것이며 특히 민주주의가 뿌리를 내린 모든 나라들에서는 프롤레타리아 혁명이 부르주아 혁명과는 반대로 경제적·합법적·도덕적인 유형의 '평화적인' 수단을 통해서, 즉 물리적 폭력을 사용하지 않고 이루어질 것이라고 예상했다(『권력에의 길』, 53쪽).

나의 이 견해는 아직도 변하지 않았다.

물론 모든 제도가 반드시 밝은 면만 가지고 있는 것은 아니고 따라서 민주주의에서도 어두운 면을 찾아낼 수 있다.

프롤레타리아가 법적 권리를 가지고 있지 못한 경우 프롤레타리아는 어떤 대중조직도 발전시켜나갈 수 없으며 정상적인 국면에서는 대중투쟁을 이끌어갈 수도 없다. 그런 경우에는 단지 죽음을 두려워하지 않는 투쟁적인 엘리트들만이 기존 체제에 지속적인 반대를 제기할 수 있을 뿐이다. 그러나 이들 엘리트는 전체 체제를 근본적으로 종식시켜야 할 필요성을 스스로 단호하게 보여줄 필요성에 매일매일 부딪히게 된다. 그리하여 이들의 정신은 일상적인 자잘한 정치적 요구에 현혹되지 않고 오로지 가장 큰 문제에만 쏠려 있어서 언제나 총체적인 사회적·정치적 연관들을 고찰하는 데에 집중되어 있다.

이런 경우에는 프롤레타리아 가운데 단지 극소수의 계층만이 투쟁에 참여하는데 이들은 높은 이론적 관심으로 가득 차 있고 정신이 온통 높은 목표를 일깨우는 데 집중되어 있는 사람들이다.

민주주의가 프롤레타리아에게 영향을 미치는 방식은 이것과 완전히 다른데 이들 프롤레타리아는 현재의 생산양식에서 따로 자유로운 시간을 낼 수 있는 여유가 하루에 고작 두어 시간밖에 되지 않는다. 민주주의는 대중적인 행정업무를 수행하는 대중조직들을 발전시킨다. 또한 민주주의는 국민들에게 무수히 많은 일상적 문제들을, 때로는 매우 사소한 문제들까지도, 모두 토론하고 처리하도록 요구한다. 그리하여 점차 프롤레타리아에게 주어진 자유로운 시간 전체가 이런 '작은 일'에 바쳐지고 프롤레타리아는 이런 작은 일의 성과에 점점 몰두하게 된다. 그러나 우물 안에서 보이는 세상은 작은 법이다. 그래서 여기서는 이론에 대한 몰이해와 그로 인한 이론의 경멸, 그리고 커다란 기본원칙을 대신하는 기회주의가 점차 만연하게 된다. 바로 그런 이유로 마르크스와 엥겔스는 서유럽과 미국의 노동자들에 비해 독일 노동자들을 이론적인 수준에서 더 높게 평가할 수 있었는데 만일 그들이 오늘날 살아 있다면 마찬가지 이유로 독일 노동자들에 비해서 러시아 노동자들의 이론적 수준을 더욱 높게 평가할 것이다.

그럼에도 각국에서는 계급의식을 갖춘 프롤레타리아와 그들의 대변자들이 민주주의를 쟁취하기 위해 싸우고 있으며 그들 가운데 많은 사람들은 그 목표를 위해 목숨까지도 희생하고 있다.

그들은 민주주의가 없이는 아무것도 되지 않는다는 것을 잘 알고 있다. 전제주의에 대항하는 투쟁이 불러일으키는 효과는 엘리트들에 국한되어 있으며 전체 대중에게는 파급되지 않고 있다. 한편 우리는 민주주의가 프롤레타리아에게 미치는 타락적인 효과에 대해서 지나치게 과장할 필요가 없다. 한때 있었던 그런 타락적인 효과는 프롤레타리아에게 자유로운 여가시간이 부족했기 때문에 빚어진 결과였지 민주주의 자체 때문이 아니었다. 자유를 가진 것이 자유를 갖지 않은 것보다 인간을 더욱 소인배로 만들고 더욱 편협하게 만드는 경우란 오히려 매우 드문 경우일 것이다. 민주주의가 점차 노동시간을 단축하는 방향으로 작용하면 할수록 노동자들이 활용할 수 있는 자유로운 시간의 길이도 그만큼 길어질 것이고 그만큼 노동자들이 당장의 불가피한 사소한 일뿐만 아니라 포괄적인 큰 문제들에도 몰두할 수 있는 가능성이 더욱 커질 것이다.

그리고 노동자들을 그렇게 몰아갈 일들도 계속 생겨날 것이다. 왜냐하면 민주주의가 아무리 잘 되어 있다 하더라도 민주주의가 자본주

생산양식을 극복하지 않는 한 이 생산양식이 만들어내는 대립적 모순을 민주주의 하나만으로는 해결할 수 없기 때문이다. 오히려 자본주의 사회의 대립적 모순은 갈수록 증가해서 점점 더 큰 갈등을 만들어내고, 프롤레타리아는 일상적으로 자신의 계급의식을 일깨우는 큰 문제들과 반복적으로 부딪히게 될 것이다. 민주주의에서는 이런 의식의 고양이 단지 엘리트들에게만 국한되지 않고 국민대중에게서도 이루어져서 대중은 일상적인 실천을 통해서 점차 자주관리를 배워나가게 된다.

민주주의 아래서 프롤레타리아는 전제주의 아래서처럼 그렇게 오로지 혁명만을 지속적으로 생각하거나 얘기하지 않는다. 그는 몇 년간 또는 수십 년 동안이나 작은 일에만 몰두할 수도 있다. 그러나 그에게 혁명적 사고와 행동을 불붙이는 상황이 결국은 곳곳에서 끊임없이 발생하고야 만다.

그렇지만 민주주의 아래서 행동이 발발하면 그것은 전제주의의 경우에 비해서 성급하게 미리 발생할 가능성도 적고 또한 봉기가 실패할 가능성도 적으며 일단 승리를 쟁취하면 다시는 그것을 상실하지 않고 성공적으로 지켜낼 수 있는 가능성이 훨씬 클 것이다. 그래서 그것은 결국 짜릿한 흥분을 불러일으키는 극적인 혁명보다 더욱 중요한 의미가 있다.

독재

민주주의는 사회주의 생산양식의 건설에 없어서는 안 되는 기초를 이룬다. 그리고 민주주의의 작용을 통해서만 프롤레타리아는 사회주의를 건설해 나가는 데 필요한 자신의 성숙한 역량을 얻을 수 있다. 또한 민주주의는 프롤레타리아의 성숙을 보장하는 가장 확실한 바로미터를 제공해준다. 민주주의를 모두 필요로 하는 두 단계, 즉 사회수의를 준비하는 단계와 사회주의를 건설해나가는 단계 사이에는 아직 제3의 단계가 남아 있는데 그것은 프롤레타리아가 정치적으로 권력을 잡았지만 경제적으로 사회주의는 아직 건설되지 않은 상태인 이행단계다. 이 중간단계에서는 민주주의가 단지 필요 없을 뿐만 아니라 해로운 것이기도 하다는 주장이 있다.

이런 견해는 새로운 것이 아니다. 우리는 이미 그것이 바이틀링의 견해라는 것을 알고 있다. 그런데도 이 견해는 자신의 논거를 마르크스의 얘기에서 찾고 있다. 그것은 마르크스가 1875년 5월 고타 강령을 비판하는 자신의 편지 속에서 말하고 있는 바로 다음 부분이다.

자본주의 사회와 공산주의 사회 사이에는 하나의 사회가 다른 사회로 전환하는 혁명적 이행시기가 있다. 이 시기는 정치적 이행기에 해당하며 그 국가형태는 다름 아닌 **프롤레타리아의 혁명적 독재**일 수밖에 없다.(『노이에 차이트』, 제9권 제1집, 502쪽 이하)

마르크스는 애석하게도 그가 이 독재에 대해서 어떻게 생각하는지 좀더 자세하게 설명하지 않았다. 말 그대로 본다면 이 말은 민주주의의 폐기다. 물론 말 그대로 본다면 그것은 어떤 법률적 구속도 받지 않는 개인의 유일지배를 의미하기도 한다. 단지 이 유일지배가 전제주의와 구별되는 점은 그것이 지속적인 국가체제가 아니라 과도적인 임시방편으로 생각되고 있다는 것이다.

그런데 '프롤레타리아 독재'라는 표현은 어떤 개인의 독재가 아니라 하나의 계급의 독재를 표현한 것으로서 이미 마르크스가 여기서 말하는 독재가 표현된 말 그대로의 독재가 아니라는 것을 말해준다.

그가 여기서 말하고 있는 것은 **통치형태**가 아니라 프롤레타리아가 정치권력을 잡았을 때 어디서나 반드시 거쳐야만 하는 **상태**를 가리킨다. 그가 여기서 통치형태를 염두에 두고 있지 않았다는 사실은 그가 영국과 미국에서는 이행이 평화적으로, 즉 민주적인 방식으로 이루어질 수있다는 견해를 보였던 점에서 이미 확인이 된다.

물론 민주주의만으로 평화적인 이행이 모두 보장되는 것은 아니다.

그러나 민주주의 없이 평화적인 이행은 결코 보장될 수 없다.

마르크스가 프롤레타리아 독재를 어떻게 생각하고 있었는지를 알기 위해서는 복잡한 수수께끼 놀이를 할 필요가 없다. 1875년에 마르크스가 프롤레타리아 독재에 대한 자신의 생각을 더 이상 자세히 설명하지 않았던 것은 그가 이미 불과 몇 년 전에 집필한 『프랑스 내전』(1871)에서 그것을 얘기했기 때문이다. 거기서 그는 다음과 같이 말하고 있다.

코뮌은 본질적으로 노동자계급의 정부로서 자산가계급에 대항하는 생산자계급의 투쟁의 결과물이며 노동의 경제적 해방을 달성할 수 있는 가장 궁극적인 정치적 형태다.

즉 파리코뮌은 엥겔스가 마르크스의 이 저작 제3판 서문에서 명시적으로 밝혔듯이 '프롤레타리아 독재'였다.

그러나 그것은 곧바로 민주주의의 폐기를 의미하는 것이 아니라 보통선거권의 토대를 최대한 사용하는 것에 기초해 있었다. 정부권력은 보통선거권에 의존해 있어야 하는 것이었다.

코뮌은 파리의 각 선거구에서 **보통선거**에 의해 선출된 시의회로 구성되었다. 〔……〕 모든 개별 사용자들에게 노동자들을 선발할 권리가 부여되는 것과 꼭 마찬가지로 코뮌을 구성하는 국민들에게는 **보통선거권**이 부여된다.(같은 책, 46, 47쪽)

마르크스는 특정한 특권계급의 선거권이 아니라 전체 국민의 보통선거권을 반복해서 얘기했다. 그에게 프롤레타리아 독재는 프롤레타리아가 다수를 차지하는 상태에서 순수한 민주주의가 필연적으로 만들어내는 상태를 의미하는 것이었다.

따라서 독재를 민주주의와 대립되는 개념으로 생각하는 사람들은 마르크스를 자신들의 논거로 내세워서는 안 된다. 물론 그렇다고 해서 그것만으로 그들의 생각이 틀렸다고 입증되는 것은 아니다. 단지 내가 말하고 싶은 것은 그들이 자신들의 생각의 근거를 다른 곳에서 찾아야 한다는 것이다.

이 문제를 연구하면서 우리는 상태로서의 독재를 통치형태로서의 독재와 혼돈하지 않도록 주의해야만 한다. 우리의 논의에서 쟁점이 되는 것은 후자의 독재를 추구하는 것이다. 통치형태로서의 독재란 반대파를 불법화하는 것과 같은 의미를 갖는다. 이런 불법화에는 선거권과 출판 그리고 결사의 자유가 포함된다. 문제는 승리를 쟁취한 프롤레타리아에게 과연 이런 조치가 필요한가, 그리고 최소한 이런 불법화의 도움을 통해서 또는 오로지 이런 불법화를 통해서만 사회주의가 달성될 수 있는가 하는 것이다.

여기서 우선 주의해야 할 점은 우리가 통치형태로서의 독재를 얘기할 때는 그것이 계급의 독재를 얘기하는 것이 아니라는 점이다. 왜냐하면 우리가 앞서 이미 지적했듯이 계급은 한 사회를 지배할 수는 있지만 통치할 수는 없기 때문이다. 즉 우리가 독재를 단지 지배의 상태로서 이해하지 않고 일정한 통치형태로서 이해한다면 우리는 이미 독재를 하나의 개별적인 조직의 독재로서 얘기하는 것이다. 즉 그것은 프롤레타리아의 독재를 말하는 것이 아니라 프롤레타리아 정당의 독재를 말하는 것이다. 그런데 프롤레타리아 자체가 여러 정당으로 분열되어 있다면 문제는 금방 복잡해진다. 이 경우 이들 여러 정당 가운데 하나의 정당에 의한 독재는 결코 프롤레타리아 계급에 의한 독재가 아니라 일부 프롤레타리아의 다른 프롤레타리아들에 대한 독재를 의미한다. 게다가 만일 여기서 사회주의 정당의 분열이 비프롤레타리아 계층에 대한 견해 때문에 이루어진 것이라면, 그리하여 어떤 정당이 도시프롤레타리아와 농민 사이의 연대를 통해서 권력을 장악하게 되었다면 문제는 훨씬 더 복잡해진다. 이 경우 프롤레타리아의 독재는 단지 일부 프롤레타리아에 의한 다른 프롤레타리아에 대한 독재가 되는 것이 아니라 프롤레타리아와 농민에 의한, 프롤레타리아에 대한 독재가 될 것이다. 그래서 여기서는 프롤레타리아 독재가 완전히 특수한 형태로 되어버리는 것이다.

그렇다면 프롤레타리아의 지배가 민주주의와 일치하지 않는 형태를 취하고 또 반드시 그런 형태를 취해야 하는 이유는 무엇인가? 마르크스의 말을 빌려 프롤레타리아 독재를 주장하는 사람들이 결코 잊어서는 안 되는 사실은 마르크스에게서 프롤레타리아 독재는 어떤 특수한 조건 아래서 나타날 수 있는 상태를 의미하는 것이었지, 어떤 조건에나 반드시 나타나는 필연적인 상태를 의미하는 것이 아니었다는 점이다.

프롤레타리아가 통상 지배권을 갖게 되는 것은 프롤레타리아가 주민의 다수를 이루고 있거나 아니면 적어도 인구의 다수가 이들을 지지하는 경우에만 그러하다는 것을 우리는 쉽게 이해할 수 있다. 자신의 정치적인 투쟁에서 프롤레타리아의 무기는 그가 경제적으로 불가결한 요소라는 점 외에도 그가 대중적 다수를 이루고 있다는 점에 있다. 프롤레타리아가 인구의 다수로부터 지지를 받는 대중을 이루고 있는 경우에만 프롤레타리아는 지배계급의 권력수단을 이겨낼 수 있으리라고 기대할 수 있다. 마르크스와 엥겔스도 그렇게 생각했다. 이것과 관련해서 그들은 『공산당 선언』에서 다음과 같이 설명하고 있다.

지금까지의 모든 운동은 소수파의 이해를 대변하는, 소수파에 의한 운동이었다. 프롤레타리아의 운동은 엄청난 다수의 이해를 대변하는 엄청난 다수에 의한 자립적인 운동이다.

이것은 파리코뮌의 경우에도 그대로 적용되는 것이었다. 새로운 혁명적 체제의 일차적인 과제는 보통선거를 실시하는 것이었다. 최대한 자유롭게 치러진 선거의 결과, 파리의 거의 모든 선거구에서 코뮌은 다수에게서 강력한 지지를 획득했다. 혁명가들이 65명 선출되었고 반대파는 21명 선출되었는데 이들 21명 가운데 15명은 직접적인 반동가들이었고 6명이 강베타(Léon Gambetta, 1838~82)[19]파의 급진적 공화주의자들이었다. 65명의 혁명가들은 모두 당시의 프랑스 사회주의 노선을 대변하는 사람들이었다. 코뮌은 이렇게 싸워 이겼으며 어떤 독재도 행사하지 않았다.

대중에 깊이 뿌리를 내린 체제는 민주주의를 훼손하는 어떤 행위도 할 필요가 없다. 만일 어떤 체제가 민주주의를 억압하는 폭력행위를 행사하게 되면 그 체제는 그때부터 결코 폭력행위에서 자유로울 수 없게 된다. 폭력은 단지 폭력을 부를 뿐이기 때문이다.

다수가 자신을 지지한다는 것을 알고 있는 체제는 단지 민주주의를 **보호하기 위한** 목적에서만 폭력을 사용하지, 민주주의를 **폐기하기** 위해서 폭력을 사용하지는 않는다. 만일 이 체제가 자신의 가장 안정된 기반인 보통선거권을, 즉 자신의 강력한 도덕적 권위의 원천인 이 보통선거권을 제거하려 한다면 그것은 곧바로 자살을 하는 행위가 될 것이다.

따라서 민주주의를 폐기하는 독재는 비록 프롤레타리아 정당이 인구의 다수로부터 지지를 받지 못하거나 또는 그들에게서 강력한 반대를 받고 있는데도 이 정당에게 권력을 획득할 수 있는 유리한 조건들이 예외적으로 형성되었을 경우에만 생각해볼 수 있을 것이다.

그러나 국민들이 수십 년간 정치적으로 훈련되어 있고 정당을 통해서 확고한 모습을 갖추고 있는 나라에서 이런 종류의 우연한 승리는 매우 가능성이 낮다. 그런 우연한 승리는 단지 그 나라의 사회적 관계가 낙후되어 있다는 것을 암시할 뿐이다. 만일 그런 경우에 사회주의 정부에게 국민들이 보통선거권을 요구한다면 사회주의 정부는 지금까지 우리가 해오던 바와 같이, 즉 국가권력에 대한 투쟁을 민주주의의 토대 위에서 전개해 나가려는 확고한 의지를 가지고 모든 정부에 대해서 국민의 요구에 따르라고 요구했던 바와 같이 이 요구를 수용해야 할 것인가, 아니면 자신의 정권을 유지하기 위해 민주주의를 억압해야 할 것인가?

---

19) 프랑스의 카오르 출생으로 급진공화파의 일원. 1860년에 변호사가 되어 나폴레옹 3세의 전제에 반대했고 1870년 9월 프로이센-프랑스전쟁이 일어나자 독일항쟁파가 되었으며 파리코뮌의 내무장관을 지냈다. 1877년 공화파의 승리로 의회에 복귀해서 하원의장이 되었고 1881년에 총리로 임명되었다.

다수국민의 의지에 반해 독재가 권력을 행사할 수 있는 방법은 무엇일까?

두 가지 방법을 생각할 수 있다. 예수회의 방법과 보나파르트주의적 방법이 바로 그것이다.

우리는 이미 예수회 국가에 대해 파라과이의 예를 통해서 얘기한 바 있다. 예수회가 거기서 그들의 독재를 행사한 방법은 그들이 조직한 원주민들에 대한 확실한 정신적 우월성이었는데 이들 원주민들은 예수회가 없이는 완전히 절망적인 상태였다.

유럽국가에서 사회주의 정당이 이런 예수회와 같은 우월성을 획득할 수 있을까? 그것은 전적으로 불가능하다. 프롤레타리아는 계급투쟁을 통해서 다른 노동하는 계급들, 즉 소부르주아와 소농들을 앞지르는 정신적인 성장을 이룩하긴 했지만 그동안 소부르주아와 소농들의 정치적 이해관계에 대한 관심과 인식도 함께 성장했다. 그래서 이들 각 계급들 사이의 격차는 결코 그렇게 압도적으로 벌어지지 않았던 것이다.

육체노동 계급의 성장과 더불어 지식인 계층의 성장도 지속되어서 이들의 수는 날로 불어나고 있으며 이들도 생산과정에서 없어서는 안 되는 요소로서 자리를 잡아가고 있는데 이들의 직업적 활동은 지식의 탐구와 지적 능력의 시험 및 개발을 주요 내용으로 하고 있다.

이 계층은 프롤레타리아와 자본가계급의 중간에 자리를 잡고 있다. 이들은 자본주의에 직접 이해관계를 걸고 있지는 않지만 이들이 자신들의 운명에 대해서 스스로 결정할 수 있을 만큼 충분히 성숙하기 전까지는 프롤레타리아와 서로 불신관계를 유지하면서 대립적인 상태를 취한다. 이들 교육받은 계급들 가운데 예를 들어 공상적 사회주의자들처럼 프롤레타리아의 해방을 가장 뜨겁게 지지했던 사람들도 계급투쟁의 초기에는 노동운동에 반대하는 소극적인 태도를 취했다. 이들의 태도가 바뀐 것은 계급투쟁 과정에서 프롤레타리아가 비로소 성숙된 역량을 보이기 시작하면서부터였다. 이때 사회주의를 지지하던 지식인들이 프롤레타리아에게 보낸 신뢰는 1914년 8월 4일 이후 자유당과 중앙당 사람들이, 즉 당시의 독일정부가 정부구성에 참여한 사회주의자들에게 보낸 신뢰와 혼동되어서는 안 된다. 전자의 신뢰는 프롤레타리아가 스스로를 해방시킬 능력과 힘을 가지고 있다는 데 대한 확신에서 나온 것이었다. 그러나 후자의 신뢰는 이들 정부에 입각한 사회주의자들이 프롤레타리아의 해방투쟁을 더 이상 진지하게 수행하지 않으리라는 데 대한 신뢰였던 것이다.

지식인들 없이 또는 지식인들의 반대 아래서 사회주의적 생산은 제대로 건설될 수 없다. 인구의 다수가 프롤레타리아 정당에 대해 불신하거나 반대하는 상태에서는 지식인 대중도 이들과 마찬가지의 태도를 취할 것이다. 그럴 경우 정권을 획득한 프롤레타리아 정당은 인구의 나머지 다수들에 대해 지적으로 훨씬 뒤떨어지게 되며 바로 그렇기 때문에 그들의 적들에 비해서도 비록 각종 사회적인 사안들에 대해 이론적으로는 이들을 앞지르는 안목을 갖추고 있다 하더라도 이런 지적인 면에서 뒤지게 될 것이다.

따라서 파라과이에서 이루어진 방법은 유럽에서는 통용될 수 없다. 그렇다면 이제 남은 것은 단 한 가지, 나폴레옹 1세가 1799년 브뤼메르 (Brumaire)[20] 18일에 사용했으며 그의 조카인 나폴레옹 3세가 역시 1852년 12월 2일에 사용했던 바로 그 방법뿐이다. 그것은 곧 중앙집권화된 조직이 조직화되지 못한 국민대중에 대해 갖는 우위를 이용하는 통치방법을 가리킨다. 이것은 무력의 우위에 의존하는 방법으로서 말하자면 무력을 갖춘 정부가 무력을 갖추지 않았거나 또는 무력에 의한 계급투쟁에 지쳐버린 국민대중과 마주 서는 상태를 말한다.

이런 토대 위에서 사회주의 생산양식이 건설될 수 있을까? 사회주의 생산양식은 사회에 의한 생산의 조직화를 의미한다. 그것은 전체 국민대중에 의한 경제적인 자주관리를 필요로 한다. 관료나 또는 어떤 특정

---

20) 프랑스혁명 시기인 1793년 국민공회가 그레고리력을 폐지하고 새롭게 제정한 혁명력의 제2월. 그레고리력으로 환산하면 10월 22일부터 11월 20일까지가 해당된다.

국민계층의 독재에 의한 생산의 국가적 조직화는 사회주의를 의미하지 않는다. 사회주의는 광범위한 국민대중의 조직적인 훈련을 필요로 하고 경제적 또는 정치적 유형의 무수히 많은 자유로운 조직들을 전제로 하며 완전한 조직의 자유를 필요로 한다. 사회주의적 노동조직은 결코 군대조직이 되어서는 안 된다.

소수파의 독재가 국민들에게 완전한 조직의 자유를 허용한다면 그것은 자신들의 권력을 포기하는 것이 될 것이다. 반대로 그들이 자신들의 권력을 유지하기 위해 이 자유를 억압하려 한다면 그들은 사회주의의 발전을 촉진하는 것이 아니라 그것을 가로막게 될 것이다.

소수파의 독재는 언제나 충직한 군대를 자신의 가장 강력한 버팀목으로 삼는다. 그러나 그들이 다수파의 지지가 아니라 무력에 의존하면 할수록 모든 반대파들도 자신들의 요구를 관철하기 위해서 소수파가 거부하는 선거에 호소하는 것이 아니라 총칼과 폭력에 호소하게 될 것이다. 그리하여 결국 정치적·사회적 대립을 해결하는 방법은 내전의 형태를 취하게 될 것이다. 정치적·사회적 냉담함과 무기력증이 완전히 지배적인 분위기를 이루지 않는 한 소수파의 독재는 언제나 폭력적인 소요나 지속적인 게릴라전쟁의 위협에 시달리게 되며 이는 독재의 모든 군사력에 저항하는 다수 대중의 장기간의 무장항쟁의 형태로 발전하게 될 것이다. 그럴 경우 소수파의 독재는 이제 내전에서 벗어날 수 없게 되고 이 내전을 통해서 붕괴될 지속적인 위험 속에 빠질 것이다.

그러나 사회주의 사회의 건설에서 내전만큼이나 큰 장애요인도 없다. 광범위한 지리적 분업이 발달한 오늘날과 같은 발전단계에서 대규모 산업체들은 세계 도처에서 교통과 거래의 안전성에 극도로 의존해 있다. 따라서 외국과의 전쟁은 설사 적군이 국내로 침입해 들어오지 않는다 하더라도 이미 사회주의 건설을 극도로 어렵게 만들 것이다. 지금의 러시아혁명에서 모든 노선의 러시아 사회주의자들이 사회의 재건을 위해서 평화의 필요성을 똑같이 강조하고 있는 것은 당연한 일이다. 그러나 사회 전체의 경제에서 외국과의 전쟁보다 훨씬 더 악영향을 미치는 것은 내전이다. 내전은 당연히 국내에서 벌어지며 적군이 침입할 때와 마찬가지로 국토를 황폐화시키고 마비시키지만 그 정도는 훨씬 더 끔찍하다.

국가 간의 전쟁에서는 보통 어느 한쪽 정부의 권력이 획득되거나 상실하거나 하는 일만 문제로 될 뿐이지 정부의 존립 전체가 문제되는 일은 없다. 전쟁이 끝나고 나면 전쟁을 수행했던 각각의 정부와 국민은 비록 서로 우호적인 관계는 아니라 하더라도 평화를 원하고 또 평화상태로 돌아갈 수밖에 없다.

그러나 내전에서 각 당파들 사이의 관계는 이것과 완전히 다르다. 이들 당파가 전쟁을 수행하는 것은 상대편에게서 몇 가지 양보를 얻어낸 다음 그들과 평화를 유지하면서 함께 살기 위한 것이 아니다. 내전에서는 민주주의에서처럼 소수파가 보호를 받는 일이 일어나지 않는다. 즉 민주주의에서는 소수파로 전락해 정부에서 물러나야 하는 정당은 누구나 그로 인해 자신의 정치적 활동을 그만두거나 제약을 받거나 할 필요가 결코 없으며 소수파로 떨어진 정당에게는 누구나 그들이 다시 다수의 지지를 얻어서 정권을 장악할 수 있는 권리가 여전히 부여된다. 그러나 내전에서는 이런 일이 일어나지 않는 것이다.

내전에서는 모든 당파들이 자신들의 존립을 위해 싸우며 패배자에게는 완전한 소멸의 위협이 가해진다. 이런 의식 때문에 내전은 그 정도가 끔찍해지기 쉽다. 특히 오로지 무력으로 권력을 장악한 소수파는, 적의 봉기로 인해 자신들이 위협을 당하고 나서 그 봉기를 성공적으로 진압했을 경우 유혈적인 방식으로 이들 반대자들을 억압하고 그들을 도살하듯이 대량으로 학살하는 경향이 있다. 1848년 6월의 파리[21]와 1871년 5월 피의 주간[22]은 모두 이런 끔찍한 경향을 뚜렷하게 보여주고 있다.

---

21) 제2공화국 아래서 노동자들이 일으킨 봉기에 대해 프랑스 정부군이 벌인 유혈극을 가리킨다. 6월 23일 정부군의 총공격이 있었고 전투는 6월 26일까지 지속되었다. 사상자 수는 알려지지 않았고 단지 1만 1,000명이 주모자로 군사재판에 회부되었다는 기록만 남아 있다.

22) 파리코뮌의 마지막 저항시기를 가리키는 말로서 프랑스 정부군과 프로이센 연합군이 파리에 진입한 5월 21일부터 파리코뮌 정부가 완전히 붕괴되는 5월 28

만성적인 내전체제나 그것의 대안으로서 대중의 완전한 무관심과 무기력증을 동반하는 독재체제는 모두 똑같이 사회주의 생산체제의 건설을 불가능하게 만든다. 그런데도 내전이나 대중의 무관심을 유발하는 소수파의 독재가 자본주의에서 사회주의로의 이행을 이룩하는 최고의 수단이 되어야 한다는 것이다!

많은 사람들은 내전과 사회주의 혁명을 혼동해서 내전을 사회주의 혁명의 형태로 간주하며 내전에서는 불가피하게 폭력적 행동이 필요하고 이것 없이는 혁명이 불가능할 것이라고 생각해서 이를 용납하는 경향이 있다. 사람들은 모든 혁명은 언제나 그래왔고 앞으로도 늘 그럴 것이라고 생각한다.

그러나 우리 사회민주주의자들은 과거에 늘 그래왔던 것이 앞으로도 그래야만 한다는 생각을 하지 않는다. 혁명에 대한 우리의 상(像)은 과거 부르주아 혁명의 사례를 모범으로 삼아서 형성된 것이다. 그러나 프롤레타리아 혁명은 부르주아 혁명과는 완전히 다른 조건에서 이루어질 것이다.

부르주아 혁명은 국민과는 동떨어진 군대의 지지를 받는 전제주의가 모든 자유로운 활동을 억압하는 나라에서 발생했다. 그런 나라에서는 언론, 집회, 결사의 자유가 없었고 보통선거권제도도 없었으며 진정한 의미에서의 국민의 대표기구도 없었다. 따라서 거기서는 당연히 정부에 대한 투쟁이 내전의 형태를 취했다. 그런데 적어도 서유럽에서 오늘날 프롤레타리아가 장차 정치권력을 잡게 될 국가들은 수십 년 동안 민주주의가 비록 '순수한' 형태는 아니지만 어느 정도 깊은 뿌리를 내리고 있으며 군대도 옛날처럼 국민에게서 분리되어 있지 않은 국가들이다. 이런 조건에서 국민의 다수를 이루고 있는 프롤레타리아가 어떻게 정치권력을 획득하게 될지는 앞으로 지켜보아야 할 것이다. 어떤 경우에도 서유럽에서 프랑스대혁명 같은 사건이 다시 발발하리라고 생각할 필요

일까지 파리에서 벌어진 1주일 동안의 시가전을 의미한다. 이 최후의 전투에서 파리시민군 3만 명이 전사했다.

는 없을 것이다. 만일 오늘의 러시아가 1793년의 프랑스와 비슷한 점을 많이 보여주고 있다면 그것은 단지 러시아가 부르주아 혁명의 단계에 얼마나 가까이 있는지를 보여주는 것일 뿐이다.

우리는 사회혁명(soziale Revolution)과 정치혁명(politische Revolution), 그리고 내전(Bürgerkrieg)을 구별해야 한다.

사회혁명이란 새로운 생산양식을 건설함으로써 사회 전체의 구조물이 근본적으로 변화하는 것을 가리킨다. 그것은 오래 걸리는 일로 수십 년 동안 지속될 수 있으며 언제 끝날 지 시한을 못 박을 수 없는 일이다. 만일 그것이 수행되는 형태가 평화적인 것이라면 그 기간은 더욱 길어질 것이다. 그러나 전쟁은, 그것이 외국과의 전쟁이든 내전이든 모두 사회혁명의 치명적인 장애요인이다. 사회혁명은 대개 정치혁명을 통해서 도입되는데 이런 정치혁명에서는 국가 내에서 계급들 사이의 권력관계가 급작스레 변화해서 지금까지 국가권력에서 배제되어 있던 계급이 정부기구를 장악하게 되는 일이 발생한다. 정치혁명은 매우 급속하게 수행되어 금방 결말에 도달할 수 있는 돌발적인 행동이다. 그것의 형태는 그것이 이루어지는 국가의 형태에 따라 결정된다. 그 국가에서 민주주의가 형식적으로만이 아니라 실질적으로도 노동대중의 세력에 근거해서 정착되어 있으면 있을수록 정치혁명은 평화적으로 이루어질 가능성이 더욱 커진다. 반면 기존의 지배체제가 인구의 다수에게서 지지를 받지 못하고 단지 군사적인 권력수단을 통해서 권력을 장악하고 있는 소수파를 대표하는 것일수록 정치혁명은 내전의 형태를 띨 가능성이 더욱 커진다.

그러나 후자의 경우에도 사회혁명을 주장하는 사람들의 일차적인 관심은 내전이란 것이 과도기적으로 잠깐 지나가는 사건일 뿐으로서 단지 민주주의를 도입하고 그것을 공고히 하는 데 필요한 것일 뿐이며, 사회혁명은 바로 이 민주주의의 작용에 맡겨질 것이라는 점에 있다. 다시 말해서 민주주의는 다수 국민대중이 가고자 원하는 것 이상으로는 당장 나아가지 않는다는 것이다. 왜냐하면 그 이상을 넘어서는 사회혁명이,

깊은 안목에서 볼 때 민주주의의 궁극적인 목표를 즉시 실현하는 것이 아무리 가치 있는 일이라 할지라도, 현재로서는 그것을 지속적으로 실현하는 데 필요한 조건을 발견하지 못했기 때문이라는 것이다.

그러나 프랑스대혁명 시기에 파리의 프롤레타리아와 소부르주아에 의한 공포정치, 즉 소수파에 의한 독재는 역사적으로 극히 중요한 의미를 갖는 엄청난 영향력을 발휘하지 않았던가?

물론 그렇다. 그러나 그 독재의 성격은 어떤 것이었던가? 그 독재는 혁명적 프랑스에 대항해서 유럽의 왕정연합이 일으킨 전쟁의 산물이었다. 이들의 공격을 성공적으로 막아내는 것, 바로 그것이 공포정치의 역사적 과업이었다. 그럼으로써 그것은 전쟁을 수행하는 데에는 민주주의보다 독재가 낫다는 오랜 진리를 다시 한 번 뚜렷하게 확인시켜주었다. 그러나 독재가 프롤레타리아적 의미의 사회변혁을 수행하고 또 정치권력을 유지시켜주는 올바른 의미의 프롤레타리아적 방법인지를 입증한 것은 전혀 아니었다.

그 에너지 면에서 1793년의 공포정치를 능가할 만한 것은 없었다. 그럼에도 파리의 프롤레타리아는 그것을 통해서 권력을 유지하는 데 실패했다. 독재는 프롤레타리아와 소부르주아 분파들이 서로 싸우는 수단이 되었으며 그 결과 그것은 프롤레타리아의 모든 정책과 소부르주아의 모든 정책을 끝장내버리는 방법이 되고 말았다.

이들 하위계층의 독재는 총칼의 독재를 위한 길을 터주었다.

만일 우리가 부르주아 혁명의 예를 따라서 혁명이란 것이 내전이나 독재와 같은 것이라고 말하려고 한다면 우리는 마찬가지 맥락에서 혁명이란 것이 필연적으로 크롬웰(Oliver Cromwell, 1599~1658)[23]이나 나폴레옹의 지배로 끝난다고 말해야 할 것이다.

---

23) 영국의 정치가로서 청교도혁명 당시 국왕에 맞서서 의회진영의 군대를 이끌었다. 1649년 반혁명의 뿌리를 뽑기 위해 국왕 찰스 1세를 처형하고, 왕정을 폐지했으며 공화정을 선언했고 스스로 호국경(護國卿)의 지위에 올라 호국경 정치를 시작했다. 1657년 왕관이 주어졌으나 이를 거절했다.

그러나 프롤레타리아가 나라 안에서 다수를 이루고 민주적으로 조직되어 있을 경우 프롤레타리아 혁명은 결코 이런 결과를 맞게 되지 않을 것이다. 그리고 바로 그런 곳에서만 사회주의적 생산의 조건은 주어질 것이다.

우리는 프롤레타리아 독재를 다름 아닌 민주주의의 토대 위에 선 프롤레타리아의 지배라고 이해할 수 있다.

제헌의회와 소비에트

민주주의와 독재 사이의 대립은 오늘날 러시아혁명에서 매우 큰 현실적 의미를 가지고 있다.

러시아 사회주의자들은 이 문제를 둘러싸고 둘로 갈라졌다. 그들은 사회혁명주의자와 마르크스주의자로 분열되었다. 사회혁명주의자들은 우선 농민들의 대변자들인데 러시아의 농민계층은 다른 전체 유럽국가들과는 달리 아직 혁명적 요소를 지니고 있으며 따라서 사회주의적 프롤레타리아와 손을 잡을 수 있는 계층이다. 이들과 갈라선 마르크스주의자들은 산업프롤레타리아의 대변자들이다. 이들 마르크스주의자들은 다시 두 노선으로 갈라져 있는데 하나는 멘셰비키로서 이들은 러시아에서의 혁명이 현재 러시아의 경제적 토대를 고려할 때 유럽에서 사회주의 혁명이 함께 발발하지 않는 한 부르주아적 혁명이 될 수밖에 없다고 생각한다. 반면 또 하나의 노선인 볼셰비키는 늘상 의지와 폭력을 전능한 것으로 신봉하고 러시아의 후진성과 상관없이 혁명을 곧바로 사회주의 혁명으로 만들려고 생각한다.

혁명이 진행되면서 이들의 대립은 더욱 심해졌다. 멘셰비키는 제헌국민의회가 확정된 정부를 구성할 때까지 임시연립정부에 참여하는 것이 자신들의 과제라고 생각했다. 볼셰비키는 제헌의회가 소집되기 전에 이 임시정부를 무너뜨리고 자신들의 정당정부가 임시정부를 대신하기를 원했다. 여기에 평화의 문제가 대립의 골을 더욱 깊게 만들었다. 멘셰비키와 볼셰비키는 똑같이 즉각적인 평화를 원했고 그것도 침머발트(Zimmerwald)회의[24]의 기초 위에서, 즉 합병도 부과금도 없는 평화를 원했다. 두 파는 모두 침머말트에 있었고 거기서 멘셰비키는 다수파에 속했다. 그러나 멘셰비키는 모든 나라가 전쟁을 중단하는 전반적인 평화를 원했으며 또한 그와 함께 모든 전쟁당사국들이 서약했던 무합병, 무부과금을 원했다. 그리고 만일 이것이 이루어지지 않을 경우 러시아 군대는 신속하게 무기를 다시 손에 쥐어야 한다는 것이었다. 그러나 볼셰비키는 어떤 대가를 치르더라도 즉각적인 평화를 요구했고 만일 그래야만 한다면 이 평화를 단독강화를 통해서라도 체결할 준비가 되어 있었으며 모든 세력을 동원해서 군대의 해산을 촉진함으로써 이 평화를 강제로 얻어내려고 했다.

볼셰비키는 군대와 국민들 사이에서 만연해 있는 전쟁의 피로감과 외견상 무능력해 보이는 임시정부 때문에 지지를 받았다. 물론 임시정부는 사실 그만한 기간에 다른 어떤 부르주아 정부와 비교하더라도 훨씬 더 많은 정치적·사회적 개혁을 이루긴 했지만 그것은 혁명정부에 대한 기대수준에는 미치지 못하는 것이었다. 제헌의회의 선거는 원하는 것만큼 신속하게 이루어질 수 없었다. 우선 낡은 관료기구들을 개편해야 했고 도시와 농촌의 민주적인 대표기구들을 만들어야 했다. 또한 거대한 제국 전체에 걸쳐서 작성되어야 할 선거인 명부는 마지막 인구조사가 1897년에 이루어졌던 까닭에 엄청난 어려움을 가져왔다. 그래서 제헌의회의 선거는 여러 차례 계속해서 연기되었다.

그러나 무엇보다도 우선 평화가 도대체 오려고 하지 않았다. 그것이 어떤 요인 때문이었든 3국협상[25]에 임한 정치가들은 그 당시 합병이나

---

24) 제2인터내셔널의 결의에도 불구하고 사회주의 정당들의 도움을 받은 제국주의 국가들 사이에 제1차 세계대전이 발발하자 전쟁에 반대하는 국제사회주의자들이 1915년 9월 침머발트에서 회합을 가지고 평화를 위한 노력을 결집했다. 이것이 제1차 침머발트 회의다. 1916년 4월 제2차 침머발트 회의가 개최되었고 이들 두 차례의 침머발트 회의에 멘셰비키와 볼셰비키는 함께 참석했다.
25) 1914년 제1차 세계대전을 앞두고 벌어졌던 영국, 프랑스, 러시아 3국 사이의

부과금 없이 평화를 표방하는 것이 그들 자신을 위해서 얼마나 필요한 것인지를 이해하지 못했다. 그들이 추구했던 정책 때문에 3국협상은 러시아 국민들에게 평화의 장애물로 비쳐졌고 동시에 3국협상과 함께 시험대에 올라 있던 임시정부도 평화의 장애물로 보였다. 이것이 바로 멘셰비키 가운데 일파인 국제주의자들이 왜 3국협상의 해체를 주장하고 임시정부에 반대했던지를 설명해주는 이유다. 그러나 이들 국제주의자들보다 훨씬 더 앞서간 것이 볼셰비키였다. 이런 상황을 이용해 볼셰비키는 멘셰비키와 임시정부를 희생시켜서 자신들의 기반을 확보했으며 이를 통해서 작년 11월에 임시정부를 궤멸시키는 데 성공했다. 그들의 선전능력은 사회혁명주의자들 가운데 일부를 자기편으로 끌어들일 수 있을 정도로 매우 뛰어나다는 것이 입증되었다. 좌파 사회혁명주의자들은 볼셰비키와 합류해서 그들이 구성한 정부에 들어갔으며 우파 사회혁명주의자들과 중앙당은 멘셰비키와 합류했다.

볼셰비키는 자신들이 약진하리라는 큰 기대를 이용해 이들 세력을 끌어들였다. 이들 세력을 계속 붙들어두기 위해서 볼셰비키는 이런 기대에 부응해야만 했다. 그것이 가능한 일이었을까?

볼셰비키 혁명은 그것이 유럽 전체의 혁명을 향한 출발점이 될 것이라는 전제 위에 서 있었다. 즉 러시아가 용감하게 발의해서 유럽 전체의 프롤레타리아가 봉기하도록 한다는 것이었다.

물론 이런 전제는 러시아의 단독평화가 어떤 형태로 이루어질지, 그리고 그런 평화의 형태가 러시아 국민들에게 어떤 상처와 부담을 안겨줄지, 또 다른 나라 국민들의 자결권은 어떻게 될 것인지 하는 점들에 대해서는 아무것도 고려하지 않은 것이었다. 또한 그것은 러시아가 국방의 능력을 갖추고 있는지의 여부에 대해서도 고려하지 않은 것이었다. 이 견해에 따르면 유럽혁명이야말로 러시아혁명에 대한 최선의 방어며 그 혁명을 통해서 기존의 러시아영토에 거주하는 모든 민족들에게

협상을 가리킨다.

는 완전하고 진정한 자결권이 부여되어야 한다는 것이었다.

그러나 유럽에 사회주의를 가져와서 완전하게 정착시킬 그 혁명은 또한 농촌의 경제적 낙후성 때문에 러시아에서 사회주의적 생산이 실현되는 것을 가로막고 있는 장애물을 제거해버릴 수 있는 수단이기도 해야만 했다.

만일 우리가 그 전제를 받아들일 수만 있으면 이 모든 것은 매우 논리적인 생각이며 또한 충분히 근거가 있는 것이기도 하다. 그 전제란 바로 러시아혁명이 유럽혁명의 고삐를 푸는 데 반드시 필요하다는 것이다. 그러나 만일 그게 아니라면 어떻게 되는 것일까?

지금까지 그 전제는 맞지 않았다. 그리고 유럽의 프롤레타리아들은 이제 러시아혁명을 방치하고 있으며 그것을 배신하고 있다고 고발당하고 있다. 그러나 이 고발은 상대가 없는 고발이다. 왜냐하면 도대체 유럽 프롤레타리아들의 태도에 대해서 책임을 질 수 있는 사람이 누구란 말인가?

혁명은 사회적 관계에서 발생하는 것이며 억지로 만들어지지 않는다는 것은 마르크스주의의 오랜 원리다. 그런데 서유럽 여러 나라들에서의 사회적 관계는 러시아의 사회적 관계와 다르기 때문에 러시아에서의 혁명이 반드시 서유럽에서 혁명을 불러일으키게 되는 것은 아니다.

1848년 프랑스에서 혁명이 발발했을 때 그것은 곧바로 프랑스의 동쪽에 있는 유럽에 전파되었다. 그러나 러시아 국경에서 그것은 멈추어섰다. 그와는 반대로 1905년 러시아에서 혁명의 고삐가 풀렸을 때 그것은 러시아의 서쪽 몇몇 나라에서 강력한 선거권 쟁취운동을 불러일으켰지만 그 운동을 혁명이라고 부를 수는 없다.

그러나 우리는 볼셰비키가 유럽혁명을 기대했다고 해서 그것을 그리 심하게 비난해서는 안 된다. 다른 사회주의자들도 그들과 같은 생각을 한 사람이 많으며 계급투쟁이 첨예화되면 일련의 봉기가 나타날 수 있는 상황이 발생하는 것은 분명한 사실이다. 그리고 만일 볼셰비키가 지금까지 혁명에 대한 그들의 예상에서 오류를 범했다면 베벨과 엥겔스

그리고 마르크스도 똑같은 오류를 범한 적이 없었단 말인가? 그것은 아무도 부인할 수 없는 사실이다. 그렇지만 이것은 혁명이란 것이 **정해진 날짜**에 발발한다는 것을 예상할 수 없다는 것을 말해주며 따라서 혁명적 전술에서 당의 존립이나 프롤레타리아 계급투쟁의 지속성 여부가 혁명의 발발에 의존하는 형태가 되어서는 안 된다는 것을 말해준다. 즉 그것은 프롤레타리아가 혁명이냐 파산이냐의 양자택일 방식의 전술을 지향해서는 안 된다는 것을 말해주는 것이다.

얼마나 많은 정치가들이 혁명을 예상하는 데 오류를 범했던가? 그러나 그런 오류 때문에 그들이 잘못된 길을 가거나 막다른 골목으로 빠진 경우는 결코 없었다.

우리의 볼셰비키 동지들은 유럽 전체의 혁명이라는 단 하나의 카드에 모든 것을 걸었다. 그러나 그 카드가 나오지 않자 그들은 자신들이 해결할 수 없는 과제들이 가득 찬 길로 접어들고 말았다. 그들은 강력하고 무자비한 적들에 대항해서 군대도 없이 러시아를 방어해야만 했다. 그들은 사회 전체에 걸쳐 모든 것이 해체되고 빈곤이 만연한 상태에서 만인을 위한 복지체제를 건설해야만 했다. 그들은 자신들이 추구하는 것들을 달성하기 위한 모든 물적인 조건과 정신적인 조건들이 부족하면 할수록 그 부족한 것을 메우기 위해 더욱더 노골적인 폭력에 의존하는 강제력, 즉 독재에 매달려야 할 필요성을 느꼈다. 그들이 그렇게 하면 할수록 국민대중 속에서 그들에 대한 반대파도 더욱 늘어났다. 그리하여 그들은 점점 더 불가피하게 민주주의를 독재로 대체해 나가야만 했다.

볼셰비키가 아직 자신들의 기대에 현혹되어 있었을 때 그들은 단지 유럽 혁명의 고삐를 풀기 위한 정부를 필요로 하고 있었으며 바로 그 기대 때문에 그들은 정권을 잡을 필요가 있었고 인구의 다수는 그들 주위에 환호하며 몰려 있었다. 이때 그들은 야당으로서, 우리가 이미 앞에서 지적한 바대로, 당시 러시아의 상태에서 자신들의 선전능력을 크게 키워나갔다. 혁명 초기에 그들은 아주 작은 무리를 이루고 있었으나 나중에는 국가권력을 빼앗을 수 있을 만큼 강력해졌다. 그렇다면 인민대중은 그들을 지지했는가?

그것은 제헌의회를 통해서 드러나게 되어 있었다. 제헌의회는 다른 혁명주의자들과 마찬가지로 볼셰비키도 오랫동안 줄기차게 요구해왔던 것으로서 보통, 평등, 직접, 비밀 선거제도에 의해 구성되어야 하는 것이었다.

볼셰비키가 정권을 획득한 직후 이 새로운 체제는 제2차 러시아 전국 소비에트 총회에서 승인을 받았다. 물론 총회를 거부하면서 자리를 떠나버린 소수파들의 강력한 반대도 있었다. 그러나 다수파도 아직 제헌의회의 생각을 버린 것은 아니었다. 소비에트 정부를 승인한 결의안은 다음과 같은 말로 시작하고 있었다. "제헌의회가 소집될 때까지 나라를 통치하기 위해 노동자 및 농민의 임시정부를 구성하고 이를 '인민위원회'라고 부른다."

여기서는 아직도 제헌의회가 인민위원회보다 높은 기구로 인정되고 있었던 것이다.

11월 3일 정부에 의해서 페트로그라드[26] 시(市) 듀마(Duma)[27]가 11월 7일 혁명과정과 '제헌의회 선거'과정에서 드러난 주민들의 의견을 받아들이지 않았다는 이유로 해산되었다. 새로운 선거는 현행의 보통선거에 기초해서 실시된다고 공표되었다. 그러나 사람들은 금방 제헌의회 선거에 지쳐 버렸다. 12월 7일 러시아 전국 소비에트 집행위원회는 다음과 같은 결의를 했다.

선출된 대표자들로 구성되는 기구의 선거제도가 아무리 잘 갖추어져 있다 하더라도 그것이 국민의 의사를 진실로 민주적이고 실질적으로 반영하는 제도로 간주될 수 있기 위해서는 유권자들이 자신의 대표자들에 대해 거부권을 가지고 그것을 행사할 수 있어야 한다. 이런

---

26) Petrograd, 현재의 상트페테르부르크.
27) 1906~17년 사이에 존속한 제정러시아의 의회. 처음 니콜라이 2세가 '10월 선언'으로 개설했다.

참된 민주주의의 원칙은 모든 대의기구들에 적용되어야 하며 제헌의회에도 마찬가지로 적용되어야 한다. 〔……〕 3자 동수의 원칙에 의해 구성된 노동자, 병사, 농민위원회의 총회는 모든 도시, 농촌 그리고 기타의 대의기구들에 대해 새로운 선거를 실시할 권리를 가지며 제헌의회도 여기서 예외가 되지 않는다. 해당 선거구의 유권자 가운데 과반수의 요구가 있으면 위원회는 새로운 선거를 실시해야만 한다.

유권자의 다수가 자신들의 의견과 맞지 않는 대표자들을 언제든지 소환할 수 있다는 주장은 민주주의의 원칙과 전적으로 부합하는 것이다. 그러나 이런 견해로 왜 소비에트가 새로운 선거를 실시해야 하는지를 설명할 수는 없다. 더구나 당시에는 제헌의회에 대한 반대도 아직 없었다. 의회제도 자체에 대해서는 물론 그것의 선거제도에 대해서도 아무런 공격이 없었다.

그런데 선거에서 볼셰비키가 다수파로 되지 않으리라는 것이 점점 뚜렷하게 드러났다. 그래서 『프라우다』(*Prawda*)는 1917년 12월 26일 일련의 제헌의회에 관한 테제를 발표했다. 이 테제는 레닌이 기초해서 중앙위원회의 승인을 받은 것이었다. 이 테제에서 특히 중요한 것은 두 가지였다. 하나는 선거가 볼셰비키가 승리한 직후 아직 사회혁명주의자들이 분열되기 전에 실시되었다는 것이었다. 따라서 그 선거에서 사회혁명주의자들의 좌파와 우파는 단일한 입후보자 명부를 작성했으므로 선거는 대중의 실질적인 의사가 무엇인지 명확하게 반영하기 어려웠다는 것이다.

이 견해를 피력한 사람의 말대로라면 위에서 인용했던 12월 7일의 결의안과 관련해 사회혁명주의자들이 선출된 선거구들에서는 제헌의회를 구성하기 위한 새로운 선거를 실시해야 하는 것이었다. 만일 그렇지 않다면 무슨 목적으로 그런 결의를 했겠는가? 그러나 이 사람은 12월 26일에는 이미 이 사실을 잊고 있었다. 우리가 여기서 다루는 레닌의 테제 가운데 나머지 하나는 이제 완전히 다른 얘기를 갑자기 강조하고 있다.

그는 우리에게 방금 선출된 제헌의회가 전체 국민대중의 올바른 의사를 나타내고 있지 않기 때문에 쓸모없다는 것을 보여준 다음 이어서 도대체 보통선거에 의해, 즉 대중에 의해 선출된 제헌의회를 모조리 쓸모없다고 얘기하고 있다.

소비에트 공화국은 단지 고도로 민주적인 제도형태일 뿐만 아니라 (부르주아 공화국이나 그것의 제왕인 제헌의회에 비해서) 사회주의로의 이행을 가장 손쉽게 이루어낼 수 있는 유일한 형태이기도 하다.

애석하게도 그가 이런 인식에 도달한 것은 제헌의회에서 그가 소수파로 남게 되고 나서였다. 그전에는 레닌만큼 제헌의회를 강력하게 주장했던 사람도 없었다.

이제 제헌의회와의 갈등은 불가피해졌다. 이 갈등은 소비에트의 승리로 끝났으며 소비에트 독재는 러시아의 지속적인 통치형태로 공포되었다.

소비에트 공화국

소비에트 조직은 1905년 러시아혁명의 산물이다. 당시 프롤레타리아는 대중행동에 돌입했으며 이런 대중행동에는 대중조직이 필요했던 것이다. 사회민주주의자들이나 사회혁명주의자들의 비밀조직은 조직원의 수가 겨우 수백 명에 불과했고 이들의 영향력이 미치는 노동자들의 수는 수천 명에 불과했다. 차르의 절대주의 아래서는 정치적인 대중조직이나 노동조합 대중조직이 결성될 수 없었다. 혁명과정에서 모습을 드러낸 몇몇 노동자 대중조직들은 자본이 스스로 만든 개별 사업장 조직이었다. 그것들은 이제 프롤레타리아의 대중투쟁조직으로 되었다. 모든 사업장은 이제 물적 생산의 장소에서 정치적 선전과 행동의 장소로 전환되었다. 각 사업장별로 노동자들은 함께 모여서 대표를 선출했고 이들 대표들은 다시 모여서 소비에트라고 부르는 대표자회의를 구성했다. 이 중요한 운동을 발의한 것은 멘셰비키였다. 이렇게 해서 프롤레타리아의 조직형태가 만들어졌는데 이것은 모든 프롤레타리아 조직형태 가운데 가장 포괄적인 것이었다. 왜냐하면 그것은 모든 임노동자를 포함하고 있었기 때문이다. 그것은 강력한 행동을 일으킬 수 있었고 노동자들의 의식에 깊은 영향을 미쳤다. 1917년 3월 제2차 러시아혁명이 발발했을 때도 소비에트 조직은 즉각 다시 만들어졌다. 그리고 이때의 조직은 제1차 러시아혁명 이후 더욱 성숙해진 프롤레타리아의 역량에 따라 더욱 탄탄한 기초 위에 세워졌다. 1905년의 소비에트는 개별 도시들에 국한된 지역조직체로 머물러 있었다. 그러나 1917년의 소비에트는 수적으로도 훨씬 많아졌으며 또한 이들은 서로 긴밀한 연대도 형성했다. 즉 개별 소비에트들은 서로 합쳐서 좀더 큰 소비에트를 결성하고 이들은 다시 제국 전체를 포괄하는 전국조직을 결성했는데 이 조직은 정기적으로 러시아 전국 소비에트 총회를 구성하고 상시적인 집행위원회를 가지고 있었다.

오늘날 이미 소비에트 조직은 위대하고 자랑스러운 역사를 회고할 수 있게 되었다. 하지만 소비에트의 앞날에는 더욱더 엄청난 역사가 기다리고 있으며 이것은 비단 러시아에만 국한된 일이 아니다. 금융자본이 정치적 · 경제적으로 휘두르는 거대한 힘에 대항해서 프롤레타리아들이 과거의 경제적 · 정치적 투쟁 방법들로 맞서는 것이 더 이상 통하지 않는 일이 도처에서 나타나고 있다. 그러나 이런 과거의 방법들을 포기해서는 안 된다. 이것들은 평상시에 반드시 있어야만 하는 방법들이다. 하지만 때때로 이런 방법으로는 해결할 수 없는 과제들이 나타나기도 하며 그럴 경우에는 노동자계급의 모든 정치적 · 경제적 권력수단을 결집시켜야만 성공을 보장할 수 있다.

1905년의 러시아혁명은 독일 사회민주당 내에서 대중파업 사상을 퍼뜨렸고, 1905년 당대회는 대중파업을 승인했다. 그런 다음 1906년 당대회는 노동조합 간부들이 예민해지고 두려움을 갖게 되지 않도록 만들

려고 노력했다. 당대회는 대중파업에 대해서 다음과 같은 결의안을 채
택했다.

당 간부회는 주어진 상황에서 정치적 대중파업이 필요하다고 인정
되면 즉각 노동조합 총평의회와 결합해서 행동을 성공적으로 수행하
기 위해 필요한 모든 조치를 강구해야만 한다.

오늘날 우리가 알고 있듯이 대중파업의 모든 경험에 비추어볼 때 이
런 결의는 근본적으로 잘못된 것이다. 무엇보다도 대중파업이 성공을
거두기 위해서는 가능한 한 그것이 예기치 못한 상황에서 자발적이고
돌발적으로 발생해야 하기 때문이다. 사전에 정당과 노동조합이 서로
양해를 한 후에 대중파업을 배치하는 것은 오히려 파업의 성공을 망칠
수 있는 형식적인 준비일 뿐이다.

게다가 노동조합 관료들은 자신들의 통제를 벗어난 대규모의 자생적
인 행동들에 대해서는 갈수록 거부감을 갖는 사람들이다. 노동조합은
무조건 필요한 것이다. 프롤레타리아는 노동조합의 조합원 숫자와 재정
이 늘어나는 만큼 더욱 강력해진다. 그러나 많은 수단을 갖추고 상시적
으로 운영되면서 점차 확대되어가는 조직은 지속적으로 훈련을 받은 행
정가, 즉 관료가 없이는 운영될 수 없다. 노동조합 관료는 노동조합 자
체와 마찬가지로 없어서는 안 될 존재인 것이다. 노동조합도 의회주의
나 민주주의와 마찬가지로 이런 자신의 그늘을 가지고 있지만 의회주의
나 민주주의의 경우와 마찬가지로 이들 노동조합 관료도 역시 프롤레타
리아의 해방을 위해서 없어서는 안 되는 존재들이다.

그러나 그렇다고 해서 노동조합 관료들의 요구가 모두 인정되어야 한
다는 얘기는 아니다. 그들의 요구에 대한 인정은 그들의 일차적인 과업,
즉 다른 것으로 대체할 수 없는 과업들로서 말하자면 노동조합 기금의
관리, 조직확대를 위한 작업, 노동자들의 투쟁에서 그들을 자문하는 일
등에만 제한되어야 할 것이다. 그렇지만 최근 점점 시대적인 징표로 떠

오르고 있는 강력한 대중투쟁을 지도하는 데에는 그들은 적합하지 않을 것이다. 이런 경우 노동조합 관료들은 국회의원과 마찬가지로 자신들의 경험과 지식을 바탕으로 투쟁에 성공적으로 영향을 미칠 수는 있겠지만 그 투쟁의 실질적인 지도는 언제나 사업장 대표자회의, 노동자평의회가 맡게 될 것이다. 예를 들어 영국과 같이 러시아 바깥의 다른 많은 나라들에서는 이런 조직들이(작업장 대표 또는 노동조합 대의원) 노동조합과 함께 대중투쟁에서 이미 큰 역할을 하고 있다.

소비에트 조직은 우리 시대의 매우 중요한 현상 가운데 하나다. 그것은 우리가 맞닥뜨리고 있는 자본과 노동의 결전들에서 매우 중요한 역할을 할 것으로 기대되고 있다.

그러나 우리는 소비에트에 이보다 더 이상의 것을 요구해야 하는 것일까? 1917년 11월혁명 이후 러시아 노동자평의회에서 좌파 사회혁명주의자들과 함께 다수파를 이루게 된 볼셰비키는 제헌의회의 해산 이후 지금까지 한 계급의 투쟁조직이었던 소비에트에서 **국가조직**을 만들어냈다. 그들은 러시아 국민들이 3월혁명에서 쟁취했던 민주주의를 폐기했다. 그럼으로써 볼셰비키는 스스로를 **사회민주주의자**(Sozial-demokrat)라고 부르는 것을 중단했다. 그들은 자신들을 공산주의자(Kommunist)라고 부르고 있다.

물론 그들이 민주주의를 완전히 회피하려는 것은 아니다. 레닌은 4월 28일의 연설에서 소비에트 조직을 "좀더 높은 민주주의의 전형", 그리고 "민주주의에 남아 있는 부르주아 잔재"의 완전한 제거라고 불렀다.

그러나 지금까지 사람들이 민주주의라고 이해하던 것은 모든 국민의 정치적 권리가 평등한 것이었다. 법에 의해서 특권을 부여받은 계층은 과거에도 언제나 운동의 자유를 누리고 있었다. 그러나 사람들은 그것을 민주주의라고 말하지 않았던 것이다.

소비에트 공화국은 프롤레타리아 독재의 조직으로서 레닌이 표현한 바에 따르면 "사회주의로의 이행을 가장 손쉽게 이루어낼 수 있는" 유일한 조직이었다. 그러기 위해서 그것은 소비에트에 대표자를 파견하지 못하는 모든 사람들에게서 정치적인 권리를 박탈해버렸다.

우리는 이미 앞에서 프롤레타리아 독재라는 개념이 무엇을 의미하는지에 대해서 상세하게 얘기했다. 이제 소비에트에서 그것이 어떤 모습으로 나타나고 있는지 몇 가지 점에서 살펴보려고 한다.

왜 소비에트는 보통선거권제도에 비해서 사회주의로의 이행을 더욱 손쉽게 이루어낼 수 있는 것일까? 그것의 분명한 이유는, 이 방식에서는 자본가들이 입법부에서 제외되기 때문이다.

이때 있을 수 있는 경우는 단 두 가지뿐이다. 하나는 자본가들과 그들을 따르는 무리들이 보잘것없는 작은 집단에 머물러 있는 경우다. 그럴경우 그들이 보통선거권제도 아래서 무슨 수로 사회주의로의 이행을 가로막을 수 있겠는가? 가로막기는커녕 오히려 그 반대일 것이다. 즉 선거의 형세가 어떤 정당이 다수의 지지를 받을 것인지 아무도 결정적으로 말할 수 없는 경우가 아니라면, 즉 보통선거권제도 아래서 자신들이 미미한 소수파가 될 것으로 드러날 경우라면, 그들은 차라리 자신들의 운명에 항복할 것이다. 그러나 사실 단지 자본가들에게서만 공민권을 박탈할 수는 없는 일이다. 법적인 의미에서 도대체 어떤 사람이 자본가란 말인가? 자산가들일까?

독일과 같이 프롤레타리아가 수적으로 많은 경제적인 선진국에서도 만일 소비에트 공화국이 건설될 경우에는 엄청난 다수의 대중이 공민권을 박탈당할 것이다. 1907년 현재 독일제국에서는 3대 산업부문인 농업, 공업, 상업 부문에서 직업을 가진 사람(취업자와 그들의 가족) 가운데 사무직 노동자 및 임노동자 그룹이 3,500만 명을 넘고 있으며 자영업자는 1,700만 명에 달하고 있다. 따라서 어떤 정당이 임노동자의 다수에게서 지지를 받더라도 그것이 인구 전체에서는 소수파가 될 수도 있다. 그러나 노동자들이 지지표를 남김없이 한곳으로 몰았을 경우 그들은 보통선거권제도 아래서도 사신들의 적을 두려워할 필요가 없을 것이다. 따라서 이럴 경우 보통선거권은 공동의 적들과 싸우는 데 필요한 수단으로서 노동자들의 결속을 다지게 만들어줄 것이다. 반면 정치투쟁을 소비에트로 제한하는 것은 계급의 적들을 소비에트에서 배제시킨 채 사회주의 정당의 정치투쟁이 오로지 소비에트 내에서 다른 사회주의 정당들을 적대시하는 형태로만 나타나게 하고 그 결과 계급의식보다는 분파광신주의만 자라나게 만들 것이다.

다른 하나의 경우는 다음과 같은 것이다. 즉 자본가들과 그들의 추종자들이 소수파가 아니라 큰 무리를 이루어서 보통선거권제도를 기초로 구성되는 의회에서 무시하기 어려운 반대파를 형성할 수 있는 경우다. 이럴 경우 이들 반대파를 입법기구 내에서 침묵하게 만든다고 해서 사태가 나아질 수 있을까?

자본가들 자체는 어디서나 단지 얇은 계층을 형성하고 있을 뿐이다. 그러나 이들 자본가들을 추종하면서 사회주의자들에게 대항하는 세력은 매우 클 수 있다. 우리는 단지 매수되었거나 아니면 개인적인 이해관계가 있는 사람들만 자본주의를 지지한다고 생각해서는 안 된다. 자본주의는 오늘날 사회주의를 제외하고는 고도의 사회발전 단계 위에 세워질 수 있는 유일한 생산형태다. 그래서 근대적인 생각으로 깨어 있는 사람 가운데 사회주의가 가능하지 않다고 생각하는 사람은 설사 그가 자본주의에 대해서 아무런 이해관계를 가지고 있지 않다 하더라도 자본주의를 찬성할 수밖에 없다. 그리고 자본에 대해서 적대적이면서 낙후된 계층들 가운데에도 많은 계층들이 생산수단에 대한 사적 소유의 토대 위에, 즉 자본주의가 자라나는 토대 위에 서 있다. 그러므로 후진국에서는 자본주의를 직접적으로나 간접적으로 지지하는 계층의 숫자가 인구 가운데서 매우 큰 비중을 차지한다. 이들 반대파는 그들에게 투표권을 부여한다고 해서 줄어들지 않는다. 오히려 그들은 그만큼 더욱더 새로운 전제체제의 모든 조치들에 줄기차게 저항할 것이다. 완전한 민주주의의 보통선거권제도 아래서는 모든 계급과 이해그룹들이 그들의 세력에 비례해 의회 내에서 자신들의 이해를 대변한다. 모든 계급과 당파는 모든 법률안에 대해서 자유로운 비판을 행할 수 있고 그것의 약점을 지적할 수 있지만 또한 상대편이 국민들에게서 어느 정도의 지지를 받는

지도 알아차릴 수 있다. 그러나 소비에트에서는 모든 반대비판이 배척되고 어떤 법률의 약점도 쉽게 드러나지 않는다. 그리고 국민들 내부에서 그 법률에 대해서 어떤 저항이 일어날 것인지도 제대로 알아차릴 수 없다. 비판과 저항은 법률이 공포되고 나서야 비로소 알려진다. 법률의 약점은 심의단계에서가 아니라 실행단계에서 드러난다. 그래서 소비에트 정부도 매우 중요한 법률들 가운데 지나치게 빠듯하게 보이는 법률들에 대해서는 보유조항을 삽입하고 시행과정에서 융통성을 발휘하거나 또는 앞문에서 엄숙하게 제안된 법률에 대해 뒷문에서 다시 여러 조항들을 삽입하곤 한다.

보통선거권제도에 비해 직업별 차등선거권제도[28]가 유권자들의 시야를 좁히는 경향이 있다는 점에 대해서는 이미 앞서 지적한 바 있다. 소비에트에서 시행되는 이런 모든 제도가 보통선거권제도나 각자 자신들의 세력관계를 대표하는 정당들 사이의 자유로운 토론에 비해서 사회주의로의 이행을 더 손쉽게 만들어주리라는 것은 매우 의심스러운 일이다.

그러나 소비에트 헌법에서 이런 손쉬운 이행 못지않게 의심스러운 개념이 바로 프롤레타리아 독재다. 독재는 분명히 맞다. 그러나 그것이 정말 **프롤레타리아**의 독재일까?

러시아의 경제구조 때문에 소비에트가 지배적인 지위를 획득할 수 있는 방법은 1905년과는 달리 1917년에는 소비에트를 도시의 산업프롤레타리아에만 국한시키지 않는 것뿐이었다. 그리하여 1917년에는 병사와 농민들도 소비에트 조직에 포함되었다. 그런데 군대의 해산과 함께 병사들은 이미 수적으로는 그다지 비중이 중요하지 않았다. 인민위원회가 모집한 소규모 부대들은 투표용지의 숫자보다는 그들이 지닌 총검 때문에 더욱 중요한 의미가 있었다. 적군(赤軍)도 물론 투표용지의 숫자에서는 진혀 중요한 의미를 갖지 않았나. 예를 들어 최근 새롭게 선거를

---

28) 소비에트에서 노동자, 농민, 병사 들에게만 선거권을 부여하고 부르주아에게는 선거권을 부여하지 않는 것을 가리키는 말이다.

실시한 페테르스부르크의 경우에서 볼 수 있듯이 많은 소비에트들에서는 의석 가운데 상당한 부분이 비워진 채로 남겨졌다. 따라서 러시아 인구의 대다수를 차지하는 농민들의 투표용지 숫자는 그만큼 더 중요해졌다. 그들은 소비에트 헌법에 따라 입법부와 행정부에 참여할 자격을 갖춘 주민의 다수파를 이루고 있다. 따라서 우리가 프롤레타리아 독재라고 부르는 것은, 만일 그것이 말 그대로 실행된다면, 즉 하나의 계급이 직접 독재를 행사할 수 있고 단지 하나의 정당만이 가능한 것이라면, 이제 농민의 독재로 될 것이다. 따라서 이제 농민의 손에 사회주의가 놓여질 때 비로소 사회주의는 가장 손쉽게 이행할 수 있을 것처럼 보인다. 그러나 농민이 소비에트 조직 내에서 다수를 차지한다면 이 소비에트 조직은 다른 한편으로 전체 프롤레타리아를 포괄하지 않게 될 것이다.

애초부터 어떤 사람이 소비에트에 조직되어야 하는지, 그리고 어떤 소비에트가 일반적인 조직으로 적합한 것인지에 대해서는 명확한 개념이 없었다. 모든 직업조직이 소비에트를 구성할 수 있으며 그 자체 소비에트로 간주되어야 한다는 견해들이 다양하게 지배하고 있었다. 5월 28일에만 해도 『라이프치거 폴크스차이퉁』에는 명백히 볼셰비키 그룹에 속한 사람이 쓴 것으로 보이는 논문이 「소비에트 공화국」이라는 제목으로 실려 있었는데 거기서는 소비에트를 다음과 같이 설명하고 있었다.

소비에트 대의제도는 모든 민주적 대의제도가 갖는 우수한 장점을 고루 가지고 있다. 즉 그것은 모든 시민들에게 완전히 동등한 권리를 인정하고 그 나라의 모든 계급들에게 그들의 세력과 그들의 사회적인 비중에 맞는 대표자들을 소비에트에 파견할 수 있는 가능성을 완전히 열어두고 있다. 따라서 소비에트는 당연히 처음부터 기존 민주주의의 틀에 맞추어 정당별로 조직되는 것이 아니라 새로운 민주적 형태에 따라 각 계급과 노동조합 조직들에 따라서 조직되어야 한다.

레기언(Carl Legien, 1861~1920)[29]과 그 일파들은 사회민주주의 정당이 노동조합 조직보다 하위에 놓인다는 이 주장에 매우 만족할 수 있을 것이다. 그러나 보통, 평등 선거제도를 차별선거로 대체하고 싶어하는 반동주의자들도 이 말속에서 자신들의 입맛에 맞는 부분을 찾아낼 수 있다. 즉 이 프롤레타리아 독재의 옹호자는 계속해서 다음과 같이 말하고 있기 때문이다.

부르주아들이 지금까지 소비에트 내에서 아무런 대표자들을 가지고 있지 않은 이유는 그들이 대표자를 보내는 것을 금지당하고 있기 때문이 아니라 그들 스스로가 소비에트 권력을 거부하고 또한 스스로 프롤레타리아 방식으로 조직하고 싶어하지 않기 때문이다.

그들이 정말로 그러고 싶어하지 않은 것일까? 우리의 이 볼셰비키 친구는 기업가조직에 대해서 한 번도 들어본 적이 없단 말인가? 그리고 그가 보기에는 소비에트 연합 내의 기업가조직보다 보통선거제도 아래서의 개개의 자본가들이 정말로 더 위험하게 보이는 것일까? 그러나 우리는 소비에트 조직이 보통선거권보다 어떤 점에서 더 우수한지 금방 알 수 있게 된다.

물론 어떤 형태로든 소비에트에 대항하는 부르주아의 투쟁조직이 금지되는 것은 당연히 생각할 수 있는 일이다.

달리 말해서 소비에트 조직은 보통선거권에 비해서 좀더 자의적으로 할 수 있는 여지가 더 많은 장점이 있는 것이다. 그것은 자신의 적으로 간주되는 모든 조직을 자신의 중심에서 축출할 수 있는 것이다. 소비에

---

29) 독일의 노동조합 지도자. 노동조합의 정당으로부터의 독립성을 주장했고 사민당 내의 이념논쟁에서는 수정주의 진영에 속해 있었다. 1919년 전독일노동조합연맹(Allgemeine Deutsche Gewerkschaftsbund, ADGB)을 건설하고 초대의장에 취임했다.

트 조직은 "모든 시민들에게 완전히 동등한 권리를 부여한다". 그러나 '물론' 이런 권리는 단지 소비에트 정부가 인정하는 범위 내에서만 부여된다. 그렇지만 사람들은 이것이 실제로는 그렇지 않다는 것을 알게 되었다. 최근 7월 12일에 개최된 러시아 전국 소비에트 총회에서는 러시아 소비에트 공화국의 헌법이 완성되었다. 이 헌법에서는 러시아 제국의 모든 사람이 아니라 그 가운데 일정한 범주의 사람들만 소비에트로 보낼 대표를 선출할 수 있는 권리를 갖는다고 규정하고 있다.

선거권을 갖는 사람은 단지 "생산적 노동이나 공동체에 유익한 노동을 통해서 자신의 생계를 유지해나가는 사람"으로 한정된다. 그러나 '생산적 노동이나 공동체에 유익한 노동'이란 것이 도대체 무엇인가? 그것은 늘였다 줄였다 할 수 있는 고무줄 같은 개념이다. 선거권에서 축출당하는 사람들에 대한 규정도 마찬가지로 상당히 신축적이다. 거기에는 '수익을 위해서 임노동에 종사하는' 사람들이 포함된다. 그래서 가내공업노동자나 한 사람의 도제를 거느리고 일하는 영세한 장인들은 완전히 프롤레타리아로서 생활하고 또한 그렇게 느끼기도 하지만 선거권을 갖지 못한다. 이밖에도 훨씬 더 많은 프롤레타리아들이 이 규정에 의해서 선거권을 갖지 못하며 반면에 자영상인이나 중간도매상들은 선거권을 갖는다. 실업중인 노동자나 입에 풀칠을 하기 위해서 채소가게를 열거나 신문을 파는 사람들도 선거권을 얻지 못한다.

이 법에서는 또한 "불로소득, 즉 예를 들어 자본배당수익, 기업수익, 자산소득 등을 얻는" 사람은 모두 선거권에서 배제하는 조항을 두고 있다. 불로소득의 크기가 어느 정도라야만 선거권을 상실하게 되는지에 대해서는 아무런 얘기도 언급되고 있지 않다. 예금통장을 갖기만 해도 거기에 포함되는 것일까? 많은 노동자들, 특히 소도시에 거주하는 노동자들은 집을 소유하고 있는 경우가 많다. 겨우겨우 생계를 꾸려나가기 위해서 이들은 세를 놓는다. 그럴 경우 이런 사람들도 불로소득을 갖는 사람들의 범주에 포함되는 것일까? 최근 페테르스부르크의 오부초프 공장에서 파업이 발생했는데 이 공장은 1909년 트로츠키가 "혁명의 아성"이라고 불렀던 곳이다(『혁명의 러시아』, 83쪽). 나는 한 볼셰비키 동지에게 소비에트 정부에 반대하는 이 공장의 파업에 대해서 어떻게 생각하는지 물어보았다. 그는 이렇게 말했다.

그것은 대단히 단순한 사건입니다. 그곳의 노동자들은 모두 자본가들입니다. 그들은 모두 집을 소유하고 있기 때문입니다.

우리는 이 얘기에서 소비에트 공화국의 선거규정에 따라 자본가로 낙인찍혀 선거권을 상실하게 되는 것이 얼마나 쉬운 일인지를 알 수 있다.

최대한의 자의성이 활짝 열려 있는 선거법 규정들의 고무줄 같은 신축성은 입법자들에게 적용되는 것이 아니라 그 대상들에 대해서 적용된다. 프롤레타리아의 개념은 법률적으로 어디서도 명확하고 엄격하게 규정되어 있지 않다.

어떤 사람이 선거권을 가졌는지의 여부를 검사할 수 있도록 일정한 장소에 선거인 명부를 비치한다거나 선거방법이 비밀선거인지 아니면 공개적으로 거수방식에 의하는 것인지에 대한 규정도 나는 본 적이 없다. 헌법 제70조에는 다음과 같이 규정되어 있다.

자세한 선거규정은 〔……〕 러시아 전국 중앙위원회의 지시에 따라 지역소비에트가 정한다.

4월 28일의 연설에서 레닌은 소비에트의 사회주의적 성격에 대해서 특별히 다음과 같이 설명하고 있다.

1. 선거권자는 단지 노동계급과 피착취계급에 국한하며 부르주아 계급은 제외된다.
2. 선거에 관한 모든 관료주의적 형식이나 제약은 폐지한다. 대중이 스스로 선거에 관한 규정과 시기를 결정한다.

이것은 얼핏 각 선거단위들이 각자 자기가 원하는 방식대로 선거방법을 정할 수 있다는 얘기처럼 들린다. 그러나 이 얘기는 바로 그런 방식을 통해서 마음에 들지 않는 프롤레타리아 내부의 반대분자들을 제거해버릴 수 있는 자의성과 가능성을 최대한으로 열어둔 것이다.

초지역적 단위의 소비에트 선거는 간접선거로 규정되어 있는데 이는 곧 선거를 좀더 손쉽게 반대파에게 불리하도록 만들 수 있게 하는 것으로서 단지 부차적인 조항으로만 언급되고 있다.

그런데 반대파도 소비에트에 대해서 발언권을 가지고 있다는 이야기는 아직까지 금지되어 있지 않다.

그러나 사회주의로의 '손쉬운 이행'은 분명히 모든 반대파와 비판이 봉쇄되는 것을 필요로 한다. 그래서 러시아 전국 중앙집행위원회는 같은 해 6월 14일 다음과 같은 결의를 가결했다.

사회혁명당(우파와 중앙파)과 멘셰비키의 대표자들을 모든 노동자, 병사, 농민 소비에트 그리고 코사크 대표자회의에서 축출하고 동시에 이들 분파의 대표자들이 이들 조직의 중심을 차지하지 못하게 할 것을 제안한다.

이 조치는 일정한 범죄행위를 저지른 특정 사람을 겨냥하고 있지 않다. 기존 체제에 반대하는 것으로 고발된 사람은 누구나 즉시 구속되고 석방될 필요가 없는 것으로 간주된다. 소비에트 공화국의 헌법은 소비에트 대의원들이 불수불입권(Immunität)[30]을 갖는 것을 전혀 문제로 삼지 않고 있다. 이 헌법에 의해서 소비에트에서 배제되고 있는 것은 특정한 **사람들**이 아니라 특정한 **정당들**이다. 그러나 실제로 그것은 그런 정당들의 토대를 이루고 있는 모든 프롤레타리아가 그들의 선거권을 잃는

---

30) 중세 봉건영주에게 왕이 봉토를 하사하면서 부여하던 권한으로 봉토 및 봉토에 예속된 농노들에 대한 일체의 권한을 왕의 간섭 없이 영주가 독단적으로 행사할 수 있는 것을 의미한다.

다는 것을 의미한다. 그들의 표는 이제 더 이상 계산되지 않는다. 여기에 대해서는 아무런 제한도 가해지지 않는다. 소비에트 공화국 헌법 제 23조는 다음과 같이 규정하고 있다.

노동자계급 전체의 이해를 위해서 러시아 사회주의 연방 소비에트 공화국은 사회주의 혁명을 훼손하는 데 잘못 사용될 수 있는 권리들을 각 개인과 모든 집단들로부터 박탈한다.

이 조항에 따라서 모든 반대파는 법률의 보호권 바깥으로 추방된다고 선언되었다. 왜냐하면 모든 정부는, 설사 그 정부가 혁명적 정부라 할지라도, 반대파가 그들의 권리를 남용한다는 것을 알고 있기 때문이다. 그러나 사회주의로의 손쉬운 이행을 보장하기 위해서는 아직 그것만으로 충분하지 않았다. 볼셰비키는 소비에트 내에서 멘셰비키와 사회혁명당 중앙파 및 우파들의 반대를 거의 피할 수 없었고 그 결과 한때 정부를 함께 만들었던 이들과 사회혁명당 좌파들 사이에는 격렬한 투쟁이 벌어졌다. 이제 이들 대부분도 소비에트에서 축출되었다.

그리하여 프롤레타리아 자체 내부에서도 정치적 권리를 나누어 가지면서 볼셰비키 체제를 지지하는 무리들의 수는 점점 줄어들고 있다. 프롤레타리아 독재라고 내걸었던 요구는 처음부터 프롤레타리아 내부의 한 정당의 독재를 상정한 것이었다. 그렇지만 그것은 한동안 소수에 대한 프롤레타리아 다수의 독재를 나타내기도 했다. 그런데 오늘날에는 그것조차도 의심스러운 것으로 되었다.

그렇지만 모든 체제는 그것이 설사 독재체제라고 할지라도 다수의 필요라는 표현을 쓰면서 단지 프롤레타리아뿐만 아니라 전체 민중의 필요를 내세워야만 한다. 볼셰비키도 여기서 예외가 될 수는 없다.

7월 6일자 파리의 『뽀뛸레르』(*Populaire*)에는 롱게(Charles Longuet, 1833~1901)[31]가 소비에트 공화국 런던대사와 나눈 인터뷰 기사가 실렸다.

리트비노프 씨, 당신도 아시겠지만 당신들의 운동에 강력한 지지를 보내던 서방의 동지들도 제헌의회가 해산되었다는 소식을 듣고는 큰 상처를 받았습니다. 나는 당신을 마지막으로 보았던 지난 1월 당신에 게 이미 내 의견을 말한 적이 있습니다. 당신은 당신들에게 반대하는 공격들이 나타나면 언제든지 (제헌의회에 대한) 새로운 선거를 실시 해야 한다고 생각하지 않는지요?

이에 대해 리트비노프는 다음과 같이 반박했다.

그것은 현재의 조건에 비추어보면 불가능한 일로 보입니다. 소비에 트의 형태로 표현되고 있는 민주주의——좀더 정확하게는 대중의 의 지로 나타나고 있는 민주주의——는 현재의 러시아에 적합한 유일한 대의제도의 형태입니다. 게다가 지난번 소비에트 선거에 반대하면서 그 선거를 무력화시키려고 했던 사람들은 제헌의회에 대한 새로운 선 거를 실시한다 하더라도 다시 이 선거에 이의를 제기할 것입니다. 아 마 그 선거에서도 우리가 분명히 다수를 획득하게 될 것이지만 말입니다.

만일 리트비노프 동지와 그의 친구들이 정말 그렇게 확신한다면 왜 그들은 선거에 대해 이의가 제기되는 것들을 그냥 내버려두지 못한단 말인가?

만일 선거가 완전히 자유로운 상태에서 치러져서 볼셰비키가 다수를 획득했다면 그렇게 해서 구성된 정부는, 국내는 물론 외국에 대해서도, 현재의 선거 및 통치방식을 통해서 소비에트 정부가 획득할 수 있는 것 보다 훨씬 더 강력한 도덕적 기반을 획득하게 될 것이다. 무엇보다도 사 회주의적 비판이 다른 모든 비난들을 잠재울 것이고, 투쟁하는 프롤레 타리아들의 인터내셔널은 전체가 만장일치로 단결해 전력을 다해서 그

31) 프랑스의 언론인으로 프루동주의를 추종했다. 마르크스의 장녀 옌니 마르크스 (Jenny Marx)와 결혼했고 파리코뮌의 공식기관지 편집인으로 활동했다.

정부를 지지하게 될 것이다.

만일 그러한 다수가 획득될 것이 분명하다면 왜 이런 엄청난 이익을 기피한단 말인가? 현재의 러시아에는 당분간 보통선거가 적합하지 않고 단지 소비에트 조직형태만 현재의 필요에 맞기 때문이라고? 그러나 무슨 수로 이런 주장의 근거를 입증할 수 있단 말인가? 물론 모든 정부가 스스로를 국가와 동일시하고 싶어하고 그래서 자신에게 맞지 않는 것은 국가에도 맞지 않는다고 선언하고 싶어한다는 것을 상기한다면 우리는 그 이유를 수긍하게 될 것이다.

물론 단 한 가지 점은 수긍할 수 있다. 현재의 상황이 제헌의회의 선거를 실시하기에는 유리한 상황이 아니라는 점이다. 제1차 제헌의회 선거가 준비되고 실시되던 시기에는 아직 국내적으로 어느 정도 안정된 분위기가 지배하고 있었다. 그러나 지금은 러시아 전체가 내전으로 갈기갈기 분열되어 있다. 그런데 이런 상황은 소비에트 조직을 러시아에 가장 적합한 것으로 간주하고 사회주의로 가장 손쉽게 이행하기 위한 수단으로 그것을 도입했던 소비에트 공화국이 9개월 동안 이루어놓은 바로 그 성과가 아닌가?

실물교수

여기서 얘기된 독재적 방법의 해악은 그것의 장점으로 얘기되기도 한다. 즉 그것은 하나의 탁월한 실물교수(Anschauungsunterricht)[32]를 제공해서 비록 그것이 보여주는 것을 그대로 따라하지는 못한다 할지라도 그 덕택에 많은 것들이 더 이상 프롤레타리아의 계급적 이해를 거스

---

32) 학습지도에서 학생이 제시된 실제의 사물을 직접 만지거나 관찰해서 학습하도록 하는 교수법으로 말이나 문자를 매개로 사물을 관념적으로 교수하는 데 대한 반대개념을 가리킨다. 베이컨이 지식의 근원을 교과서에서 자연으로, 전통적인 학문에서 경험으로 전향시켜야 한다고 주장한 것을 라트케와 코메니우스가 교육에 적용한 것이다.

르는 일은 없도록 만들어준다는 것이다.

먼저 우리는 실물교수에 대해서 살펴보기로 하자. 독재적 방법이 실물교수가 된다는 주장은 명백히 다음과 같은 생각에서 비롯된 것이다. 즉 국민의 다수가 지배하는 민주주의에서는 그 다수가 사회주의를 지지할 때에만 비로소 사회주의를 실현할 수 있다. 그것은 기간이 오래 걸리고 힘이 많이 드는 방법이다. 그러나 만일 정력적이고 목표에 대한 의식화가 잘 되어 있는 소수가 국가권력을 장악하고 이 국가권력을 사회주의적 정책수단을 실시하는 데 사용한다면 우리는 우리의 목표에 훨씬 더 신속히 도달하게 될 것이다. 그리하여 결국 이들의 성공은 곧장 많은 사람들에게 확신을 심어줄 것이고 지금까지 반대편에 서 있던 다수를 급속하게 사회주의 편으로 전향하게 만들어줄 것이다.

이 주장은 매우 매혹적인 것으로 들리며 이미 옛날에 바이틀링의 입을 통해서 우리가 들어본 적이 있는 바로 그 얘기다. 이 주장이 가진 단 하나의 단점은 자신이 입증해야 할 그것을 자신의 전제로 삼고 있다는 점이다. 독재적 방법을 반대하는 사람들은 바로 그점, 즉 다수 국민대중의 협조 없이 소수에 의한 사회주의적 생산이 과연 실행가능한 것이냐는 점에 의문을 제기한다. 그런데 만일 그 시도가 실패한다면 당연히 그것은 또 하나의 실물교수를 제공하게 되는데 그것은 위의 주장과 정반대의 실물교수로서 사회주의로 전향하게 만드는 것이 아니라 오히려 더욱 물러서게 만드는 것이 될 것이다.

그러한 교수법으로 전향한 사람들, 즉 스스로 사회적 관련들을 연구하고 검증하는 방법에 의한 것이 아니라 단순히 정권획득에 성공한 사실만을 보고 아무 생각 없이 사회주의를 추종하여 전향한 사람들은, 이 정권이 시도한 사회주의적 생산이 막상 실패했을 경우 그런 실패의 원인이 무엇인지에 대해서 알아보려고 하지 않을 것이다. 그들은 실패의 원인이 사회적 관계가 불리하거나 미성숙하기 때문이라는 등의 문제에 대해서는 알아보려고 하지 않고 그것을 단지 사회주의 자체의 탓으로 돌리고 사회주의란 것이 아무 쓸모도 없는 것이라고 결론지어버릴 것이다.

이런 점에 비추어 우리는 실물교수가 매우 믿을 수 없는 면을 가지고 있다는 것을 알 수 있다.

그렇다면 우리는 실물교수를 어떻게 이해해야 하는가?

사회주의의 내용을 우리는 통속적으로 다음과 같은 말로 집약해서 표현한다. '만인을 위한 자유와 빵'이 바로 그것이다. 그것은 사람들이 사회주의에서 무엇을 기대하는지 그리고 왜 사회주의를 지지하는지를 말해주는 것이다. 자유는 빵에 비해서 결코 덜 중요한 것이 아니다. 아무리 풍요롭고 아무리 부유한 계급이라 할지라도 자신들의 자유를 위해서는 과감하게 투쟁하며 자신들의 신념을 위해서 아무리 힘든 희생이라할지라도 그것을 부담하지 않는 경우란 거의 없다. 자유와 자결을 향한욕구는 생계를 향한 욕구만큼이나 인간에게는 본성에 연유하는 것이다.

사회민주당은 지금까지 실물교수를 통해서 모든 억압받는 사람, 즉 임노동자뿐만 아니라 여성, 박해받는 종교나 인종, 예를 들어 유대인·흑인·중국인 등의 자유를 위한 가장 확고한 옹호자라는 것을 보여주었다. 바로 이런 실물교수를 통해서 사회민주당은 임노동자의 범위를 훨씬 더 넘어서서 자신의 추종자들을 획득해왔다.

그런데 이제 그 사회민주당이 권력을 획득하자마자 이 실물교수는 정반대로 방향을 바꾸어야만 한다는 것이다. 권력을 획득한 이후 사회민주당이 취해야 할 최초의 행동은 보통선거권과 언론의 자유를 폐기하고 광범위한 인민대중의 권리들을 박탈하는 것이어야 한다고 하는데 이는──이 점이 계속 반복해서 지적되어야 할 부분이다──바로 민주주의를 독재로 대체해야 하기 때문이라는 것이다. 상층부 몇만 명의 정치적영향력을 분쇄하기 위해서 그들의 선거권을 배제할 필요까지는 없다. 그들은 이런 정치적 영향력을 개인적인 투표를 통해서 행사하는 것이아니기 때문이다.

모든 소상인들과 수공업자, 중농과 대농 그리고 대부분의 지식인은 모두 처음에는 사회주의의 적이 아니었지만 프롤레타리아 독재가 행한 실물교수를 통해서, 즉 그것이 자신들의 권리를 박탈해버리는 조치를 보고는 곧바로 사회주의의 적으로 돌아서고 말 것이다. 사회주의가 만인의 자유를 위해서 투쟁한다는 이유로 사회주의를 지지하던 사람들도 마찬가지 방식으로 모두 프롤레타리아 독재의 적으로 돌아서고 말 것이다.

더구나 지금까지 사회주의자가 아니었던 사람들은 아무도 이런 방법을 통해서 지지자로 만들어낼 수 없을 것이다. 그것은 단지 사회주의의 적을 더욱 늘려놓을 뿐일 것이다.

그러나 물론 사회주의는 자유만 약속하는 것이 아니라 빵도 함께 약속한다. 빵은 공산주의 독재에서 자유를 박탈당한 사람들을 회유하는 수단이 된다는 주장도 있다.

빵과 놀이를 위해서 자유를 박탈당하고도 가만히 참아내는 대중은 바람직한 대중이 아니다. 그러나 분명 물질적인 복지는 공산주의에 대해서 의구심을 가지고 있거나 또는 그것의 권리박탈 정책 때문에 공산주의에서 소외된 많은 사람들을 공산주의로 다시 끌어들이게 될 것이다. 만일 공산주의가 실물교수의 효과를 보려면 이런 복지는 단지 미래의 약속으로서가 아니라 실제로 실현되어야 할 것이고 그것도 이른 시일 내에 그렇게 되어야 할 것이다.

이런 복지는 어떤 방식으로 달성되어야 하는 것일까? 독재의 필요성은 인구의 소수가 국가권력을 장악한다는 것을 전제로 하고 있다. 그리고 이 소수란 무산자들로 이루어진 소수를 의미한다. 그러나 프롤레타리아의 가장 큰 무기는 그들의 수에 있다. 이들은 평상시에는 바로 이 숫자를 통해서만 영향력을 발휘할 수 있으며 또한 다수를 이루었을 때에만 국가권력을 장악할 수 있다. 그들이 소수만으로 국가권력을 장악할 수 있는 경우란 오로지 비정상적인 경우가 발발했을 때만 가능한데 그런 경우란 곧 국가권력이 국가를 파탄에 빠뜨리고 곤경에 처하게 만들어서 붕괴를 맞게 되는 파국의 경우를 가리킨다.

근대적인 문화에서 복지의 일반화를 의미하는 사회주의는 자본주의가 달성한 생산력의 폭발적인 증대와, 역시 자본주의가 창출해서 자본가계급의 수중에 집중시켰던 엄청난 부를 통해서만 비로소 실현될 수 있다. 이 부를 무의미한 정책, 즉 예를 들어 쓸모없는 전쟁 등을 통해서 낭비해버리는 국가체제는 처음부터 모든 계층에게 이른 시일 내에 복지를 확대시킬 수 있는 유리한 발판을 없애버리는 셈이다.

만일 파산한 국가권력의 유산으로서 민주주의가 아닌 독재체제가 등장한다면 그것은 반드시 내전을 가져올 것이기 때문에 상황은 더욱 나빠질 것이다. 그나마 남아 있던 물적 수단들은 무정부상태에 의해서 완전히 황폐화되어버리고 말 것이다.

결국 만인을 위한 복지는 생산이 중단 없이 지속되는 것을 의미한다. 자본주의의 붕괴만으로는 아직 사회주의가 이루어진 것이 아니다. 자본주의적 생산이 곧바로 사회주의적 생산으로 이행할 수 없는 곳에서는 자본주의적 생산이 당분간 지속되어야 한다. 만일 그렇지 않으면 생산과정은 중단되고 그것은 근대 프롤레타리아가 그렇게 두려워하는 대량 실업을 통해서 대중의 빈곤을 낳을 것이다.

프롤레타리아가 협동조합이나 노동조합, 그리고 도시의 자치제도에 관해서 충분히 교육을 받고 또한 국가의 입법이나 행정규제 등에 관해서 모두 교육을 받고, 게다가 무수히 많은 지식인들이 사회주의적 생산을 위해서 봉사할 준비가 되어 있을 경우에만, 사회주의는 아무런 혼란 없이 자본주의를 대체할 수 있을 것이며 이런 곳에서는 이제 새로운 생산관계가 자본주의적 생산을 더 이상 가능하지 않게 만들 것이다.

경제적으로 발전이 덜 이루어져서 프롤레타리아가 단지 소수에 머물러 있는 나라들에서는 이처럼 성숙한 프롤레타리아를 기대할 수 없다.

따라서 프롤레타리아가 민주주의 대신 독재를 통해서만 국가권력을 유지할 수 있는 곳에서는 어디서나 사회주의를 가로막는 장애물이 매우 커서 이런 곳에서는 오로지 독재가 신속하게 사회 전반의 복지를 이루어내는 방법을 통해서만 징치적으로 권리를 박탈당한 인민대중이 독재체제에 회유될 수 있을 것이라는 것을 처음부터 상정해야만 한다.

실제로 우리는 사회 전반의 복지를 확대하는 대신 기존의 체제를 9개월 동안 그대로 지속시킨 소비에트 공화국이 사회 전반의 곤궁이 어디에서 연유한 것인지를 설명하도록 요구받고 있는 것을 보고 있다.

우리는 볼셰비키의 시각에서 씌어진 『사회주의 혁명과 러시아에서의 프롤레타리아 독재기간 중의 프롤레타리아의 과제에 관한 테제』를 살펴보도록 하자. 이 글에서는 28번째 테제에 해당하는 「상황의 어려움」이라는 장에서 다음과 같이 쓰고 있다.

28. 프롤레타리아는 적극적인 조직화 작업을 매우 어려운 조건에서 수행하고 있다. 그 어려움의 내적 본질은 다음과 같은 것들이다. 국민경제의 마멸과 엄청난 고갈, 여기에다 전쟁으로 인한 그나마 남은 국민경제의 해체, 자본가계급의 10월혁명 이전의 정책('무정부상태'를 통해서 부르주아 독재 '체제'를 만들어내려는 의식적인 탈조직화 정책), 10월혁명 이후 부르주아와 지식인계급의 전반적 사보타주, 과거의 관리와 군장성, 그리고 부르주아들의 지속적인 반혁명적 무장과 비무장봉기, 기술인력의 부족과 노동자계급 자신의 교육부족,[33] 조직활동 경험의 부족, 극단적으로 비조직적인 계급인 소부르주아들의 두터운 존재 등이 바로 그것이다.

이것들은 모두 맞는 말이다. 그러나 그것들은 모두 사회적 관계가 아직 성숙하지 않다는 사실과 관련된 것들이 아닌가? 그리고 그것은 현재 러시아의 이런 조건으로는 사회주의적 의미의 '실물교수'를 생각할 수 없다는 것을 그대로 보여주는 것이 아닌가? 유명한 실물교수와 그것에 대한 이론적 논의들은 왜 실물로 제시되어야 하는 것이 아직 분명하게 제시되지 못하는지에 대한 의문을 필연적으로 불러일으킨다. 지금까지 사회주의에 대해서 반대하고 단지 현실적 성과를 통해서만 사회주의를 확신할 수 있는 사람들은 바로 이 실물교수를 통해서만 전향하는 것이

---

33) 원본에서는 행을 떼어 두었다.

아닌가?

물론 새로운 체제는 언제나 예기치 못한 어려움에 부딪힐 수 있다. 따라서 처음부터 새로운 체제가 이런 어려움을 해결할 것을 요구하고 그럼으로써 사태를 자세히 살펴보지도 않고 곧바로 실망해버리는 것은 옳은 태도가 아니다. 그러나 만일 이런 어려움을 견뎌내야만 한다면 우리는 미리 이 체제의 방향과 필요성을 강력하게 신뢰하고 있어야 한다. 단지 그럴 경우에만 이 체제에 대한 믿음은 흔들리지 않을 것이다. 성공의 그림자만을 좇는 사람은 믿을 수 없는 사람들이다.

그래서 여기서도 우리는 다시 민주주의의 문제로 되돌아간다. 즉 민주주의는 사회주의가 완전히 실행될 때까지 우리가 집약적인 선전을 통해서 계속 대중을 계몽하고 설득해나가도록 요구한다. 우리는 여기서도 다시 설득이라는 방식 대신 폭력이라는 실물교수를 사용하는 독재의 방법을 거부해야만 한다.

그렇다고 해서 실물교수가 사회주의의 실현과정에서 아무 쓸모가 없다고 얘기해서는 안 된다. 오히려 그 반대로 실물교수는 사회주의가 실현되는 과정에서 매우 중요한 역할을 수행할 수 있고 또 수행하게 될 것이다. 그러나 그것은 독재의 방식을 통해서는 그러한 역할을 수행할 수 없다.

세상의 모든 나라들은 전부 각기 다른 경제적·정치적 발전단계에 있다. 어떤 나라가 한편으로는 자본주의적으로, 그리고 다른 한편으로는 민주적으로 발전해가면 갈수록 그 나라는 사회주의에 좀더 가깝게 다가서게 된다. 그 나라의 자본주의적 산업이 발전하면 할수록 그 나라의 생산력은 더욱 높아지고 그에 따라 그 나라의 부도 증대할 것이며, 그 나라의 노동의 성격도 그만큼 사회적으로 되어가고 프롤레타리아의 수도 더욱 많아질 것이다. 그리고 어떤 나라의 민주주의가 발전하면 할수록 그 나라의 프롤레타리아는 더욱 잘 조직화되고 잘 훈련되어 있을 것이다. 민주주의는 때때로 프롤레타리아의 혁명적 사고를 억누르기도 하지만 프롤레타리아가 권력을 획득하고 사회주의를 실현하기 위해서 필요한 만큼 성숙해가는 데 없어서는 안 되는 수단이다. 어떤 나라에서도 프롤레타리아와 지배계급 사이의 갈등이 완전히 없어지는 경우는 결코 없으며 자본주의가 발전하고 민주주의가 발전한 나라일수록 그런 갈등에서 프롤레타리아가 단지 일시적으로 승리하는 데 그치는 것이 아니라 한번 획득한 승리를 지속적으로 지켜낼 수 있는 가능성이 더욱 커진다.

그런 조건에서 프롤레타리아가 국가권력을 잡게 될 경우 프롤레타리아는 즉각 경제발전의 방향을 사회주의로 향하게 하고, 즉시 사회의 전반적 복지를 증대시킬 수 있는 충분한 물적·정신적 권력수단을 갖게 될 것이다.

그럴 경우 이런 나라는 경제적·정치적으로 낙후된 나라들에게 진정한 의미에서의 실물교수를 제공하게 된다. 낙후된 나라들의 프롤레타리아 대중은 이들 앞선 나라에서와 똑같은 조치들을 요구하게 될 것이며 다른 모든 빈곤한 계급들과 지식인들도 모두 국가가 만인의 복지를 위해서 앞선 나라와 마찬가지의 길을 걸어가도록 요구하게 될 것이다. 그래서 이 앞선 나라의 실물교수를 통해서 사회주의의 문제는 아직 프롤레타리아가 자신의 힘만으로 국가권력을 획득해서 사회주의를 실현하기에는 먼 나라들에서도 거부할 수 없는 것으로 되어버릴 것이다.

그리고 우리는 이런 시점을 먼 미래의 것으로 생각할 필요가 없다. 일련의 산업국가들에서는 이미 사회주의를 위한 물적·정신적 전제조건들이 충분히 갖추어져 있는 것으로 보인다. 그래서 이들 나라에서는 이제 프롤레타리아의 정치적 지배의 문제가 단지 힘의 문제, 즉 무엇보다도 단호한 계급투쟁을 치르기 위한 프롤레타리아의 배타적인 단결의 문제만을 남겨두고 있을 뿐이다. 그러나 러시아는 이런 앞서 있는 산업국가들에 속하지 않는다. 러시아에서 지금 진행되고 있는 일은 사실상 부르주아 혁명의 마지막 단계이지 사회주의 혁명의 첫 번째 단계가 아니다. 이런 사실은 점차 갈수록 뚜렷하게 드러나고 있다. 러시아에서 현재 진행되고 있는 혁명이 사회주의적 성격을 가지려면 그것이 서유럽의 사회주의 혁명과 함께 일어날 때라야만 비로소 가능할 것이다.

좀더 앞선 나라들의 이런 종류의 실물교수를 통해서 사회발전 과정이 촉진될 수 있다는 사실에 대해서 마르크스는 이미 그의 『자본』(*Das Kapital*) 초판의 서문에서 다음과 같이 지적하고 있다.

한 나라는 다른 나라에서 교훈을 얻어야만 하고 또 얻을 수 있다. 한 사회가 설사 자신의 운동에 대한 자연법칙을 발견했다 하더라도 〔……〕 그 사회는 자연적인 발전단계들을 건너뛸 수도 없고 또 그것을 법령으로 제거할 수도 없다. 다만 그 출산의 진통을 단축하고 완화할 수는 있다.

우리의 볼셰비키 친구들은 그렇게 숱하게 마르크스를 인용하면서도 이 문장은 까맣게 잊어버린 것처럼 보인다. 왜냐하면 그들이 외쳐대면서 실행하고 있는 프롤레타리아 독재가 바로 이 자연적인 발전단계들을 건너뛰고 또 법령으로 제거하려는 거창한 시도와 다름없는 것이기 때문이다. 그들은 사회주의를 출산하는 가장 손쉬운 방법이 "출산의 진통을 줄이고 완화하는 것"이라고 말한다. 그러나 사람들이 이 임산부에 대해서 떠올릴 수 있는 기억은 그녀가 출산의 고통을 참지 못하고 그것을 줄이고 완화하기 위해서 무모하게도 높은 곳에서 뛰어내려 버리는 행동을 감행했다는 사실이다.

그런 행동을 통해서 출산된 아이는 대개 제대로 살아갈 수 없게 된다.

마르크스는 여기서 한 나라가 다른 나라에게 베풀어줄 수 있는 실물교수에 대해서 말하고 있다. 그러나 사회주의에 관해서는 다른 종류의 실물교수, 즉 좀더 발전된 경영형태가 낙후된 경영형태에 베풀 수 있는 실물교수가 중요하다.

자본주의적 경쟁은 도처에서 낙후된 경영을 도태시켜나가려고 노력하지만 그것은 자본수의적 조건에서는 매우 고통스러운 과정이기 때문에 이 과정에서 고통을 받게 되는 사람들은 온갖 방법을 사용해서 여기에 저항하려고 노력한다. 따라서 사회주의적 생산양식이 성립하더라도 거기에는 기술적으로 이미 낙후된 많은 경영체들이 아직 상당수 남아 있게 마련이다. 특히 대경영의 발전이 아주 조금밖에 이루어지지 못하는 농업부문에서는 곳곳에 낙후된 경영체들이 남아 있게 된다.

그러나 사회주의적 생산은 대경영을 토대로 해서만 발전해나간다. 사회주의적 농업은 일단 현존하는 대경영만을 사회화시키는 데 만족할 수밖에 없다. 그리고 만일 이 과정에서 기대한 만큼의 좋은 성과를 거두게 된다면, 즉 농업에서는 아직 불충분한 성과——원래 그 성과란 자유롭게 사회화된 노동으로 설정되어 있다——만을 목표로 할 수밖에 없는 임노동자의 위치에서 대경영에 소속된 노동자들의 제반조건들을 소농의 그것보다 더 유리하게 만들어놓는다면, 그리고 이 경우 또한 사회가 소농들에게 적당한 수단을 제공하기만 하면, 우리는 이들 소농이 자진해서 대거 새로운 생산양식으로 넘어오리라는 것을 단연코 예상할 수 있다. 그러나 그처럼 대경영의 성과에 의한 실물교수가 있기 전까지는 소농의 자발적인 사회주의로의 이행은 이루어지지 않을 것이다. 농업부문에서 자본주의는 사회주의의 전제들을 단지 불충분하게만 준비할 뿐이다. 그리고 농민적 토지소유자가 이론적으로 사회주의의 장점을 납득하리라는 것은 전혀 기대할 수 없는 일이다. 자영농의 사회주의화에서는 실물교수만이 도움이 될 수 있을 뿐이다. 그러나 이것은 농업에서 어느 정도 대경영의 확대를 전제로 한다. 실물교수가 신속하고 철저하게 이루어지면 이루어질수록 농촌에서의 대경영은 그만큼 더 확대될 것이다.

소농부르주아적 민주주의자들은 사회민주당원들 가운데 다비드 (Eduard David, 1863~1930)[34]의 주장에 동조하는 사람들로서 다비드보다 더욱 과격한 주장을 하는데 이들의 목표는 농업부문에서 모든 대경영을 해체해 영세소농들에게 배분하는 것이다. 이들은 그렇게 하는

---

34) 모젤 강가의 에디거에서 출생. 고등학교 문법교사를 하다가 사회민주당에 입당했고 1894년 당내의 농업논쟁에서 소농을 지지하는 글을 써서 베른슈타인과 함께 수정주의 진영에 합류했다. 1919년 제헌국민의회의 의장을 지냈고 사회민주당 정부에서 내무부장관을 지내기도 했다.

것이 농업부문에서 사회주의를 촉진하고 그럼으로써 사회 전체에 사회주의를 강력하게 확산시키게 될 것이라고 주장한다.

지금 러시아혁명에서 가장 눈에 띄는 특징은 바로 그들이 하고 있는 작업이 다비드가 얘기하던 바로 그것이라는 점이다. 그곳 러시아에서 혁명의 올바른 방향에 대해서 말하고 있는 사람은 레닌이 아니라 바로 다비드인 것이다.

이것이 바로 그들이 제공하고 있는 사회주의적 실물교수다. 그것은 참으로 자신의 부르주아적인 성격을 그대로 보여주고 있다.

독재의 유산

농업

독재를 옹호하는 사람들은 독재가 사회주의의 선전을 위해서 가장 좋은 실물교수를 제공하는 것일 뿐만 아니라 설사 자신의 목표를 달성하기 전에 더 이상 버티지 못하고 붕괴해버릴 경우에도 자신의 행동을 통해서 사회주의로의 길을 단축시키게 될 것이라고 주장한다. 이들은 독재가 다시는 없애버릴 수 없는 많은 것들을 유산으로 남기고 또한 많은 것들을 다시는 만들어낼 수 없도록 완전히 없애버리기도 할 것이라고 기대한다.

다른 많은 것들과 마찬가지로 독재에 대한 이런 생각도 **부르주아 혁명**인 프랑스대혁명에 대한 고찰에 근거하고 있는데 이 생각에 홀려버린 사람들은 자신들에게 맞지 않는 것은 모두 '부르주아적인' 것으로 낙인을 찍고 민주주의를 단지 부르주아적인 편견에 불과한 것으로 비난한다.

독재에 대한 인식을 프랑스대혁명의 고찰을 통해서 얻는 것은 맞는 일이지만 그런 고찰을 통해서 우리가 얻을 수 있는 결론은 독재의 옹호자들이 주장하는 내용과는 다르다. 이 고찰을 통해서 우리는 민주주의보다 더 급진적인 것들을 많이 얻을 수 있지만 거기서 얻어지는 내용들이 언제나 모두 독재자들이 원하는 것은 아니다. 독재가 아무리 국가 내의 모든 무력수단들을 마음대로 동원할 수 있다 하더라도 언제나 그것이 궁극적으로 의존하는 것은 단 하나, 즉 사회의 물질적 기초다. 독재가 사회적으로 어떤 작용을 하게 될 것인지를 결정하는 것은 결국 독재자의 의지가 아니라 바로 이 물질적 기초다.

프랑스대혁명 과정에서 공포정치를 이끈 가장 강력한 원동력은 프롤레타리아와 파리의 반(半)프롤레타리아적인 소부르주아였다. 그들이 원했던 것은 재산의 균등화와 대규모 재산의 파괴였다. 그들은 이런 자신들의 요구를 몇 배로 달성했다. 그러나 유럽의 다른 곳에서 이루어진 경우와는 달리 그들은 단지 봉건적 잔재를 철저하게 파괴하기만 했을 뿐이었다. 그리하여 그들은 공포정치가 붕괴하자마자 곧바로 독버섯처럼 피어난 새로운 자본주의적 대규모 재산의 등장을 실질적으로 방조하는 결과를 가져오고 말았다. 경제적 평등과는 거리가 먼 그것이 바로 그들 평등주의자의 독재가 남겨놓은 유산이었다.

현재의 소비에트 독재가 앞으로 남겨놓을 경제적 유산이 무엇일지 알기 위해서 우리는 프랑스혁명의 경우와 마찬가지로 단지 그 독재의 의도나 희망 그리고 방법들을 살펴보기보다는 오히려 러시아제국의 경제적 구조를 살펴보아야 한다. 그것이 우리에게 결정적인 단서를 제공해줄 것이기 때문이다.

이런 연구는 많은 사람들에게, 마르크스 안에서 불타오르던 그 혁명적 열정과는 거리가 있는 단지 지루하고 사소한 작업으로만 보일 수 있다. 그렇지만 마르크스가 현재와 같은 상황에 처했다면 어떻게 생각하고 어떻게 행동했을지에 대해서 단정적으로 얘기할 수 있는 사람은 아무도 없다. 단지 분명한 것은 그런 지루하고 사소해 보이는 작업이 마르크스가 남긴 불후의 업적의 기초를 이루는 사적 유물론과 일치하는 유일한 작업이라는 사실이다. 사물을 인식하는 문제에서 사태에 대한 정확한 파악보다는 오로지 끓어오르는 열정이 더욱 중요하다고 생각하는 사람은 마르크스를 단지 공허한 탁상공론가로 여기는 사람이다.

오늘날 러시아의 경제적 기초는 아직 농업이며 그것도 농민적 소경영이다. 이런 소경영에 의해서 러시아 전체 인구의 약 5분의 4, 또는 6분의 5 정도가 생계를 유지하고 있다. 1913년을 기준으로 할 때 러시아(핀란드 제외)의 도시지역 인구는 2,400만 명인 데 반해 농촌에 거주하는 인구는 1억 4,700만 명에 달하고 있다. 그리고 이 농촌인구의 대다수는 농민이다. 이런 사회적 상태는 혁명을 거치고 나서도 전혀 변하지 않았다. 오히려 이런 상태는 최근에 더욱 강화되었다. 왜냐하면 많은 도시 노동자들이 농촌으로 되돌아갔기 때문인데 이는 농촌에 비해 도시에서 훨씬 더 심각한 굶주림이 휩쓸고 있기 때문이다.

혁명이 일어나기 전까지 농민들은 반봉건적 억압 속에서 살아왔다. 1861년의 개혁으로 농노제는 폐지되었고 농민들은 형식적으로 자유로운 사람이 되었다. 그러나 그것은 혁명을 통해서 이루어진 일이 아니었고 가부장적인 절대주의가 부성애를 발휘해서 베풀어준 온정의 결과였으며 따라서 대토지소유자들은 개혁을 통해서 기존에 가지고 있던 것들을 전혀 잃지 않았다. 농민들은 자신의 자유를 얻는 대가로 개혁 이전에 자신이 사용하고 있던 토지의 일부를 잃어야 했으며 자신에게 귀속된 나머지 토지에 대해서는 비싼 값을 지불해야만 했다. 평균적인 영농규모는 서유럽에 비해서 컸다. 혁명 전 러시아에서는 5데스야틴[35] 이하의 농가가 전체 농가의 10.6퍼센트였는 데 반해 프랑스에서는 5헥타르 이하의 농가가 71.4퍼센트, 독일에서는 76.5퍼센트에 달하고 있었다(머슬로우Maslow, 『러시아에서의 농업문제』*Die Agrarfrage in Rußland*, 슈투트가르트, 1907, 19쪽). 그러나 러시아의 농업은 농민의 무지와 원시적인 영농기술, 가축과 비료의 부족으로 매우 낙후된 상태여서 서유럽에 비해서 훨씬 낮은 생산수준에 머물러 있었다. 프랑스에서는 단위 데스야틴당 밀의 수확량이 70.5푸드(Pud, 1Pud=16.38킬로그램)였고 독일에서는 77푸드였던 데 반해 러시아에서는 겨우 22푸드에 머물러

---

35) Deßjatin, 헥타르와 같은 면적 단위이다.

있었던 것이다(같은 책, 20쪽).

따라서 농민들은 해방이 되고 나서 곧 물적으로 이전에 비해 더욱 어려운 상태가 되어버렸다. 그들은 더욱 빈곤해졌으며 그들의 경영은 나아지지 않고 오히려 더욱 뒷걸음질 쳤다. 굶주림을 벗어나기 위해 그들은 대토지소유자들에게서 토지를 빌려 소작을 부치거나 대토지소유자들이 직접 경영하는 대경영의 토지에서 임노동자로 일했다. 그들은 대부분 자신이 수행하게 될 노동에 대해서 가불을 받아야 할 처지였으며 따라서 그들은 채무노예의 상태로 빠져들어갔고, 그 결과 종종 그들의 상태는 과거 농노였을 때보다 오히려 더욱 예속적이고 절망적인 상태로 되어갔다.

농민들의 생산이 국내 또는 외국의 시장을 겨냥한 상품생산으로 변화해갔지만 그것으로 사정이 나아지지는 않았다. 농민들은 화폐를 손에 쥐게 되었고 화폐를 저축할 수 있는 가능성을 얻게 되었다. 그러나 그 액수는 농민들의 생계비를 겨우 충족시킬 정도에 그치는 것이었다. 이전에 그는 자신의 생산물을 전혀 판매하지 않았기 때문에 생산물의 대부분을 자신이 직접 소비했다. 이제 그는 그것을 판매하게 되었지만 팔수 있는 모든 것을 판매하고도 그 대가로 손에 쥐는 것은 극히 최소한의 액수에 머물렀다. 그래서 흉작이 드는 해는 곧 굶주림의 해가 되었다. 설사 농민들이 화폐를 저축할 수 있는 경우에도 그들은 그것을 자신의 경영을 개선하는 데 쓰기보다는 좀더 많은 토지를 얻는 데 사용했다.

1863~93년의 기간에 유럽러시아[36]의 농지거래 상황은 다음과 같다.

	구매액	판매액(단위: 백만 루블)
귀족	821	1,459
상인	318	135
농민	335	93

36) 우랄산맥 서쪽의 유럽 쪽 러시아를 가리킨다.

귀족의 토지는 감소했고 농민의 토지는 도시 부르주아들의 토지와 함께 증가했다. 그러나 농촌인구는 더욱 급속하게 증가했고 그 결과 농가당 평균 토지면적은 전체 농민의 토지가 증가했는데도 오히려 감소했다. 동시에 입법조치들에 의해서 화폐경제의 확대가 장려됨에 따라 촌락공동체가 점차 사라져갔는데 이들 공동체는 과거에 가끔씩 각 농민들 사이의 토지분할을 어느 정도 균등하게 조정하는 역할을 수행해왔다. 따라서 촌락공동체의 소멸과 함께 어떤 농민은 좀더 부유하게 되었으며 어떤 농민은 그만큼 더욱 가난해져갔다. 그러나 부유한 농민이든 가난한 농민이든 이들은 모두 똑같이 대토지소유자들의 토지에 점점 더 눈독을 들이고 있었고, 이것이야말로 그들을 구출해줄 수 있는 돌파구라고 생각했다. 토지에 대한 소유관계의 해체는 그들 모두의 소망이었고 그래서 그들은 혁명적 계급이 되어갔다. 도시의 혁명적 지식인들이 표현하고 그리고 있는 것은 바로 그들의 소망과 일치하는 것이었다. 러시아의 사회주의자들은 러시아에서 토지소유의 혁명은 차르의 절대주의를 붕괴시키는 것과 마찬가지로 반드시 필요한 것이라는 데 의견의 일치를 보고 있었다. 그렇지만 이들 사회주의자들은 두 가지 노선으로 갈라져 있었다. 하나는 원시적인 촌락공동체주의가 농민과 러시아를 함께 곧바로 사회주의로 도약하게 만들 수 있다고 생각했다. 물론 이때 그들이 생각한 사회주의는 러시아에만 고유한 것을 의미했다.

이 노선은 다시 내부적으로 다양한 여러 형태를 취하고 있었지만 궁극적으로는 모두 사회혁명주의의 형태를 띠고 있었다. 이들과 노선을 달리하는 사람들은 마르크스주의자들이었고 이들은 러시아도 다른 나라들과 마찬가지로 "자연적인 발전단계들을 건너뛸 수 없으며 그것을 법령으로 제거할 수도 없다"는 원칙을 지지했다. 그래서 그들은 다가오는 혁명이 단지 봉건적 잔재를 청산하고 자본주의적 발전을 촉진하는 것일 수밖에 없으며 그런 토대 위에서 새롭게 얻어진 민주주의를 통해서 교육받은 프롤레타리아가 점차 성숙해가고 그들이 서유럽의 프롤레타리아와 거의 같은 수준으로 성숙하고 나면 이들과 함께 동시에 사회주의를 달성할 수 있을 것이라고 주장했다.

그러나 노선의 차이에 관계없이 모든 사회주의자들은 농민들이 봉건제의 잔재를 청산하려는 그들의 노력을 지지할 것이라는 데는 의견이 일치했다. 그것은 1905년의 혁명에서 보여준 농민들의 행동을 통해서 분명하게 의식되었다. 그때부터 사회주의자들과 농민들 사이의 협력은 특히 사회혁명주의자들의 매개를 통해서 점차로 더욱 밀접한 형태를 취해갔다. 그래서 1917년 혁명 이후 소비에트는 단지 프롤레타리아적인 조직이 아니라 동시에 농민의 조직으로도 건설되었다.

대토지소유는 혁명을 통해서 더 이상 유지될 수 없게 되었으며 그것은 금방 명백한 사실로 드러났다. 그것을 농촌주민들에게 넘겨주는 것이 불가피하게 되었다. 그러나 그것을 어떤 형태로 넘겨주어야 할 것인지에 대해서는 일치된 의견이 없었다. 다양한 방안들을 생각할 수 있었다. 사회주의적 관점에서 볼 때 가장 합리적인 방안은 대경영을 국가소유로 전환해 지금까지 거기서 임노동자로 일하던 농민들이 협동조합적 형태로 운영해나가도록 하는 것이다. 그러나 이 방안은 농업노동자계층을 전제로 하는 것이고 러시아에는 이런 계층이 없었다. 또 다른 하나의 방안으로 대토지소유를 국가소유로 전환한 다음 이것을 다시 소규모의 토지로 분할해서 가난한 농민들에게 임차방식으로 경작하게 하는 방식이 있을 수 있었다. 그렇게 되면 사회주의는 어느 정도 실현될 수 있을 것이었다.

그러나 소농들은 자신들의 생산수단에 대해서 완전한 사적 소유를 얻으려 했고 사실상 그것만이 그들이 할 수 있는 것이었다. 소농들은 지금까지 이러한 그들의 성격을 곳곳에서 보여왔고 촌락공동체의 전통에도 불구하고 러시아 농민들도 여기서 예외가 아니었다. 대규모 농장을 파괴해서 그들끼리 분할해 갖는 것이 그들의 강령이었으며 그들은 그것을 실행할 수 있을 만큼 충분히 강력했다. 아무도 그들을 가로막을 수 없었다.

그런데 분할을 체계적으로 수행하고 토지를 가장 필요로 하면서 동시에 이용할 수도 있는 사람들에게 나누어주는 것은 농민계층 자신의 이해를 위해서도 바람직한 일일 것이다. 그런 체계적인 분할은 단 하나의 권위를 통해서만 수행될 수 있는데 그것은 곧 농민 대다수를 포함하여 국민 전체의 의지를 대표하는 제헌의회일 것이다.

그러나 의회는 농민들을 너무 오래도록 기다리게 했으며 농민들은 자주적인 방식으로 이 작업을 수행하기 시작했고 이 과정에서 많은 가치 있는 생산수단들이 파괴되었다. 그리하여 소비에트 조직은 의회를 통해서 농업문제를 규제할 수 있는 전망을 차단해버렸고 모든 관할구역의 농민들이 대농장의 토지들을 자신들이 원하는 방식대로 수용해서 마음대로 분할하도록 내버려두었다. 소비에트 정부의 1차 결의문 가운데에는 다음과 같은 규정이 들어 있다.

1. 토지에 대한 봉건적 소유는 무상으로 즉각 폐기된다.
2. 영주와 왕족, 수도원, 교회의 소유지는 거기에 속한 모든 생물과 무생물 자산, 사용되는 건물, 그리고 모든 부속물과 함께 제헌의회 총회에서 토지문제에 대한 결정이 내려질 때까지 지역토지위원회와 농민대표자들로 구성된 지역평의회에 그 처분을 위임한다.

제헌의회 총회에 관한 구절은 사문화되었다. 각 지역의 농민들은 토지소유 문제를 사실상 자신들이 원하는 방식대로 할 수 있었다.

그럼으로써 많은 대농들로 이루어진 부유한 지역과 순전히 영세농들로만 이루어진 가난한 지역 사이의 격차를 해소하는 문제는 처음부터 배제되었다. 게다가 개별 지역 내에서도 누가 토지를 얻게 될 것인지에 대한 아무런 기준도 마련되지 않았다. 수적인 우세 때문이든 그 영향력 때문이든 부유한 농민들이 지배적인 곳에서는 이들이 대토지소유의 노른자위 땅들을 차지했다. 도지분배에 대한 전반적인 통계는 존재하지 않는다. 그러나 부유한 농민들이 보통 토지분배에서 가장 혜택을 많이 보았다는 주장은 반복적으로 제기되고 있다.

소비에트 공화국도 토지소유의 균등화를 농업문제의 해결책으로 도입하지 않았다는 것은 분명하다. 소비에트 공화국 자신도 이 문제를 인식하고 있다. 초기에 농민 소비에트는 모든 농민계층의 조직으로 이루어졌다. 그러나 오늘날 소비에트는 프롤레타리아와 가난한 농민들의 조직임을 스스로 밝히고 있다. 부유한 사람들은 소비에트에 대한 선거권을 갖지 못한다. 그러므로 여기서 가난한 농민은 '프롤레타리아 독재'가 수행한 사회주의 농업개혁을 통해서 지속적으로 만들어진 대량의 산물로서 인정되고 있다. 만일 많은 촌락들에서 가난한 농민이 소수를 이루고 있다면 중농과 대농의 선거권을 박탈함으로써 그들을 보호하려는 것은 쓸모없는 일일 것이기 때문이다. 어쨌든 러시아 농민계층 가운데 가난한 농민은 아직 상당한 부분을 이루고 있는 것이다.

소비에트 공화국은 이런 토지소유의 배분과정이 조용하게 진행되기를 원했던 것으로 보인다. 그리고 소비에트 공화국은 자신들이 원하던 대로 그것을 조용히 진행시켰다. 만일 소비에트 공화국이 농민의 사적 소유를 조금이라도 건드렸다면 그것은 그들에게 치명적인 사태를 가져올 수 있었을 것이다.

물론 소비에트 공화국도 부유한 농민과 가난한 농민들 사이의 관계에 개입했다. 그러나 그 개입은 새로운 토지분배를 통해서 이루어진 것이 아니었다. 도시민들의 생활수단의 부족을 해결하기 위해 무장한 노동자 부대가 촌락으로 파견되었고 거기서 이들 부대는 부유한 농민들에게서 그들의 생활수단 가운데 남는 잉여를 탈취했다. 그렇게 탈취된 생활수단의 일부는 도시의 주민들에게 배분되었고 나머지 일부는 가난한 농민들에게 배분되었다. 이것은 단지 일시적인 비상수단일 뿐이었고 그나마 대도시 주변의 일부 지역들에서만 제한적으로 이루어졌다. 그런 조치를 전반적으로 시행하기에는 도시의 무장세력이 매우 불충분했다. 이런 조치는 해마다 정기적으로 반복되면서 시행되었지만 그것을 통해서 농촌의 부유한 농민과 가난한 농민들 사이의 균형을 결코 바로잡을 수 없었다. 궁극적으로 그런 조치는 오히려 농업을 완전히 황폐화시키는 데에나 매우 유효한 수단으로 작용했을 뿐이었다.

생산이 사적으로 이루어지고 생산자가 생산물 가운데 자신의 욕망을 충족시키는 데 필요한 부분을 넘어서는 잉여부분 전체를 몰수당하는 것으로 알고 있는 곳에서는 생산자는 자신의 생산을 최소한의 필요 수준으로 제한할 것이다. 이것은 조세징수인이 농민들에게서 매년 생계에 필요한 최소한의 수준을 넘는 잉여를 모조리 빼앗아가는 많은 동양의 전제주의 국가들에서 왜 농업이 몰락했는지를 설명해주는 이유다. 러시아에서도 이와 마찬가지의 일이 일어날 것이다. 원래 사회주의는 생산수단과 생산양식의 사회화를 통해서 경제적 격차를 줄이려고 한다. 그럼으로써 사회는 또한 생산물의 주인이 되기도 한다. 그런 과정을 통해서 사회는 생산을 최고도로 증대시키고 사회의 합목적성과 정당성의 관점에 따라 생산물을 배분할 수 있게 된다.

반면 생산수단에 대한 사적 소유와 사적 생산이 지속되고 생산자들이 획득한 생산물 가운데 잉여를 모두 정기적으로 압류당한다면 그런 압류가 동양의 전제군주를 위한 것이든 또는 프롤레타리아 독재를 위한 것이든 상관없이 그것은 모두 생산을 황폐화시킬 뿐이다.

물론 그런 조치를 가끔씩 비상수단으로만 생각하는 경우에는 이와 다를 것이다. 그럴 경우 그것은 가끔씩의 불가피한 것일 수 있다. 현재의 러시아에서 일어나고 있는 부유한 농민들에 대한 몰수도 이 경우에는 다르게 생각되지 않는다. 그것은 러시아 사회의 사회주의 건설에 조금도 영향을 미치지 않을 것이다. 그것이 무력에 의한 몰수라는 방식을 생산과정에 끌어들이는 것은 오로지 러시아가 안정과 평온을 되찾기 위해서 당장 필요한 조치로만 이해될 것이다.

그러나 설사 소비에트의 독재가 새로운 토지분배를 계획하고 토지를 완전히 균등하게 배분할 힘과 의지를 가지고 있다 하더라도 농민들에게는 별로 도움이 되지 않을 것이다. 왜냐하면 현재와 같은 원시적인 생산수준에서는 러시아의 경작지가 모든 농민을 가난에서 벗어나게 할 수 있을 만큼 충분히 넓지 않기 때문이다.

머슬로우는 앞서 여러 번 인용한 책에서 바로 그렇게 얘기하고 있다.

경제를 균등화하려는 노력은 단지 가난을 일반화시키는 방식으로만 실현될 수 있다. 생산수단에 대한 사적 소유를 견지하면서 모든 사람을 부유하게 만들려고 하는 것은 소부르주아적이고 천박한 공상에 지나지 않는다. 만일 이런 종류의 평등이 이루어질 수 없다면 그와는 반대로 많은 지역들에서 가난의 평등이 존재할 것이고 이런 상태의 확대는 어떻게든 사람들에게 설득력을 가질 것이다. 농민적 토지소유를 아무리 확대한다 하더라도 언제나 모든 농민을 부유하게 만들기에는 토지가 너무도 부족할 것이다.
농민의 생활을 소부르주아적 이념——모든 소자산가들의 경제적 평등——의 틀 속에 억지로 밀어넣는 것은 단지 공상적인 것일 뿐만 아니라 반동적인 것이기도 하다.(머슬로우, 앞의 책, 240쪽)

러시아의 농민계층 전부를 경제적으로 끌어올리는 것은 현재의 인구와 경작지로는 어떤 형태의 토지분배를 통해서도 이루어질 수 없는 일이다. 그것을 위해서는 좀더 높은 경영형태로의 이행이 필요하다. 즉 농촌주민들에 대한 전반적인 교육을 개선해야 하고 가축, 작업도구, 기계, 인공비료 등 그들의 작업설비를 확충해야 하는데 이런 모든 것들은 영세한 경영형태가 지배적인 상태에서는 그것을 갖추기에 너무도 어렵고 시간이 오래 걸리는 조건들에 해당한다.
자본주의적인 집약적 농업을 위한 조건이 러시아에서 발전해나가기 어렵고 혁명을 통해서 일시적으로 많은 사회적 조건들이 더욱 악화되었다면, 이런 상태에서는 사회주의적 생산——그것은 단지 고도로 발전된 농업기술과 대경영의 토대 위에서만 성립할 수 있다——을 위한 조건도 전혀 주어지지 않는다. 대경영이 유리하게 되는 것은 오로지 바로 그런 기술들, 과학과 잘 만들어진 기계, 광범위한 분업 등이 사용될 경우뿐이며, 새로운 생산양식이 도입되고 정착되는 것도 그 생산양식이 좀더 많은 생산물을 공급하고 노동을 절약하는 데 유리할 경우뿐이다. 러시아 소농들의 무지와 원시적 기술의 토대 위에서 농업적 대경영을 건설하려는 것은 완전히 쓸모없는 일이다. 대토지소유를 타파하고 이를 농민들에게 분할하고 난 이후 볼셰비키 내에서도 사회주의적 농업의 도입을 얘기하는 사람들이 여기저기서 나타나고 있다. 우리는 그것을 이미 사회주의 혁명과 러시아에서의 프롤레타리아 독재 기간의 프롤레타리아의 과제에 대한 테제에서 살펴볼 수 있다. 거기서 24번 테제는 다음과 같은 내용으로 이루어져 있다.

그렇다면 이제 대토지소유자들의 완전한 몰수에 대해서 언급해야만 한다. 토지는 '공공재'(Allgemeingut)로서 선포되었다. 그다음의 과제는 다음과 같은 것들이다. 즉 국유경작지를 조직화하는 것, 과거 대농장이었던 것을 집단적 경영으로 전환하는 것, 소경영을 집단관리 체제의 대경영(이른바 '농업코뮌')으로 통합해나가는 것 등이 바로 그것이다.

그러나 여기서 과제로 선포된 것들은 아직 제대로 해결된 것들이 없다. 집단적 농업은 러시아에서 아직 탁상 계획으로만 머물러 있다. 언제 어디서도 소농이 이론적으로 설득되어 집단적 생산으로 이행한 경우는 없다. 농민협동조합은 온갖 경제활동을 수행하고 있지만 단 하나 가장 중요한 문제인 토지조달의 문제만은 수행하지 못하고 있다. 소농적 기술에 기초한 농업은 도처에서 필연적으로 각자 개별적인 소경영으로 분화하려는 경향을 만들어내고 그것은 토지에 대한 사적 소유의 경향으로 나아가게 마련이다. 유럽이 그러했으며 미국이 그러했고 그런 경향은 전 세계에서 그대로 반복해서 진행되고 있다. 러시아 농민들이 무슨 특별히 예외적인 사람들이라서 이런 일반적 법칙에서 벗어날 수 있을 것인가? 그들이 보통의 사람들이란 것을 알고 그들을 다른 나라의 농민들과 비교해본 사람들이라면 누구나 현재 러시아 농업의 기초 위에서 사회주의 농업이 건설될 수 있다는 생각은 환상일 뿐이라는 것을 선언하게 될 것이다.

혁명이 현재의 러시아에서 만들어놓은 것들은 1789년 프랑스에서 그리고 그 여파로 독일에서 혁명이 만들어놓은 것들과 꼭 마찬가지의 것이다. 혁명은 봉건적 잔재를 제거함으로써 토지에 대한 사적 소유를 이전보다 훨씬 더 순수하고 강력한 형태로 드러냈다. 혁명은 지금까지 토지소유, 즉 대토지소유의 해체에 관심을 집중시키고 있던 농민들을 새롭게 만들어진 토지소유 관계의 열렬한 옹호자로 만들었으며, 또한 이들을 생산수단에 대한 사적 소유와 상품생산으로 단단히 결박해놓았다. 그런데 이 두 가지, 즉 생산수단에 대한 사적 소유와 상품생산은 끊임없이 교란되고 스스로 파괴되기도 하지만 자본주의적 생산이 자연법칙적으로 계속 반복해서 진행되도록 만드는 토대이기도 하다.

아무리 가난한 농민들이라고 할지라도 토지에 대한 사적 소유의 원칙을 포기할 생각은 하지 않는다. 그들은 집단적인 경영을 통해서가 아니라 자신의 토지 지분, 즉 사적 소유의 증가를 통해서 자신들의 처지를 개선하고 싶어한다. 토지에 대한 열망은 언제나 변치 않는 농민의 특징을 이루며 이 열망 때문에 농민들은 대토지소유가 해체되고 나면 사적 소유의 가장 강력한 신봉자로 화하게 된다. 봉건제를 극복한 모든 나라들에서 농민들은 실제로 그것을 스스로 보여주었다. 바로 그렇기 때문에 농민들은 자산가계급에게서 그들에게 가장 필요한 보루로서 보호받고 육성되고 있는 것이다. 러시아에서도 그것은 결코 다르게 나타나고 있지 않다.

그것은 현재 러시아의 '프롤레타리아와 가난한 농민들의 독재'가 만들어놓은 가장 확실하고 지속적인 성과가 되어 있다.

따라서 혁명에 대한 농민들의 관심은 그들에게 새로운 사적 소유가 확립되고 나면 사라져버린다. 그들은 자신들을 희생시켜 과거의 대토지소유를 재건하려는 모든 세력들에 대해서는 반대한다. 그러나 그들은 그 이상의 것에 대해서는 아무런 관심도 없다.

그리고 혁명에 대한 그들의 관심이 사라지면서 그들의 지금까지의 동맹자인 도시프롤레타리아에 대한 관심도 함께 사라진다.

자가수요를 위한 농민의 생산이 줄어들수록, 그래서 농민의 생산이 시장을 위한 것이 되면 될수록, 또한 화폐수입에 의존하면 할수록 자신의 생산물의 가격수준에 대한 이해관계도 더욱 높아진다. 그것이 봉건제의 극복 이후 그에게 지배적인 이해관계가 된다. 이런 이해관계는 그를 대토지소유와 대립하게 만드는 것이 아니라 오히려 이들과 이해관계를 같이하게 만들어서 그를 자신의 동맹자로 삼게 하는 반면 비농업 인구들, 즉 도시와 산업에 종사하는 사람들과 대립하게 만든다. 특히 이런 이해관계는 자신의 수입 가운데 부르주아들보다 훨씬 더 많은 부분을 생계수단으로 지출해야 하고 따라서 낮은 생활수단의 가격에 가장 커다란 이해관계를 가지고 있는 노동자들을 농민과 대립하게 만든다.

봉건제도가 지속되는 한 농민과 도시의 하층계급들은 가장 훌륭한 동맹자를 이룬다. 그것은 1525년의 독일 농민전쟁으로부터 1789년 프랑스혁명에 이르기까지 이들이 보여준 투쟁을 통해서 입증된다. 그러나 부르주아 혁명이 완수되자마자 농민들은 도시프롤레타리아의 적대진영으로 넘어가기 시작했다. 그렇게 넘어간 사람들 가운데는 대토지소유자와 대농들만 있었던 것이 아니라 소농들도 끼어 있었고 심지어 스위스 같은 곳에서는 민주주의 공화파들도 포함되어 있었다.

그런데 소농들이 적대진영으로 넘어간 것은 일시에 이루어진 것은 아니었고 점진적으로 이루어졌다. 즉 그들은 봉건제에 대한 투쟁의 전통이 점차로 사라져가고 자가수요를 위한 생산이 시장을 위한 생산에 의해 점차로 밀려남에 따라서 조금씩 넘어갔던 것이다. 그래서 우리들 사회주의자에게서도 마르크스가 이미 1871년 프랑스 내전에 대한 글 속에서 얘기하고 있듯이 농민들이 부르주아 혁명 과정에서 프롤레타리아와 손을 잡았던 것처럼, 나오는 프롤레타리아 혁명에서도 잠가할 수 있을 것이라고 하는 생각이 오래도록 남아 있었다. 지금도 연립정부에 참여한 사회주의자들은 농업 강령, 즉 농민들을 프롤레타리아 계급투쟁의 이해관계로 끌어들이기 위한 강령을 추구하고 있다. 그러나 현실은 프롤레타리아와 농민계층 사이에 대립이 점차 증가하는 것을 보여주고 있을 뿐이다.

농촌에서 도시프롤레타리아와 같은 이해관계를 갖는 계급은 단지 그 자신이 프롤레타리아로서 살아가는, 말하자면 농업생산물을 팔아서 살아가는 것이 아니라 자신의 노동력을 팔아서 살아가는, 즉 임노동에 의해서 살아가는 사람들뿐이다.

프롤레타리아의 승리는 농촌에서의 임노동의 확산에 의존한다. 이것은 단지 매우 느리게 진행되는 과정이지만 종종 농업적 대경영의 증가에 의하기보다는 농촌으로 산업체가 이전하는 방식으로 매우 급속하게 이루어지기도 한다. 그와 더불어 프롤레타리아의 승리는 또한 농촌이나 농업인구보다 도시나 산업인구가 좀더 급속하게 증가하는 데에 의존한다. 그리고 이 과정은 매우 급속하게 이루어진다. 대부분의 산업국가들에서 농촌인구는 단지 상대적으로뿐만 아니라 절대적으로도 감소하고 있다. 독일제국의 경우 1871년 농촌인구는 전체인구 4,100만 명 가운데 2,620만 명으로서 64퍼센트를 차지했지만 1910년에는 전체인구 6,500만 명 가운데 2,580만 명으로서 40퍼센트에 머물렀다. 농업인구는 농촌인구보다 더욱 줄어들었다. 1882년의 제1차 직업조사에서 농업인구는 전체 4,520만 명 가운데 1,920만 명으로 42.5퍼센트를 차지했지만 1907년의 조사에서는 전체 6,170만 명 가운데 단지 1,770만 명으로 28.7퍼센트에 머물렀다. 이 1,770만 명 가운데 다시 자영농은 1,160만 명에 그치고 임노동자가 560만 명, 나머지는 사무직원들이 차지했다. 결국 농민인구는 독일제국 전체 인구 가운데 6분의 1을 차지하고 있을 뿐이다. 반면 프롤레타리아는 1907년에 이미 3,400만 명으로서 전체 인구의 절반을 넘어서고 있었다. 그 이후로도 프롤레타리아는 더욱 급속히 증가해서 전체 인구의 3분의 2가 될 날도 머지않은 상태에 도달해 있다.

그러나 러시아의 사회적 관계는 이와 전혀 다르다. 우리가 이미 보았듯이 거기서는 농민계층이 절대적인 비중을 차지하고 있다. 농민은 프롤레타리아와 협력해서 혁명의 승리를 가져왔지만 그러나 그것은 또한 이 혁명의 **부르주아적** 성격을 확인시켜주는 것이기도 했다. 이 혁명이 그렇게 끝나버리고 그런 형태로 더욱 고착되어간다면, 다시 말해서 새롭게 얻어진 농민들의 사적 소유가 더욱 확고해져간다면 한편으로는 자본주의적 경제를 위한 토대가, 그리고 다른 한편에서는 농민과 프롤레타리아 사이의 대립이 증가할 수 있는 토대가 점점 더 넓어질 것이다. 이런 방향으로 작용하는 경제적 경향들이 현재의 러시아가 처해 있는 단계에서는 만연해 있으며 아무리 폭력적인 독재라고 할지라도 이런 경향을 분쇄할 수는 없을 것이다. 오히려 이런 경향은 그런 독재를 농민의 독재로 몰아가게 될 것이다.

산업

러시아의 산업은 농업과 다른 유형을 보이고 있다. 물론 산업도 아직 원시적인 형태를 띠고 있긴 하지만 이 산업의 **자본주의적** 부분은 그것이 이제 청년기에 있기 때문에 매우 근대적이며 고도로 발전한 형태를 보이고 있다. 그리고 러시아의 산업노동자계층도 농촌 출신으로서 시골의 편협한 생각에 갇혀 있는 많은 무학자(無學者)들도 있지만 이들과 함께 적지 않은 숫자는 온갖 근대적인 교육의 혜택을——오늘날 대부분의 프롤레타리아는 쉽게 이런 혜택을 받을 수 있다——모두 받은 사람들로 이루어져 있다. 근대교육의 혜택을 받은 산업노동자들은 마르크스가 이미 반세기 전에 독일 노동자들에게 칭송을 아끼지 않았던 것과 마찬가지로 이론적 관심들이 높다. 당시 독일 노동자들은 교육을 받고 싶은 강렬한 욕구 때문에 이론적 관심이 높았는데, 이런 관심은 다른 서유럽 노동자들의 경우 민주적인 사소한 작업들에 파묻혀 너무나도 자주 소멸되어버리곤 하던 것이었다.

그렇다면 이런 소선에서는 사회주의 생산양식이 이미 정립되어 있어야 하는 것이 아닌가?

만일 각 공장이나 광산에 있는 노동자들이 공장이나 광산을 각기 자신들이 독자적으로 경영해나가기 위해서 점유하는 것이 곧 사회주의라고 한다면 우리는 러시아에서 사회주의가 이미 정립되어 있다고 얘기할 수 있을 것이다.

내가 이 글을 쓰고 있는 바로 이때(8월 5일) 모스크바에서 8월 2일에 있었던 레닌의 연설이 알려졌는데 거기서 그는 다음과 같이 말하고 있다.

　노동자들은 자신의 공장을 확고하게 손에 넣고 있으며 농민들은 토지를 대토지소유자들에게 돌려주지 않을 것이다.

"공장을 노동자에게, 토지를 농민에게"라는 표어는 지금까지 사회민주주의자들의 요구가 아니라 무정부주의적 생디칼리스트들의 요구였다. 사회민주주의자들의 요구는 "공장과 토지를 모두 사회에게"였다.

개별 농민은 자신의 농장을 다른 경영체들과의 관련 없이도 그럭저럭 꾸려나갈 수 있다. 그러나 근대적인 공장은 사회적 관련들의 네트워크 한가운데에 놓여 있으며 고립된 채로 존재한다는 것은 생각할 수 없다. 노동자들이 공장을 제대로 관리해나갈 만한 지식과 훈련을 아무리 잘 받았다고 해도 어떤 공장을 소유하는 것만으로는 모든 문제가 해결되지 않는다. 공장은 다른 경영체들에게서 온갖 물자의 조달, 즉 원료, 석탄, 온갖 종류의 보조자재 등의 조달이 없이는, 그리고 자신의 생산물이 규칙적으로 판매되지 않으면 단 하루도 가동될 수 없다. 원료생산자들과 광산 또는 운수업체들이 약속을 해주어야만 공장도 자신의 판매자들에게 약속을 할 수 있다. 공장의 경영이 사회주의적으로 되기 위해서는 사회적 생산의 전체 네트워크가 갖추어져 있다는 것을 전제로 해야만 한다. 사회가 이런 조건을 갖출 수 있어야만 사회주의적 생산은 비로소 가능한 것이 된다.

사회민주주의는 공장을 노동자들에게 넘겨주도록 요구하는 것이 아니라 사회적 생산, 즉 상품생산 대신에 사회적인 자기필요를 위한 생산을 달성하기 위해 노력하며 이것은 단지 생산수단에 대한 사회적 소유를 통해서만 달성될 수 있다. 볼셰비키도 지금까지 공장의 국유화를 천명해왔으며 공장을 노동자들의 수중으로 넘기는 것을 천명한 적은 없다. 공장을 노동자의 수중으로 넘긴다는 것은 숱한 생산협동조합들의 경험들이 보여준 바와 같이 자본주의의 새로운 형태로의 이행을 의미하는 것이 될 것이다. 이 새로운 소유자들은 자신들의 소유물을 일자리를 구하는 다른 지원자들에게 대항하는 특권적인 지위로서 지켜내려고 할 것이다. 특히 러시아에서 이런 생산협동조합은 러시아 농민들의 토지부족을 더욱 심화시킬 수밖에 없을 것이다.

자본주의를 지속적으로 극복하는 것은 공장을 거기에 근무하는 노동자들에게 넘기는 방식으로는 불가능하며 오로지 생산수단을 사회적 소유로, 즉 전체소비자들의 소유로 넘김으로써, 그리하여 그 생산수단이 전체소비자들을 위한 생산에 사용되도록 함으로써 가능하다. 다시 말해서 생산수단을 국가의 소유로, 또는 지방단위의 생산수단일 경우에는 지방자치단체의 소유로, 그리하여 실질적으로 소비협동조합의 소유로 만들어버림으로써만 가능하다.

현재의 러시아도 이런 길을 걸어가기 위해서 노력해왔다. 그러나 그런 노력이 어느 정도의 성과를 거두었는지는 아직 확인하기 어렵다. 소비에트 공화국의 이런 측면은 언제나 우리들에게 가장 큰 관심을 끄는 부분이지만 애석하게도 그것은 아직 완전히 베일에 가려져 있다. 공식적인 훈령에서는 물론 그런 성과를 확인할 수 없고 단지 그런 훈령들의 성과를 알려주는 믿을 만한 소식들은 어느 정도 들려오고 있다. 총량집계와 세부통계 그리고 신뢰할 수 있고 신속하게 전달되는 통계가 없이 사회주의적 생산은 불가능하다. 그렇지만 소비에트 공화국은 아직 그런 통계를 만들어내지 못하고 있다. 그래서 우리가 소비에트 공화국의 경제적 성과에 대해서 들을 수 있는 것들은 극히 모순적인 내용들이며 어떤 방법으로도 확인하기 어려운 것들뿐이다.

이것도 역시 민주주의를 억압하는 독재가 낳은 결과다. 언론과 출판의 자유가 없고 모든 계급과 정당을 대표해서 의견을 표현할 수 있는 중앙의 대의기구가 존재하지 않기 때문에 모든 소식들은 사실상의 독재자를 위해 그의 입맛에 맞는 것들만 공개적으로 발표되도록 압력이 가해지는 것은 당연한 일이다. 일반에 어떤 소식들을 공개할 것인지를 이처럼 독재자의 입맛에 따라 결정할 수 있다면 그것은 이런 소식들에 대한 신뢰도를 떨어뜨릴 것이다. 이런 상황에서 비판이 침묵하지 않으려면 지하의 경로만 찾게 될 것이다. 이런 비판은 입에서 입으로 전해져서 공식적인 발표와 거의 같은 속도로 신속하게 유포될 것이지만 이미 공개적인 통제를 벗어나 있을 것이다. 소문에는 아무런 제약도 없는 법이다. 그래서 우리는 우파와 좌파 모두에게서 만들어지는 온갖 소식들 속에 파묻히게 될 것인데 이들 소식은 서로가 모순되고 따라서 누구나 불신을 가지고 대할 수밖에 없는 것들일 것이다.

소비에트 정부의 사회주의적 노력이 어떤 성과를 거둘 수 있을지 현재로서는 아직 분명하게 말할 수 없으며 어느 정도의 추측도 하기 어렵다. 그러나 사회주의 정책 가운데 그들이 정권을 유지하지 못하고 물러날 때도 옛날상태로 회귀하지 않고 계속 남아 있을 수 있는 것들을 그들이 과연 만들어낼 수 있을까?

그들이 자본주의를 완전히 뿌리째 뽑아버릴 것이라고는 어느 누구도 생각하지 않는다. 그들은 분명 많은 자본주의적 소유들을 폐기시키고 많은 자본가들을 프롤레타리아로 변신시켰지만 그러나 그것이 사회주의적 생산을 건설했다는 것과 같은 의미는 아니다. 사회주의적 생산이 이루어지지 않는 한 자본주의는 되살아날 것이고 또한 되살아날 수밖에 없을 것이며, 그것도 매우 신속하게 되살아날 것이다. 그리하여 프롤레타리아 독재는 단지 사람만 교체시킨 결과를 가져올 것이다. 지금까지 자본가였던 사람이 프롤레타리아가 되고 그 자리에 프롤레타리아나 지식인이 대신 앉아서 이제 그들이 자본가가 될 것이다. 새로운 자본가들은 앞으로 자신들이 모든 것을 독차지하려는 의도로, 현재의 혼란상태에서 끝까지 정권을 잃지 않고 결국 이 혼란을 정상상태로 수습해나갈 바로 그 정부에 대해서 적절한 시점에 지지를 보내고 있다. 실제로 이미 소비에트 정부는 자본에 대해서 다양한 형태의 타협책이 당장 필요하다고 생각하고 있다. 앞서 인용한 ("국제사회주의 위원회"의 공보실을 통해서 발표된) 4월 28일의 연설에서 벌써 레닌은 자본에 대한 몰수가 지나치게 급속하게 이루어지고 있음을 인정하고 있다.

> 만일 우리가 현재와 같은 속도로 몰수를 계속해간다면 우리는 틀림없이 패배를 겪게 될 것이다. 생산을 프롤레타리아의 통제 아래 조직화하는 작업이 대자본의 몰수에 비해 뒤처져 있다는 것은 공공연한 사실이다.

그렇지만 사실은 이런 조직화 작업이야말로 정말 중요한 일이다. 독재자에게 몰수하는 일이란 더없이 쉬운 일이다. 그렇지만 사회적 노동의 거대한 조직을 만들고 그것을 운영해나가는 일은 지령이나 충성스러운 적군(赤軍)만으로는 충분하지 않은 것이다.

그러나 소비에트 공화국은 러시아의 자본에 대해서보다 독일 자본에 대해서 더욱 많이 양보해야 하고 그들의 요구를 들어주어야 할 것이다. 종전협상(Entente)[37] 과정에서 러시아의 자본이 얼마나 자신의 지위를 되찾을 수 있을지는 의문스럽다. 모든 정황으로 미루어볼 때 '프롤레타리아 독재'는 단지 러시아 자본을 멸망시키고 그 자리에 독일 자본과 미국 자본을 대신 들어앉힌 것처럼 보인다.

그렇지만 어쨌든 우리가 예상할 수 있는 것은 소비에트 공화국에 의해서 착수된 많은 산업부문의 국유화가 소비에트 공화국이 붕괴할 경우에도 계속 유지될 것이며 그것은 대토지소유의 해체와 함께 프롤레타리아 독재가 이루어놓은 되돌릴 수 없는 두 번째 큰 조치라는 점이다. 그것은 또한 우리가 지금 목도하고 있는 바와 같이 자본주의 국가를 포함한 모든 근대국가들에서 진행되고 있는 하나의 일반적인 운동이라는 점에서

---

37) 제1차 세계대전의 승전국들이 패전국과 벌인 협상.

더욱 그럴 가능성이 높아 보인다. 그것이 전쟁의 필요를 낳았고——우리는 미국에서의 철도 국유화를 기억한다——또한 그것이 평화의 필요를 재촉하게 될 것이다. 도처에서 우리는 앞으로 국유화된 독점체들을 숱하게 만날 마음의 준비를 해야만 할 것이다.

그러나 경제가 국유화되었다는 것만으로 아직 사회주의가 아니라는 것은 앞에서 이미 입증한 바 있다. 그 경제가 사회주의냐 아니냐는 국가의 성격에 달려 있다.

그런데 러시아는 **농민국가**다. 오늘날 과거 어느 때보다도 더욱 그런 성격이 강하게 드러나는데 이는 농민들이 지금 자신들의 힘을 깨우쳐서 잘 알고 있기 때문이다. 러시아의 농민들도 다른 나라에서와 마찬가지로 자신의 힘을 직접적으로 국가에 행사하지는 못한다. 그들의 생활조건이 그러기에는 맞지 않기 때문이다. 그러나 그들은 자신들의 이해를 거스르는 어떤 세력에 대해서도 더 이상 용납하지 않을 것이며 이는 도시의 프롤레타리아에 대해서도 마찬가지일 것이다.

농민들의 상품생산에 대응해서 도시의 국영산업들도 역시 국가의 자급적인 수요를 위해서가 아니라 시장을 위해 생산할 수밖에 없을 것이다. 그런데 그들에게 가장 중요한 판매지역인 국내시장은 바로 농민계층이 될 것이다.

농민들은 그들이 판매하는 농산물의 가격이 얼마나 높은지에 대한 것과 마찬가지로 그들이 구매하는 공산품의 가격이 얼마나 낮은지에 대해서도 똑같은 정도의 관심을 기울인다. 그들에게는 낮은 가격만 제시한다면 그것이 민간기업이고 임금비용에 얼마를 지출하고 얼마의 이윤을 얻든지 아무 상관이 없다. 그들은 민간부문의 산업자본이 얼마나 높은 이윤을 실현하든지 거기에는 아무런 관심도 없다.

그러나 국영기업의 경우에는 사정이 달라진다. 국영기업의 이윤이 높아질수록 국가의 세입부문 가운데 세금으로 메워야 할 부분은 감소하게 되는데[38] 농민국가에서는 이런 세금의 대부분을 농민들이 부담하게 되므로 결국 국영기업의 이윤이 높아지면 그만큼 농민들의 세금부담은 줄어들게 된다. 따라서 농민들은 국영기업 생산물의 가격이 낮아지는 데 관심을 기울이는 것과 마찬가지로 그것의 이윤이 높아지는 데에도 관심을 기울인다. 그러나 이들 두 가지가 동시에 충족되기 위해서는 **노동자의 임금이 낮아야만 한다.**

그리하여 여기서도 우리는 다시 농민과 산업노동자 사이의 대립의 원천을 보게 되는데 이 대립은 국가소유 경제가 확대되면 될수록 더욱 첨예하게 될 것이다.

러시아혁명의 진정한 장애물이 될 것은 바로 이러한 대립이지, 사회주의가 아니다.

물론 이런 대립을 볼셰비즘의 책임으로 돌리는 것은 잘못일 것이다. 사람들이 볼셰비즘에 대해서 비난하는 것들 가운데 많은 부분은 그 이전에 이미 존재하고 있던 사회적 관계들의 필연적인 결과들이며 그런 것들은 어떤 다른 체제 아래서도 틀림없이 마찬가지로 나타났을 것들이다. 그러나 볼셰비즘이 기존의 대립들을 더욱 첨예하게 만들고 그것을 극단적으로 몰아간 것은 그것이 행사한 독재라는 지배체제에서 비롯된 것이다.

굶주림의 어려움은 독재가 만들어낸 것이 아니라 차리즘의 황폐화된 재정과 전쟁이 만들어낸 것이다. 그러나 평화가 이루어진 지 반년이 지나도록 농업과 교통체제가 거의 복구되지 못한 것은 내전이 만들어낸 결과며 바로 그 내전은 독재 치하에서 반대파의 견해가 표출되는 유일한 형태이기 때문에 대중의 정치적 이해가 역동적인 상황에서는 필연적으로 독재가 만들어내는 것이다.

군대의 해체도 볼셰비즘 이전에 이미 진행되고 있던 하나의 과정이었다. 그러나 그것을 좀더 활발하게 재촉하고 그럼으로써 평화위원회가 스스로 별로 달가워하지도 않는 평화를 그 위원회에 강요한 것은 볼셰비즘 자신이 스스로 나서서 그렇게 한 것이었다.

---

38) 높아진 이윤이 그만큼 세입부문을 보전해주기 때문이다.

대토지소유의 해체도 볼셰비키가 정권을 장악하기 전에 이미 농민들의 손으로 진행되고 있던 것이었고 농민들의 숫자가 절대다수인 상황에서 어느 누구도 그것을 가로막을 수 없었다. 그러나 제헌의회를 해체해버린 조치는 몰수된 대토지소유를 이용하는 데 사회적 영향력이 발휘될 수 있는 마지막 발판을 없애버린 것이었고 그들 대토지소유가 가장 가까운 이해당사자들의 순전히 개인적인 자의에 따라 분할되어버리도록 방치하는 데 기여했다.

마지막으로 농민들과 산업노동자들 사이의 대립도 주어진 경제적 관계들에서 자연법칙적으로 만들어지는 불가피한 현상이다. 볼셰비키 독재가 이 문제에 대해서 책임이 있는 것은 아니다. 그러나 여기서도 볼셰비키의 독재적인 지배체제가 그 대립을 더욱 첨예하게 만들고 심화시키는 데에 기여했다. 제헌의회의 해체와 군대의 해산으로 러시아는 붕괴와 해체의 위협 앞에서 자신을 가장 잘 지켜낼 수 있는 중요한 두 가지 요소를 잃어버렸다. 게다가 최근에는 과거 러시아에서 가장 부유하던 농업지역들이 러시아에서 떨어져 나가버렸다. 만일 이런 상태가 지속되고 특히 시베리아마저도 분리되어버린다면 러시아는 이제 더 이상 곡물이나 식량을 수출할 수 없는 나라가 될 것이다. 그렇게 된다면 러시아의 농산물 가격은 자신의 외부시장과는 상관없이 내부시장에 의해서만 결정될 것이다.

그러나 그런 상황은 상품생산 아래서 농민과 산업노동자 사이의 대립이 가장 뚜렷하고 첨예하게 되어버리는 경우에 해당한다. 농산물의 수출이 많은 나라들에서는 공업과 농업의 대립이 계급간의 대립보다는 국가간의 대립으로 나타나서 공업국가와 농업국가 사이의 대립 형태를 취하게 된다. 옛날의 러시아는 브레스트-리토프스크(Brest-Litowsk)[39]

---

39) 1918년 제1차 세계대전 기간에 독일과 우크라이나 사이에 체결된 평화조약. 이 조약에 따라 독일은 러시아에서 폴란드와 우크라이나, 발트지역을 할양받았는데 이 조약은 평화를 얻어내려는 볼셰비키의 물밑교섭과 압력으로 이루어졌다.

의 평화 이후 과거의 농업수출국가의 지위에서 벗어나서 농민과 산업노동자 사이의 급속하고 격렬한 경제적 투쟁을 불러일으킬 수밖에 없는 상태로 변해버렸다.

이제 이런 투쟁은 어떤 경우에도 완전히 피할 수 없게 되었다. 그래서 미래지향적 정책에서는 이들 대립들이 상호 해결을 모색할 수 있는 토대를 제공함으로써 프롤레타리아가 자신의 세력을 최대한 펼칠 수 있도록 해주는 것이 그만큼 더욱 중요하게 되었다. 이런 토대를 자본에 대해서뿐만 아니라 농장주들에게도 마련해주는 것, 그것은 혁명기간 중 러시아 프롤레타리아의 대변자들이 해야 할 가장 중요한 과제였다. 그리고 그 과제는 다름 아닌 민주주의의 확고한 정착을 의미하는 것이었다.

프롤레타리아 해방투쟁에게 부과된 이 과제는 사회적 생산의 도입 못지않게 중요한 과제로서 사회적 생산의 도입과는 달리 농업국가에서도 충분히 해결할 수 있는 것이다.

다른 모든 노동계급과 마찬가지로 농민들도 민주주의를 요구한다. 이것은 스위스나 미국에서 이미 입증되고 있듯이 민주공화국들에서는 쉽게 찾아볼 수 있는 현상이다. 그러나 농민들의 정치적 이해는 산업프롤레타리아와는 달리 자신들의 마을지역을 넘어서는 경우가 매우 드물다. 반면 산업프롤레타리아의 경우 자신의 해방을 위해서는 자신이 국가기구 전체를 지배해야 할 필요가 있고 이것은 지역단위의 행동으로는 불가능하다. 그래서 농민들은 나폴레옹 1세의 경우에서 볼 수 있듯이 자신들의 재산을 보호해주고 자신들의 이해관계를 지켜주는 사람에 대해서는, 그 사람이 설사 왕이라 할지라도 그런 농민의 왕에 대해서는 지지를 보낼 수 있다. 러시아 농민들은 차르체제로의 어떠한 복귀도 반대할 것인데 이는 그 체제의 복귀가 그들에게는 과거의 죽도록 미운 봉건영주 체제로의 복귀라는 생각을 불러일으키기 때문이다. 그러나 만일 독재체제가 그들의 소유를 지켜주고 그러한 소유를 허락해주는 것은 물론 그들이 경작지를 개간하고 자신들의 농산물을 유리하게 판매할 수 있도록 온갖 주의를 기울여준다면 그들은 언제라도 그런 독재체제를 공화국

체제와 다름없이 똑같이 환영할 것이다. 이런 독재는 민주주의의 폐기를 통해서 만들어지고 계급의 독재라고 선언되긴 하지만 실제로는 한 당파의 독재며 따라서 레닌이 스스로 선언했듯이 몇몇 개인의 독재가 될 수 있을 것이다. 4월 28일의 연설에서 레닌은 다음과 같이 말했다.

우리가 부르주아를 완전히 억압하게 되면 될수록 소부르주아적인 무정부주의 분자들은 우리에게 더욱 큰 위협이 되어갈 것이다. 이들에 대한 투쟁은 단지 폭력을 통해서만 이루어질 수 있다. 만일 우리가 무정부주의자가 아니라면 우리는 국가의 필요성, 즉 자본주의에서 사회주의로의 이행을 위한 강제장치의 필요성을 인정해야만 한다. 그런 강제의 형태는 해당 국가의 혁명적 계급의 발전수준과 반동적인 전쟁 같은 특수한 상황, 그리고 부르주아나 소부르주아들의 저항 형태 등에 따라서 달라질 것이다. 그러므로 소비에트 민주주의, 즉 사회주의적 민주주의와 몇몇 개인에 의한 독재권력의 사용에는 아무런 원칙적인 모순도 존재하지 않는다.

독재나 모든 반대파들에 대한 권리의 박탈, 즉 모든 적대계급들에 대한 선거권이나 출판 결사의 자유의 박탈 등과 같은 것들이 모든 노동계급들의 이해에 가장 부합한 통치형태라는 생각에 대해서 농민들이 신뢰를 보내주는 동안에는 러시아의 프롤레타리아에게 아무런 위험도 있을 수 없다. 그런데 만일 도시노동자들이, 엄청난 다수를 이루고 있는 러시아 농민계층과 그들이 인정하는 독재체제와 갈등을 빚게 된다면 어떻게 되는 것일까?

그리고 만일 도시노동자들이 그들 자신의 독재를 무너뜨린다면 어떻게 되는 것일까? 한 당파에 의한 독재의 대안은 곧 그 당파의 멸망이다. 따라서 독재는 정권을 장악한 당파가 순수한 것이든 더러운 것이든 가리지 않고 모든 수단을 동원해서 스스로를 지키도록 몰아간다. 왜냐하면 그 체제의 붕괴는 그들 당파의 완전한 몰락을 의미하는 것이기 때문이다.

　민주주의의 경우는 사정이 완전히 다르다. 민주주의는 다수의 지배를 의미하면서 동시에 소수의 보호도 의미한다. 왜냐하면 그것은 모든 사람들에게 그가 어떤 당파나 어떤 계급에 속해 있든 상관없이 모든 정치적 권리에서 동일한 권리를 부여하고 동등한 참여를 보장하는 것을 의미하기 때문이다. 프롤레타리아는 어디서나 민주주의에 대해서 가장 큰 이해관계를 가지고 있다. 자신이 다수일 경우 민주주의는 그에게 지배 수단이 될 것이다. 그리고 자신이 소수일 경우 민주주의는 그가 지속적으로 싸워나가는 데, 그리고 자신을 발전시켜나갈 수 있는 양보를 얻어내는 데 가장 좋은 토대를 이룬다. 만일 소수파를 이루고 있는 프롤레타리아가 일시적인 정국을 이용해 다른 계급과 연대해서 정권을 잡은 경우 이런 정국을 영속화하기 위해서 민주주의의 폐기, 즉 소수파와 반대파의 권리를 폐기시킨다면 그것은 그야말로 가장 근시안적인 경솔한 정책이 될 것이다. 그것은 이런 일시적인 정국이 지나가고 나서 그가 다시 계속해야 할 작업, 즉 계속되어야 할 투쟁을 수행하는 데 그에게 허용될 수 있는 유일한 토대를 스스로 허무는 짓이다.

　러시아 프롤레타리아가 훈령을 통해서가 아니라 실제로 현실에서 달성해낸 성과가 제헌의회——소비에트와 마찬가지로 여러 가지 다양한 색깔을 띠고 있기는 해도 사회주의자들이 우세한 비중을 차지하고 있던——를 통해서 달성할 수 있었던 것보다 소비에트 공화국을 통해서 달성한 것이 더 많았을지는 의문스럽다. 그러나 만일 소비에트 공화국이 붕괴한다면 그와 함께 러시아 프롤레타리아가 이룩한 성과도 함께 붕괴할 위험이 있다는 것은 분명한 사실이다.

　만일 제헌의회가 민주주의를 확고히 정착시키는 데 성공했다면 그와 함께 산업프롤레타리아가 의회 내에서 그리고 의회를 통해서 얻어낼 수 있었던 모든 성과들도 확고하게 자리를 잡았을 것이다. 오늘날 러시아의 프롤레타리아가 혁명의 모든 성과를 잃지 않으리라는 우리의 기대도 사실은 독재가 러시아 민중들에게서 민주적 의식을 완전히 말살하지 못하고 따라서 내전의 온갖 시행착오를 겪은 이후에 프롤레타리아가 결국은 이런 민주적 의식에 도달하고 말리라는 것을 전제로 하는 것이다.

러시아 프롤레타리아의 미래는 독재가 아니라 민주주의에 걸려 있는 것이다.

새로운 이론

우리는 지금까지 독재라는 방법이 프롤레타리아에게 일반적인 이론의 관점에서나 특수한 러시아의 조건에서나 모두 좋은 성과를 약속해주지 않는다는 것을 살펴보았다. 그런데도 러시아에서 왜 그런 독재가 성립했는지는 바로 이러한 러시아의 특수한 조건을 통해서 파악할 수 있다.

차리즘에 대한 투쟁은 오랫동안 러시아라는 특수한 통치체제에 대항하는 투쟁이었다. 이 통치체제는 이미 사회적 관계에 기초해 있는 것이 아니었고 오로지 노골적인 폭력에 의존해서 겨우 지탱하고 있었으며 따라서 폭력을 통해서만 비로소 전복시킬 수 있는 체제였다. 이런 조건 때문에 러시아에서는 혁명가들에게서도 쉽게 폭력의 문화가 형성될 수 있었고 이런 문화는 단지 경제적인 관계에 근거해서가 아니라 그것을 뛰어넘는 특수한 상황에 근거해서도 쉽게 폭력을 행사할 수 있다는 생각을 만들어냈다. 게다가 차리즘에 대한 투쟁은 비밀리에 수행되었고, 그결과 성행하게 된 음모주의는 민주주의보다는 독재를 위한 관행과 풍습을 길러냈다.

물론 이들 요소는 절대주의에 대항하는 투쟁에서 또 다른 효과를 가져오기도 한다. 우리가 이미 보았듯이 이들 요소는 당장 눈앞의 목표와 관련된 사소한 일들로 가득 찬 민주주의와는 전혀 다르게 거시적인 관련들과 원대한 목표들을 일깨우고 그를 위한 이론적 관심을 불러일으킨다. 그런데 오늘날 이런 사회혁명 이론은 단 하나, 마르크스의 이론뿐이다.

그리하여 마르크스의 이론은 러시아 사회주의의 이론이 되었다. 그런데 이런 마르크스의 이론은 우리들의 의지나 능력이 물적 조건에 의해서 제약된다는 것을 가르쳐주고 있으며, 이런 물적 조건의 제약은 아무리 의지가 강하다 하더라도 뛰어넘을 수 없다는 것을 보여주고 있다. 이런 마르크스 이론의 교훈은 단지 폭력에만 의존하는 문화에 강력한 경종을 울렸고 또한 사회민주주의자들로 하여금 다가오는 혁명에서 자신들의 행동이 일정한 제약을 받을 것이며 이 혁명은 러시아의 경제적 낙후성 때문에 무엇보다도 부르주아 혁명이 될 수밖에 없으리라는 점에 의견의 일치를 보도록 만들어주었다.

그러다가 제2차 혁명이 발발했는데 그것은 사회주의자들 자신도 미처 예기치 못한 권력을 통째로 가져다주었다. 왜냐하면 이 혁명은 소유제도와 부르주아적 질서의 가장 확실한 버팀목인 군대의 완전한 해체를 가져왔기 때문이다. 또한 그 혁명은 이런 물리적 수단의 해체와 함께 이 질서의 도덕적 버팀목도 완전히 붕괴시켜버려서 교회도 지식인층도 모두 자신들이 가지고 있던 사회적인 신망을 지켜낼 수 없게 만들었다. 지배권은 국가의 가장 낮은 계급들, 즉 노동자와 농민들에게 돌아갔다. 그러나 농민들은 스스로 통치능력을 갖춘 계급이 아니었다. 그들은 어떤 대가를 치르더라도 상관없이 자신들에게 즉각적인 평화와 그들의 토지에 대한 갈망을 채워줄 수 있다고 약속하는 프롤레타리아 정당에게 기꺼이 몸을 내맡겼다. 그리고 그 프롤레타리아 정당은 프롤레타리아에게 평화와 함께 빵도 약속함으로써 프롤레타리아라는 무기도 한꺼번에 손아귀에 쥘 수 있었다.

볼셰비키 정당은 이렇게 해서 정치권력을 탈취할 수 있는 힘을 갖추게 되었다. 그렇다면 이제 결국 마르크스와 엥겔스가 사회주의의 도래를 위해서 필요하다고 생각한 전제 조건, 즉 프롤레타리아에 의한 정치권력의 상악이 이루어진 것이 아니었을까? 물론 경제이론에 입각해서 러시아의 사회적 조건에서 사회주의적 생산은 즉시 달성될 수 있는 것이 아니라는 얘기들이나 이런 이론적 견해에 힘을 실어주는 사실들을 지적하는 얘기들도 적지 않았다. 즉 새로운 체제는 프롤레타리아만의 단일한 지배체제가 아니라 프롤레타리아적 요소와 부르주아적 요소 사이의 연합지배 체제며 따라서 두 요소는 각기 상대편에게 각자의 영역을 양보해주어야 하는 체제라는 것이었다. 그래서 프롤레타리아는 농민들에게 토지를 양보하고, 농민들은 프롤레타리아에게 공장을 각기 양보했던 것이다.

그러나 어쨌든 사회주의 정당은 이 거대한 나라에서 지배적인 정당이 되었고 그것도 세계사에서 최초로 그렇게 되었다. 분명 그것은 놀라운 사건이고 아직도 투쟁을 계속하고 있는 프롤레타리아들에게는 영광스러운 사건이었다.

그런데 이제 이 사회주의 정당이 사회주의의 실현을 위한 것 외에 자신의 권력을 어디에 달리 사용할 곳이 있겠는가? 그 정당은 즉시 사회주의의 실현에 착수해야만 했고 그것을 가로막는 모든 장애물을 주저없이 단호하게 제거해나가야만 했다. 그런데 이때 이 새로운 체제는, 급속하게 얻은 자신의 높은 인기에도 불구하고 제국 전체에서 다수의 득표를 획득하지 못함으로써 민주주의와 갈등을 일으키게 되었고 그것은 민주주의에게는 매우 불행한 일이 되고 말았다. 즉 민주주의는 독재로 대체될 수밖에 없었고 이는 인민의 자유가 단 한 번도 실현된 적이 없었고 또한 그런 인민의 자유가 인민대중 속에 전혀 뿌리를 내리지 못하고 있는 러시아에서는 훨씬 더 그럴 가능성이 높았다. 그리하여 이제 사회주의를 실현하는 것은 독재의 과제가 되었다. 그리고 이런 사회주의의 실현을 통한 실물교수는, 러시아 내에서 아직 사회주의에 저항하는 분자들을 사회주의에 따르도록 전향시켜야 했을 뿐만 아니라 다른 나라의 프롤레타리아들에게도 자신을 본받도록 격려하고 혁명에 불을 붙여야만 했다.

이런 식의 생각은 분명 모든 프롤레타리아와 모든 사회주의자들에게 위대한 용기와 매혹적인 유인을 제공하는 것이 틀림없었다. 우리는 바로 그것을 위해서 반세기 동안이나 투쟁해왔으며 그것은 우리가 종종 매우 가까워졌다고 생각하는 순간 언제나 다시 우리에게서 멀어져 갔지만 그러나 결국은 언젠가 달성되고야 말 바로 그것이 아니었던가! 모든 나라의 프롤레타리아들이 볼셰비즘에 열광하는 것은 전혀 이상한 일이 아니었다. 프롤레타리아의 지배라는 구체적인 사실은 이론적인 얘기들에 비해 훨씬 더 설득력이 있는 것이었다. 그리고 승리감이란 것은 이웃의 사정에 대해서 속속들이 서로 잘 모르고 있을 때 더욱 널리 공유하게 되는 법이다. 단지 소수의 사람들만이 외국에 대해서 공부를 했으며 대다수의 사람들은 외국의 사정이 근본적으로 자기들과 똑같다고 생각하며 그나마 그렇게도 생각하지 않을 경우에는 외국에 대해서 제멋대로의 환상을 가지게 된다.

그리하여 세계 어디서나 제국주의는 똑같다는, 편하기 짝이 없는 생각이 만연하게 되었으며 또한 러시아 사회주의자들이 기대하듯이 서유럽의 국민들도 러시아 국민들과 마찬가지로 곧 정치적 혁명을 맞게 될 것이라는 기대와 사회주의를 위한 요소들이 서유럽과 마찬가지로 러시아에도 똑같이 주어져 있다는 생각이 곳곳에 퍼지게 되었던 것이다.

군대와 의회가 완전히 해산되고 나서 일어난 모든 일은 일단 일의 방향이 정해지고 난 이후 사태가 발전하면서 저절로 만들어낸 필연적인 결과에 지나지 않는 것이었다.

이 모든 것은 비록 만족할 만한 일은 아니지만 분명히 이해는 할 수 있는 일이다. 그러나 정작 이해하기 어려운 일은 우리의 볼셰비키 동지들이 자신들의 행동을 러시아의 고유한 상황 때문으로, 즉 그들에게 독재냐 실각이냐의 양자택일적인 선택 이외의 것을 허용하지 않는 특수한 사회적 관계의 압력 때문인 것으로 설명하려 하지 않았다는 점이다. 그들은 오히려 그들의 행동의 근거로서 새로운 이론을 만들어내어 그들의 행동에 일반적 타당성을 부여하려 했다.

볼셰비키 동지들의 특징 가운데 우리에게 크게 공감을 불러일으킬 것이 분명한 그들의 높은 이론적 관심에 대해서 한 번 살펴보기로 하자.

볼셰비키는 자신들에게 우호적인 프롤레타리아 계층을 마르크스주의에 대한 열렬한 지지자들로 만들어낸 마르크스주의자들이다. 그러나 그들의 독재는 어떤 나라의 국민들도 자연적인 발전단계들을 뛰어넘거나 그것을 법령으로 제거할 수도 없다는 마르크스의 가르침과 모순되는 것이었다. 그렇다면 이에 대한 마르크스주의적인 근거를 그들은 어디서 찾았을까?

바로 여기서 그들이 기억해낸 것이 곧 마르크스가 1875년 한 편지에서 사용했던 프롤레타리아 독재라는 말이었다. 물론 거기서 마르크스는 정치적 상태를 표현하기 위해서 그 말을 사용한 것이지, 통치형태를 표현하기 위해서 사용한 것이 아니었다. 그런데 이제 이 말은 즉각 바로 그런 통치형태, 즉 소비에트의 지배형태를 표현하는 말로 사용되었다.

그러나 마르크스는 이 말을, 일정한 상황에서는 프롤레타리아 독재가 될 수 있으며 이런 상황이 사회주의로의 이행에 불가피한 것이라고 표현한 적이 한 번도 없었다. 물론 그는 거의 동시에 영국이나 미국 같은 나라들에서는 사회주의로의 평화적 이행이 가능하며 이런 이행은 독재가 아니라 단지 민주주의의 토대 위에서만 이루어질 수 있을 것이라고 설명함으로써 결국 자신이 말한 독재가 민주주의의 폐기를 의미하는 것이 아니라는 것을 스스로 확인해주었다.

그러나 독재를 주장하는 사람들은 이런 마르크스의 말에 전혀 흔들리지 않았다. 그들은 마르크스가 일단 프롤레타리아 독재가 불가피하다고 말했기 때문에 소비에트 헌법과 소비에트에 대항하는 적들의 법적 권리를 박탈하는 것이 모두 마르크스가 프롤레타리아의 본질에 상응해 그들의 지배권을 위해서 불가피하게 필요한 통치형태라고 인식했던 바로 그것이라고 천명했다. 그리하여 프롤레타리아 독재 자체는 프롤레타리아의 지배 자체와 마찬가지로 사회주의가 모든 사회에서 전반적으로 실현되고 그럼으로써 모든 계급간의 차별이 소멸할 때까지 지속되어야 하는 것으로 되었다. 그리하여 이제 독재는 안정된 시기가 다가오면 금방 민주주의에게 자리를 물려주어야 하는 일시적인 응급수단이 아니라 우리가 오랜 기간 계속 유지해야만 하는 상태인 것처럼 보이게 된다.

『사회주의 혁명 테제』 제9조와 제10조는 이에 대해서 다음과 같이 말하고 있다.

제9조. 지금까지 사람들은 프롤레타리아 독재의 형태에 대해서 연구하지 않은 채로 프롤레타리아 독재의 필요성에 대해서 배워왔다. 러시아 사회주의 혁명은 이 형태를 찾아냈다.——그것은 소비에트 공화국의 형태, 프롤레타리아와 (러시아의) 가난한 농민계층에 의한 지속적인 독재의 형태다. 여기서는 다음 사항을 지적해두는 것이 중요하다. 즉 여기서 말하는 독재란 좁은 의미에서의 일시적인 현상을 의미하는 것이 아니라 전체 역사적 기간에 지속되는 국가형태를 의미한다. 여기서 말하는 것은 새로운 국가형태를 조직하는 것을 의미하며 부르주아에 대항하는 몇몇 특수한 수단들과 혼돈해서는 안 되는 것이다. 그런 수단들이란 특정한 국가조직이 원대한 과제와 투쟁을 수행하기 위해서 필요한 기능들일 뿐이기 때문이다.

제10조. 즉 프롤레타리아 독재라는 말의 의미는 이른바 부르주아에 대항하는 항구적인 전쟁상태 속에 존재한다. 그러므로 공산주의자들의 '폭력행위'에 대해서 떠들어대는 모든 얘기들은 진정한 독재가 무엇을 의미하는지 완전히 잊고 있는 것이다. 혁명 그 자체는 '노골적인 폭력'의 행위다. 독재라는 말은 어디서나 폭력적인 체제를 의미한다. 여기서 중요한 것은 폭력의 계급적 내용이다. 바로 그점에 혁명적 폭력에 대한 역사적 정당성이 주어진다. 그래서 혁명의 상황이 어려우면 어려울수록 그만큼 독재도 더욱 첨예한 것이 될 수밖에 없다는 것은 전적으로 분명한 사실이다.

그러나 그럼으로써 독재라는 통치형태는 단지 지속적인 것으로 되어야 할 뿐만 아니라 다른 모든 나라들에도 도입되어야 하는 일반적인 것이 되어버린다. 그래서 러시아에서 겨우 획득된 일반적 자유가 이제 다시 철폐되어버린다면 다른 모든 나라들에서도 프롤레타리아의 승리가 획득되고 나면 똑같이 바로 그런 일반적 자유의 철폐가 이루어져야 하는 것으로 된다. 이것은 설사 그런 나라들에서 인민의 자유가 이미 깊게 뿌리를 내려서 한 세기 이상이나 지속되어왔고 또한 그런 자유를 인민들이 거듭된 유혈혁명을 통해서 줄기차게 요구해 겨우 얻어낸 나라들에서도 그렇게 되어야 한다는 것이다. 그것은 모든 핵심적인 문제에 대해서 새로운 이론을 주장하고 있는 것이다. 그런데 더욱 이상한 것은 이 새로운 이론이 아직도 과거 차리즘의 압제를 기억하고 이제 그 압제로부터 완전히 벗어나게 된 것을 기뻐하는——마치 장인으로 승진한 도제가 과거에 자신이 자신의 선배에게서 물려받았던 것처럼 자신의 뒤를 잇는 도제들에게 자신의 채찍을 물려주게 된 것을 기뻐하는 것처럼—— 러시아의 노동자들에게만 지지를 받고 있는 것이 아니라는 점이다. 즉 이 새로운 이론은 스위스에서와 같이 과거의 민주주의자들에게도 지지를 받고 있는 것이다. 그러나 이보다 더 이상하고 이해가 가지 않는 것이 또 있다.

완전한 민주주의는 아직 어디서도 이루어지지 않고 있으며 그래서 우리는 도처에서 단지 변화와 개선을 요구할 수 있을 뿐이다. 스위스에서도 인민입법과 비례대표제 그리고 여성선거권의 확대를 위한 투쟁이 아직 이루어지고 있다. 미국에서는 당장 권력과 대법관 선출방법에 대한 제한이 요구되고 있다. 관료주의적이고 군국주의적인 거대국가들에서 우리가 민주주의를 위해서 요구해야 하고 프롤레타리아의 이해를 관철시키기 위해서 제기해야 하는 민주적 요구들은 아직도 많이 남아 있는 것이다. 그런데 이런 투쟁의 한가운데서 가장 급진적인 투쟁가들은 적들에게 이렇게 소리치고 있다.

우리가 소수파와 반대파들의 보호를 위해서 요구하는 사항들은 단지 우리 자신이 소수파이고 반대파일 때만 그렇게 되기를 원하는 것들이다. 일단 우리가 다수파가 되어서 통치권력을 장악하고 나면 우리가 제일 먼저 하게 될 행동은 지금까지 우리 자신을 위해서 요구해오던 것들, 즉 선거권, 언론의 자유, 결사의 자유 등을 당신들에게는 금지하는 것이 될 것이다.

여기에 대해서 『사회주의 혁명 테제』는 숨김 없이 다음과 같이 말하고 있다.

제17조. 민주공화국과 일반적 자유에 대한 지금까지의 요구는 이미 흘러가버린 시기, 즉 세력을 축적하고 준비하는 시기에는 옳은 것이었다. 부르주아 신문들이 노동자들에게 해로운 시기에 노동자들은 자신들의 신문을 필요로 했다. 그렇지만 이 시기에 노동자들은 자신들에게 해로운 부르주아 신문을 없애라고 요구할 수는 없었다. 그래서 프롤레타리아는 일반적 자유를 요구했으며 심지어 반동적인 집회나 지하노동자조직에 대한 자유까지도 함께 요구했다.

제18조. 이제 자본에 대한 직접적 공격, 제국주의적인 수탈국가의 타도와 궤멸, 그리고 부르주아에 대한 직접적 억압의 시기가 도래했다. 그러므로 지금과 같은 시기에는 일반적 자유에 대한 원칙적인 옹호가 단지 불필요한 것일 뿐만 아니라 곧바로 해로운 것으로도 작용하게 된다.

제19조. 이것은 지도적인 반체제 조직들과 언론들에도 해당한다. 반체제 조직들은 가장 적극적인 반혁명분자들이라는 것이 드러났는데 이들은 심지어 프롤레타리아 정부에게 무기를 발사하기도 했다. 과거의 관리들과 타도된 금융자본의 돈주머니에서 후원을 얻어서 이들 조직은 갖가지 반역활동에서 가장 활동적인 조직으로 드러났다. 이들은 프롤레타리아 독재를 불구대천의 원수로 삼고 있다. 따라서 이들은 거기에 맞게 취급되어야 한다.

제20조. 그러나 노동사세급과 가난한 농민계층의 경우 이들은 완진한 자유를 갖는다.

이들은 정말로 완전한 자유를 가지는가?

프롤레타리아나 사회주의자라 할지라도 이들이 '반체제주의자들'일 경우 이들은 반대파를 형성하고 따라서 부르주아 반대파들과 마찬가지로 이들도 법적 권리를 박탈당하게 된다. 그러나 만일 부르주아 정부가 그들의 반대파들에게 이와 마찬가지의 짓거리를 하려고 한다면 우리는 여기에 분노를 퍼붓고 온힘을 다해서 거기에 반대하는 투쟁을 전개해야 하는 것이 아닌가?

우리는 틀림없이 그렇게 해야 할 것이다. 그러나 만일 이때 부르주아 정부가 방금 위의 테제에서 얘기한 사회주의자들의 얘기를 인용하면서 자신들의 행동이 거기에 따른 행동이라고 주장한다면 이들에 반대하는 우리들의 투쟁은 단지 웃음거리가 되고 말 것이다.

우리는 자유주의자들에게 그들이 정권을 장악한 후에는 야당으로 머물러 있을 때와는 달리 지금까지 주장해오던 모든 민주적 요구들을 포기해버린다고 얼마나 자주 비난해왔던가. 자유주의자들은 일단 정권을 장악하고 나면 그런 요구들을 형식적으로라도 다시는 입밖에 올리지 않는 교활함을 보인다. 즉 그들은 다음과 같은 원칙 아래서 행동하고 있는 것이다. 무엇인가를 행동하는 사람은 그것을 말로 하지 않는다는 것이 바로 그것이다.

테제를 작성한 사람들은 의심할 나위 없이 솔직한 사람들이다. 그들이 교활한지 아닌지에 대해서는 의심할 필요가 없다. 그러나 자신들이 오늘의 투쟁 목표로 삼고 있는 민주주의를 일단 승리를 얻고 나서는 곧바로 포기해버릴 것이라고 공개적으로 선언하고 있는 독일 사회민주주의자들의 교활함에 대해서 우리는 어떻게 생각해야 하는 것일까. 그런 교활함은 그들이 자신들의 민주적 원칙들을 그들의 처지가 반대로 되면 정반대로 돌려버린다는 것, 또는 그들이 아무런 민주적 원칙들을 가지고 있지 않다는 것, 즉 민주주의란 것이 그들에게는 단지 정치권력을 획득하기 위해서 필요한 사다리에 지나지 않고 일단 그들이 그 목표에 도달하고 나면 더 이상 필요하지 않은 것으로 내팽개쳐버리는 그런 사다리로 간주된다는 것, 즉 단적으로 말해서 그들이 혁명적 기회주의자들이라는 것을 공개적으로 선언하고 있는 것을 의미한다.

러시아 혁명가들에게도 만일 그들이 독재라는 방법을 사용한 것이 단지 권력을 유지하기 위한 것이라면, 즉 그것이 위험에 빠진 민주주의를 구출하기 위한 것이 아니라 오히려 민주주의에게서 자신들을 지켜내기 위한 것이라면 그것은 근시안적인 임시방편의 정책에 지나지 않는다. 그러나 차라리 그것은 이해가 가는 일이다.

반면에 이해할 수 없는 것은 아직 권력을 장악하지도 못하고 오히려 최근에는 취약한 반대파의 지위에 머물러 있는 독일 사회민주주의자들이 이 이론을 취하고 있다는 점이다. 즉 독일 사회민주주의자들은 독재의 방법과 광범위한 대중에게서 권리를 박탈하는 방법을, 우리가 일반적으로 판단할 수 있는 어떤 것으로 보는 것이 아니라, 즉 러시아에서와 같은 예외적인 사회적 관계가 빚어낸 산물로 파악될 수 있는 것으로 간주하는 것이 아니라 오히려 그런 방법들을 독일 사회민주주의에서도 도입하도록 시도해볼 만한 하나의 상태로 평가하려고 하는 것이다.

이런 주장은 전적으로 틀린 것일 뿐만 아니라 극히 유해한 것으로서 만일 그것들이 일반적으로 받아들여진다면 우리 당의 선전능력은 완전히 마비될 것이 틀림없다. 왜냐하면 소수의 분파주의적 광신자들 일부를 제외하고는 독일 전체는 물론 국제적인 프롤레타리아들 전체까지도 모두 일반적 민주주의의 원칙을 신봉하고 있기 때문이다. 새로운 특권계급과 새롭게 권리를 박탈당한 계급이 형성되면서 새로운 지배체제가 시작된다는 생각은 어떤 것이든 모두 이들의 분노를 불러일으키게 될 것이다. 그와 같은 모든 생각은 전체 인민들의 일반적 권리에 대한 요구에 대해 눈에 보이지 않는 애매한 단서조항을 붙여서 사실상 자신들의 배타적인 특권만을 추구하려는 것을 의미하게 될 것이다. 그리고 그것은 민주주의에 대한 자신들의 요구가 단지 하나의 거짓말에 지나지 않는다는 것을 이미 스스로 고백하는 것이나 다름없는 희극이 되고 말 것이다.

러시아에서 통치형태로서의 독재는 과거 바쿠닌(Mikhail Aleksand-rovich Bakunin, 1814~76)[40]의 무정부주의와 마찬가지로 충분히 이해가 가능한 것이다. 그러나 그것을 이해할 수 있다는 것이 그것을 인정한다는 것은 아니며 우리는 이들 모두를 결단코 거부해야만 한다. 독재는 한 나라에서 인민의 다수와 대립하면서 권력을 장악하고 이 권력을 계속 유지하려고 하는 사회주의 정당의 수단으로서 입증된 것이 아니라 단지 그 정당이 자신의 힘에 부치는 과제를 해결하기 위해서 온갖 노력을 다 기울이는 과정에서 제기되는 수단일 뿐이라는 것이 입증되었다. 이 과정에서 그 정당이 할 수 있는 일이란 단지 사회주의 자체의 이념을 너무도 쉽게 훼손하는 것은 물론 사회주의의 진보를 촉진하기보다는 오히려 그것을 가로막는 일뿐이라는 것이 그대로 드러났다.

다행히 독재의 실패가 곧바로 혁명의 붕괴를 의미하지는 않는 것이 분명하다. 그러나 그것은 볼셰비키 독재가 단지 부르주아 독재를 향한 발판으로 기능할 경우에만 그러할 것이다. 혁명의 본질적인 성과는 독재가 민주주의에 의해 제때에 대체될 수 있을 때에만 비로소 거두어질 것이다.

---

40) 러시아의 혁명가로서 무정부주의를 신봉했다. 트베리의 부유한 귀족 출신으로 상트페테르부르크 포병학교를 졸업한 후 군인이 되었으나, 1834년 군대에서 나와 모스크바로 갔다. 여기서 스탄케비치 서클(19세기 초에 만들어진 모스크바의 문예서클)에 가입해 독일철학(특히 헤겔)을 공부했다. 1840년에 유럽으로 나와 점차 혁명적인 범슬라브주의와 무정부주의로 기울어졌다. 1848년 프라하 봉기, 1849년 드레스덴 봉기, 1863년 폴란드의 무장봉기에 참가했으며 1868년 스위스로 이주해서 사회민주동맹을 설립했고, 제1인터내셔널에서는 마르크스와 대립했다.

테러리즘과 공산주의
: 혁명의 자연사에 관한 고찰

서문

이 저작은 거의 1년 전에 시작되었지만 11월 9일의 혁명 때문에 잠시 중단되었던 것이다. 11월혁명은 당장 나에게 이론적·역사적 연구와는 다른 여러 가지 과제들을 제기했기 때문이다. 몇 달이 지나고 나서야 비로소 나는 이 작업에 복귀할 수 있었고 이후에도 여러 번 다시 작업을 중단하는 일이 반복되긴 했지만 결국 이 저작을 완성하게 되었다.

작업을 여러 번 반복해서 중단했던 탓으로 이 저작은 서술에서 통일성을 유지하는 데에 큰 어려움을 겪었다. 더욱이 연구과정에서 주제가 약간 방향을 바꾸는 바람에 그 어려움은 더욱 가중되었다. 원래 내가 처음 출발한 문제의식은 현재의 사회주의에서 가장 핵심적인 문제, 즉 볼셰비즘의 방법에 대한 사회민주주의의 견해에 관련된 것이었다. 이를 위해서 나는 코뮌과 소비에트 공화국을 비교해보기로 작정했는데 이는 두 가지 이유에서였다. 하나는 볼셰비즘이 1871년의 파리코뮌을 자신의 선구자이자 자신이 지향할 모델로 삼고 있으며 그것이 이미 마르크스의 승인을 얻은 것이라고 주장하고 있기 때문이며 다른 하나는 오늘날의 세대가 코뮌에 대해서 별로 잘 알지 못하기 때문이었다.

코뮌을 설명하기 위해서 나는 제1차 파리코뮌으로 거슬러 올라가야 했으며 이를 위해서 다시 프랑스혁명과 혁명정부의 공포정치 체제로 거슬러 올라가야만 했다. 그래서 이것들과 소비에트 공화국을 다시 제각

각 비교해야 했으며 코뮌의 연구에는 테러리즘에 대한 연구, 즉 테러리즘의 기원과 그 성과들에 대한 연구도 추가해야 했다.

그래서 이 저작에서는 두 가지의 주제가 서로 얽혀 있어서 하나의 주제를 다루다가 다른 주제로 흘러 들어가버리는 일이 종종 나타나고 있다. 나는 이런 부분이 주제를 흐트러뜨리는 것이라는 느낌이 들어서 이 작업을 두 개로 쪼개는 것, 즉 하나는 코뮌에 대한 서술로, 다른 하나는 테러리즘에 대한 설명으로 따로따로 나누어버리는 것이 어떨지에 대해서도 생각해보았다. 그러나 원래 내 문제의식의 출발점과 관련해서 본다면 소비에트 공화국은 이들 두 가지 현상 모두와 밀접한 관계를 맺고 있으며 내가 보기에 이 둘을 분리시켜서 다루는 것은 거의 불가능해 보였다. 그래서 나는 주제의 이런 이중적 성격 때문에 어렵겠지만 내가 주제의 통일성을 이룩할 수 있기를 희망한다.

내가 서술하는 부분들 가운데 많은 부분들을 독자들은 지나치게 학술적이라고 느끼겠지만 그것들은 모두 그러한 야만의 시기에는 반드시 그럴 수밖에 없는 극도의 현실성을 반영하는 것들이다. 물론 내가 현재의 필요에 따라 진실을 적당히 가공했다고 얘기해서는 안 된다. 즉 내가 이 글 전체에서, 특히 아주 먼 과거의 일을 얘기할 때도, 현재 우리 주변을 감싸고 있는 혼란에 빛을 던져줄 수 있는 측면만을 부각시켜 서술했다고 얘기해서는 안 된다.

러시아와 독일에서 빚어지고 있는 혼란만 당장 살펴보면 그것들에게서 얻어지는 현재의 상태에 대한 조망과 앞으로의 전망은 매우 어두워보인다. 즉 거기서는 경제적으로 황폐한 상태와 형제들간의 끔찍한 살인이 자행되고 있으며 두 곳 모두에서 정권을 장악한 사회주의자들이 자신들에 반대하는 다른 사회주의자들에 대하여 저지르고 있는 끔찍한 만행은 반세기 전에 전 세계의 모든 프롤레타리아들이 분노를 퍼부었던 베르사유의 코뮌 학살자들이 저질렀던 그 만행과 전혀 다를 바가 없다.

그러나 우리가 눈을 인터내셔널[1]로 돌려보면 전망은 한층 밝아진다.

서유럽의 노동자들은 우리가 동쪽에서 지금까지 이룩했던 것보다 훨씬 더 수준 높은 방법으로 더 많은 실질적인 성과들을 이루어놓았기 때문이다.

그렇지만 그들이 지금까지 이룩해놓은 성과들을 더욱 높게 쌓아나가고 그것을 위해서 투쟁해나갈 수 있는 좀더 다양한 방법들을 인식하기 위해서는 우리들에게서 교훈을 얻을 필요가 있다.

기존의 혁명 방법에 대해서 맹목적으로 찬사를 보내는 것이 아니라 그것을 엄격하게 비판하는 것은 바로 지금과 같은 시기, 즉 혁명과 사회주의 정당들이 그들 내부에서 다양한 방법들을 놓고 서로 그 유효성에 대해서 치열한 싸움을 벌임으로써 심각한 위기를 겪고 있는 시기에는 매우 절박하게 필요하다. 혁명의 성공은 적어도 그것이 프롤레타리아 내부에서 올바른 방법으로 인정받느냐의 여부와는 상관이 없다.

우리의 방법을 검토하는 것, 그것이 오늘날 우리에게 주어진 가장 중요한 의무다. 이런 검토 작업에 도움을 주고 그럼으로써 혁명을 촉진하려는 것이 바로 이 저작의 과제다.

샤를 로텐부르크, 1919년 6월

카를 카우츠키

혁명과 테러리즘

전쟁 전까지만 해도 사회민주주의 진영 전반에 걸쳐서 서유럽은 물론 독일과 오스트리아에서도 혁명은 끝났다고 생각하는 의견이 지배적이었다. 그렇지 않다고 생각하는 사람들은 낭만적 혁명주의자로 조롱을 받기 십상이었다.

그런데 이제 우리는 혁명을 이루었고 우리들 가운데 어떤 낭만적인 혁

---

1) 사회주의 인터내셔널.

명주의자들도 상상하지 못했던 혁명의 야만적인 형태들을 보게 되었다.

사형제도의 폐지는 모든 사회민주주의자들이 당연하게 요구하던 사항이었다.

그러나 혁명은 우리에게 사회주의 정부가 자행하는 유혈의 테러리즘을 가져다주었다. 러시아의 볼셰비키가 여기에 앞장을 섰으며 바로 그 점 때문에 그들은 볼셰비키의 편에 서 있지 않은 모든 사회주의자들, 특히 독일의 다수파 사회주의자들[2]에게서도 격렬하게 비난을 받았다. 그러나 이들 독일의 다수파 사회주의자들은 자신들이 바로 그렇게 비난했던 동부[3]의 공포정치 체제[4]가 사용하던 것과 똑같은 수단을 아무런 거리낌 없이 사용해서 권력을 잡았다. 노스케(Gustav Noske, 1868~1946)[5]는 영리하게 트로츠키의 뒤를 그대로 좇았는데 단지 그는 스스로 자신의 독재를 프롤레타리아 독재라고 간주하지는 않았다는 점에서 트로츠키와 차이를 보였다. 그렇지만 이들 둘은 모두 자신들의 유혈작업을 혁명의 권리로 정당화하고 있다.

사실 테러리즘이 혁명의 본질에 속하며 혁명을 원하는 사람은 누구나 테러리즘과 타협해야 한다는 생각은 광범위하게 퍼져 있다. 그에 대한 증거로는 언제나 프랑스대혁명이 언급되곤 한다. 프랑스대혁명이야말로 최고의 혁명으로 간주되기 때문이다.

따라서 테러리즘과 테러리즘의 조건이나 성과에 대한 연구는 상퀼로

---

2) 다수사민당(MSPD)을 가리키는 것으로 보인다. 다수사민당은 1914년 제1차 세계대전을 일으키기 위한 독일정부의 전시예산안을 승인한 사민당 다수파를 가리킨다. 카우츠키는 이들에 반대해서 사민당을 탈당했고 이들 탈당파들은 독립사민당(USPD)을 건설했다.

3) 볼셰비키의 러시아.

4) 볼셰비키 체제.

5) 노동자의 아들로 태어나 15세 때 사회민주당에 입당했다. 1906년 국회의원이 되었으며 제1차 세계대전 중 열렬한 전쟁지지파였으며 1918년 11월 킬에서 독일혁명이 일어났을 때는 그곳으로 직행해서 급진파를 누르고 치안을 회복했다. 1919년 혁명정부에서 국방장관을 지냈으며 1919년 3월 총파업 때 노동자들을 학살하는 반동적인 주역을 담당했다.

트(Sansculotte)[6]의 공포정치 체제를 파악하는 것에서 시작하는 것이 가장 적절하다. 그래서 우리는 이곳에서부터 우리의 논의를 시작하려고 한다. 이것은 물론 시간적으로 현재로부터 훨씬 과거로 거슬러 올라가는 것이지만 내용적으로는 현재를 좀더 잘 이해하게 해줄 것이다. 프랑스대혁명과 오늘의 혁명, 특히 러시아의 혁명이 얼마나 많은 점에서 서로 일치하고 있는지를 알게 되면 그것은 정말 놀라운 일이 될 것이다.

그러나 그럼에도 우리 시대의 혁명은 18세기의 혁명과는 근본적으로 다르다. 이런 차이는 이미 오늘날의 프롤레타리아, 산업, 교통수단 등과 18세기 당시의 그것들과 비교해보기만 해도 금방 알 수 있다.

파리

현재의 독일혁명은 중심지가 없지만 프랑스혁명은 파리가 중심지였다. 프랑스혁명과 그 혁명과정에서 세워진 공포정치 체제는 파리가 프랑스에서 차지하고 있는 경제적·정치적 중요성을 살펴보지 않고는 결코 이해할 수 없다. 18세기는 물론 19세기에 들어서서도 파리만큼 권력을 행사한 도시는 어디에도 없었다. 그것은 발전된 산업자본주의에서 보통 교통수단의 발달로 인해서 나타나는 경제적 분권화가 아직 이루어지지 않고 있는 상태에서 근대적이고 관료제적·중앙집권적 국가의 수도, 즉 행정의 중심지가 갖는 중요성과 관련이 있다.

봉건국가에서는 그 중심지나 군주가 행사할 수 있는 권한이 매우 작았으며 그 기능도 포괄적이지 않았고 따라서 그것의 행정기구도 작았다. 이런 행정기구는 한 도시나 성(城, Burg)에서 다른 도시나 성으로

---

6) 중세 프랑스에서 귀족의 상징인 반바지(Culottes)를 입지 않은 사람이란 뜻으로서 평민을 가리키는 말로 사용되었다. 프랑스혁명 시기 혁명세력의 주력이었으며 이후 산악파(山岳派)의 지주로서 혁명의 추진력이 되었다. 정치적 노선에서 자코뱅 좌파, 에베르파·앙라제(과격파) 등을 추종했으며 공포정치의 전위적 역할을 담당했다.

매우 자주 옮겨졌는데, 교통수단이 아직 덜 발달했을수록, 그리고 군주의 신하들을 오랜 기간 부양할 수 있을 만큼 물자를 충분히 갖춘 지방들의 숫자가 적을수록 군주로서는 더욱 자주 그렇게 하지 않을 수 없었다. 또한 군주는 자신의 영토의 각 지방들에 자신이 직접 자주 나타날 필요 때문에도 그렇게 해야만 했는데 이는 그렇게 함으로써만 자신의 신하들에게서 신뢰와 복종을 유지할 수 있었기 때문이다. 그래서 그런 시절에 군주의 직영사업은 대개 지속적으로 유랑하는 형태로 운영되었다. 마치 유목민들과 마찬가지로 군주는 기름진 목초지를 찾아서 옮겨갔다가 그곳의 풀을 다 뜯어먹고 나면 다시 다른 곳을 찾아나섰던 것이다.

그러나 시간이 지나감에 따라서 행정기구는 점차로 커져갔는데 이는 특히 상품생산이 증가해감에 따라서 그렇게 되어갔다. 상품생산은 화폐경제를 등장시켰고 그와 함께 운반이 어려운 현물형태의 공물은 운반이 손쉬운 화폐형태로 납부되는 조세로 바뀌어갔다. 조세수입의 증가와 함께 군주의 권력도 커갔으며 군주의 행정기구도 관료제와 상비군의 형태로 점차 커져갔다. 군주는 이제 더 이상 유랑할 필요가 없었다. 그는 이제 한곳에 자리를 잡고 움직이지 않아야만 했다. 지금까지 제국의 중심에 있어서 상업의 중심지로서 소규모의 농촌도시들보다 더 부유하던 여러 대도시들은 군주가 자신의 영토를 유랑할 때 자신의 거처로 애용하던 주요 도시들이었는데 이제 이들 대도시 가운데 하나가 행정부가 상주하는 장소로, 즉 수도(Residenz)가 되었다. 이 도시에는 행정부와 관련된 모든 것들이 집결되었고 제국 전체의 조세가 이곳으로 흘러들어와 모였으며 단지 그 가운데 일부만이 다시 제국으로 흘러나갔다. 또한 이 도시에는 행정부와 궁전에 사용되는 물품을 납품하는 업자들은 물론 조세청부업자[7]나 은행가와 같이 정부와 금융거래를 하는 금융업자들도 모두 함께 자리를 잡고 앉았다.

이와 함께 군주의 권력은 귀족을 압도하게 되어 귀족들은 자립성을

[7) 세금을 정부 대신 거두어서 정부에 납부해주고 자신이 징수해주는 조세액에 따라 일정한 수수료를 받는 업자를 가리킨다.

점차 잃어갔다. 군주는 대귀족이 자신에게서 멀리 떨어진 그의 성에 머무는 것을 더 이상 용납하지 않으려 했다. 귀족들은 군주에게서 신체적인 감시를 받으며 군주의 궁전에 머물면서 군주에 대한 봉사만을, 즉 아무 내용도 없고 쓸모도 없는 궁전업무만을 수행해야 했다. 지방자치단체를 운영하는 데 귀족들이 행사하던 자립적인 기능들은 그에게서 탈취되어 군주가 임명하고 급료를 지불하는 관료들에게로 이전되었다. 귀족들은 이제 점차 자신들의 지방영지들에서 획득되는 수입을 군주의 궁전에서 소비하는 임무만 갖는 지위로 밀려났다. 과거에 귀족들이 자신의 농노들 속에서, 그리고 자신의 성과 거처에서 소비하던 것들이 이제는 모두 수도로 흘러들어 왔으며 그것은 수도의 부를 증가시켰다. 수도에서 그들은 군주의 성 옆에 자신들의 집을 짓고 자신의 수입을 단순한 향락생활을 위해서 모두 소비했는데 왜냐하면 그들에게는 이제 제대로 된 업무가 하나도 남아 있지 않았기 때문이다. 그리고 그들과 함께 등장한 자본주의적 벼락부자들이 그들 옆에서 그들과 함께 향락과 사치를 겨루게 되었다.

그리하여 수도는 평범한 농촌과 농촌도시들, 즉 '지방'(Provinz)과는 달리 모든 농촌의 부가 모이는 중심지가 되었을 뿐 아니라 또한 향락생활의 중심지로도 되었다. 따라서 수도는 농촌에 있는 모든 사람들과 심지어 외국에 있는 많은 사람들도 강력하게 끌어들이는 힘을 발휘하게 되었고, 향락을 제공하는 수단을 가지고 이런 향락의 제공을 통해서 향락을 추구하는 사람들을 수탈하는 경향과 또 그런 능력을 함께 가지게 되었다.

그러나 수도에는 좀더 진지한 요소들도 함께 갖추어졌다. 즉 과거 농촌에서는 자신의 성에 머무는 귀족들이 시간을 보내는 방법이란 게 겨우 제멋대로 먹고, 마시고, 사냥 다니고, 주변의 부녀자들이나 괴롭히는 그런 조악한 방법밖에 없었지만 이제 도시에서는 훨씬 세련된 기강과 오락이 만들어졌던 것이다. 귀족들은 예술에 관심을 갖게 되었고 학문을 애호하는 것이 하나의 유행이 되었다. 그 결과 예술가들과 학자들은 최고의 대우를 받고자 수도로 몰려들었다. 수도에서 부르주아들이 점차 힘을 키워나감에 따라 작가와 예술가들은 귀족 외에 이들에게서도 자신들의 작품을 판매할 시장을 발견하게 되었다.

무수히 많은 산업자본가들과 상업자본가들이 이런 모든 요소들에 대한 욕망에 이끌렸던 것은 분명한 사실이다. 사람들은 수도 외에는 어디서도 즐거움을 만들 수 있으리라는 기대를 가질 수 없었다. 수도에는 나라 전체에서 정신과 자신감, 그리고 에너지를 가진 모든 사람들이 밀려들었다.

그러나 이들 모두가 자신의 목표를 달성하는 것은 아니었다. 많은 사람들이 목표달성에 실패했고 이들은 수도의 또 하나의 커다란 특징을 이루었는데 이들이 곧 룸펜프롤레타리아 대중이다. 이들은 수도 안에서 자신의 영달을 추구했는데 왜냐하면 그곳이야말로 그들이 빌붙어 있기에 가장 좋은 곳이었으며, 또한 그들이 팔자를 고칠 수 있는 기회——이것을 악착같이 붙잡아야만 그들은 영달을 꾀할 수 있었으며 그것은 바로 리코(Riccaut de la Marlinière)[8]가 잡았던 행운과 마찬가지로 어쩌다가 한 번씩 찾아오는 것으로서 자신의 처지를 완전히 바꿀 수 있는 그런 것이었다——를 최대한 기대할 수 있는 곳이라고 생각했기 때문이다.

예술과 학문뿐만 아니라 자유분방한 향락생활이 찢어지는 가난과 무수한 범죄자들과 함께 모두 수도의 특징을 이루었다.

수도의 사회적 특성은 거기에 사는 주민들의 정신세계를 지배하는 정신의 특성과 그대로 일치했다. 그러나 이런 정신은 모든 수도마다 똑같지 않았다. 여기서도 양은 질로 전환하는 것이었다.

작은 나라나 경제적으로 낙후된 지방의 경우 수도는 소도시였으며 이런 곳에서는 우리가 방금 지적했던 그런 특징들이 극히 일부분만 나타났다. 그런 곳에서는 궁성에 대한 주민들의 의존성이 뚜렷하게 드러났

---

8) 독일의 유명한 극작가인 레싱(Gotthold Ephraim Lessing, 1729~81)의 희극 『민나 폰 반헬름』(*Minna von Barnhelm*), 제3장 제2막에 나오는 등장인물.

는데 이런 의존성은 단지 경제적·정치적인 면에서뿐만 아니라 정신적인 면에서도 그러했다. 군주를 모시는 신하들의 생각은 약간 더 조악하고 서툴고 부족한 형태로 시민들의 생각이 되었다. 그리고 이것은 다시 수도에서 흘러나오는 빛의 형태로 농촌주민들에게 전파되었던 것이다.

따라서 소공국들로 이루어진 독일에서는 이런 군주와 신하 사이의 위계적인 의식이 강력하게 자리를 잡았다. 그것은 바로 부르주아 민주주의의 전성기에 선구자들이 그렇게 지워버리려고 노력했던 바로 그 의식이다. 바로 이런 의식 때문에 뵈르네(Ludwig Börne, 1786~1837)[9]는 절망적으로 이렇게 외쳤던 것이다. 즉 다른 나라에서 노예들에게나 하는 짓거리를 독일에서는 신하나 하인들에게 하고 있다는 것이다. 이런 의식을 하이네(Heinrich Heine, 1797~1856)[10]는 다음과 같이 풍자적으로 노래했다.

　　독일이여, 천진난만한 어린이들이 모여 있는 놀이방이여
　　그곳은 로마의 살인자들이 숨을 곳이 전혀 아니라네

한편 대규모의 수도에서는 이와 전혀 다른 정신세계가 형성되었다. 도시의 규모가 클수록 궁성의 사람들이 다른 사람들, 즉 그 도시에서 자신들의 팔자를 고쳐보려는 사람들에게 미칠 수 있는 영향력이나 그 범위는 그만큼 줄어들었다. 이 수도에서 좌절하고 불만을 갖게 된 사람들

---

9) 자유주의적 혁명사상을 신봉하던 독일의 평론가. 청년독일파의 한 사람으로 손꼽힌다. 프랑크푸르트의 부유한 유대인 아들로 출생. 처음에는 의학을 배우다가 나중에 법률을 배우고 경찰서기가 되었다. 그러나 인종차별로 일자리를 잃자 평론가로 전환했다. 1830년 7월혁명의 소식을 듣고 즉각 파리에 갔으며, 거기서 망명 생활을 하다가 일생을 마쳤다.

10) 뒤셀도르프의 가난한 유대인 상인 집안에서 출생. 법학을 전공했으나 적당한 일자리를 구하지 못하고 유럽 각지를 여행했다. 뛰어난 서정시들로 명성을 얻어가다 프랑스의 1830년 7월혁명에 감격해서 파리로 이주했다. 자유주의적 혁명사상을 가진 '청년 독일파'를 대표했고 1844년 파리에 와 있던 마르크스와도 친교를 맺었다.

의 숫자가 늘어날수록 그만큼 이들이 이루는 무리의 규모는 커지고 따라서 그 세력도 커졌다. 그것은 그들 자신에게도 용기를 주었고 개인적으로 불만은 없지만 국가나 사회에서 자신이 손해를 보고 있다고 명확하게 인식하고 있는 반대분자들에게도 용기를 가져다주었다. 그런 반대분자들은 어디에나 있었다. 규모가 작은 수도에서는 그들은 자신을 숨긴 채 숨어 있었지만 규모가 큰 수도에서는 스스로를 드러내고 자신들의 의견을 표현했다.

이런 대규모의 수도 가운데 17세기와 18세기에 유럽대륙에서 가장 큰 도시가 파리였으며 그것은 당시 유럽에서 가장 중요한 나라의 수도이기도 했다. 18세기 말 파리의 인구는 약 60만 명에 달하고 있었다. 당시 독일의 정신적 발화점을 이루고 있었던 수도 바이마르의 인구가 겨우 1만 명에 불과했던 때다!

파리의 주민들은 일찍부터 자신들의 혁명적 정신을 통해서 두각을 드러내고 있었다. 예를 들어 그들은 행정부가 파리 의회 및 대법원과 갈등을 불러일으키면서 촉발되었던 1648년의 프롱드 운동(La Fronde)[11]에 동참해서 봉기를 일으켰다. 바리케이드가 만들어졌고 결국 1649년——같은 해에 왕권신수설을 신봉하던 영국의 찰스 1세는 목이 잘렸다——왕은 파리에서 도망을 가야만 했다. 1652년까지 내전은 계속되었고 그 과정에서 왕은 결국 평화협정에 서명할 수밖에 없었다(물론 바로 그 직후에 다시 절대왕정의 복고가 이루어지고 말았지만). 투쟁과정에서 이들 파리시민들은 귀족들과 연합했는데 그것은 전혀 어울리지 않는 한 쌍의 연합이었다. 그리고 귀족들은 파리 이외에는 어디서도 왕정에 대항해서 성공을 거둘 수 없었다. 따라서 루이에 대항하던 파리는 찰스에

---

11) 1648~53년에 걸쳐 일어난 프랑스의 내란. 루이 14세의 섭정 모후(母后) 안 도트리슈와 재상 마자랭을 중심으로 한 궁정파에 대항해 발생한 것으로서 최후의 귀족의 저항이라고도 하고, 최초의 시민혁명의 시도라고도 한다. 프롱드 (Fronde)란 당시 청소년 사이에 유행한 돌팔매 용구인데, 관헌에게 반항해서 돌을 던진다는 뜻으로 빗대어 쓴 말이다.

대항하던 런던과는 저항세력의 수준에서 볼 때 전혀 차원이 다른 것이었다.

프롱드의 난은 루이 14세가 아직 어렸을 때 발발했다. 파리에서 봉기가 일어나고 그것을 피해서 도망했던 사실은 루이 14세에게 깊은 인상을 남겼다. 그는 두 번 다시 그런 굴욕을 겪지 않기 위해 자신의 궁성을 파리에서 옮겨버렸다. 물론 행정기구들은 파리에 그대로 남겨두어야 했기 때문에 그는 자신이 거처할 궁정의 위치를 선택하면서 언제든지 신속하게 파리와 궁성이 이어질 수 있을 만큼 파리와 충분히 가까우면서도 파리에서 가두봉기가 발생했을 때 자신을 보호할 수 있을 만큼 파리와 적당히 떨어진 곳을 택했다. 그리하여 1672년 파리에서 18킬로미터 떨어진 베르사유에 그의 새로운 궁성을 건설하기 시작했는데 이를 위해 그는, 아니 그의 국민들은 10억 프랑을 지불해야 했다. 18세기에 들어 이 궁성은 파리 봉기로부터의 피신처로서 건설되었다는 사실을 여러 번 보여주어야만 했다.

파리는 이처럼 종종 국가권력에 대항해서 단호하게 봉기를 결행했지만 국가권력에 대한 그의 태도는 전혀 일관성을 가지고 있지 않았다. 한편으로 그것은 국가권력으로부터 자립성과 독립성을 추구했지만 다른 한편으로 그의 부와 힘은 제국의 크기와 제국에서의 국가권력의 힘에 바탕을 둔 것이었다. 그것은 지역공동체의 자립성을 요구한 것이 분명하지만 다른 한편 국가의 중앙집권화에서 큰 이익을 보고 있기도 했는데 이런 중앙집권화는 이미 파리 자신의 존립 자체를 통해서 촉진되고 있는 경향이었다.

18세기가 경과하는 동안 프랑스의 여러 지방들은 상호간의 합병을 거치면서 하나의 공고한 국가적 통일체로 결합해갔는데 이 과정에서 모든 제국의 각 지역공동체들 가운데 파리야말로 가장 두드러진 지위를 차지하고 있었다. 알사스가 브르타뉴와 합병되었고 됭케르크의 플랑드르는 가스코뉴와 그렇게 합병된 것이 아닌가? 그러나 이들 모두는 파리와 관계를 맺었고 파리를 자신들의 만형으로 생각하고 파리를 중심으로 뭉쳐서 하나의 통일된 나라를 만들었다. 파리가 중앙집권화된 국가권력의 가장 강력한 버팀목이면서 동시에 그것의 가장 강력한 반대자이기도 하다는 모순된 사실은 파리와 지방의 관계에도 그대로 반영되어 나타났다. 파리에서는 제국의 고질적인 병폐인 횡령과 남용이 가장 심하게 나타났다. 그러나 동시에 파리는 그런 병폐들을 폭로하고 거기에 낙인을 찍는 일에서도 가장 앞장서는 용기를 보여주었다. 그래서 파리는 그런 병폐들을 제거할 수 있는 가장 강력한 힘을 가지고 있었으며, 고통에 신음하는 프랑스제국 전체의 선구자가 되었다. 농촌에 흩어져 살면서 정신적으로 낙후되고 용기도 없고 힘도 없는 지방주민들은 파리를 자신들의 선구자이자 자신들을 구원해줄 기사로서 그리고 자신들의 지도자로서 종종 그에게 감화되어 그를 추종했다.

그러나 항상 그랬던 것은 아니었다. 왜냐하면 바로 파리가 점차로 커지고 강하게 되는 것은 단지 파리주민들의 노동을 통해서만이 아니라 지방에 대한 착취를 통해서도 이루어졌기 때문이다. 이런 지방에 대한 착취는 지방에서 만들어진 잉여가치의 노른자위를 모두 파리로 모아서 일부는 유흥으로 탕진하는 데 사용하고 일부는 자본의 축적에, 즉 농촌에 대한 착취자가 부를 쌓고 힘을 키우는 데 사용하는 방식으로 이루어졌다.

그리하여 진보적인 파리를 향한 신뢰와 더불어 착취자 파리에 대한 증오, 즉 수도와 지방의 대립이 함께 만들어졌다. 그때그때의 역사적인 조건에 따라 이들 두 가지 모순적인 관계는 번갈아서 하나가 지배적이기도 했다가 다른 하나가 지배적이기도 했다.

경제적인 대립은 사회적 조건의 차이에서 비롯되는 세계관의 대립 때문에 더욱 심화되었다. 평범한 농촌이나 지방에서는 경제가 정체되어 있었고 따라서 보수주의, 즉 전통적인 윤리적 세계관을 고수하는 경향이 있었다. 설사 이런 세계관을 인정하지 않는 사람이라 할지라도 겉으로는 그렇게 행동해야만 했다. 왜냐하면 범위가 좁은 촌락이나 소도시에서는 누구나 전체 지역공동체의 통제 아래 있었기 때문이다.

반면 파리 같은 거대도시에서는 이런 통제가 전혀 존재하지 않았다. 여기서는 전통적인 윤리를 공개적으로 경멸하는 것이 얼마든지 가능했으며, 그래서 그런 윤리는 위로부터도 아래로부터도 모두 공격을 받았다. 즉 위로는 거만하고 향락을 탐하는 귀족들과 이들 귀족들을 모방하려는 자본가 무리들로부터, 아래로는 빈곤과 일상적인 생존의 불안에 허덕이면서 재산을 장롱에 쌓아두지도, 가족의 생계를 책임질 수도 없는 최하층에 이르기까지 모두에게서 공격을 받았던 것이다. 한편 이런 양극단의 가운데에는 광범위하게 한탕을 노리는 모험가들과 지식인들이 자리를 잡고 있었는데 이들은 종종 룸펜프롤레타리아와 마찬가지의 빈곤과 생존의 불안에 허덕이고 있었으나 또한 대부호들이나 궁성의 귀족들이 누리는 향락생활의 일부를 나누어 받기도 하는 부류들이었다.

우직한 소도시 사람이나 농촌사람들이 센 강변의 소돔 같은 도시인 파리사람들의 윤리적인 타락을 싫어하고 약삭빠른 파리사람들이 지방사람들의 무미건조한 완고함과 고루한 편견들을 비웃는 것은 당연한 일이었다.

그리고 윤리적인 문제와 마찬가지로 종교에서도 양자간의 대립은 똑같이 나타났다. 세상으로부터 고립된 농촌에서 살아가는 농민들에게는 성직자들이 바깥세상과의 교류를 매개해주고 교구 바깥에서 지식을 가져다주는 사람으로서 그들이 관계를 맺을 수 있는 유일한 지식인이었다. 이런 지식은 학문의 발전을 통해서 오랜 기간 전수되어온 것들로서 글자를 깨우치지 못한 일반 농민들로서는 상상도 할 수 없는 것들이 많았다. 그래서 농민들은 교회와 종교에 매달렸는데 그러나 그들의 이런 존경은 단지 그들의 정신적인 자원에 대해서만 한정된 것이었다. 교회의 토지를 빼앗는 문제에 대해서는 그들은 조금도 주저하지 않았기 때문이다.

반면 파리사람들에게 교회령 토지란 것은 교회의 지배나 종교적 세계관보다 덜 중요한 것이었다.

만일 중세시대에 교회가 학문을 배울 수 있는 수단이었다면 르네상스 이후부터는 도시의 비교회적 학문이 교회의 학문을 일찌감치 추월해버렸다. 도시사람들이 보기에 교회는 더 이상 지식을 전파하는 수단이 아니었고 오히려 지식의 전파를 방해하는 장애물이었다. 교회와 비교회의 학문간 대립은 성직자 지식인들이 자기들보다 월등하다고 느껴지는 세속의 지식인들과의 경쟁에서 자신들을 보호하고자 국가의 강제력을 동원하려고 노력함으로써 더욱 첨예하게 되어갔다. 세속의 지식인들은 이런 성직자 지식인들의 노력에 대해 예리한 정신적 무기로써, 즉 극단적인 경멸과 철저한 학문연구로 답했으며 그들이 귀족과 관료들의 지지나 최소한 중립을 구하기 위해 조심스럽게 행동하던 초창기에 비해 훨씬 더 적극적으로 교회에 반대하는 투쟁을 주도해나갔다. 이들은 전통적인 종교의 가르침들을 비웃었으며 또한 가톨릭 교회 자체를 종종 거추장스러운 것으로 여기게 되었는데 왜냐하면 그들이 국가의 통치기구로 진입하는 것이 가톨릭 교회 때문에 순탄하게 이루어지지 않았기 때문이다. 게다가 교회에 반대하는 투쟁은 절대주의에 반대하는 투쟁보다는 덜 위험했으며 국내의 신흥 반대파들이 일찌감치 시작해놓은 것이기도 했다.

그러나 여기서도 우리는 모순적인 양면성을 보게 된다. 지배계층은 교회가 독립적인 조직으로 나서려고 할 경우에는 교회와 대적했지만 그들이 보기에 교회는 하층계급을 다스리는 데 없어서는 안 되는 수단이기도 했다. 이런 모순적인 양면성은 반대파 지식인의 무리들에게도 널리 퍼져 있었다. 그래서 볼테르는 "교회를 박살내자"라는 말을 표어로 만들었지만 일반국민들이 종교를 그대로 가져야 한다는 것을 알고 있었다.

이와 비슷한 모순적 양면성은 파리의 하층주민들과 그들의 대변자들에게서도 나타나고 있다. 물론 그들은 모두 교회에 대항해 싸웠으며 교회에서 어떤 것도 배우려고 하지 않았다. 그러나 언제나 궁극적인 결론을 향해, 즉 급진적인 해결을 위해서 가차 없이 매진하는 프롤레타리아의 경우에도 그 계급적 상태에 따라서 어떤 경우에는 극단적인 무신론과 유물론을 선전하지만 어떤 경우에는 이런 사고방식에 거부감을 느끼

는데 왜냐하면 그것이 귀족이나 자본가적 착취자들의 사고방식——혁명
전의 시기를 상기해볼 필요가 있다——이었기 때문이다. 사회주의자들
가운데 유신론자와 무신론자 사이의 대립은 프랑스에서 19세기까지 계
속되었다. 블랑(Louis Blanc, 1811~82)[12]은 자신이 집필한 프랑스혁
명사에서 전적으로 루소와 로베스피에르를 지지했는데 이들 두 사람은
무신론자인 디드로(Denis Diderot, 1713~84)[13]와 클로츠(Anachrsis
Cloots, 1755~94)[14]와는 달리 유신론을 신봉하던 사람들이었다.

그들은 무신론이 하늘의 무정부상태를 전제로 함으로써 인간들 사
이의 무질서를 신성시하는 것이라고 파악하고 있다.(브뤼셀판, 1847,
제1권, 124쪽)

그러나 사실 블랑은 무신론자들에게는 신이 없는 것과 마찬가지로 하
늘도 없다는 사실을 간과했다.

직접적인 계급대립과 마찬가지로 이런 모든 모순과 대립들은 대혁명
같은 거대한 소요를 통해서 때때로 극렬한 갈등으로 발전해나갈 것임이
틀림없었다.

---

12) 급진공화파의 한 사람. 에스파냐 마드리드 출생. 19세에 파리로 가서 고학으
로 법률을 공부한 뒤, 1834년에 신문기자가 되었다. 보통선거제를 주장하고
노동조합을 결성, 영세업자와 노동자의 빈곤을 없애야 한다고 역설했다. 1848
년 2월혁명 후 임시정부의 요원이 되어 아틀리에 나시오노(국립작업장)를 창
설하기도 했으나 1848년 6월사건으로 실각, 영국으로 망명했다. 1871년 귀국
해서 국민의회의 의원이 되었지만 파리코뮌에 대해서는 비판적 태도를 취해
이에 개입하지 않았다.
13) 랑그르 출생. 18세기 프랑스의 대표적인 계몽주의 사상가로 철저한 유물론자
였다. 파리 대학교에서 인문학·철학 등을 고학으로 전공했으며 1745년경부
터 철학적인 저서를 쓰기 시작했다. 출판업자에게『백과전서』의 출판을 제안
해 당시의 계몽사상가들을 총동원해서 1751년에 제1권을 내놓고 이후 생애
의 대부분을 이 사업에 바쳤다.
14) 프랑스혁명 당시 자코뱅당의 대변인으로 급진적인 평등주의를 신봉했다.

대혁명

파리시민들에 대한 두려움 때문에 자신의 궁성을 베르사유로 선택했던 루이 14세는 자립성을 되찾으려는 귀족들의 마지막 저항을 분쇄할 수 있었고 모든 주변 국가들과의 전쟁을 통해서 자신의 왕국을 유럽에서 가장 크고 강력한 국가로 만들 수 있을 만큼 충분히 강력해졌다. 그러나 그가 그렇게 된 것은 일련의 전쟁을 통해서였는데 이 전쟁들은 프랑스의 국력을 완전히 고갈시키고 프랑스를 나락의 웅덩이로 몰아넣는 결과를 가져왔다.

그가 치렀던 마지막 전쟁은 에스파냐 왕위계승 전쟁으로서 이 전쟁은 1701년부터 1714년까지 지속되었고 프랑스에 아무런 성과도 가져오지 못한 채 끝났는데 만일 이때 강력한 혁명적인 계급이 있었다면 그것은 혁명을 가져오고도 남았을 것이었다. 국왕에 대한 증오는 엄청난 것이었고 이런 증오는 그가 숨을 거둔 1715년에 그대로 나타났다.

그의 장례식은 '비용과 시간을 절약하기 위해' 최대한 간소하게 치러졌다. 파리의 민중들은 참기 어려운 족쇄가 풀렸다고 생각하고 '위대한 황제'의 관이 지나가는 거리 모든 곳에서 욕설과 비난, 그리고 오물과 돌팔매질을 퍼부어댔다. 지방 곳곳에서는 죽은 자에 대한 저주가 섞인 기쁨의 탄성이 터져나왔고 도처에서는 감사의 기도를 올렸으며 이 전제군주에게서 구제를 받게 된 행운을 공개적으로 그리고 전혀 주저 없이 표현했다. 평화와 운동의 자유, 조세의 감면 등이 이루어지기를 사람들은 섭정에게 희망했다.(필립슨,『루이 14세 시대』, 518쪽)

프랑스 인민은 '태양왕'[15]의 후계자에게서 더욱 혹독한 경험을 치러

---

15) 루이 14세가 스스로를 칭했던 별칭이었다.

야 했으며 그런 다음에야 비로소 대혁명을 통해서 스스로의 힘으로 운명을 쟁취했다.

프랑스는 국토가 어느 정도 회복될 겨를도 없이 끊임없이 새로운 전쟁들을 겪어나갔다. 1733~35년 폴란드와 로렌의 영유권을 둘러싸고 오스트리아와 전쟁을 치렀으며, 1740~48년에는 오스트리아의 왕위계승 전쟁에 참여해 프로이센과 동맹해서 마리아 테레지아(Maria The-resia, 1717~80)[16] 및 영국과 대항해 싸웠고, 1756~63년까지 7년 동안 치러진 전쟁에서는 마리아 테레지아와 손잡고 프로이센과 영국에 대항해서 싸웠으며 1778~83년에는 미국의 독립전쟁을 지지해서 영국과 전쟁을 치렀다.

이들 전쟁은 단지 국토를 황폐화시켰을 뿐만 아니라 국민의 대다수를 빈곤으로 몰아넣었으며 그럼에도 한 번도 승리의 명예를 가져다주지 못했다(멍청이 같으니!).

절대주의는 지위향상을 위해서 노력하는 부르주아들의 도움으로 봉건귀족을 타도했는데 그것은 그들 봉건귀족들을 제거하기 위한 것이 아니라 단지 그들을 무제한적으로 지배하기 위한 것이었다. 국왕은 자신을 정점으로 생각했고 귀족은 그에게 없어서는 안 되는 존재로 생각했다. 그는 자신에게 헌신하는 궁정귀족들의 무리 가운데서 국가정책이나 군대의 지휘자들을 자기 마음대로 선택했고 그러면서 동시에 바로 그 귀족들에게서 자립성을 빼앗고 그들을 단지 향락생활에 빠뜨려서 정신적으로나 도덕적으로 타락하게 만들고 경제적으로는 파탄에 빠뜨렸다.

귀족들이 도덕적으로, 정신적으로, 경제적으로 점점 더 파산상태에 빠져들수록 그만큼 농민들에 대한 이들의 요구는 더욱 커졌고 농민들에

---

16) 카를 6세의 장녀이며, 토스카나 대공 프란츠 슈테판과 결혼했는데 아버지가 갑자기 사망함으로써 합스부르크 가의 모든 영토를 상속해서 신성로마제국의 여제가 되었다. 각국이 그녀의 상속에 대해 이의를 제기해서 오스트리아 계승전쟁이 일어났다. 정치적으로 비상한 재능을 발휘했고 자녀를 16명이나 두었는데 프랑스왕 루이 16세의 왕비 마리 앙투아네트도 그녀의 딸이었다.

대한 그들의 억압과 착취도 그만큼 정도를 넘어섰으며 그에 따라 농가 경제는 더욱 파탄에 빠지고 국가의 경제적 토대도 돌이킬 수 없을 정도로 흔들렸다. 그와 동시에 이 불행한 농민들에 대한 국가의 요구도 더욱 늘어났는데 왜냐하면 이들 농민들이야말로 주요 납세자들이었기 때문이다. 즉 귀족들은 외교와 전쟁수행을 통해서 국가를 파탄에 빠뜨린 것으로 만족하지 않고 농민들에 대한 약탈을 통해서라도 자신들의 영지에서 발생한 경제적 손실을 보전하려고 노력했던 것이다. 그들은 바로 이 점에서 국가의 가장 큰 지주인 국왕과 교회가 자신들과 같은 편이라는 것을 발견했다.

이런 절망적인 상황에 대항해서 파리는 강력한 세력으로 급속히 자라나고 있는 부르주아 및 무수한 지식인들과 손을 잡았다. 이들 부르주아와 지식인들은 유럽의 어떤 다른 대도시 지식인들에게서도 볼 수 없을 정도로 국가와 사회질서의 해악에 대해 날카롭게 인식하고 거기에 단호하게 낙인을 찍었으며 또한 호된 질책을 가했다. 그리고 이들 가운데는 유럽에서 가장 강력하고 가장 의식이 깨어 있는 소부르주아들과 유럽 어디서도 찾을 수 없을 만큼 다수를 이루어 한곳에 집중되어 있으면서 가장 절망적인 상태에 빠져 있던 프롤레타리아들이 있었다.

이런 대립들이 한 번이라도 부딪치기만 하면 이제 끔찍한 갈등은 피할 수 없게 되었다.

그것이 터진 것은 드디어 국왕의 부채가 너무 커져서 그의 재정적인 파탄이 임박하고 따라서 어떤 금융자본가도 더 이상 그에게 신용을 제공할 수 없을 상황이 되었을 때였다.

1614년 이후에는 한 번도 소집된 적이 없는 봉건적 삼부회(Reichs-stände),[17] 즉 귀족, 성직자, 부르주아 무리들의 대표들로 구성된 이 신

---

17) 1301년에 필리프 3세가 처음 만든 구제도 아래의 신분제 의회로서 제1부 성직자, 제2부 귀족, 제3부 평민들의 대표들로 구성되었다. 영국 의회와는 달리 국왕의 의지를 제약하는 대의회(代議會)가 아니라 왕권의 주도로 국민대표에 협력을 요청하는 자문기관의 성격을 가졌다.

분제의회가 소집되어 왕에 대한 도움과 새로운 조세, 그리고 차입을 승인함으로써 파산상태인 절대왕정의 신용을 끌어올려서 그 생명을 연장시켜주어야만 하게 되었다. 각 신분별 선거는 1789년에 치러졌고 선출된 대표자들은 국왕의 거처인 베르사유로 소집되었다.

그러나 대신들을 제외한 모든 계급들은 기존 체제에 대해 치를 떨고 있었다. 삼부회는 1789년 5월 5일 소집되자마자 국왕에게 새로운 조세와 차입을 승인하는 것이 아니라 그것을 개혁하기로 결정했다. 물론 여기에 대한 귀족과 성직자들의 생각은 부르주아들과 약간 달랐다. 각 신분들 사이의 적대적인 충돌이 있었고 그 결과 부르주아가 승리를 거두었다. 그리하여 삼부회는 프랑스에 새로운 헌법을 부여할 제헌 국민의회로 바뀌었다.

국민의회의 힘은 무엇보다도 그것이 도덕적이라는 점에 있었다. 국민의회는 엄청난 다수의 국민들이 자신들을 지지하고 있다는 의식 위에서 있었던 것이다. 그러나 이런 의식은 아직 제국국가가 가진 물리적 폭력에서 국민의회를 보호해주는 것은 아니었다. 국왕은 바로 그런 물리적 폭력, 즉 군대를 장악하고 있었고 또 그것을 사용하려고 했다.

그러나 그는 파리가 가지고 있는 물리적인 힘, 즉 프롱드를 기억해야만 했다. 그래서 만일 파리를 장악하기만 하면 국민의회를 해산시키거나 굴복시킬 수 있으리라고 기대할 수 있었다. 그래서 많은 병력이 파리에 집결되었고 그럼으로써 문제가 해결되었다고 생각했을 때 국왕은 국민의회가 자신에게 압력을 행사하여 재무장관으로 복귀시켰던 네케르(Jacques Necker, 1732~1804)[18]를 파면시켜버렸다(1789년 7월 12일).

만일 파리가 그것을 가만히 참고 묵인했거나 또는 군대와의 전투에서

---

18) 루이 16세 때의 재무장관으로서 재정난을 타개하기 위해 삼부회의 소집을 결행하고 재정수지보고서를 발간하고 교회재산의 국유화를 단행하는 등 개혁노력을 기울였다. 그래서 그의 파면은 파리시민들에게 국왕의 반동의도를 보여주는 것으로 해석되었다.

진압되어버렸다면 그것으로 혁명의 운명은 끝장나고 말았을 것이다. 그러나 파리는 봉기했고 국왕의 군대는 움직이지 않았다. 프롤레타리아와 소부르주아 대중은 상이군인병원(Invalidhaus)[19]을 습격해서 3만 정의 무기를 탈취했고 다시 혁명으로부터 방어할 수 있도록 만들어진 높은 성벽으로 이루어진 요새, 즉 바스티유로 몰려갔다(1789년 7월 14일).

이제 국왕과 그의 대신들은 기가 꺾여버렸다. 이런 상황에서 전국 각지에서 농민들도 들고일어났다. 이미 이전에도 부분적인 농민의 소요는 있었지만 그것들은 쉽게 진압되었다. 이제 폭풍은 사회 전반으로 확산되었으며 어떤 힘으로도 잠재울 수 없었다. 이처럼 파리는 혁명을 구출했으며 그것을 사회 전반의 혁명으로 끌어올렸다.

그러나 점차 폭풍은 다시 가라앉을 것처럼 보였다. 국왕과 그의 봉건적 추종자들은 다시 용기를 얻었으며 국민의회의 결정을 거부하고 군대를 새롭게 집결시키기 시작했다. 파리시민들은 국가의 우두머리인 국왕과 국민의회가 베르사유에 머물고 있는 한 자신들이 안전하지 않다고 확신하게 되었다. 파리시민들은 이들을 직접 자신들의 감시와 영향력 아래 두고 싶어했다. 1789년 10월 5일 엄청난 인민의 무리가 수도를 떠나 베르사유로 향했고 국왕을 파리로 데려왔다.

이제 인민들은 평온한 가운데 헌법이 완성되고 이를 위한 실무적인 작업들이 무사히 진행될 수 있기를 희망했고 이 헌법에 따른 새로운 사회적 관계 아래서 안정된 생활을 할 수 있기를 기대했다. 1790년 7월 14일 루이 16세는 새로운 헌법에 충실히 따를 것을 서약했지만 그의 내심은 전혀 그렇지 않았다. 그는 자신이 튈르리(Tuilerien)[20]에 구금되어 있다고 생각했고 행정부의 온갖 문서들이란 것은 모두 그에게 죽기만큼이나 거추장스러운 것으로 여겨졌다.

헌법에 대해서 서약한 지 1년도 채 되지 않았을 때 루이 16세는 자신

---

19) 1670년에 루이 14세가 상이군인을 국가 비용으로 수용하기 위해서 세운 병원이다.
20) 파리의 궁성이 있는 곳을 가리킨다.

의 집인 베르사유로 탈출했는데(1791년 6월 21일) 그는 너무도 부주의해서 자신의 안전을 확보하기도 전에 인민에게 자신의 생각을 알리고 말았다. 탈출하면서 그는 글을 한 장 남겨두었는데 여기서 그는 1789년 10월 이후 자신이 반포한 모든 훈령은 협박에 의한 것이었고 따라서 무효라고 썼던 것이다. 그것은 매우 경솔한 행동이었다. 왜냐하면 그의 탈출은 발각되었고 그는 붙잡혀서 파리로 되돌아와야 했기 때문이다.

그 당시 이미 격분한 파리시민들 대다수는 국왕의 폐위를 요구했지만 아직 그 정도까지 다다르기에는 프랑스 국민 전체 사이에 군주제적 전통이 너무 깊이 뿌리를 내리고 있었다. 만일 그렇게 되었다면 그것은 루이에게 오히려 큰 다행이었을 것이다. 당시 루이에게 가해진 위협은 단지 폐위 정도의 수준에 그쳐 있었기 때문이다.

루이가 제위에 앉아 있는 상태에서 프랑스가 유럽의 군주 동맹국들과 전쟁에 돌입하게 되면서 루이의 운명은 더욱 나빠졌다(1792년 4월). 그것은 크든 작든 영토를 빼앗기 위한 지금까지의 전쟁과는 완전히 종류가 다른 전쟁이었다. 그것은 유럽의 봉건귀족과 절대왕정이 이제 막 해방되었다가 다시 족쇄에 갇히게 된 인민들을 상대로 한 전쟁이었다. 그것은 내전의 특징을 이루는 온갖 무자비함을 다 갖춘 진정한 의미에서의 내전이었다. 나라의 적은 혁명적 인민들을 완전히 궤멸시키려고 위협했고 이들 나라의 적들과 동맹을 맺은 자가 바로 인민의 국왕이었다.

이런 상황에서 입헌군주제의 사상은 국민의회가 아직 군주제를 폐기하기로 결의를 하지 않았는데도 급속하게 힘을 잃어갔다. 이번에도 다시 루이를 구금하고 국민공회(convention nationale)로 명명되는 새로운 국민의회를 소집해서 프랑스에 새로운 공화국헌법을 제정해주어야 한다고 요구한 것은 역시 파리시민들이었다(1792년 8월 10일). 국민공회는 첫 번째 회의에서 왕정의 폐기를 만장일치로 결의했다(1792년 9월 21일).

그러나 파리시민들은 루이 16세가 살아 있는 한 공화국은 안전하지 않다고 생각했다. 그들은 국왕을 조국에 대한 배신행위로 재판에 회부하도록 요구했다. 그러자 국민공회의 대다수는 놀라서 뒤로 움츠러들었다. 그러나 튈르리의 왕궁에서 루이가 일련의 서류들을 숨겨둔 비밀금고가 발견되었다는 소식이 전해지면서 파리시민들의 분노는 이미 거스르기 어려운 것이 되어버렸다. 그 서류들을 통해서 국왕이 일련의 국민공회 의원들을 매수했을 뿐만 아니라(여기에는 미라보가 포함되어 있었다) 적군과 지속적으로 내통하고 있었다는 사실, 그리고 그의 근위병 가운데 일부가 오스트리아 편에 가담해 프랑스에 대항해서 싸웠으며 이들은 심지어 그런 전쟁 중에도 국왕에게서 급여를 받고 있었다는 사실 등이 그대로 드러났다.

그런데도 국민공회 가운데 일부 분파는 국왕을 구출하려고 노력했다. 그들은 루이의 운명을 국민투표를 통해서 결정해야 한다고 프랑스 국민들에게 호소하려고 했다.

지방과 파리를 이간질시키려는 이런 시도는 파리시민들의 강력한 반대에 부딪혔다. 결국 국민공회 내에서도 파리시민들에 대한 두려움이 압도적인 것으로 나타났다. 국민투표에 부칠 것인지에 대한 표결은 반대 423 대 찬성 276으로 부결되었다. 그럼으로써 루이의 운명은 결정이 났으며 그는 1793년 1월 21일에 단두대로 올라갔다.

공화파 가운데 주로 국왕 편에 섰던 이 분파는 이른바 지롱드파였는데 이 이름은 이들 분파의 핵심분자를 이루었던 국회의원들이 지롱드지방(남프랑스) 출신들이었기 때문에 붙여진 것이었다. 그들은 광신적인 파리반대파들이었고 파리가 가진 주도적 지위를 무너뜨리려고 했다. 그들은 프랑스가 연방제 국가로 되어야 한다고 생각했던 것이다.

국민공회가 개회되고 나서 4일 동안 지롱드파의 라수르(Lasource)는 같은 지롱드파들의 열렬한 박수 속에 다음과 같은 연설을 반복했다. "저는 몇몇 교활한 무리들이 이끌고 있는 파리가, 마치 로마가 한때 로마제국을 대표했던 것처럼 프랑스를 대표해서는 안 된다고 생각합니다. 파리의 영향력은 다른 모든 선거구와 마찬가지로 자신이 가진 국민공회 내의 의석수인 83석의 지분에 한정되어야 합니다."(쿠노프, 『프랑스대혁명의 당파들』, 349쪽)

지롱드파와 파리의 대립은 결국 가장 난폭한 형태로 나타났다. 1793년 5월 31일부터 6월 2일까지의 봉기에서 파리시민들은 국민공회에서 34명의 지롱드파를 축출하고 구금해버렸다. 이에 대한 지롱드파의 대응은 노르망디 출신 지롱드파인 코르데가 마라(Jean Paul Marat, 1743~93)[21]를 살해하고(7월 13일) 노르망디, 브르타뉴, 남프랑스 등지에서 국민공회에 반대하는 즉각적인 봉기를 호소하는 것이었는데 이는 아직 전쟁이 진행되고 있는 와중에 이루어졌다. 그러나 파리시민들은 이런 지롱드파의 대응에 아무런 변화도 보이지 않았고 파리에 있던 지롱드파들을 모두 처형해버리는 것으로 답했다.

제1차 파리코뮌

파리의 프롤레타리아와 그들의 투쟁수단

우리는 지금까지 줄곧 '파리시민'에 대해서 얘기해왔다. 그러나 물론 그것은 파리의 주민 전체를 지칭하는 것이 아니며 파리 주민 전체는 사실 서로 완전히 대립적인 여러 계급들로 나뉘어 있다. 우리가 파리시민이라고 했을 때 그것은 수도 인구의 대다수를 차지하는 소부르주아와 프롤레타리아를 가리킨다.

물론 후자의 경우 근대적이고 대규모 산업에 종사하는 프롤레타리아

---

21) 스위스 뇌샤텔 출생. 16세 때 보르도에서 의학을 배웠으며 1789년 7월 프랑스 혁명이 일어나자 민중의 정치참여를 고취했다. 1792년 민중봉기 시 파리코뮌을 지도하면서 지롱드당과 대항했고, 국민공회의 산악당 출신 의원으로 선출되었다. 철저하게 인민주의를 신봉했으며 소농민과 소시민층의 절대생활권 보장과 모든 특권층과 기생계급을 없앨 것을 주장했다. 1793년 7월 산악당의 독재를 증오하는 반혁명파 여성 코르데(Charlotte Corday)에게 자택 욕실에서 살해당했다.

를 가리키는 말은 아니다. 파리에도 몇 개의 매뉴팩처가 있긴 있지만 노동자계층의 대부분은 막일꾼이나 짐꾼 같은 여러 종류의 서비스업에 종사하는 사람들이거나 언젠가 자신도 독립된 수공업자가 되기를 바라면서 기다리는 수공업도제들이었다. 그밖에도 무수히 많은 소(小)수공업자와 가내공업 노동자 그리고 온갖 종류의 중간상인 등이 여기에 속하는데 이들은 모두 지독한 가난과 지속적인 불안정 속에서 살아가고 있었다.

이런 빈곤과 불안정은 사회적 상태의 측면에서는 그들을 프롤레타리아로 만드는 것이었지만 그들의 계급적 상태, 즉 다시 말해서 그들의 수입원을 기준으로 볼 때 그들은 소부르주아들로서 안락한 소부르주아적 생활이 그들의 이상을 이루고 있었다. 수입원의 상태와 계급적 상태를 혼동하는 것만큼 커다란 오류로 빠져 들어가게 하는 것도 없는데 이는 라살이 바로 그러했으며 지금의 우리 러시아 동지들도 바로 그렇게 혼동하고 있다. 즉 러시아 동지들은 가난한 농민들이 부유한 농민들과 다른 계급적 이해를 가지고 있으며 이들의 이해는 도시의 임금프롤레타리아와 같다고 생각하고 있는 것이다. 이런 생각은 소자본가들이 대자본가들과 다른 계급적 이해를 가지고 있으며 이들의 금융자본과의 대립이 자본에 대한 프롤레타리아의 대립과 일치한다고 생각하는 사람들의 계산과 마찬가지로 다른 것이다. 소자본가들은 대자본가로 되고 싶어하며 소농들은 자신의 보유지를 늘리고 싶어하는데 이것이 바로 그들의 목표이지 사회주의 사회가 그들의 목표는 아니다. 이들 소자본가와 소농은 모두 노동자들을 희생시켜 자신들의 수입을 늘리려고 하는데 전자는 노동자들에게 지불되는 임금을 낮추고 노동시간을 늘림으로써, 후자는 노동자들의 생계비를 비싸게 함으로써 그렇게 하려 한다.

그래서 대혁명 당시 파리의 빈곤계층은 비록 그들의 생활조건은 프롤레타리아적이었지만 그들의 계급적 상태에서 보면 소부르주아였다. 이들이 대혁명에 걸었던 목표는 좀더 부유한 위치에 있는 소부르주아들의 그것과 전혀 다르지 않은 것이었으며 단지 대혁명 과정에서 그들이 사용한 투쟁방법에서만 부유한 소부르주아들과 별로 공통점이 없었을 뿐이었다.

굶주린 자들은 기다릴 여유가 없다. 그들은 절망해 있으며 따라서 자신의 수단을 선택하는 데 신중하게 생각하지 않는다. 그의 삶에는 거의 남아 있는 것이 없어서 그에게는 자신의 족쇄 외에는 더 이상 잃을 것이 없다. 그래서 그는 기존의 전통적인 관계들이 무너지는 시기에는 무슨 짓이든 하게 되고 바로 그런 때야말로 자신이 팔자를 바꿀 수 있는 시기라고 생각한다.

그리하여 파리 주민의 대다수를 차지하는 프롤레타리아는 혁명을 끊임없이 앞으로 밀고나가는 견인차가 되었다. 그들의 절망적인 무모함이 그들을 파리의 주인으로 만들었으며 바로 그것이 파리를 프랑스의 주인으로 만들었으며 또한 프랑스를 유럽의 정복자로 만들었다.

그들의 권력수단은 무장봉기였다. 그들의 봉기는 어쩌다가 저절로 이루어진 우연적인 것이 아니었다. 오히려 그것은 조직적인 것이었다. 그러나 그것은 지도자들에 의해서 촉발된 것이 아니라 대중의 자발적인 열망에서 발생한 것이었고 바로 그렇기 때문에 일시적으로 아무도 막을 수 없는 폭발적인 힘으로 발전할 수 있었다. 지도자들에 의해서 촉발된 봉기, 즉 아래로부터 밀려 올라오지 않은 봉기는 그러한 추진력이 결여되어 있고 따라서 실패할 수밖에 없다는 것은 이미 잘 알려진 사실이다. 혁명이 고양되는 전체 기간에는 대중이 혁명을 앞서서 이끌어가고 지도자는 여기에 이끌려간다. 그런 동안에만 혁명은 전진한다. 그것이 역전되어 이제 지도자가 대중을 투쟁으로 몰아가야 할 필요가 있다고 생각하는 순간, 혁명은 하강기로 접어든 것이다.

그러나 봉기가 지도자들에 의해 촉발되는 것이 아니라 자발적으로 발생할 경우에만 성공을 기대할 수 있다고 해서 이 말이 곧 봉기가 조직화되어 있지 않을 때 가장 승리의 전망이 높다는 것을 의미하지는 않는다. 대혁명 당시 파리의 봉기는 대중조직들에 뿌리를 둔 것이었다.

바스티유를 습격한 최초의 봉기에서도 이미 조직화의 단초들이 드러나고 있었다. 나중에 그것들은 좀더 잘 짜이고 지속적인 조직들로 발전해나갔다.

혁명과정에서 모든 지역공동체들은 자신들에 대한 최대한의 자립성을 요구했다. 제헌의회는 1789년 12월 22일 반포된 법령을 통해서 급작스런 국가권력의 공백상태에서 각 지역마다 자주적으로 형성된 상태를 그대로 인정했다. 지역공동체들은 높은 수준의 자치권과 지역 전체에 대한 경찰권, 그리고 각 도시들에서 만들어진 시민군과 국민방위군에 대한 지휘권을 획득했다.

그러나 이와 함께 부르주아들은 이런 권력에서 하층계급들을 배제하려고 노력했다. 국민의회는 능동시민(Aktivbürger)과 피동시민(Passivbürger)을 엄격하게 구분지었다. 능동시민이란 최소한 3일치의 통상임금에 해당하는 직접세를 납부하는 사람을 가리킨다. 바로 이 능동시민만이 지역의회와 국민의회에 대한 선거권을 가졌다. 그리고 단지 그들만이 국민방위군으로 징집되었다. 따라서 이들 기구는 모두 자산가들의 대의기구로 발전해갔다.

그러나 파리에서는 '피동시민'들이 능동시민 가운데 자신들에게 동조하는 사람들과 함께 공식적인 지역의회 외에 별도의 독자적인 조직을 결성했다. 그리고 그들은 독자적으로 무장을 갖추었다.

제정시절의 삼부회의에 대한 선거에서 제3계급에 대한 선거는 비록 간접선거로 치러지긴 했지만 거의 보통선거의 형태를 띠고 있었다.

파리 시는 선거인단을 선출하기 위한 60개의 선거구로 나뉘어 있었다. 원래 이들 선거구는 선거인단이 임명되고 나면 소멸하도록 되어 있었다. 그러나 이들 선거구는 모두 그대로 존속했고 자발적으로 상설 형태의 행정기구로 조직되었다. 〔……〕 각 선거구는 해산하지 않았고 7월 14일(바스티유 습격) 이전 파리 전체가 혼란에 빠지자 시민들을 무장시키고 독자적인 행정기구로 움직이기 시작했다. 〔……〕 바스티유가 점령되고 나자 선거구들은 이미 공인된 시 행정기구로 움직였다. 〔……〕 서로 교류하기 위해 이들은 중앙연락사무소를 설치했는데 여기에는 각 선거구에서 파견된 위원들이 모여서 서로 소식을 주고받았다. 그리하여 아래로부터 위로 조직되는 방식, 즉 인민에 의한 자발적이고 혁명적인 방식으로 만들어진 선거구 조직들 사이의 결합이 이루어졌는데 그것이 코뮌에 대한 최초의 시도였다. 〔……〕 국민의회가 점차 국왕의 권한을 잠식해 들어가는 동안 각 선거구 또는 섹숑(section)[22]은 점차 인민에 대한 자신들의 권한 범위를 확대해나갔다. 그들은 파리와 지방을 연결하고 8월 10일의 혁명적 코뮌[23]을 위한 기초를 닦아나갔다.(크로폿킨, 『프랑스혁명』, 제1권, 174~179쪽. 자신의 아나키스트적 견해에 따라 크로폿킨은 혁명과정에서의 코뮌의 역사를 특히 부각시키고 있다. 코뮌의 역사에 관한 한 이 저작은 몇몇 저작을 제외하곤 매우 잘 연구된 것에 속한다. 그러나 동시에 의회주의적 활동에 대해서는 오히려 그만큼 더 수준이 낮은 저작이기도 하다)

국민의회는 선거구의회를 종식시키려고 했다. 1790년 5월 27일 법령에 의해 파리의 선거구 분할은 변경되었다. 60개의 디스트릭트(district)였던 선거구는 48개의 섹숑으로 개편되었다. 처음 이들 섹숑 의회에는 능동시민만 참여하도록 되어 있었다. 그러나 피동시민들은 배제당한 채로 가만히 앉아 있지 않았다. 섹숑은 이제 혁명적 활동의 중심이 되었다. 그러자 금방 모든 코뮌의 문제나 국가 전체의 문제들 가운데 이들 섹숑이 다루지 않는 것이 없게 되었고 이들 섹숑의 적극적인 개입 없이 해결되는 것이 없게 되었다. 그러면서 점차 섹숑은 지역행정에도 직접적으로 또는 의원들이나 위원회를 통해서 간접적으로 개입해 들어갔다.

---

22) 원래 '디스트릭트'(district)로 불리던 선거구는 1890년 5월에 섹숑으로 개편된다.
23) 1890년 각 섹숑에서는 코뮌 대표자를 능동시민에서 피동시민으로 교체했다. 이것이 혁명적 코뮌이다.

이런 모든 것은 섹숑의 총회가 얼마나 중단 없이 개최되느냐의 여부에 달려 있었다. 총회가 상시적으로 개최될 수 있어야만 섹숑의 집약적인 활동이 전개될 수 있었던 것이다.

1792년 8월 10일 섹숑은 이미 완전히 무력화되어버린 지역의회를 밀어내고 하나의 새로운 혁명적 코뮌을 건설했는데 각 섹숑은 여기에 3명의 대표자들을 파견했다. 그때부터 이 파리코뮌이 섹숑의 지지를 받으면서 혁명의 진행과정을 결정했다.

전통적인 역사서술들에서 섹숑은 정당한 평가를 받아오지 못했다. 섹숑의 업적들은 모두 익명인 채로 거론되지 않은 채 파묻혀 있었다. 혁명의 위대한 이름은 섹숑보다 자코뱅클럽에게 좀더 많이 주어졌다. 그러나 자코뱅클럽이 이룩한 일들은 모두 섹숑을 통해서 이루어진 것들이었으며 오히려 이들 업적 가운데 일부는 종종 자코뱅클럽이 주저하고 망설였던 것들이다. 아무것도 더 이상 잃을 것이 없는 프롤레타리아만이 아무런 망설임 없이 용감하게 불확실한 것으로 돌진해갈 수 있었던 것이다.

공포정치 체제의 원인

코뮌을 통해서 파리의 프롤레타리아들은 혁명적 프랑스에서 지배적인 지위를 차지하게 되었다. 그러나 이런 지위는 지방들 사이에서 파리가 차지하는 지위나 당시 사회 내에서 프롤레타리아가 차지하는 지위와 마찬가지로 이중적인 것이었다.

계급의식에서 소부르주아적인 부류의 프롤레타리아들은 생산수단의 사적 소유를 지지했는데 이것은 그들이 생산을 지속해나가고 생활을 영위해나가기 위해서 필요한 것이었고 따라서 그들로서는 극복할 수 없는 것이었다. 그러나 그들은 자신들의 분노를 불러일으키는 부자들의 부유한 생활과 자신들의 가난의 원천을 이루는 부자들의 재산에 대해서는 가난의 화신들로서 적대적인 태도를 취했다. 바로 그런 부에 대한 적개심은 자본가적 재산과 마찬가지로 봉건적 대토지소유자들의 재산에 대해서도 무자비하게 발휘되었고 그것 때문에 반혁명과의 투쟁에서 폭발적인 에너지를 발휘할 수 있었으며 또한 그런 에너지는 전체 국민대중의 이해가 매달린 혁명에서 파리가 압도적인 전위대의 지위를 차지하도록 만들어주었다. 프랑스의 봉건제와 왕정 그리고 유럽 전체의 군주제에 대항하는 무력투쟁에서 파리의 혁명적 프롤레타리아는 세계에서 가장 강력한 국민인 프랑스국민 전체의 힘의 선봉에 서 있었다. 그런 힘을 통해서 프롤레타리아는 전 국토를 지배하던 군주에게 도전했고 군주의 권력을 자신의 권력으로 만들었다. 이 시기에 파리 노동자들의 폭력적이고 혁명적인 자의식이 형성되었으며 이 자의식은 제2차 파리코뮌은 물론 19세기 말까지 이어져서 결국 투쟁하는 전 세계 프롤레타리아들의 놀라운 본보기가 되었다.

그러나 이 계급은 또한 파리의 가장 가난한 소비자들로서 값싼 생활수단을 절박하게 필요로 하는 사람들이며 특히 대혁명 시기에는 더더욱 그래서 혁명은 말 그대로 굶주림의 폭동이었다. 그런 점에서 가난한 파리시민들은 점차로 농민과 중간도매상, 금융업자 등과 대립해갔다. 이들은 당시 생산수단의 사적 소유를 통해서 최대한 이익을 보고 있던 자들인데 소경영이 지배적이었던 당시로서는 이런 사적 소유의 철폐는 불가능했고 어디서도 시도된 적이 없었으며 선전도 거의 되지 않았다. 그런데 이들과의 대립에서도 프롤레타리아들은 파리에서 자신들이 획득한 권력과 지방에 대한 파리의 권력을 똑같이 행사하려고 했고 프롤레타리아들은 자신들이 소수파로서 이들 다수파들과 계속 싸워 이길 수 없다는 것을 곧 깨닫게 되었다. 결국 그들은 지금까지의 승리에도 불구하고 이들과의 대립에서 패배하고 말았다.

프롤레타리아들은 혁명에 참가하면서 혁명이 봉건적 빈곤과 함께 모든 빈곤을 쓸어버려줄 거라고 기대했고 부르주아들도 그것을 약속하고 그렇게 말했다. 이제 그들은 정치적 자유와 권력을 획득했다. 그러나 풍요로운 생활은 부르주아들과 농민들에게서만 달성되었다. 대도시의 빈곤은 사라지지 않았고 때로는 정말 힘들게 느껴졌다.

기아와 물가의 상승은 전체 혁명기간의 중요한 특징이다. 대개 사람들은 이를 마침 그 당시에 일련의 흉작이 이어졌기 때문에 발생한 우연한 현상으로 설명한다. 그러나 내가 보기에 혁명기간의 기아는 단지 이런 우연한 현상 탓으로만 돌리기보다는 혁명 그 자체와 관련된 측면이 있어 보인다.

당시 농업생산은 충분히 자급이 될 만한 수준이었다. 그런데 농민들은 사치품을 제외하고 도시의 공업생산물 가운데 필요한 것이 거의 없었다. 농민들은 자신의 식량수단을 생산했을 뿐만 아니라 자신이 직접 가공하는 섬유산업의 원료도 생산했다. 그는 자신이 필요로 하는 가재도구들도 집안에서 직접 만들어서 조달했다. 그밖에 필요로 하는 공업제품들을 그는 몇몇 마을수공업자들에게서 조달받았다.

그런데도 그가 도시에 생활수단들을 판매해야 한 이유는 공업제품에 대한 필요 때문이 아니라 국가가 그에게 부과한 화폐조세 때문이었다. 그는 곡물, 가축, 포도주 또는 기타 자신이 생산한 물품들을 시장에 가져다 팔지 않고는 조세를 지불할 수 없었다.

그밖에 그는 자신의 봉건영주에게 현물과 함께 영주의 토지에 대한 부역노동을 공세(貢稅)로 제공해야만 했다. 이런 방식으로 봉건영주의 수중에 모인 농업생산물들은 단지 일부만 영주 자신이 소비하고 나머지 대부분은 곧바로 도시에서의 향락생활을 위한 화폐를 얻기 위하여 판매되었다.

조세와 봉건적 공세는 한편으로는 화폐형태로 파리로 흘러 들어와서 그곳에서 지출되도록 만들어주었고 다른 한편으로는 생산물의 형태로 이런 화폐와 교환되기 위해 흘러 들어오게 만들어서 파리시민들이 먹고 살 수 있게 해주었다.

혁명은 봉건적 공세들을 종식시켜주었으며 일시적으로는 국가의 조세까지도 종식시켜주었는데 왜냐하면 그것을 거두어들일 모든 폭력적 수단들을 국가가 빼앗겼기 때문이다. 따라서 농민들은 더 이상 과거처럼 많은 농산물들을 강제로 판매할 필요가 없게 되었다. 무엇보다도 그들은 새롭게 획득된 자유를 스스로가 매일 배불리 먹는데, 즉 과거에 국가와 봉건제가 그들에게 부과했던 굶주림의 상태에서 벗어나는 데 사용했다. 그들은 생산물 가운데 그들이 팔기 위해 남겨둔 것들에 대해서는 단지 높은 가격으로만 처분하려고 했다. 그들이 그것을 강제로 값싸게 팔아야 할 이유는 이제 전혀 없었다. 그러므로 이미 물가의 상승과 파리와 지방의 대립은 필연적으로 나타날 수밖에 없었으며 그것도 일시적으로는 극히 첨예한 형태를 띨 수밖에 없었다. 1793년 국민공회는 6,000명의 병력으로 이루어진 '혁명군'을 편성해서 이들이 농촌부락으로 가서 생활수단을 파리로 징발해오도록 했다. 그것은 마치 최근의 러시아에 시도되었던 것과 비슷하며 이 둘은 똑같이 실패했다. 이것은 오늘날의 러시아혁명이 외견상 18세기의 부르주아대혁명과 매우 닮은 많은 특징들 가운데 하나다.

이런 대립은 전쟁 때문에 더욱 심화되었는데 전쟁은 프랑스를 고립시켰고 따라서 생활수단의 부족을 외부에서의 조달로 해결하는 것을 가로막았다. 전쟁은 파리시민들에게 좀더 굶주림을 많이 가져다주었고 농촌주민들에게는 높은 전쟁부담, 특히 국민개병제의 의무를 안겨다주었다.

파리시민들은 전쟁의 승리에 극도의 관심을 기울였다. 패전은 무엇보다도 혁명의 중심지인 그들에게 곧바로 영향을 미칠 것이었기 때문이었다. 또한 파리에서는 국민적 감정도 최고도로 발전했다. 제국의 크기와 힘은 파리의 크기 및 힘과 불가분의 관계에 있었다. 국민공회의 극좌파였던 산악파(Montagnards)[24]는 "하나의 분열되지 않은 공화국"이란 슬로건을 내걸었고 애국자라는 단어는 급진적인 혁명주의자와 동의어로 이해되었다.

---

24) 이들의 의석이 국민공회 회의장의 가장 높은 자리에 있었기 때문에 붙여진 이름이다. 국민공회의 전 의원 760명 중에서 약 200명이 산악파에 속했으나, 이는 정식정당은 아니었고 구성의원의 대부분은 파리의 자코뱅당에 속하는 급진적 의원들이었으며, 소시민과 무산층 등 상퀼로트를 기반으로 삼고, 상공업시민이나 지주층을 배경으로 한 지롱드당과 대립했다.

그런데 전쟁에 대한 농민들의 생각은 이와 전혀 달랐다. 국경선에 있던 농민들은 당연히 적의 침공에서 벗어나고 싶어했다. 그리고 농민들은 무엇보다도 외국이 승리해서 봉건적 공세들이 되살아날 것을 두려워했다. 따라서 그들도 파리시민들과 마찬가지로 애국심을 가지고 있었다. 특히 알자스 지방의 경우는 더욱 그러했다. 그러나 국경선에서 멀리 떨어져 있어서 적군의 침입을 위협받지 않는 농민들의 경우는 이와 달랐다. 그런 지역의 농민들은 전쟁의 정치적 의미를 이해하지 못했고 단지 자신들에게 부과된 부담만 느끼고 있을 뿐이었고 그들이 보기에 이런 부담은 국왕을 죽인 무도한 파리시민들이 그들에게 부과한 것이었다. 방데, 노르망디, 브르타뉴 등과 같은 지역들은 상황에 따라서 파리에 대한 대립감정이 매우 커서 누군가 지도자가 한 사람만 있으면 공개적으로 봉기를 일으킬 정도였다. 그리하여 일시적으로 반혁명적인 귀족들이 이들의 지도자가 되기도 했다. 그러나 혁명적 부르주아들 가운데서도 지롱드파로 뭉친 분파들은 우리가 이미 살펴보았듯이 한때 파리에 대항하는 지방의 봉기를 시도하기도 했다.

　금융업자들도 농민과 마찬가지 방식으로 프롤레타리아 및 소부르주아들과 대립해갔다. 이 대립은 훨씬 더 첨예한 것이었고 훨씬 직접적인 것이었다. 그것은 산업자본가와 노동자 사이의 대립은 아니었다. 당시에는 산업자본가와 노동자의 대립이 아직 아무런 역할도 하지 않았다. 혁명 이후에도 생시몽은 산업자본가를 노동하는 계급에 포함시켰다. 그 대립은 화폐자본과 상업자본, 즉 고리대금업자, 매집상, 투기가, 상인들과의 대립이었다. 이들은 직접 식량수단을 부족하게 만들지는 않았지만 그것을 이용해서 착취했고 그런 부족상태를 더욱 심화시켰다. 그것을 우리가 여기서 자세하게 다룰 필요는 없다. 우리는 그것을 최근의 5년 동안 몸소 끔찍하게 겪고 있기 때문이다.

　빈곤이 극심한 가운데 물가등귀에서 수익을 얻는다는 것은 특별히 자극적인 것으로 작용했다. 여기에 전쟁물자 납품업자들(1792년 이후)과 토지투기가들이 벌어들인 수익이 한패로 합세했다. 국민의회는 교회령 토지——아마 프랑스 전체 토지의 3분의 1에 달할 것이다——를 몰수했다. 여기에 프랑스 바깥에서 혁명에 대항해 싸울 목적으로 프랑스를 탈출해나간 귀족들의 토지가 있었다. 이들의 토지도 몰수되었다. 그러나 이렇게 몰수된 광대한 토지들은 국가소유로 남지도 않았고 가난한 농민들에게 배분되지도 않았다. 그것들은 모두 매각되었다. 이런 조치는 혁명을 몰고온 마지막 일격이 되었던 왕정시기의 유산인 재정난 때문에 이루어진 것이었지만 이 재정난을 해소한 것이 아니라 오히려 가중시켰다. 왜냐하면 농민들이 더 이상 세금을 내지 않았기 때문이다. 정작 몰수된 토지의 매각에서 발생한 이익은 적은 돈으로 토지를 취득해서 그것을 분할한 다음 개별 분할지들을 하나씩 높은 가격으로 다시 매각한 사람들에게 돌아갔다. 그리하여 정부의 재정난은 거의 해소되지 않았고 단지 토지투기만 무성하게 번창했다.

이런 어려움 속에서 정부는 아직 화폐발행이라는 매우 손쉬운 방법을 하나 남겨두고 있었다. 정부는 아시냐(Assignate)라고 불리는 혁명폐를 발행하기 시작했고 이것은 금방 엄청난 양에 도달하고 말았다. 그것은 다시 새로운 물가상승을 가져왔고 특히 극심한 환율과 물가불안을 초래했는데 이것은 투기가들과 고리대금업자들에게 유리한 착취의 조건을 제공해주었다.

그리하여 낡은 봉건적 소유제도의 폐허 위에서 새로운 자본주의적 소유제도가 커나갔다. 그리고 소유제도와 함께 빈곤도 점점 늘어났으며 그와 똑같은 속도로 프롤레타리아도 점점 더 늘어났다. 이런 기묘한 상황은 사회적 조건이 충분히 성숙하지 않은 상태에서 정치권력을 획득하는 것만으로는 경제법칙의 효과를 지양하는 것이 얼마나 불가능한지를 명백하게 보여주고 있다. 그렇지만 파리의 프롤레타리아들은 굶주려 있었고,

굶주린 뱃속에 채워지는 것이라곤
단지 토지경단이 채워진 수프밖에 없다네.

그들은 주어진 경제적 조건에서 무엇이 가능하며 무엇이 불가피한 것인지를 살펴보지 않았다. 그들은 권력을 차지했고 그 권력을 이용해서 부르주아 사상가들이 그들에게 약속했던 평등과 형제애 그리고 전반적 복지의 왕국을 실현하기로 결심했다. 생산과정을 바꾸는 것은 그들에게 불가능한 일이었기 때문에 그들은 자신들의 권력수단을 이용하여 이런 생산과정의 결과물의 배분내용을 변경하려고 했다. 이를 위해서 그들이 사용한 수단들은 오늘날에는 우리들 누구나에게 충분히 잘 알려져 있는 것들이다. 즉 최고가격제, 오늘날의 국방헌금에 해당하는 강제징발, 그리고 이와 비슷한 여러 가지 정부개입 조치들이 그런 것들에 해당하는데 이런 모든 것들은 오늘날에 비해 당시에는 아직 빈곤퇴치 효과가 훨씬 적었다. 왜냐하면 당시에는 생산이 사방에 소규모로 산재해 있었고 통계도 빈약했는데다 각 지방에 대한 중앙의 행정력이 마비되어 있었기 때문이다.

프롤레타리아의 정치권력과 그들의 경제적 상태 사이의 모순은 날이 갈수록 첨예하게 되어갔다. 거기에 전쟁으로 인한 곤궁도 더욱 극심해져갔다. 그리하여 프롤레타리아 권력층은 절망에 빠져 점점 더 극단적인 수단으로, 즉 유혈의 공포인 테러를 향해 나아갔다.

테러리즘의 실패

코뮌을 통해서 파리의 혁명적 소부르주아와 프롤레타리아들은 프랑스 전체를 지배했다. 그러나 그들은 이런 지배를 직접적으로 행사하거나 자신들의 슬로건인 '모든 권력을 코뮌에게로'를 곧바로 내거는 일을 삼갔다. 그들은 제국 전체를 대표하는 의회를 통해서만 제국이 하나로 묶여지고 또 지배될 수 있다는 것을 알고 있었다. 따라서 그들은 국민의회, 그리고 국민공회를 건드리는 것을 삼갔다. 그들은 의회 없이 또는 의회에 반해서 지배하는 것이 아니라 의회를 통해서 지배했던 것이다.

레닌도 이와 비슷한 정책을 계획했던 것임이 틀림없다. 왜냐하면 만일 그런 것이 아니라면 왜 그가 입헌의회 선거를 실시하도록 가만히 내버려두고 선거 이후에 그것을 소집했는지 달리 이해할 수 있는 방법이 없기 때문이다. 그러나 코뮌이 레닌보다는 운이 좋았다. 코뮌은 이 대단히 중요한 도구[25]를 자기 마음대로 휘두를 수 있는 방법을 터득하고 있었지만 레닌은 첫날부터 이미 그것과 불화를 일으키며 그것을 구석으로 내던져버렸던 것이다.

코뮌과 연대해 있던 국민공회 내의 산악파는 사실 소수파였다. 그러나 다수파는 성격이 뚜렷하고 단호한 주장을 하는 정치가들만으로 이루어져 있지 않았다. 그들 가운데 많은 수는 지조가 없고 애매한 정치가들로 드러났다. 그들은 파리의 분위기에 영향을 받았고 따라서 만일 산악파에 대한 찬성표가 충분하지 않을 때는 이들에게 강력한 압력을 행사하기만 하면 언제든지 원하는 표결을 충분히 끌어낼 수 있었다. 이런 줏대 없는 해파리 같은 사람들 덕택에 산악파는 국민공회 내에서 다수파를 휘두를 수 있었다.

그러나 즉각적인 조치를 자주 취해야 하는 긴박한 상황에서는 계속해서 국민공회의 입법활동에만 의존할 수는 없었다. 또한 법 자체도 사회적 해악과 곤궁을 제거할 능력이 없는 것으로 드러났다. 모든 억압적인 법률은 아무리 그것이 엄격한 것이라고 할지라도 일정한 규정을 명시하는 순간 이미 그 효과에 일정한 한계를 설정하는 것이며 그럼으로써 법률의 제약을 받는 사람들이 약간의 수완만 발휘하면 오히려 그 법률을 이용할 수 있는 여지가 만들어진다. 모든 억압적인 정책은 그것이 목표로 하고 있는 현상이 사회적 관계에 깊이 뿌리를 내리고 있고 따라서 쉽게 근절될 수 없을 경우 그 시기가 이르든 늦든 상관없이 언젠가는 그 자신이 만들어낸 법률의 족쇄를 스스로 풀고 자신은 무법적인 억압으로, 즉 **독재**(Diktatur)로 이행할 수밖에 없다는 것을 알게 된다.

만일 우리가 독재를 하나의 **상태**(Zustand)가 아니라 **통치형태**(Regierungsform)로 이해한다면 바로 이것이 다름 아닌 독재의 의미

25) 의회를 가리킨다.

다. 그것은 하나의 자의적인 상태를 가리키며 이런 상태에서는 당연히 아무런 형식적인 제약도 받지 않는 극소수의 집단이나 한 개인이 모든 것을 제 마음대로 행사할 수 있게 된다. 그러나 다수로 이루어진 집단에서는 언제나 협력을 위해서 일정한 규칙, 즉 운영규칙이 필요하고 따라서 이들은 법률을 통해서 이미 제약을 받는다.

통치형태로서의 독재의 전형적인 형태는 개인적인 독재(persönlich Diktatur)다. 통치형태로서의 계급독재란 난센스에 지나지 않는다. 법률 없는 계급지배란 생각도 할 수 없는 것이다.

고리대금업자, 투기가, 그리고 반혁명가들을 억압하려는 법률이 아무 효력이 없었기 때문에 프롤레타리아 분자들은 결국 독재로 나아갔다.

1793년 3월 25일 국민공회는 '공공안녕 및 국민방위위원회'[26]를 설치했고 이 위원회는 점점 더 절대적인 지배권을 획득해나갔는데 그 구성원은 극히 소수로 한정되어 있었다. 위원회는 처음 출발할 때는 25명이었으나 나중에는 9명으로 줄어들었다. 그 회의는 비밀에 부쳐졌다. 위원회는 행정장관과 군 지휘자들을 통제했고, 공무원과 행정관리들의 임명과 해임을 마음대로 했으며 막강한 권한을 가진 감찰관을 파견했고 위원회가 필요하다고 간주할 경우에는 어떤 훈령도 내릴 수 있었다. 그리고 행정장관들에 의해서 이 훈령들은 즉각 시행되었다. 위원회는 사실 의회에 대해서는 언제든지 의회의 결의에 따를 의무를 지니고 있었지만 그것은 단지 형식에 그쳤다. 왜냐하면 의회는 이 위원회를 두려워했기 때문이다. 그러나 그것의 전권에 대해 약간의 제한을 가하기 위하여 위원회는 매달 새롭게 구성하도록 되어 있었으며 국고에 대해서는 아무런 권한도 부여하지 않도록 규정되어 있었다. 공안위원회는 금방 산악파의 독점적인 기관이 되었다. 그것의 독재적인 권한이 커짐에 따라서 그 중심에서는 한 개인의 독재적 권력이 자라났다. **로베스피에르**가 바로 그 사람이었다.

---

26) 이하에서 카우츠키는 이를 줄여 공안위원회라고 부르고 있다.

독재의 도구로서 두 개의 기구가 설치되었는데 이들 두 기구는 거의 완전히 자의적으로 운영되었다. 하나는 '치안위원회'라고 불리는 경찰위원회였고 다른 하나는 비상혁명재판소로서 이 재판소는 조국의 자유, 평등, 신성불가침에 대한 모든 도전과 반혁명적인 기도에 대해서 재판할 수 있었다. 한 '애국자'가 누군가에게 혐의를 두고 고발하는 것만으로도 이 재판소에서는 사형판결이 내려질 수 있었고 어떤 항소의 가능성도 더 이상 주어지지 않았다.

블랑은 자신이 쓴 『프랑스혁명사』(519쪽)에서 공포정치의 조직체계에 대해서 다음과 같이 서술하고 있다.

우리는 파리를 공기로 들이마시며 생명을 이어가는 지칠 줄 모르는 클럽, 즉 자코뱅클럽을 보게 된다.

이 클럽은 섹숑이라는 이름을 가진 일련의 인민의회들[27]로 이루어진 파리를 통해서 자신들의 사상을 표현한다.

이렇게 파리의 생각으로서 표현된 그들의 사상은 섹숑들의 중심인 코뮌에 의해 국민의회에 전달된다.

국민의회는 이 생각을 법안으로 만든다.

공안위원회는 이 법안을 모든 영역에서 발효시킨다. 즉 정부행정에, 공무원의 선발에, 군대에, 감찰관을 통해서 각 지방에, 그리고 혁명위원회를 통해서 공화국의 모든 부분에 발효시킨다.

치안위원회는 반동분자를 색출해내는 임무를 갖는다.

---

27) 구의회를 의미한다.

비상혁명재판소는 이들 색출된 반동분자들을 즉각 처벌한다.

이것이 바로 혁명의 메커니즘이었다.

무자비한 방식으로 공포의 수단들이 사용되었다. 사람들은 밀수꾼, 고리대금업자, 투기가들의 목을 쳐버리면 이들이 모두 없어질 것으로 기대했다.

그러나 실제 경제적 상황은 수공업자나 수공업노동이 황금기를 맞게 될 것이라는 믿음을 주기에는 훨씬 미치지 못했다. 그리고 돈을 갖지 않은, 그것도 정말로 많은 돈을 갖지 않은 모든 사람들에게는(적어도 대도시에서는) 그 어느 때보다도 가장 극심한 빈곤이 덮쳤다. 공포정치 체제는 돈을 버는 것 자체를 못하도록 위협한 것이 아니라 돈을 버는 방법을 뒷골목으로 옮겨버렸고 치부와 부패의 원천을 뇌물이라는 곳에서 새롭게 찾도록 만들었다.

적발되는 것이 위험해지면 질수록 적발된 사람들은 자신이 벌어들인 것 가운데 일부를 자신의 불법을 적발한 사람에게 나누어줌으로써 그 사람이 입을 다물도록 매수해버리는 경향이 더욱 증가했다. 그리고 빈곤이 심해지면 질수록 각 혁명적 행정기구들마다 돈벌이의 새로운 원천이 되는 것을 사람들의 눈에 띄지 않는 곳에 감추어두려는 노력도 함께 커져갔다.

그리하여 기요틴[28]의 갖은 맹위에도 불구하고 점점 더 새로운 자산가들이 형성되었고 목이 잘려나간 사람들 대신에 새로운 자본가들이 자라났으며 굶주림은 줄어들지 않았다.

새로운 자본가들은 소부르주아 계층과 프롤레타리아 계층에서 직접 배출되었는데 이들은 혁명가 진영 가운데 가장 뻔뻔스럽고 약삭빠른 무리들에 해당했다. 물론 강직한 사람들은 이들에 포함되지 않았다. 한편

---

28) guillotine, 목을 자르는 사형기구.

혁명가 가운데 가장 훌륭한 사람들은 사리사욕이 없이 헌신적인 사람들이었는데 이들은 끊임없는 외국과의 전쟁과 내전과정에서 스러져갔다.

혁명적 프롤레타리아 진영의 대오는 두 가지 방향으로 갈라졌는데 하나는 훌륭한 사람들이 걸어간 죽음의 길이었고 다른 하나는 약삭빠른 사람들이 걸어간 착취계급으로의 출세의 길이었다. 그 두 길 모두에게서 혁명적 프롤레타리아는 자신의 가장 역동적인 분자들을 잃어갔다.

나머지는 비겁하고 무감각한 무리가 되어갔다. 혁명은 이미 4년이나 계속되고 있었고 농민과 금융업자들은 그 혁명에서 이익을 얻었으며 때로는 큰 부를 얻기도 했다. 그런데 쉬지 않고 가장 헌신적으로 싸웠고 그 결과 프랑스의 권력을 자신의 손에 쥔 프롤레타리아들에게는 그 혁명이 굶주림을 잠재워주지도 않았고 오히려 그것을 더욱 증폭시키기만 했다. 유혈의 공포정치 체제조차도 그들의 상태를 개선해주지는 못했다. 그렇다면 이제 그들이 정치에서 더 이상 무엇을 기대할 수 있었겠는가? 절망, 의기소침, 피로가 그들 사이에서 점차 번져나가기 시작했다.

이때 그들에게 제기되었던 가장 큰 당면 과제는 파리코뮌의 지배 문제였다. 우리가 이미 보았듯이 섹숑의 권력은 모든 시민들이 섹숑의 활동에 지속적으로 참여하고 섹숑이 끊임없이 개최되어 가능한 한 자주 행정이나 정치적 행동과 관련한 사안들을 직접 처리하는 데에 토대를 두고 있었다.

그러나 시간이 지나가면서 이것은 불가능해졌다. 섹숑의 프롤레타리아와 소부르주아들은 생산적인 노동을 수행해야만 했다. 그것 이외의 어디서 그들이 먹고살 수 있는 방법을 찾을 수 있었겠는가? 끊임없이 중단되는 일시적인 노동을 그들은 계속할 수 없었다. 혁명의 불길이 그들에게서 타오르고 있을 동안에는 그리고 그들이 혁명의 정치에서 경제적 후생을 기대할 수 있을 동안에는 그들은 당장 그들을 위협하는 경제적인 어려움을 참아낼 수 있었다. 그러나 절망하기 시작하면서 그들은 다시 정치가 아니라 생산적 노동을 통해서 구원받으려고 했다.

그들은 점점 더 많은 수가 그리고 점점 더 자발적으로 섹숑의 활동영역에서 하나하나 빠져나와서 자신들이 쥐고 있던 국가권력을 봉급을 받는 공무원들에게 넘겨주었는데 그럼으로써 그들은 나중에 등장하게 되는 중앙집권적 관료주의 왕정체제의 길을 닦아주었다. 그리고 이와 함께 섹숑 내에서도 부유한 사람들과 어떤 형태로든 수입이 있는 그들의 추종자들의 수가 점점 더 다수의 위치를 점하게 되었다. 왜냐하면 이들은 이미 수입이 있기 때문에 섹숑에서 활동할 수 있는 충분한 시간이 있었고 반면 생업에 시간을 빼앗기는 혁명적 프롤레타리아와 소부르주아의 수는 갈수록 줄어들어서 결국 이들이 섹숑에서 다수파를 이루게 될 위험이 나타나게 되었던 것이다.

섹숑의 혁명적 활동이 쇠퇴하는 것에 대한 징후는 1793년 9월 9일자 국민공회의 결의를 통해서 나타났는데 이 결의는 섹숑회의의 횟수를 일주일에 두 번으로 제한하고, 자신의 노동으로 생계를 영위하는 사람에게는 모두 한 번 회의에 참석할 때마다 2프랑씩을 지불하는 것을 승인하는 내용으로 되어 있었다. 그러나 그것으로는 회의의 불참이 늘어나는 것을 막을 수 없었다.

그럼으로써 이제 대중과 지도자들 사이의 관계에도 변화가 왔다. 혁명이 고양되던 시기에는 대중이 머뭇거리는 지도자들을 앞에서 끌어당기고 그들에게 에너지와 승리에 대한 확신을 불어넣어 주었다. 그리고 그런 것이야말로 민중운동이 성공을 거두는 곳에서는 어디서나 대중과 그들의 지도자들 사이의 올바른 관계다. 지도자들은 혁명적 상황에서 대중보다 언제나 더욱 우유부단한데 이는 그들이 대중에 비해 모든 가능성을 고려하고, 특히 온갖 어려움들을 좀더 뚜렷하게 알고 있기 때문이다.

그러나 이제 지도자들은 자신들이 살아남기 위해서, 그리고 자신들이 몰락하지 않기 위해서 대중의 힘이 끊임없이 새롭게 발휘될 필요가 있는데도 대중이 점점 더 지쳐가고 절망해가기 시작하는 상황에 처하게 되었다. 그래서 지도자들은 대중을 몰아붙이고 그들을 일깨우고 그들을 선동해야만 했다. 대중운동에서 이런 상태는 그 운동의 내적 동력이 부족하다는 것을 의미하고 운동이 그런 동력을 얻지 못한 상태에서 이미 그것을 상실해버렸다는 것을 보여주는 것이다.

대중의 열기에 불을 붙이기 위해서 지배체제는 가식적인 힘을 보여주어야 했으며 대중에게 최면을 걸어야만 했고 그럼으로써 사회경제적인 성과의 결핍을 속여야만 했다. 이를 위해서는 피바람을 불러일으킬 필요가 있었다.

그리하여 그것은 다시 테러리즘의 체제를 지속시키고 그것도 가능한 한 고양시키는 동기가 되었다.

마지막으로 자신의 토대가 취약하다고 느끼던 권력층의 신경쇠약도 이런 경향에 같은 방향으로 영향을 미쳤다. 절망과 함께 증오는 단지 계급의 적들에 대해서뿐만 아니라 자신과 같은 진영 내의 색깔이 약간 옅은 동지들에 대해서도 마찬가지로 증가했다. 지도자들은 점점 더 어떤 결함이나 우둔함도 모두 극히 해로울 수 있다고 느끼게 되었다.

어리석은 행동은 다른 어떤 때보다도 혁명시기에 더욱 많이 행해지는데 이는 혁명시기에는 감정이 극도로 격앙된 상태에서 완전히 새로운 사태들이 전대미문의 어려움과 함께 중첩되어 나타나기 때문이다.

혁명이 고양국면에 있을 때는 온갖 어리석은 행동을 저질러도 혁명이 흔들리지 않고 자신의 길로 계속 나아가는 것이 주요한 특징이다. 그러나 그것이 하강국면에 있을 때는 아주 조그만 결함이라도 치명적인 것으로 작용할 수 있다.

혁명의 권력자들이 혁명의 상황을 불확실하다고 느끼면 느낄수록 그들 내부에서의 다양한 전술적 노선들 사이의 투쟁은 더욱 격렬해지고 그들 각자는 혁명을 구출하기 위해서 다른 편을 폭력적으로 제압하는 것이 절실하게 필요하다고 생각하게 된다.

산악파의 구성원들 사이에는 처음부터 유신론자(비록 교회신앙은 아니라 할지라도)와 무신론자의 대립, 그리고 고루한 청교도와 뻔뻔스러운 향락주의자의 대립, 강경파와 온건파의 대립들이 내재하고 있었다. 그러나 그것들은 이들의 일치단결된 협력을 방해하지 않았다. 이들 각 노선들이 공포정치 체제의 수단들을 서로 상대편에게 사용할 정도로 광폭하게 서로 투쟁하기 시작했다는 것은 이미 혁명이 급속하게 하강하고 있다는 것을 보여주는 것이었다. 로베스피에르파가 에베르파[29]를 "극단적 혁명주의자"로 그리고 당통파[30]를 "부패한 자들" 또는 "관용파"로 낙인을 찍어 혁명재판소에 회부해서 그들이 바로 몇 달 전에 지롱드파에게 사용했던 기요틴에서 운명을 같이하게 했을 때(1794년 3월) 혁명의 운명은 이미 결정되었던 것이다.

이런 테러리즘적인 조치들이 혁명의 하강을 나타내는 지표라면 그 조치들은 파리코뮌 내의 대중들을 분열시키고 기요틴에서 처형당한 사람들의 추종자들을 혁명정부의 적으로 돌려놓음으로써 스스로도 바로 그런 혁명의 하강을 다시 재촉했다. 또한 이런 조치들은 대중들의 무관심을 부채질해서 한때 섹숑이 담당하던 기능들을 하나씩 섹숑으로부터 빼앗아서 공무원들에게 넘겨주도록 만들었다. 경찰, 특히 정치경찰은 이제 두 개의 중앙집권화된 기구의 수중에 들어갔는데 이들 두 기구는 사실상 국가권력을 장악했다. 그것은 바로 국민공회 산하의 공안위원회와 치안위원회였다. 경찰은 전권을 장악한 정부의 무소불위의 도구로 되었으며 동시에 공개적으로 운영되던 섹숑의 기능을 점차 비밀스러운 것으로 바꾸어나갔다. 비밀경찰은 국가의 모든 사람들 위에 군림하는 보이지 않는 권력으로 되어갔다.

그러나 이런 모든 공포정치의 조치들을 통해 사태를 안정시키려던 권

---

29) 자코뱅 좌파에 해당한다. 에베르(Jacques Hebert)의 영도 아래 로베스피에르를 기회주의적인 성향으로 규정하고 좀더 급진적 혁명의 관철을 주장했다. 1794년 3월 파리의 식량사정 악화를 이용해 시민을 동원해서 봉기를 계획하다가 체포되어 기요틴에서 처형되었다.

30) 자코뱅 우파에 해당한다. 부르주아적 에고이즘을 대표해서 혁명적 독재와 공포정치인 테러의 완화를 요구하고 경제통제에도 반대했으며 지도자인 당통이 동인도회사 청산위원회 독직사건의 공범자이자 반혁명의 초점으로 규탄되면서 처형이 임박해오자 베스터망을 중심으로 로베스피에르파에 대한 역습을 기도하다가 1794년 4월 당통(Georges Danton)을 비롯한 14명이 공안위원회에 의해 체포되어 기요틴에서 처형되었다.

력자들의 노력은 수포로 돌아갔다. 그들이 딛고 선 토대는 점점 좁아지기만 했다. 그들은 공포와 무소불위의 경찰권력을 증가시키는 방법으로만 자신들의 권력을 유지할 수 있다는 것을 잘 알고 있었는데 그것은 바로 모든 사람들이 공포를 느끼고 있기 때문에 그 모든 사람이 일치단결해서 지배자들의 필사적인 노력에 대항할 것이며 결국 결정적인 순간에 권력자들에게는 같은 편이 하나도 남지 않게 되리라는 것을 의미하는 것이었다.

혁명과정에서의 파리코뮌에 대한 열렬한 숭배자인 크로폿킨은 혁명의 적들에 비해 이런 공포정치의 치명적인 약점을 매우 잘 서술하고 있다. 그는 프랑스혁명에 관한 그의 책 제67절(「공포」라는 제목이 붙어 있다)에서 다음과 같이 쓰고 있다.

가장 암울한 점은 (외국과의 전쟁 이외에) 지방, 특히 남부의 분위기였다. 지방의 자코뱅파와 국민공회 의원들이 승리 이후에 반혁명분자들과 그들에게 포섭된 자들에게 감행한 무차별적인 대량학살은 깊은 증오를 불러일으켜서 이제 도처에서는 전쟁이 백병전으로 발전하고 있다. 그리고 누구나 극단적인 복수방법이 무엇인지를 아무 곳에서나 때와 장소를 가리지 않고, 심지어 파리 시내에서도 쉽게 들을 수 있게 된 점도 상황을 점점 더 어렵게 만들어나갔다.

이어서 몇 가지의 예를 제시하고 난 다음 로베스피에르가 어떻게 해서 공포정치를 극단으로까지 몰고 가야겠다고 느끼게 되었는지에 대해 서술하고 있다.

블랑이 생각하기에 로베스피에르 자신은 공포정치 체제에서 벗어나고 싶어했으며 그 체제가 가져올 파멸적인 결과를 느끼고 있었다. 그러나 그는 공포에 질린 사람들을 다독거려 자기편으로 끌어들이기보다는 더욱 강화된 공포 수단들로 그들을 제압하는 방법 이외에 다른 탈출구를 알지 못했다. 블랑은 이렇게 말하고 있다.

로베스피에르는 온 세상을 공포의 도가니로 몰아넣은 바로 그 사람들을 공포의 도가니 속에 빠뜨리려고 했다. 그는 그런 사람들을 그 사람들 자신의 몽둥이로 제압하는 대담한 계획을 세웠다. 즉 공포를 공포로써 두들겨 잡는 것이 바로 그것이었다.(『프랑스혁명사』 II, 748쪽)

사람들은 그것이 실제로 로베스피에르의 의도였는지에 대해서 논란을 제기할 수도 있을 것이다. 그러나 그가 모든 정치적 피고인들에게 최후의 법률적 안전장치를 제거해버린 프레리알(Prairial)[31] 제22일(1794년 6월 10일)의 법령을 끝까지 관철시킨 것은 분명한 사실이다. 혁명재판소가 설치되기 이전까지 정치적 피고인들은 변호사를 선임할 수 있었고 재판절차는 '건강한 인간의 이성'의 규칙에 따라서 진행되었으며 판결은 '판사의 양심'과 '피고인의 성질과는 무관하게 오로지 그에 대한 수사기록'에 의해서만 내려졌다.

이보다 앞서 1794년 2월 24일 로베스피에르는 다음과 같이 선언했다.

사람들은 혁명을 법률의 교활함을 이용해 지배하려 하고 있다. 그들은 공화국에 대한 반역음모를 일반 민간인들 사이의 민사소송과 똑같이 다루고 있다. 전제정치를 타도하고 평화를 옹호해야 한다는 것이다. 그리고 바로 음모자들 자신이 만든 형법에 따라 그들을 재판해야 한다는 것이다.

새로운 법률에 따르면 판결을 받는 사람에게 내려지는 유일한 형벌은 사형이었다. 사형은 "인민을 분열시키거나 현혹시키고, 그리고 사회기강을 흐트러뜨리고 공공의 도덕에 해악을 끼칠 목적으로" "유언비어"를 퍼뜨리는 자들에게도 내려졌다. 그러나 이런 정도의 혐의는 어떤 정부에서나 반대파로 간주되는 모든 발언에 대해서는 쉽게 적용될 수 있는

31) 초원월(草原月). 프랑스혁명력의 제9월로서 태양력으로는 5월 20일부터 6월 18일까지에 해당한다.

것이다.

크로폿킨은 여기에 대해서 다음과 같이 지적하고 있다.

이 법률을 선포했다는 것은 바로 혁명정부의 파산을 선언하는 것이나 마찬가지였다. 〔……〕 그리고 실제로 프레리알 제22일의 이 법률이 발휘한 효과는 6주 후에 반혁명이 발발하도록 만드는 것으로 나타났다.

이 법률에 근거해서 즉각 54명이 한꺼번에 처형되었다.

세상에서 로베스피에르의 법률이라고 이름을 붙인, 이 새로운 법률은 이렇게 발효되기 시작했다. 그것은 즉시 파리에서 공포정치 체제에 대한 혐오를 불러일으켰다.

이어서 150명의 피고에 대한 집단적 재판이 한꺼번에 이루어졌고 이들은 모두 3차례로 나누어 처형되었다.

이들의 처형을 오랫동안 미루는 것은 무망한 노릇이었다. 1793년 4월 17일 혁명재판소가 세워진 그날부터 혁명력 제4년 프레리알 제22일(1794년 6월 10일)까지, 다시 말해서 14개월 동안에 파리의 혁명재판소에서는 2,607명이 처형되었는 데 반해 이 새로운 법률 이후, 즉 프레리알 제22일부터 테르미도르(Thermidor)[32] 제9일까지의 단 46일 동안 무려 1,351명이 사형에 처해졌다.

파리시민들은 사형수들을 기요틴으로 싣고 가는 수레들과 다섯 명의 사형집행인들을 하루도 빠짐없이 몸서리치며 보아야 했다. 처형된

---

32) 프랑스혁명력의 제11월로서 태양력의 7월 19일부터 8월 17일까지의 기간을 가리킨다.

희생자들을 매장할 묘지도 더 이상 찾을 수 없게 되었는데 이는 노동자 거주지역에 새로운 묘지를 만들려고 했다가 계속 노동자들의 격렬한 저항에 부딪혔기 때문이다.

파리의 노동자대중의 동정심이 이제는 점차 희생자들에게로 향했으며 이런 경향은 부자들이 파리를 떠나서 프랑스 곳곳으로 숨어버리고 기요틴의 희생자들이 주로 가난한 사람들이 되어가면서 더욱 가속화되었다. 사실 블랑이 신분을 파악할 수 있었던 기요틴의 희생자 2,750명 가운데 부유한 계급에 속하는 사람은 650명에 불과했다. 사람들은 귓속말로 부자들의 대리인과 왕당파들이 치안위원회에 앉아서 공화국에 대한 혐오감을 불러일으키기 위해 처형을 부추기고 있다고 속삭였다.

이런 종류의 모든 새로운 대량학살이 자코뱅체제의 붕괴를 촉진시킨 것은 분명한 사실이다.

온 세상은 로베스피에르와 그 일당들에게서 위협을 받고 있다고 느꼈으며 이들에 대항해서 함께 뭉쳤다. '극좌파'와 '중도파', 지롱드파와 산악파, 그리고 공포정치 옹호자와 온건파, 프롤레타리아와 부르주아가 모두 함께 뭉친 것이다.

로베스피에르의 권력은 그에게서 위협을 받은 이들이 뭉쳐서 그에게 단 한 번 대항하는 것으로 곧바로 붕괴되었다. 테르미도르 제9일에 그가 대중에게 했던 호소는 별로 받아들여지지 않았고, 그는 실각했다. 그러나 그와 동시에 파리코뮌도 그렇게 오랫동안 행사해오던 권력의 마지막 자취를 상실했다. 이제 혁명은 경제적 조건에 의해서 규정된 바로 그 토대로 되돌아갔으며 그것은 바로 부르주아의 지배를 의미하는 것이었다.

공포정치 체제 지배의 전통

로베스피에르의 붕괴는 최악의 붕괴, 즉 도덕의 붕괴를 의미하는 것이었다. 왜냐하면 그것은 프롤레타리아와 소부르주아들이 자신들의 이해를 대변하려고 만들었던 당파를 위험 속에서 방치해버림으로써, 즉 그 당파를 위해서 싸울 것을 거부하고 오히려 종국에 공포의 살인이 끝나게 된 것을 무거운 중압감에서 벗어난 것처럼 안도의 숨을 몰아쉼으로써 이루어졌기 때문이다.

그러나 이런 우울한 종말은 금방 잊었다. 혁명적 프롤레타리아와 소부르주아들의 마음속에서 지워지지 않은 것은——그것은 단지 파리에서만 그런 것은 아니었다——위대한 시절의 기억, 즉 그들이 봉기를 통해 국민공회를 굴복시키고 국민공회를 통해서 당시 유럽 전체와 대적할 수 있을 만큼 가장 강력한 대국인 프랑스를 적어도 일시적으로나마 굴복시켰다는 기억이었다.

나폴레옹의 군사체제 아래서 그리고 나폴레옹의 몰락 이후 촌뜨기 신사들과 금융 대재벌들의 체제 아래서 프롤레타리아와 소부르주아들, 즉 모든 혁명가들에게는 시절이 암울해져갔지만 그럴수록 이들 혁명가들은 그 위대한 전통에 깊이 빠져들어갔다.

단지 극소수의 사람들만이 과학적인 목적을 가지고, 즉 과학적인 정신으로 역사를 연구한다. 과학적 정신이란 인류의 발전과정에서 인과적인 연관관계들을 밝혀내려는 것인데 이는 이미 알려진 다른 연관관계들 전체에 비추어 이 발전과정을 모순 없는 연관관계로 설명하기 위한 것이다. 달리 말해서 그것은 이미 얻어진 세계관을 좀더 심화시키고 좀더 명확한 인식과 확고한 원리에 도달하기 위한 것이다.

모든 과학의 출발점은 단순히 철학적 인식의 욕구 때문이기보다는 매우 실천적인 목적을 가지고 있다. 그것은 극히 추상적인 학문인 기하학의 이름을 통해서도 금방 확인할 수 있는데 기하학이라는 이름은 다름 아닌 토지측량의 기술이라는 것을 의미하기 때문이다.

이와 마찬가지로 역사학의 출발점도 실천적인 목적을 가지고 있다. 즉 그것은 새로운 세대가 선조들이 했던 것과 마찬가지의 것을 하도록 부추기기 위해 선조들을 찬양하는 목적을 가지고 있다. 여기서 중요한 것은 정확한 인식보다는 정치적이고 윤리적인 효과이기 때문에 이때 사람들은 진실성을 엄격하게 따지는 것은 반드시 필요하다고 생각하지 않는다. 그래서 효과를 높이기 위해 과장하는 것은 물론 심지어 없는 일을 지어내는 것조차도 주저하지 않는다. 그래서 역사의 왜곡은 역사의 기술 자체 만큼이나 오래되었다.

일반적으로 잘 알려져 있듯이 이런 유형의 역사기술은 오늘날까지도 아직 소멸되지 않고 있다. 오히려 그것은 애국심의 발로로서 특별히 값진 업적으로 간주되고 있다.

역사기술이 갖는 또 하나의 실천적 목적은 그것이 과거의 관습, 그리고 과거에 체결된 협정이나 계약들을 통해서 어떤 개별 국가나 개별 국가 내부의 각 지방이나 계급, 또는 가족들의 요구에 근거를 제공하는 수단으로 사용되는 데에 있다. 이런 유형의 역사기술도 역사왜곡 작업을 부추기는 훌륭한 밑거름이 된다. 예를 들어 교황이나 각 주교단, 수사단, 수녀원 등과 같은 가톨릭교회의 재산과 권력의 상당 부분이 바로 그렇게 조작된 자료들에 의해 정당화되고 있다.

기록자료들을 왜곡시켜 날조하는 일은 글을 쓰고 읽는 것이 더 이상 소수의 선택받은 사람들에게만 국한되지 않게 되면서부터는 한물간 행태가 되었다. 그러나 아직도 여전히 역사 '과학'이 언제든지 역사적 청구권이 필요할 경우에는 입맛에 맞게 그 역사적 근거를 만들어낸다는 점은 최근 전쟁을 일으킨 여러 나라들이 자신들의 역사적 권리를 자기들의 입맛에 맞게 '과학적으로' 입증했던 바로 그런 사실에서 아무런 변함이 없다는 것을 우리들에게 보여주고 있다.

그러나 역사의 가장 중요한 실천적 용도는 과거의 위대한 업적이나 선조들을 통한 교화나 감화, 또는 역사적 청구권의 근거제공 등에 있기보다는 과거의 경험을 이용해서 자신에게 주어진 힘을 더욱 키우는 데 있다.

이렇게 힘을 증대시키는 데는 두 가지 측면이 있을 수 있다.

하나는 각 개인이 역사에서 교훈을 얻음으로써, 즉 자신의 선조들이 밟았던 성공과 실패를 연구해서 자신이라면 그 당시의 조건에서 어떻게 해야 했는지를 인식함으로써 자신의 지적인 힘을 키울 수 있는 측면이다.

특히 **군사전략**에서는 역사의 교훈이 매우 큰 실천적 열매를 거둘 수 있게 해주고 있다. 전쟁의 역사를 섭렵하고 그 선조들에게서 교훈을 얻지 않고 위대한 군사지휘자가 된 사람은 지금까지 거의 없었다.

역사에서 교훈을 얻기에 어려운 것은 **정치부문**이다. 여기서는 전쟁, 특히 초기의 전쟁들에 비해 훨씬 더 많은 다수 대중을 고려하게 된다. 그리고 대중은 전능한 지도자가 자기 마음대로 조종할 수 있는, 아무 의지도 없는 도구에 불과한 것이 아니라 독자적인 의지를 가지고 있고 또한 매우 파악하기 어려운 존재다. 그래서 정치가가 다루어야 하는 관계들은 군사전략의 경우보다 훨씬 더 복잡하고 변화무쌍한 것들이다. 여기서는 아무리 관계들이 매우 단순하고 쉽게 파악될 수 있는 것이라 할지라도 만일 역사에서 얻은 일반적 규칙을 그때그때의 특수한 상황에 합목적적으로 맞추지 않고 역사로부터의 교훈을 아무 생각 없이 단순히 과거의 모방으로만 사용해버린다면 그것은 매우 치명적인 것이 될 수도 있다. 정치에서는 각 나라와 시기에 따라 사회적 조건이나 상황이 매우 큰 차이가 나고 쉽게 파악하기 어렵기 때문에 어떤 상황의 외양만 보고 그것이 단지 비슷하다고 해서 과거에 있었던 현상들에 기대어 천편일률적으로 해석해버릴 경우, 그것은 종종 도움이 되기보다는 오히려 해가 될 수 있으며 또한 사태의 진상을 파악하는 안목을 열어주는 것이 아니라 오히려 그것을 가려버리는 수가 많다.

그래서 옛날부터 사람들은 정치 면에서는 역사에서 배울 점이 사실상 훨씬 적다고 생각해왔다.

그래서 많은 정치가들은 역사를 다룰 때 거기서 무엇을 배우는 것을 중요하게 생각하기보다 전혀 다른 무엇을 더욱 중요하게 생각하기도 한다. 그리고 바로 이 부분이 역사를 통해서 힘을 증대시키는 두 번째 측면이다.

오늘날의 모든 계급과 당파는 과거 속에서 각자와 닮은 아류들을 발견할 수 있는데 이런 닮은꼴은 오늘날 우리들이 벌이고 있는 투쟁과 마찬가지로 착취자와 피착취자, 자산가와 무산자, 귀족파와 민주파, 왕당파와 공화파 사이에 벌어진 투쟁들에서도 그대로 나타나고 있다. 물론 이들 과거의 계급과 당파들은 오늘날의 계급이나 당파들과는 완전히 다른 조건에서 등장했고 그런 조건들은 나중의 비슷한 현상들과는 완전히 다른 것을 의미하는 경우가 종종 있었다. 그러나 정치에서는 오늘날의 현상이 과거의 현상에 빗대어, 그리고 과거의 성공과 실패에 빗대어 비교되곤 했다. 만일 어떤 정치적 노선이 과거 자신들의 선조가 얼마나 커다란 성공을 거두었는지를 알릴 수 있었다면 그것은 그 정치적 노선의 선전에 매우 큰 힘이 된다는 것을 의미했다. 그리고 만일 상대편에 대해서도 상대편의 선조들이 실패를 겪었다는 점을 입증할 수 있었다면 그것도 어느 정도 그에게는 큰 힘이 된다는 것을 의미했다.

이것은 역사연구에 대한 매우 활발한 관심을 불러일으켰는데 그러나 그것은 역사적 진실에 대한 관심과는 전혀 거리가 먼 것이었다. 여기서도 다시 우리는 역사의 왜곡을 부추기는 계기들을 발견하게 된다. 모든 당파의 작가들은 그들의 선조에 대해서는 가능한 한 밝은 면을, 그들의 반대파에 대해서는 가능한 한 어두운 면을 부각시키려고 노력한다.

역사연구에서 비롯되는 실천적 요구 가운데 역사왜곡의 경향으로부터 자유로운 것이 단 하나 있는데 그것은 역사에서 **교훈을 얻어야** 한다는 요구가 붙어넣는 것이다. 이것은 자기 당파의 선조가 겪은 경험 가운데 성공의 원인뿐만 아니라 **실패의 원인**도 명확하게 인식하고 거기에 대한 가차 없는 비판을 가하려는 노력을 이끌어낸다. 바로 여기서 우리는 진리를 향한 순전히 과학적인 요구로의 이행, 즉 역사의 연구를 통해서 단지 인과관계에 대한 논리적 요구를 충족시키려는 목적으로 이행하게 된다.

이것 이외에 역사기술을 유발하는 모든 실천적 요구는 역사기술을 단지 신화를 만들어내는 조작으로 전락시키는 경향을 발전시킨다. 그러나 오늘날 이런 경향은 반대편 진영의 비판이 그런 종류의 모든 시도를 감시한다는 사실만으로도 충분히 제어되고 있다. 그래서 오늘날에는 계엄상태나 검열이 이루어지는 체제가 아니고는 그 옛날 복음서가 씌어지던 시기처럼 그렇게 마구잡이로 그런 일을 감행한다는 것이 더 이상 불가능하다. 그러나 국민들의 교육수준이 최고 단계에 도달해 있고 언론의 자유가 무제한적인 상태에서도 왜곡되고 편파적인 역사기술이 전혀 없는 것은 아니다.

물론 그렇다고 해서 독자들을 호도하려는 의식적인 노력이 항상 효과를 거두고 있다고 생각할 필요는 없다. 오히려 대부분의 경우는 역사기술을 수행하는 필자 자신이 사물을 있는 그대로 바라보는 것을 방해하는 광신적이거나 편협한 당파성에 사로잡혀 스스로 호도되고 있는 경우가 많다.

이것은 역사기술 자체의 대상이 이미 각 당파들 사이의 투쟁을 통해서 다양하게 해석되고 있고 사회적 관계들이 극도로 복잡하게 얽혀 있어서 아무리 편견에 사로잡히지 않고 공정한 위치에 서 있는 연구자라할지라도 올바른 길을 찾아내는 것이 쉽지 않고, 그래서 끊임없이 무엇이 진실인지를 되물어야 하는 그런 경우에는 더더욱 그럴 가능성이 높다. 그래서 리사가레(Prosper Lissagaray)가 『코뮌의 역사』서문에서 다음과 같이 말한 것은 옳은 얘기다.

인민에게 왜곡된 혁명의 신화를 얘기하고 역사의 찬송가를 통해서 인민을 기만하는——고의로 그랬든 무지해서 그랬든 상관없이——자는 항해가에게 틀린 지도를 그려준 지리학자와 마찬가지로 처벌을 받아야 한다.

그러나 내가 알고 있는 매우 정직하고 성실한 한 동지는 볼셰비즘에 대한 잘못된 '역사의 찬송가'를 통해서 인민을 기만하는 것이 혁명에 대한 자신의 신성한 의무라고 생각하고 있다.

한편으로 보면 아무리 양심적인 작가라 할지라도 폭풍우 속에서 항해가가 피해가야 할 모든 암초를 한 장의 지도 위에 표시한다는 것 자체가 얼마나 어려운 일이겠는가. 더구나 모든 열정이 터져나오고 생과 사를 건 투쟁이 벌어지는 혁명에서는 다른 어떤 역사적 사건들의 경우보다 당파적 서술과 견해가 차지할 여지가 더 커지게 된다. 그리고 프랑스대혁명 가운데서도 다시 그 혁명의 가장 강력한 동력이자 그것의 가장 열정적인 표현인 공포정치 체제의 파리코뮌이 가장 격렬하게 논란이 된다는 것은 너무도 당연한 일이다. 반혁명주의자들은 거기서 혁명의 끔찍스러움을 부각시키고 각인하려고 노력했다. 그리고 혁명가들은 반대로 그것을 옹호하는 것이 자신들의 의무라고 생각했다. 그들은 공포정치 체제를 흘러간 과거의 일로서 미래에 다시 반복해서는 안 되는 혁명의 특수한 현상형태로 간주하는 것에서 만족하지 않았다. 그들은 또한 그 체제를 그것이 등장하게 된 특수한 조건에 의해서 설명하는 것으로도 만족하지 않았다. 아니 그들은 이 체제에 대한 비판에 대항해서 그것을 찬양해야 하며 테러를 노예상태의 계급이 해방되기 위해서 끔찍하지만 없어서는 안 되는 수단으로 보아야 한다고 느꼈다.

마르크스도 1848년 혁명을 평가하면서, 1793년의 전통에 비판적인 태도를 보이면서도 다른 한편 그 혁명이 테러리즘의 승리의 힘 때문이었다고 평가했다.

『노이엔 라이니셰 차이퉁』(Neuen Rheinische Zeitung)에서 그는 반복해서 테러리즘을 옹호하는 말을 했다. 1849년 1월 13일자 신문에서 그는 헝가리의 봉기에 대해서 쓰면서 그것의 혁명적 역할을 과대평가하고 있다.

1848년 혁명에서 처음으로 그리고 1793년 이후 처음으로, 반혁명적인 분위기가 사방을 에워싸고 있는 나라에서 비겁한 반혁명적 광기에 혁명적 열정이 마주 일어섰으며 백색의 공포에 적색의 공포가 마주 일어섰다. 오랜만에 처음으로 우리는 민중의 이름으로 절망적인 투쟁에 감히 도전장을 낸 정말 혁명적인 사람, 즉 헝가리에서 당통과 카르노(Lazare Nicolas Marguerite Carnot, 1753~1823)[33]를 합쳐놓은 듯한 한 남자를 보게 되었는데 그가 바로 코슈트(Ludwig Kossuth)다.

이보다 훨씬 전인 1848년 11월 7일자 신문에서 마르크스는 빈의 사태에 대해 다음과 같이 쓰고 있다.

파리에서는 6월혁명에 대한 압도적인 반격이 이루어졌다. 파리에서 '적색공화국'이 승리를 거두자마자 유럽내륙의 각 나라들이 보낸 군대가 국경선 주변은 물론 국경선을 넘어서 몰려왔다. 그리하여 당파들 사이에 각축을 벌이던 권력의 실질적인 승자가 결정되었다. 그래서 우리는 6월과 10월(빈디쉬그래츠Windischegrätz[34]에 의한 빈의 진압)을 기억하게 될 것이며 이렇게 외치게 될 것이다.

가엾도다 패자여![35]

그러나 6월과 10월 봉기 이후의 무익한 학살들과, 2월과 3월 이후의 지루한 희생의 제전 같은 반혁명의 사육제들은 결국 인민들에게 낡은 사회의 살인적인 임종과 새로운 사회의 유혈의 출생을 단축시키고, 좀더 용이하게 하고, 좀더 집약적으로 하는 데에는 단 하

---

33) 변호사의 아들로 태어나 1773년 메지에르공병학교를 졸업하고 수비대 장교로 복무하다 1789년 혁명과 함께 정치활동을 시작했다. 1793년 산악당 의원으로서 국왕 루이 16세의 처형에 찬성했고 8월 공안위원회의 군사담당관으로 선임되었다. 공안위원회 우파로서 로베스피에르의 독재에 저항하다 스위스로 망명했다. 1800년에 귀국해서 나폴레옹에 의해 육군장관이 되었다.
34) 1848년 10월 빈의 봉기로 도성을 빼앗긴 황제를 도와서 봉기를 진압한 장군.
35) Vae victis, 원문에는 글자도 크고 글씨체도 고딕체로 되어 있다.

나의 수단, 즉 혁명적 테러리즘뿐이라는 사실을 확신시켜주었을 뿐이었다.

그러나 혁명적 테러리즘이 새로운 사회를 앞당겨주는 그런 본보기는 실현되지 않았다. 오히려 우리는 혁명가들 사이에서 점점 내적 모순이 증가하는 것을 보고 있다. 그들이 과거의 연구를 통해서 테러리즘을 옹호하려 하면 할수록 그 연구는 오히려 휴머니즘이 점차 증가하는 오늘날의 상황들, 즉 인간을 괴롭히고 인간의 생활을 말살하는 테러에 대한 혐오감이 날로 증가하고 있는 오늘날의 상황들——이런 상황은 미래에도 계속 이어질 것이다——과 대립하고 있다. 그리고 이런 휴머니즘은 역사책 속에서 뒤져낼 수 있는 온갖 종류의 테러리즘에 대한 신조보다 현실에서 훨씬 더 강력한 영향력을 발휘하고 있다.

예를 들어 뵈르네는 파리에서의 여섯 번째 편지에서 1830년 7월의 혁명가들에 대해서 다음과 같이 얘기하고 있다.

그들은 신속하게 승리를 거두었으며 더욱 신속하게 물러났다. 인민들은 그들이 당했던 고통에 비해서 얼마나 관대하게 대응했는가, 그리고 얼마나 빨리 그런 고통을 완전히 잊어버렸는가! 그들은 단지 공개적인 전투에서만, 즉 전장에서만 자신들의 적들에게 상처를 입혔다. 무기를 갖지 않은 포로들은 죽이지 않았고 도망가는 자는 추격하지 않았으며 숨은 자들은 색출해내지 않았고 혐의가 있는 자들을 위협하지 않았다. 인민들은 그렇게 행동했던 것이다!

1848년 2월 파리의 혁명가들도 1830년과 꼭 마찬가지로 너그럽게 행동했다. 심지어 같은 해 6월의 끔찍한 학살이 이루어지던 시기에도 노동자 투사들은 고귀한 영웅적 행동과 끈질긴 참을성을 보여주었고 피에 굶주린 모습은 전혀 보이지 않았다. 피에 굶주린 모습은 단지 그들의 승리자들만이 끔찍한 방식으로 보여주었다. 반란자들이 행했다고 알려진

잔학행위들에 대한 조작된 보고서를 통해서 혁명가들에게 끓어오르는 분노를 퍼부은 것은 단지 진압군의 병사들뿐만 아니라 지식인들도 마찬가지였다. 의사들마저도 부상당한 혁명가들을 치료해주는 것을 망설였던 것이다. 마르크스는 이런 현상에 대해서 『노이엔 라이니셰 차이퉁』에 실린 그의 유명한 6월학살에 대한 논문에서 다음과 같이 얘기하고 있다.

루이 필리프(Louis Philippe, 1773~1850)[36]나 마라의 경우와는 달리 오로지 자신의 생존을 위해서 단 한 번 온갖 것을 무릅쓰고 형언하기 어려운 엄청난 범죄를 저지른 보통의 서민들에게는 과학이란 존재하지 않는다.

위에서 인용한 마르크스의 테러리즘에 대한 신조는 바로 이런 지식인들의 추악한 행동에 대한 분노 때문이었다. 1848년 6월 투쟁이 뿌려놓은 분노의 씨앗은 파리의 노동자들이 1871년 제2차 파리코뮌을 통해서 정권을 장악했을 때 비로소 그 싹이 드러났다. 그들 가운데 적지 않은 숫자가 1848년 6월에 직접 투쟁에 참여했던 사람들이었다. 그래서 사람들은 언젠가 복수의 날이, 즉 마르크스가 얘기했던 그 테러리즘의 날이 올 것이라고 당연히 예상했어야만 했다.

그러나 마르크스는 스스로 코뮌에 대한 자신의 글(『1871년 프랑스 내전』)에서 다음과 같이 단언하고 있다.

3월 18일부터 베르사유의 군대가 파리로 침입해 들어오기까지 프롤레타리아 혁명은 대개 혁명들에서, 특히 '상류계급들'의 반혁명들

---

36) 루이 15세의 섭정 오를레앙 공의 아들로서 프랑스혁명에 동조해 16세 때 혁명군에 가담했다. 1793년 왕정복고 음모에 가담했다가 실패하고 20년간 망명생활을 했다. 1830년 7월왕정의 왕으로 추대되어 1848년 2월혁명 때까지 군림하다 혁명 후 영국으로 망명했다.

에서는 더욱더 많이 흘러넘치는 온갖 폭력행위들이 전혀 저질러지지 않은 상태로 남아 있었다.(제3판, 38쪽)

여기서 우리는 마르크스가 테러리즘을 프롤레타리아 혁명이 아니라 정반대로 '상류계급들'의 혁명들에서 나타나는 특징으로 간주하고 테러리즘에 결단코 반대하고 있는 것을 보게 된다.

얼마 전 볼셰비즘에 반대하는 내 태도를 마르크스에 대한 배신이며 볼셰비즘의 혁명적 불길은 마르크스도 틀림없이 볼셰비즘으로 이끌 것이라고 하는 지적이 있었다. 그에 대한 근거로 1848년의 테러리즘에 대한 마르크스의 언급이 인용되었다.

그러나 우리가 방금 보았듯이 내가 저질렀다고 하는 마르크스에 대한 배신은 바로 마르크스 자신이 1871년에 이미 저질렀던 것이었다. 그의 첫 번째 견해와 두 번째 견해 사이에는 20년에 걸친 그의 위대한 정신적 작업이 있었는데 그 열매는 바로 『자본』이었다.

테러리즘 문제의 근거를 마르크스에게서 찾으려는 사람은 어느 누구도 1848년의 마르크스의 견해가 그대로 변치 않은 채 1871년까지 이어지고 있었다고 얘기해서는 안 된다.

마르크스와 마찬가지로 1870년에 엥겔스도 테러리즘에 대해 상당히 부정적인 견해를 표명했다. 1870년 9월 4일 마르크스에게 보낸 편지에서 그는 다음과 같이 쓰고 있다.

우리는 대개 공포정치 체제를 공포를 조장하는 사람들에 의한 지배로 이해하고 있네. 그러나 사실은 그와 반대로 그것은 스스로 공포에 짓눌린 사람들에 의한 지배라네. 테러란 것은 대부분 쓸모없는 잔인함으로서 스스로 공포를 느끼고 있는 사람이 자신의 불안을 벗어던지기 위해서 행하는 것이네. 나는 1793년 공포정치 체제의 원인이 대부분 지나치게 겁이 많으면서 자칭 애국자인 체하는 부르주아들, 편협한 속물들, 그리고 테러를 자신의 업으로 삼는 폭도들에게 있다고 확신

하네.(『마르크스-엥겔스 서신교환집』, 제4권, 379, 380쪽)

제1차 파리코뮌에서 무성했던 폭력행위들이 제2차 파리코뮌에서는 전혀 없었다는 것을 잘 지적했다는 점에서 마르크스는 전적으로 옳았다. 코뮌의 지배시기 동안 파리에서 벌어진 모든 폭력행위는 파리코뮌과는 무관한 것들이었다. 물론 그렇다고 해서 코뮌 내에서 테러리즘에 대한 생각이 아무런 역할도 하지 않았고 그 구성원들 모두가 테러리즘을 반대하고 있었다고 얘기할 수는 없을 것이다. 그것은 전혀 그렇지 않았다.

우리는 이제 그것을 좀더 자세히 살펴봄으로써 1871년 파리코뮌과 소비에트 공화국 사이의 유사점을 찾아보기로 하자. 소비에트 공화국은 종종 전자를 자신의 본보기로서 그리고 자신을 정당화하는 데에 사용하고 있다. 그리고 엥겔스는 마르크스의 『프랑스 내전』 제3판에 대한 자신의 서문에서 파리코뮌이 프롤레타리아 독재였다고 얘기했다. 바로 그렇기 때문에 이 독재가 어떤 모습이었는지를 좀더 자세히 살펴볼 필요가 있다.

제2차 파리코뮌

코뮌의 기원

1871년의 파리코뮌과 마찬가지로 1917년의 소비에트 공화국도 전쟁의 산물, 즉 군사적 패배의 산물이다. 그리고 이 둘은 모두 혁명적 프롤레타리아에 의해서 이루어졌다.

그러나 둘의 공통점은 여기서 끝난다.

볼셰비키가 정치권력을 탈취할 수 있는 힘을 얻은 것은 그들이 러시아의 정당들 가운데 가장 강력하게 평화를 요구한 정당이었기 때문이다. 그들은 어떤 대가를 치르더라도 평화를 요구했으며 그래서 단독강화를 지지했는데 이는 그로 말미암아 전반적인 국제정세가 어떻게 되든 상관하지 않는 것이었고 따라서 그 결과 그들이 독일의 군국주의 국왕의 승리와 세계지배를 도와주든 말든 괘념치 않는 것이었는데 이 독일의 군국주의 국왕은 오랫동안 인도나 아일랜드의 소요, 그리고 이탈리아의 무정부주의자들과 마찬가지로 볼셰비키들의 후견인 노릇을 해오기도 했다.

그러나 1870년 전쟁에 대한 프랑스 급진파들의 생각은 이와는 완전히 다른 것이었다. 그 전쟁은 나폴레옹의 몰락과 공화국의 선포 이후에 벌어진 것으로서 알자스-로렌지방의 합병에 대한 독일의 요구가 제기됨으로써 발발한 것이었다. 독일의 왕정연합군에 대항하는 제3공화국의 투쟁은 유럽의 왕정연합군에 대항했던 제1공화국 때의 투쟁이 있었던 1793년의 상황이 되살아난 것 같았다. 그 시절의 전통이 다시 살아났으며 당시와 마찬가지로 프롤레타리아 파리가 또 한 번 가장 앞장선 주전론자였다. 즉 파리는 하나로 통일된[37] 공화국을 지키기 위해서 가장 열렬하게 그리고 가장 강력하게 전쟁의 지속적인 수행을 요구했던 것이다.

그런데 1870년의 농민들은 더 이상 1793년의 농민들이 아니었다. 1793년의 농민들은 비록 파리를 싫어하고 파리의 지배를 내키지 않아하긴 했지만 조국의 적을 물리칠 필요성에는 충분히 공감하고 있었다. 왜냐하면 적군의 승리는 그들에게 봉건적 착취가 되살아나고 그들이 이미 나누어 가진 교회와 국외이주자들의 농장토지를 도로 빼앗아가는 것을 의미했기 때문이다.

그러나 1870년의 농민들은 프로이센이 승리한다고 해도 더 이상 그런 것을 걱정할 필요가 없었다. 그래서 그들에게는 우물 안 개구리와 같은 눈앞의 이해만이, 즉 알자스-로렌의 상실이 전쟁으로 인한 토지의 황폐화와 조세부담에 비해서 별로 나쁘지 않은 것으로만 보였다. 최후의 순간까지 결사적으로 합병에 반대하던 알자스-로렌만 제외하고 프

---

37) 말하자면 알자스-로렌이 분리되지 않았다는 뜻이다.

랑스의 농민과 소도시 시민들 사이에는 전쟁이 지속되면서 점차 전쟁의 종식을 위한 강화에 대한 생각이 넓게 자리를 잡아갔다. 그런 강화론은 급진적이고 주전론의 입장을 가진 파리와는 정반대되는 것이었고 그것은 반동가들과 왕당파들의 목소리로 되어갔다.

1917년의 러시아와 마찬가지로 1871년에도 강화론자들, 즉 전쟁에 지친 당파들이 전쟁을 연장하려는 당파들보다 우위를 차지했다. 그러나 1871년에는 강화론이 급진파 진영에서 극좌파의 세력을 강화시킨 것이 아니라 반동가들의 진영에서 극우파의 세력을 강화시켜주었다.

1871년 2월 8일 강화를 결정하기 위한 국민의회의 선거가 실시되었다. 선거 결과 공화주의자는 겨우 200명이 당선되었는 데 반해 왕당파는 400명 이상이 당선되었다.

거의 모든 지방이 요구한 것은 '어떤 대가를 치르더라도 강화'하자는 것이었다. 반면 파리는 '백병전이 되더라도 최후까지 전쟁'을 계속하자고 외쳤다. 파리에서는 영토를 할양하는 대가로 강화하는 것을 결코 용납하지 않고 전쟁을 계속하는 것에 찬성한다는 위임장을 가진 사람만이 〔……〕 선출되었다.(뒤브뢰이 Louis Dubreuilh, 『코뮌』, 파리, 줄 루프)

2월 12일 국민의회는 보르도에서 소집되었고 3월 1일 강화안을 516 대 107로 가결시켰다. 이 107명의 반대표 가운데 거의 절반은 파리에서 선출된 의원들의 것이었다.[38]

국민의회는 단지 강화안을 결의하기 위한 목적으로만 선출된 것이었다. 선거는 이 사안만을 고려해서 치러졌던 것이다. 의회 내에서 다수파를 점한 반동가들은 공화국에 대한 그들의 혐오감 때문에 선출된 것이 아니라 강화에 대한 압도적인 요구 때문에 선출된 것이었다. 강화안의

---

38) 보르도 국민의회의 총 의석수는 768석이었고 이 가운데 파리에 할당된 의석수는 43석이었다.

가결로 국민의회의 대표권은 소멸되었다. 이제 그들 대신에 헌법을 다룰 새로운 의회를 선출해야 했다. 물론 이 새로운 선거는 보르도에서 소집된 의회와는 완전히 다른 것이었다. 왜냐하면 보르도 의회의 결의는 전쟁의 지속을 거부하는 것이었지 공화국 자체를 거부하는 것이 결코 아니었기 때문이다. 실제로 1871년 4월 30일 프랑스 전역에서 실시된 지방자치단체 선거에서는 공화파가 압도적인 다수로 당선되었다. 그러나 국민의회 내의 촌뜨기 귀족들은 바로 그런 사태를 두려워했기 때문에 자신들의 대표권에 바짝 매달렸다.

그들은 스스로 입헌의회 의원인 것처럼 행세했고 만일 그들이 분열되어 있지만 않았다면 주저 없이 왕정을 복고시키려고 했을 것이다. 그들 가운데 절반은 정통주의자(Legitimist)[39]로서 그들은 1830년 이전까지의 프랑스 왕조[40]를 정통으로 간주하는 왕당파였다. 나머지 절반은 오를레앙파로서 1830년 세습왕조를 대체한 새로운 왕조[41]를 지지하는 왕당파였다. 이들의 분열이 공화국을 구출했다. 그러나 그것이 두 분파의 일치된 증오에서 파리를 지켜주지는 못했다. 프랑스 공화국에게 파리보다 더 확고한 버팀목은 없었다. 이 버팀목의 힘은 1789년 이후 무수히 반복해서 입증되었다. 그래서 파리가 타도되지 않는 한 왕정복고는 생각할 수 없는 것이었다.

파리의 사회주의는 말할 나위도 없고 파리를 도덕도, 신앙도 없이 전쟁만을 주장하는 공화파로 비난하는 시골뜨기들의 광분은 날이 갈수록 점점 심해졌다. 국민의회는 회의 초반부터 이런 파리에 대한 혐오감을 극도로 드러냈다. 포위된 상태에서 국토방위를 위해 5개월 동안이나 버텨왔던 용맹스러운 파리는 이제 바로 자신의 숭고한 조국의 주인들[42]에

---

39) 제2제정의 오를레앙파에 대응해서 프랑스혁명 이전의 앙시앵레짐으로 복귀해야 한다는 이념을 가진 정파로서 루이 14세의 직계를 지지했다.
40) 부르봉 왕조를 의미한다.
41) 루이 필리프에게서 시작되는 왕조를 의미한다.
42) 인민을 가리킨다.

게서 가장 격렬하게 비난받게 되었다.

완벽한 안전 속에서 왕정국가를 복고시킬 수 있도록 파리를 굴복시키는 것, 즉 파리에게서 모든 자치권을 억류하고 수도로서의 지위를 박탈하는 것은 물론 마지막으로 무장해제까지 시키는 것, 바로 그것이 국민의회와 국민의회가 선임한 행정수반 티에르(Louis-Adolphe Thiers, 1797~1877)[43]의 가장 중요한 관심사였다.

이런 상황에서 파리의 봉기를 유발하는 갈등이 발생했다.

지금까지 보았듯이 우리는 파리코뮌이 볼셰비키의 러시아제국과는 얼마나 다른 조건 아래 있었는지를 알 수 있다. 볼셰비키는 강화에 대한 요구를 통해서 자신의 세력을 확보했을 뿐만 아니라 농민들의 지지도 받았으며 국민의회 내에서는 그들에게 대항하는 왕당파를 찾아볼 수 없었고 단지 사회혁명주의자들과 멘셰비키 사회민주주의자들만이 있었던 것이다.

이처럼 볼셰비키 혁명과 제2차 파리코뮌은 그 출발점이 서로 완전히 달랐는데 이는 이들의 궁극적인 동기에서도 마찬가지였다.

볼셰비키는 이미 잘 갖추어진 제국국가를 통해서 권력을 획득했다. 그래서 그들은 제국국가에게서 단번에 전체 국가기구를 넘겨받았으며 그것을 이용해서 강력하고 가차없이 그들의 적들——프롤레타리아도 포함하는 그들의 모든 적들——에 대해 정치적·경제적 권리를 박탈할 수 있었다.

반면에 파리코뮌의 봉기로 놀란 것은 혁명가들 자신뿐이었다. 그리고 혁명가들의 대다수는 갈등을 극도로 피하고 싶어했다.

혁명적 전통의 결과로서 사전에 준비된 무장봉기의 전술은 이미 파리 시민들 사이에서 강력한 지지기반을 구축하고 있었다. 블랑키주의자들은 사회주의자들 가운데 이 전술의 가장 대표적인 중심세력이었다. 포

---

43) 마르세유 출생. 역사가이자 정치가로서 1830년 혁명에서 왕정복고를 탄핵했고 루이 필리프의 오를레앙파에 협력했다. 1871년 행정수반에 취임해 파리코뮌을 진압해서 내란을 수습했다.

위기간에 그들과 자코뱅주의 노선을 추종하는 분자들은 여러 번 봉기를 시도했으나 충분한 지지를 받지 못했고, 그래서 언제나 실패를 거듭했다.

먼저 그들은 10월 31일 메츠에서 프랑스군의 항복소식을 듣고 파리 시의회인 코뮌의 선거를 요구하는 봉기를 일으켰다. 그 봉기는 사회주의적인 이유 때문이 아니라 애국적인 이유 때문이었는데, 즉 1792년에서 1794년까지의 제1차 파리코뮌이 그러했던 것처럼 전쟁을 강력하게 수행해나갈 지도부를 구성하기 위한 것이었다. 그러나 국민방위군 가운데 정부의 명령을 충실하게 따르던 부대들은 아무런 유혈사태 없이 이 봉기를 진압했고 정부군은 거의 아무런 저항도 받지 않았다. 정부는 자신의 지위를 강화하기 위해 11월 3일 파리에서 정부의 신임을 묻는 주민 총투표를 실시했다. 투표에서 정부에 대한 신임이 55만 8,000표에 달했고 반대표는 6만 3,000표도 채 되지 않았다.

블랑키주의의 행동파들은 1월 22일에도 별로 성공을 거두지 못했다. 더구나 이때는 당시 파리에서 가장 인기가 높았던 주전론의 애국적 캐치프레이즈를 내걸었는데도 그러했다. 정부가 항복의 불가피성을 천명했고 이것이 혁명가들에게 분노의 기름을 끼얹었던 것인데 이번 사태는 10월 31일의 사태에 비해 좀더 비극적인 유혈사태를 가져왔지만 이 봉기도 간단하게 진압되고 말았다.

이런 실패들로 인해 행동파들은 지치고 실망하고 점차 세력이 약화되었다. 3월 18일에 그들은 아직 봉기를 다시 일으킬 준비가 되어 있지 않았다. 사회주의 인터내셔널 진영은 이번에도 처음부터 어떤 형태의 봉기에도 반대했다. 9월혁명을 통해서 나폴레옹이 실각한 직후 마르크스는 엥겔스에게 다음과 같은 편지를 썼다.

세라이어(Seraillier)가 내일 런던을 출발해서 파리로 가서 2, 3일 머물다 올 것이라고 내게 와서 알려주었기에 그 얘기를 듣자마자 자네에게 곧바로 이 편지를 쓰기 위해 '자리에 앉았다네'. 그의 파리행의 주된 목적은 그곳의 인터내셔널(파리의 연합평의회)과 업무를 협의하기 위한 것이네. 이 일은 매우 급박한 것인데 왜냐하면 오늘 프랑스 전체의 '인터내셔널 분파들'이 파리를 향해서 출발했는데 이들은 파리에 모여 인터내셔널의 이름으로 어리석은 짓을 벌이려 한다고 하네. '그들'은 임시정부를 무너뜨리고 파리의 코뮌을 건설한 다음 피아(Pyat)를 프랑스 사절로 임명해서 런던에 파견할 것이라고 하네. (1870년 9월 6일)

나는 오늘 파리의 연합평의회가 독일국민들에게 보내는 선언문을 손에 넣었네. (이 선언문을 내일 자네에게 부쳐주겠네.) 그와 함께 파리의 연합평의회는 인터내셔널 총평의회가 독일에 대해서 새로운 선언문을 특별히 발표해주도록 긴급하게 요청해왔네. 나는 이들의 요청을 오늘 저녁 총평의회에 제안할 생각이네. 사정이 허락한다면 최대한 이른 시간 내에 내가 선언문을 작성하는 데에 유용한 알자스-로렌에 관한 군사적인 영문 자료들을 내게 보내주기 바라네.

오늘 나는 (파리의)연합평의회에 상세한 답장을 보냈는데, 그 내용은 참으로 내키지 않는 일이었지만, 그들에게 현실의 상황에 대해서 눈을 똑바로 뜨라는 것이었네.(『마르크스-엥겔스의 서신교환집』, 제4권, 330쪽)

내가 단지 마르크스의 '타락한 후예'일 뿐이라고 비난해온 사람들이 있다. 이들은 마르크스의 혁명적 기질과 활화산 같은 열정이 그대로 볼셰비키 진영으로 옮겨갔다고 얘기해왔다. 그러나 우리가 지금까지 보았듯이 그 활화산 같은 열정을 가진 마르크스는 혁명의 시기에 자신의 동지들에게 '현실의 상황에 대해 똑바로 눈을 뜨도록' 하는 '내키지 않는 일'을 자신의 일차적인 과업으로 생각했으며 또한 심지어 상황에 따라서는 계획된 혁명적 행동에 대해서조차도 그것을 어리석은 짓이라고 그다지 호의적이지 않게 표현했다.

엥겔스는 9월 4일 마르크스에게 다음과 같이 답장을 썼다.

방금 뒤퐁(Dupont)이 떠났네. 그는 저녁에 우리 집에 왔는데 파리의 그 잘난 선언문에 크게 격분해 있었네. 조금 전에 나와 얘기를 나누고 또 세라이어가 직접 갔다는 얘기를 전하고서야 겨우 그는 진정되었다네. 파리의 사태에 대한 그의 견해는 전적으로 분명하고 정확하다네. 즉 공화국이 프랑스의 당파조직들에게 부여한 최소한의 자유는 적극적으로 이용할 것, 조직을 발전시키는 데 도움이 될 만한 기회가 주어질 경우에는 행동할 것, 사태가 평온을 찾을 때까지 프랑스의 인터내셔널은 신중하게 움직일 것 등이라네.

여기에 대해서 마르크스는 9월 10일에 답장을 보냈다.

나는 전적으로 그의 의견에 동의한다고 뒤퐁에게 전해주게.

활화산 같은 열정을 가진 이 사람[44]은 행동이 아니라 조직을 가장 중요하게 생각한 것 같다.

인터내셔널도 프랑스에서 이런 신중한 태도로 활동했으며, 경솔한 행동을 전혀 하지 않았다.

거기에 대해서 한 가지 예만 들어보자. 2월 22일 파리의 연합평의회 회의에서 한 평의원이 1848년 혁명 기념일인 2월 24일에 **평화적인** 시위를 벌일 것을 제안했다. 그러나 연합평의회의 대다수 평의원들은 이런 평화적인 시위조차도 당시의 극도로 긴장된 상황에서는 적절치 않다고 생각했다. 먼저 이 제안에 대한 반대의견을 프랑켈(Frankel)이 제기했는데 그는 당분간 모든 역량을 프롤레타리아의 조직화에 쏟아부어야 하

---

44) 물론 마르크스를 가리킨다.

고 이를 위해 당장 급박한 경제적인 문제들, 즉 포위기간에 밀린 집세의 지불과 실업문제에 대한 조사에 역량을 집중해야 한다고 주장했다. 또한 그는 국민의회의 인터내셔널 분파 의원들인 말롱(Malon)과 톨랭(Tolain)이 의회에서 그런 노동자들의 의사를 알려야 한다고 제안했다.

프랑켈의 제안으로 연합평의회는 어떤 시위도 벌이지 않기로 결정했지만 각 평의원들 개개인이 시위에 참여할 것인지의 여부에 대해서는 개인의사에 맡기기로 했다.

그것은 연합평의회가 봉기하려는 강력한 욕구가 전혀 없었다는 것을 보여주는 것이다.

봉기는 혁명가들이 일으킨 것이 아니라 그 적들에 의해 촉발된 것이었다. 전쟁의 필요성 때문에 파리의 프롤레타리아들은 국민방위군으로 소집되어 무장을 하고 있었다. 이런 상황은 티에르 주변에 몰려 있던 분자들——시골뜨기 귀족, 금융가, 상급 관료와 군대 고위층——이 보기에는 더할 나위 없이 위험한 것이었다. 그래서 강화조약이 체결되고 나자 파리의 국민방위군 가운데 프롤레타리아들의 무장을 해제하는 것이야말로 그들이 가장 먼저 긴급하게 처리해야 할 일이었다. 그것은 프롤레타리아들에게서 대포를 빼앗는 것으로부터 시작되었다.

파리의 국민방위군이 대포를 가지고 있었다는 사실은 부르쟁(Georges Bourgin)이 정확하게 표현했듯이 독일군으로 하여금 이들에게 "도화선에 불을 붙이는 것과 같은" 행동을 하도록 만들었다.(부르쟁, 『코뮌의 역사』*Histoire de la Commune*, 파리, 1907, 43쪽)

승리를 무제한적으로 이용하는 것은 원래 전술의 기본에 해당한다. 지휘관의 임무는 단지 승리를 거두는 데만 있는 것이 아니라 패배한 적을 완전히 괴멸시키고 파탄에 빠뜨릴 때까지 공격을 멈추지 않는 데 있다. 그러나 정치가의 임무는 그것과 달리 승리를 뛰어넘어서 당장의 적과 미래에도 공생할 수 있는 조건을 빠뜨리지 않고 헤아리는 데에 있다.

이들 두 견해는 모든 영역에서 사사건건 서로 대립한다. 만일 군사적인 견해가 지휘관의 영역을 넘어서 정치의 영역에까지 영향을 미치면 그 결과는 매우 파멸적인 것이다. 1866년 비스마르크는, 물론 매우 힘이 들기는 했지만, 그래도 아직 군사적인 사고방식들을 억누르고 있었다. 그러나 1866년의 성공은 프로이센 군부에 대단한 위세를 안겨주었고 그런 위세는 1870년의 승리를 통해서 끝없이 올라갔다. 반면 비스마르크는 더 이상 위세를 발휘하지 못했고 군사적인 사고방식에 굴복했을 뿐만 아니라 그의 정치적 분별력도 군사적 사고방식에 의해 밀려나고 무시되었다.

그래서 알자스-로렌의 병합에 대한 독일군부의 요구는 전쟁을 수개월 동안 연장시키고 프랑스를 러시아 같은 빈곤의 도탄으로 몰아넣고 오늘날의 독일제국의 붕괴를 이미 준비한 것이었다.

어쨌든 알자스-로렌은 경제적으로나 전략적으로나 한눈에 들어오는 분명한 이익이었다. 그러나 독일군부는 그것으로 만족하지 않고 더 나아가 그들에게 그렇게 밉보인 파리, 즉 독일군에 저항하는 봉기를 일으킨 바로 그 파리를 굴복시키려고 했다. 그래서 독일은 2월 26일 프랑스를 압박해서 독일 군대가 3월 1일 파리로 행진해 들어가서 샹젤리제 거리에 진주하도록 결정하게 만들었다.

2월 27일 파리시민들은 이 소식을 듣고 모두 격노했고, 이 조국의 적을 무력으로 격퇴하기 위해 무장하자고 외쳤다. 국민방위군 산하의 거의 모든 부대는 시민들의 요구에 따를 준비가 되어 있다고 발표했다.

단지 인터내셔널 분파만이 이번에도 침착했다. 그들이 보기에는 내부의 적에 대항하는 봉기도 해로운 것이지만 조국의 적에 대항하는 봉기도 그에 못지않게 해로운 것이었다. 그들은 에 어떠한 형태의 무장항쟁도 시도하려고 하지 말라고 충고했으며 그런 무장항쟁은 6월 대학살이 다시 재현되는 결과를 가져올 뿐이며 파리 노동자들의 유혈사태로 공화국이 파멸하게 될 것이라고 경고했다. 그들은 국민방위군이 무장항쟁을 이끄는 대신에 독일군 주변에 새끼줄을 둘러쳐서 그들을 파리의 주민들로부터 완전히 단절시키고 격리시키자고 제안했다.

중앙위원회는 마지막 순간에 마음을 바꾸었고 그래서 승리한 독일군의 헛된 자만심이 세계사에서 가장 끔찍한 시가전을 유발하지 않도록 만든 것은 오로지 인터내셔널 분파 덕택이었다. 불과 수주일 후 파리의 프롤레타리아들에게 인터내셔널 분파가 두려워하던 그런 끔찍한 살육을 벌인 것은 독일군이 아니라 프랑스군이었다.

1월 28일 파리의 항복에서는 파리 시내에 있던 모든 부대의 전쟁물자를 독일군에게 귀속시키는 것으로 되어 있었다. 여기서 예외가 된 것이 국민방위군의 무기였다. 국민방위군이 가지고 있던 것은, 무기는 물론 대포까지도, 모두 국가에서 지급된 것이 아니라 파리 시가 자체적으로 조달한 것이었기 때문이다.

독일군이 파리로 입성할 때가 되었지만 정부는 점령군이 진주할 지역에 있는 대포를 안전한 곳으로 옮기는 데 대해서 전혀 신경 쓰지 않았다. 정부는 그럼으로써 적군이 자신들의 피정복자이자 프랑스 정부로서는 내부의 적이기도 한 파리 국민방위군의 힘을 약화시켜주기를 원했을 것이다. 그러나 국민방위군은 경계를 늦추지 않았고 400문에 달하는 이들 대포를 정확하게 시간에 맞추어 독일군이 접근할 수 없는 시가지의 여러 지역들로 옮겨버렸다.

이제 이들 대포를 손에 넣는 일이 강화조약 체결 이후의 정부에게는 가장 긴급한 일이 되고 말았다. 그와 동시에 파리 국민방위군 가운데 프롤레타리아 부대들에 대한 무장해제도 함께 이루어져야만 했다.

국민의회는 파리를 단두대로 보내서 목이 떨어진 도시로 만들어버리겠다고 위협했다. 또한 이를 위해서 파리에서는 회의를 개최하지 않기로 결의했다. 티에르는 많은 노력과 고초를 감수하고야 겨우 국민의회가 회의장소를 파리에서 가까운 베르사유로 정하도록 설득할 수 있었다. 그때까지 국민의회는 회의를 보르도에서 개최하고 있었다. 그들은 3월 20일 베르사유에서 회의를 열고 싶어했다. 그러기 위해서는 먼저 그들이 파리에 대해서 아무것도 두려워할 것이 없도록 그들을 안심시켜야만 했다. 그래서 정부는 3월 18일에 대포를 압류하기로 결정했다.

티에르는 공개적으로 무력을 사용해서 강제로 대포를 탈취하는 것보다 비밀리에 훔쳐내는 것이 가장 현명한 방법이라고 생각했다. 그래서 파리 전체가 잠들어 있는 새벽 3시에 수개 연대가 아무런 감시도 없이 대포들이 방치되어 있는 몽마르트르를 점령해서 그것들을 철거해버리기로 했다. 그런데 기가 막히게도 거기에 필요한 말을 데려가는 것을 그들은 깜빡 잊어먹었다. 말을 데리러 간 사이에 파리시민들은 낌새를 알아차렸고 잠깐 사이에 점점 불어난 군중이 대포를 치우러 간 군인들을 에워쌌다. 여기서 군중이 승리를 거두었다. 군인들은 파리의 주민들과 함께 생활해왔고 그들과 함께 적군에 대항해서 싸웠고 그들과 함께 무능한 장군들의 업신여김을 겪어냈으며 이제는 시민과 국민방위군이 된 주민들과 친교를 유지하고 있었다. 르콩트(Lecomte) 장군은 부대원들에게 비무장상태인 군중에게 발포하도록 명령을 내렸지만 부대원들은 그의 명령을 듣지 않고 오히려 그를 체포해서 처형하고 말았다.

이 처형은 테러에 해당하는 만행이었고 그것은 코뮌에게 책임이 돌려졌다. 토마(Thomas) 장군도 처형되었는데 그는 3월 18일 그날 아침에 민간인 복장을 하고 군중 속에 섞여 있다가 들켜서 체포되어 왔다. 그는 밀정 혐의를 받고 처형되었다. 이미 2월 28일에도 첩보활동을 하다가 붙잡힌 경찰 끄나풀이 센 강에 내던져져서 끔찍하게 익사한 사건이 있었다.

이들 행위를 코뮌의 것으로 낱낱이 기록하고 있는 사람들은 그런 행위들이 아직 코뮌이 생기기도 전에 일어난 일들이라는 것을 잊고 있다. 그러나 파리주민들까지도 코뮌을 위해 이 문제를 짚어주지 않고 있다. 이런 살해행위들은 민간인 주민들이 저지른 것이 아니라 군인들이 저지른 것들이었다.

그것은 프롤레타리아의 사고방식이 아니라 인간의 생명을 파리 목숨처럼 여기는 군국주의 사고방식의 특징이다. 군인들이 피에 굶주린 그들의 지휘관들을 처형했다는 이유로 그들에게 분노의 화살을 들이대는 사람들은 바로 똑같은 군인들이 부녀자와 어린이들을 쏘아 죽이는 데 대해서는 아무 말도 하지 않을 것이다.

그의 부하들은 부녀자와 어린이에게 발포하는 대신에 그(콩트 장군)에게 발포했다. 노동자들의 적들이 군인들에게 가르쳐온 오랜 관습이 어느 날 갑자기 이들 군인이 노동자들 편으로 돌아섰다고 해서 하루아침에 모두 사라지지 않는다는 것은 당연한 일이다.(마르크스, 『프랑스 내전』, 38쪽)

국민방위군이 이 과정에 개입했다면 그것은 단지 유혈사태를 막기 위한 의도에서였다. 실제로 그들은 어느 정도 자신들의 생명의 위협을 무릅쓰면서까지 흥분해 있는 군인들에게 체포되어 있던 관리들 가운데 거명된 사람들만 처형하고 나머지는 모두 방면해주라고 했다.

3월 19일 는 방금 위에서 언급한 유혈행위들에 그들이 어떤 형태로든 관련되어 있다는 얘기에 대해서 즉각 부인하는 성명을 발표했다. 성명서는 3월 20일자 코뮌의 『공보』(*Journal Officiel*)를 통해서 발표되었는데 여기에는 다음과 같이 씌어 있다.

우리는 분노하며 다음과 같이 밝힌다. 우리의 명예를 더럽히려는 의도를 가진 유혈사태의 오점은 극히 잘못된 만행이다. 우리는 한 번도 그런 만행을 저지르기로 결정한 바가 없으며 국민방위군은 한 번도 그런 범죄행위에 참여한 적이 없다.

이것은 유혈행위의 고발자들에 대해서뿐만 아니라 국민방위군에게 그 책임을 전가하려는 행위들에 대해서도 강력하게 판결을 내려주는 것이다.

군대가 민중의 편으로 돌아서버리자 이제 정부가 선택할 수 있는 방법은 두 가지뿐이었다. 분노한 민중들을 용인하고 그들과 협상을 하거나 아니면 도망가는 방법뿐이었다. 티에르는 협상할 생각이 전혀 없었다. 그는 서둘러서 행정부와 함께 파리를 빠져나갔으며 아직 폭도들의 무리에 물들지 않은 모든 군대들을 급히 철수시켰다. 그는 파리를 둘러싸고 있는 요새들도 포기했는데 여기에는 그가 이미 장악하고 있던 몽발레리엥 요새도 포함되었다.

만일 파리시민들이 티에르를 추격했다면 그들은 정부를 탈취할 수 있었을 것이다. 그러나 파리에서 퇴각하는 군대는 전혀 아무런 저항도 받지 않았다. 그것은 나중에 군대의 지휘관들이 증언했던 바이다. 그리하여 새로운 정부를 구성할 수 있는 가능성이 주어졌다. 그러나 물론 그 정부가 아직 사회주의를 실현할 수는 없었다. 그러기에는 아직 전반적인 사회적 관계들이 충분히 성숙해 있지 않았다. 그러나 어쨌든 그들은 국민의회를 해산하고 다음과 같은 강령들을 갖춘 새로운 의회를 선출할 수 있게 되었다. 그 강령들이란 공화국의 확립, 파리를 포함한 지역공동체들의 자치, 상비군의 민병대로의 교체 등이었다. 당시 코뮌은 그 이상의 것을 요구하지 않았다. 그리고 이 정도의 강령은 당시 프랑스의 사회적 조건에서는 실행가능한 것이었다.

그러나 티에르는 아무런 피해도 입지 않고 물러났다. 사람들은 그가 자신의 군대를 데리고 가도록 허용했고 그 군대를 베르사유에서 재편해서 새롭게 훈련시키고 강화하도록 내버려두었다.

행정부가 도주해버림으로써 파리시민들은 참으로 뜻밖의 상황을 맞게 되었다. 당장 자리를 비워버린 권력자들을 대신해서 모든 사태를 주도해나갈 수 있는 어떤 조직도 존재하지 않았다. 3월 19일 아침 파리는 어떤 정부도 존재하지 않는 상태였다. 사태의 중압감을 견디지 못한 국민방위군 중앙위원회는 스스로 확고한 프로그램이나 명확한 전략이 없는 기구로 전락하고 말았다. 무엇보다도 그들은 파리의 총사령관으로 륄리에(Lullier)를 임명하고 그 한 사람에게 모든 권력을 위임해버림으로써 자신들의 책임을 벗어버렸다. 륄리에는 그 자리에 앉을 수 있는 사람 가운데 가장 부적합한 사람이었는데 술고래였으며 사람들은 그를 이렇게 평가했다.

배신자인지 바보 멍청이인지도 제대로 알지 못했다. 이 인간은 단

48시간 동안에 온갖 마구잡이의 오류들과 다시는 돌이킬 수 없는 실패란 실패는 모두 저질렀다. 〔……〕 그러나 릴리에에 대한 이 불행한 선택은 사실 당시의 상황을 그대로 보여주는 하나의 징표일 뿐이었다.(뒤브레이 Dubreuilh, 『코뮌』*La Commune*, 283쪽)

4월 3일이 되어서야 비로소 베르사유에 대한 공격이 결정되었다. 그러나 3월 19일에 확실한 승리를 가져다주었던 것이 4월 3일에는 패배의 원인이 되었다. 군인들이 3월 18일의 경우와 마찬가지로 파리시민들의 편에 서줄 것이라는 기대는 무참하게 깨어졌다. 파리의 국민방위군은 강력하고 우세한 반격을 받았고 그들은 패퇴했다. 그때부터 국민방위군은 수세로 몰렸으며 프랑스 전체에서 공격을 받았다. 그럼으로써 그때 이미 그들의 몰락은 결정되었다. 그러나 바로 그때부터 파리의 봉기는 비로소 전적으로 프롤레타리아만의 것이 되었다. 그때까지 다양한 부르주아 무리들은 파리의 봉기와 운명을 함께할 것인지 아직 마음을 정하지 못하고 있었던 것이다. 이제 파리는 투쟁을 프롤레타리아에게만 맡겨두게 되었다.

1917년 11월 7일 페테르스부르크에서 일어난 봉기는 1871년 3월 18일의 파리봉기와는 완전히 다른 것이었다. 그것은 혁명위원회에 의해서 준비되었고 혁명위원회는 노동자와 군인 세력을 조직해서 정부권력에 대항했는데 당시 페테르스부르크 정부는 1871년 파리의 티에르와 마찬가지로 아무런 힘이 없었다.

그러나 물론 제국 전체의 세력관계에서 1871년의 파리에 비해 볼셰비키들이 훨씬 더 유리한 상태가 아니었다면 수도의 모든 권력부서를 신속하게 장악하는 것만으로는 볼셰비키의 승리가 결정적인 것이 되지 않았을 것이다.

전에 티에르가 베르사유로 도망갔듯이 케렌스키(Aleksandr Fyodorovich Kerensky, 1881~1970)[45]가 가치나로 도망을 갔을 때 그에게는 그를 지지하는 농민이 없었다. 러시아에서는 농민과 군대가 수도를 장악하고 있는 혁명가들의 편에 서 있었다. 그것은 혁명가들의 체제에 게 파리봉기가 갖지 못했던 힘과 시간을 벌어주었다. 그러나 이 체제에 는 또한 파리코뮌에서는 볼 수 없었던 경제적 반동분자들이 섞여 있기 도 했다. 코뮌의 프롤레타리아 독재는 농민평의회들에게서 전혀 지지를 받지 못했던 것이다.

노동자평의회와 중앙위원회

파리코뮌과 소비에트 공화국은 그 출발점에서부터 근본적으로 달랐 다. 그리고 그 기구나 방법에서도 역시 적지 않은 차이점을 보였다.

물론 파리코뮌도 노동자평의회나 병사평의회와 나란히 등치시킬 수 있는 조직이긴 하다. 또한 모든 공개적인 정치적 대중조직을 억압하고 노동조합 조직마저도 붕괴되기 직전까지 금지했던 전제주의 체제의 뒤 를 이었다는 점에서 파리코뮌은 러시아혁명과 비슷한 처지에 있었다.

1905년과 1917년의 러시아 노동자들과 마찬가지로 1870년 9월 4일 의 프랑스 노동자들도 그들을 완결된 투쟁으로 이끌어갈 수 있는 강력 한 정치조직이나 노동조합 조직을 가지고 있지 못했다. 우리가 이미 앞 서 본 바와 같이 바로 그것이야말로 마르크스가 그렇게 간절하게 빌었 던 이유, 즉 노동자들이 새로운 공화국을 이용해야 할 부분은 무엇보다 도 먼저 자신들을 조직화하고 스스로 교육을 받고 그럼으로써 지배능력 을 성숙시키는 데 있으며 아무리 유리한 조건에서도 결코 지배권을 오 래 유지할 수 없는 그런 소요에 그들의 힘을 섣불리 낭비해서는 안 된다 고 빌었던 바로 그 이유였다.

---

45) 러시아의 정치가. 심비르스크 출생. 1904년 상트페테르부르크 대학을 졸업하 고, 변호사가 되어 정치범으로 고발당한 혁명가들을 변호하는 정치재판을 맡 아 명성을 얻었다. 1912년 국회의원으로 선출되었고 사회혁명당 온건좌파에 속했으며 1917년 2월혁명에서 상트페테르부르크 노동자·병사대표 소비에트 부의장이 되었고 임시정부에서 법무장관, 육군장관 겸 해군장관, 7월혁명 후 총리 겸 러시아군 총사령관이 되었다. 10월혁명 때 실각해서 프랑스로 망명 했다.

그러나 그들이 소요를 통해서가 아니라 어쩔 수 없이 발생한 실력행사를 통해서 권력을 쥐게 되자 그들은 정치조직과 노동조합 조직의 부족을 메울 수 있는 대체수단을 자신들이 이미 가지고 있던 것 가운데서 찾으려고 노력할 수밖에 없었다.

러시아 노동자들에게는 그런 조직이 바로 대경영의 조직이었다.

근대산업은 가부장적인 장인들의 소규모 작업장을 산업자본가의 대공장으로 바꾸어놓았다. 대공장에 모여든 노동자대중은 군대식으로 조직화되었다. 그들은 모두 똑같은 산업병사들로서 하사관과 장교들로 이루어진 완벽한 위계질서의 감독 아래 놓여졌다.(마르크스-엥겔스,『공산당 선언』)

대공장의 '산업병사들'은 단지 자본가들이 배치해놓은 하사관과 장교들을 자신들의 선거를 통해서 대체할 필요가 있었을 뿐만 아니라 공장조직도 공장노동자들의 계급조직으로 만들어야 했다. 그래서 러시아의 프롤레타리아들은 노동자평의회를 건설하게 되었던 것이다. 그 조직은 선진국들에서의 정당조직이나 노동조합 조직들에 비해 좀더 선진화된 프롤레타리아 조직을 나타내는 것이 아니라 단지 그런 조직을 갖지 못한 상태에서 비롯된 응급수단이었을 뿐인 것이다.

파리 노동자들에게는 이런 응급수단이 없었다. 파리의 산업은 대부분이 사치재 산업이었고 그것은 대량생산 산업이 아니었다. 제2차 코뮌이 발발하던 시기까지도 아직 파리에는 '가부장적인 장인들의 소규모 작업장'들이 지배적이었고 '산업자본가의 대공장'은 거의 찾아보기 어려웠다. 그것은 러시아, 특히 페테르스부르크의 산업상태와는 완전히 다른 것이었다. 러시아제국은 산업이 부족한 상태에서 경제적으로 낙후되어 있었으며 농민들에 비해 산업노동자들의 숫자는 매우 적었다. 그러나 자본주의적 산업이 존재하기는 했으며 그런 것들은 최신의 대경영형태를 띤 것들이었다.

파리 노동자들은 그들에게 결여된 정치적·경제적 대중조직을 대체할 만한 수단을 찾아야만 했고 그것을 그들은 국민방위군 속에서 찾았다.

1789년 혁명은 프랑스 전역에서, 그리고 특히 파리에서는 인민이 무장을 하는 방향으로 나아갔다. 이런 무장화에는 두 가지 목적이 함께 숨어 있었다. 하부계급들, 즉 프롤레타리아와 가난한 소부르주아들은 봉기를 위해 무장을 하고 조직되었다. 혁명은 그들에게 그들이 필요로 하는 것을 가져다주지 않았고 그들은 혁명 전의 상태로 되돌아갈 수 없었다. 그래서 그들은 무장봉기를 통해 혁명을 계속 앞으로 밀고 나가려고 했다.

그러나 부르주아들, 즉 자본가들과 부유한 소부르주아들, 그리고 먹고살 만한 지식인들의 처지는 이와 달랐다. 그들에게는 1789년 혁명이 그들에게 필요한 것들을 가져다주었다. 그래서 그들은 이미 얻은 것을 방어하기 위해 무장하고 조직화되었는데 이들의 적은 두 군데였다. 하나는 낡은 봉건적 절대주의 체제를 복원하려는 반동세력이었고 다른 하나는 참을성 없이 끊임없이 앞으로만 나아가려는 하층계급들이었다. 이렇게 무장된 조직이 바로 국민방위군이었다.

부르주아는 혁명투쟁의 승리자로 남아 있었고 그들의 요구에 의해 국민방위군은 자산가계급의 방어수단으로서 창설되었고 그들은 방위군의 장교들을 자신들이 직접 임명했으며 정부에 대해 분명한 독립성을 방위군에 부여했다.

국민방위군의 중요성이 가장 정점을 이루었던 것은 1830~48년의 7월왕정 아래서였다. 그러나 국민방위군은 7월왕정을 구출할 수 없었고 1848년에는 결국 전혀 믿을 수 없는 존재라는 것을 스스로 드러냈다. 나폴레옹 3세는 국민방위군에게서 그것의 독립성을 탈취해 제국의 휘하에 두었는데 특히 국민방위군 장교의 선발권을 박탈해버렸다. 그러나 그는 감히 국민방위군을 완전히 해산시켜버리지는 못했다.

1870년에 전쟁이 발발했고 첫 번째 패전소식이 알려졌다. 조국이 다시 위험에 처하게 되자 1793년의 정신이 되살아났으며, 유럽 전체에 대항해 전쟁을 승리로 이끌었던 전통이 총동원(levée en masse), 즉 전 인민의 무장봉기를 불러왔다.

이런 상황의 압력을 받으면서 입법기구는 8월 11일 파리에서 파브르(Jules Favre)가 제안한 법률을 채택했는데 그것은 국민방위군의 임무를 내전에서 국방으로 전환하는 것을 내용으로 하는 것이었다. 자산가 계급으로 구성된 기존의 파리 국민방위군 60개 대대에 새롭게 빈곤계급들로 구성된 200개 대대가 합쳐졌는데 이들 새로운 부대들은 모두 부대원들이 자신들의 장교를 임명하는 권리를 가지고 있었다.

그리하여 새로 편성된 파리의 국민방위군 부대들은 사실상 프롤레타리아들이 조직하게 되었다.

국민방위군을 확대개편하는 이 법률은 정치적인 위급상황 때문에 갑자기 만들어진 것이었고 충분한 심사숙고를 거친 것이 아니었다. 얼마 가지 않아 금방 아버지 방위군들은 아들 방위군들을 두려워하게 되었고 그래서 그들은 아들 방위군들의 전력이 강화되지 않도록 온갖 수단을 동원하기로 결심했다. 그들은 파리의 프롤레타리아들이 무장하는 것을 막을 수는 없었지만 그 대신 트로쉬(Trochus)의 지휘권 아래 놓여 있던 파리의 군사령부는 국민방위군을 쓸모있는 부대로 만들기 위해서 필요한 어떤 것도 제공하기를 거부했다. 그리하여 그들은 자신들의 조국을 배신했다. 그러나 그들에게는 파리의 노동자들이 독일제국의 군사들보다 더 두려운 존재였다.

포위가 처음 시작되었을 때 파리에는 상비군 10만 명에 동원군 10만 명이 있었다. 여기에다 모두 30만 명 이상에 달하는 국민방위군 가운데 야전수행 능력을 갖춘 병력을 20만 명 정도로 추정한다면 파리 전체의 병력은 40만 명에 달하고 이 숫자는 넓게 파리를 포위하고 있던 독일군 병력의 두 배에 달하는 것이었다.

국민방위군을 훈련시키는 데에도 8월부터 충분한 시간이 있었다.

따라서 파리 사령부는 독일군에 비해서 충분한 우위를 갖추고 있었다. 만일 파리 사령부가 파리를 에워싸고 있는 독일군의 포위망을 한 군데라도 부숴버리는 데 성공한다면 독일군이 전쟁에서 승리할 수 있는 전망은 매우 적었다.

그러나 그 모든 것은 일단 국민방위군이 즉시 군사적으로 훈련을 받는다는 것을 전제로 한 것이었다. 그런데 그 국민방위군에 대한 훈련을 사령부는 뭉그적대면서 기피했다. 그들은 차라리 전쟁에서 패배해서 알자스-로렌을 적군에게 넘겨주는 것을 선택하려고 했던 것이다.

파리시민들은 그것을 알아챘고 그래서 그들은 프랑스를 배신한 권력자들에게 분노를 터뜨렸다.

파리가 항복하고 국민의회가 선출되면서 이들이 공화국과 수도에 대해서 극히 촌스러운 방식으로 증오를 드러내게 되자 파리시민들은 자신들이 매우 어려운 처지에 빠졌다는 것을 깨달았다. 이제 그들이 기댈 수 있는 유일한 세력은 국민방위군뿐이었다.

혁명적 성향을 띤 부대들은 포위기간에 서로 깊은 유대감을 나누었고 이제 그들은 굳게 하나로 뭉쳐서 연합을 이루었으며 그래서 그들은 연합군으로 불렸다.

2월 15일 혁명적 부대들의 대표들은 연합방안을 협의하기 위해 처음으로 회동했다. 그들은 2월 24일에 새로 회의를 개최하기로 하고 이 회의에 제출할 규약을 만들 위원회를 선임했다. 그러나 새로운 회의에서는 독일군의 입성이 이미 우려되고 있던 당시의 상황 때문에 분위기가 지나치게 격앙되어 있어서 규약을 차분하게 협의할 수 있는 상태가 아니었다. 그들은 회의를 중단하고 바스티유 광장에서 열리는 혁명적 시위에 참여했다.

그런 다음 국민방위군 임시 중앙위원회가 개최되었는데 그것은 임박한 독일군의 입성과 관련해 경솔한 행동을 방지하기 위해서 매우 필요한 회의였다. 최종적인 결정은 3월 3일의 대의원대회에서 이루어졌다. 거기서 국민방위군 중앙위원회를 구성하기로 결정했는데 이 위원회는 파리의 20개 구(Arondissement)에서 구별로 3명씩의 대표들이 파견되도록 정해졌다. 이들 대표 3명 가운데 2명은 군단(Legion)평의회에서 선출되고 나머지 1명은 군단의 총지휘관으로 이루어졌다. 1개 구에 소속된 모든 대대가 합쳐서 1개 군단으로 편성되었다. 그렇게 선출된 사람들로 이루어진 정식 중앙위원회가 3월 15일에 소집되어 그때까지 임시위원회가 수행해오던 업무를 인계받았다.

국민방위군에서 선출된 이 중앙위원회를 우리는 병사평의회(Soldatenrat)로 부를 수 있다. 그러나 이 중앙위원회의 선출에 자산가계급의 대대들은 동참하지 않았기 때문에 이 위원회는 프롤레타리아 국민방위군과 프롤레타리아와 친밀한 국민방위군들에 의해서만 선출된 것이었다. 중앙위원회의 포고에 따르면 3월 18일 현재 파리의 국민방위군 260개 대대 가운데 215개 대대가 여기에 참여하고 있었다.

따라서 그런 의미에서 본다면 그것은 일종의 노동자평의회였다. 바로 그렇기 때문에 사람들은 흔히 이것을 노동자-병사평의회 중앙위원회에 비유할 수 있다. 그렇지만 파리코뮌은 결코 소비에트 공화국이 될 수 없었다.

3월 18일 정부가 도주해버림으로써 공권력이 공백상태로 방치되자 공권력은 자동적으로 중앙위원회에 귀속되었다. 중앙위원회는 비록 그 위원 모두가 전혀 알려진 사람들이 아니었는데도 파리에서 아직 전반적으로 신망을 유지하고 있던 유일한 조직이었다.

중앙위원회는 3월 19일 무엇을 해야 할지 상의하기 위해 소집되었다. 언제나 자주 그래 왔듯이 이번에도 사람들은 문제를 '이것은 물론 저것도' 함께 수용하는 방식 대신에 '이것이냐 저것이냐'의 양자택일적 방식으로 재단해나갔다. 사회주의자들도 그동안 이와 같은 방식으로 자주 개량을 위한 투쟁과 혁명을 향한 시도를 전자의 운동이 후자의 운동을 배제하는 것이 아니라 서로 의지하는 방식으로 이끌어나가야 한다고 말하는 대신에 단적으로 개량이냐 혁명이냐만을 놓고 논쟁을 벌여왔다.

3월 19일 중앙위원회에서 어떤 사람들은 베르사유로 진격해야 한다고 주장했고 어떤 사람들은 즉시 유권자들에게 호소하여야 한다고 주장했으며 또 다른 사람들은 무엇보다도 혁명적 조치들을 취해야 한다고 주장했다. 이들 주장은 모두가 다른 주장이 자신의 것과 똑같이 함께 필요하다고 합의하는 방식이 아니라 하나의 주장이 다른 주장을 배제하는 방식으로 이루어졌다. 이들 주장 가운데 중앙위원회가 결의를 내린 것은 그가 보기에 가장 긴급한 것으로 보이는 단 한 가지뿐이었다. 중앙위원회는 유권자들의 다수가 파리의 봉기를 지지한다는 사실을 드러내고 싶어했으며 그럼으로써 봉기에 최대한의 도덕적 무게를 부여하고 싶어했다. 만일 보통선거가 가지고 있는 도덕적 권위가 군사력에 호소하려는 적들에 대해서 역시 군사력이라는 수단을 통해서 강화될 수만 있었다면 그것은 전적으로 옳은 생각이었다.

물론 왕정이 파리시민들에게서 강제로 억류시켜놓았던 보통선거 제도에 기초하여 파리의 자치단체 선거를 즉각적으로 실시하는 것은 필수적이었다. 1870년 9월 왕정이 붕괴된 직후 파리의 노동자들은 새로운 임시정부에게서 코뮌의 선거를 즉각 실시할 것이라는 확약을 받았다. 이 약속의 불이행은 점령기간 중의 불안정을 적잖이 부추긴 요인이었다. 10월 31일과 1월 22일의 봉기는 다음과 같은 구호 아래 수행되었다. '코뮌을 살리자!'

그리하여 코뮌선거의 즉각적인 공고는 필연적인 것이 되었다. 선거 공고는 처음에는 3월 22일, 그리고 3월 26일에 재차 이루어졌다. 중앙위원회는 보통 평등선거의 당선자들을 위한 자리로만 간주되었다.

『프랑스공화국 코뮌 공보』는 3월 20일 파리시민들에게 다음과 같이 알리고 있다.

3일 후에 여러분은 완전한 자유 아래 파리의 자치단체대표 선거를 치르게 될 것입니다. 그렇게 되면 긴급한 상황의 필요성 때문에 임시로 권력을 잡았던 사람들은 그들의 임시권력을 인민이 선택한 당선자들의 손에 넘겨주게 될 것입니다.

그것은 약속으로만 머물지 않았다. 코뮌이 결성되고 나서 중앙위원회는 3월 28일 자신의 권력을 코뮌에게 넘겨주었다. 그래서 중앙위원회는 사실상 완전히 해체될 기미를 보였다. 그러나 코뮌은 중앙위원회를 그대로 유지시켰고 중앙위원회는 코뮌 아래서 계속 군사기구의 일부로 역할을 수행해나갔다. 중앙위원회의 업무는 줄어들지 않았고 계속 전쟁수행의 사령부로 기능했다. 그러나 중앙위원회는 보통선거의 당선자들이 최고의 권력을 갖는다는 원칙을 결코 훼손하려 하지 않았다. 그것은 모든 권력이 노동자-병사평의회에, 즉 당시의 상황에서 본다면 노동자대대 중앙위원회에, 귀속되어야 한다는 요구를 결코 제기하지 않았던 것이다. 따라서 이 점에서 파리코뮌은 러시아의 소비에트 공화국과 정반대였던 것이다.

그리고 파리코뮌 20주년을 기념하면서 1891년 3월 18일 엥겔스는 다음과 같이 썼다.

친애하는 여러분, 프롤레타리아 독재가 어떤 모습인지 알고 싶습니까? 그렇다면 파리코뮌을 보십시오. 그것이 바로 프롤레타리아 독재입니다.

그리하여 우리는 마르크스와 엥겔스가 이 프롤레타리아 독재를 보통·평등선거의 폐기 또는 민주주의 일반의 폐기로 결코 이해하지 않았다는 것을 알 수 있다.

코뮌 내에서의 자코뱅파

3월 26일의 선거에서는 모두 90명의 코뮌위원이 선출되었다. 이 가운데 15명은 정부측 사람들이었고 6명은 부르주아 급진파였는데 이들은 정부에 반대하는 처지였지만 봉기에도 반대하는 사람들이었다. 이런 반혁명 분자들이 후보로 나서는 것은 물론 이들이 선출될 수 있도록 내버려둔다는 것은 소비에트 공화국에서는 허용되지 않는 일이었을 것이다. 코뮌은 민주주의에 대한 존중을 반영해서 자신들의 적인 부르주아들이 선출되는 것에 대해 추호의 방해도 하지 않았다.

코뮌 내에서 그들의 활동이 금방 끝나버린 것은 그들 스스로 그렇게 한 것이었다. 자신들이 제 발로 걸어들어간 사회가 자신들의 마음에 들지 않자 스스로 서둘러 이별을 고한 것이었다. 몇몇은 당선자들의 전체회의가 열리기도 전에 떠났으며 또 몇몇은 코뮌이 열린 첫날 떠나갔다. 이들 사퇴자들과 몇몇 이중 입후보자들 때문에 보궐선거가 필요했으며 그것은 4월 16일에 실시되었다.

코뮌위원의 최대 다수파는 봉기를 지지하는 편에 서 있었다. 그러나 혁명적 성향을 가진 코뮌위원들도 모두 사회주의자들은 아니었다.

코뮌의 다수파는 그냥 단순한 혁명가들이었다. 그들 가운데 대다수는 1793년의 원칙, 즉 자코뱅주의의 전통에 따르는 사람들이었다. 몇몇은 이미 1848년에 당시의 산악당 후예들에게 가담했던 사람들이었고——들레클뤼즈(Louis Charles Delescluze, 1809~71)[46]와 피아가 바로 그런 사람들이다——정치적 투쟁과정을 통해 원래의 직업활동에서 벗어나서 반란자 또는 혁명가가 직업이 되어버린 사람도 적지 않았다. 그들 가운데 나이가 많은 사람들은 완전히 과거의 전통 속에서 살고 있었으며 새로운 사회적 관계나 새로운 견해에는 아무런 흥미도 없었다.

그밖에 젊은 사람들은 아무런 확고한 원칙도 없는 다양한 종류의 폭력배들이었고 이들은 대부분 말만 번지르르한 공론가들이었으며 몇 달 전에 전쟁에서 하던 짓을 이번에는 봉기에서 하는 것일 뿐이었으며 언제든지 마음 내키는 대로 아무 말이나 내뱉는 사람들이었다. 어느 편이든 모든 종류의 혁명주의는 말로만, 즉 단지 겉으로만 그런

---

46) 파리 출생. 7월왕정 아래서 공화주의자로 활동하다가 몇 년 동안 벨기에로 망명했다. 2월혁명 후 민주주의 성향의 신문을 발행해서 프랑스혁명기의 자코뱅당 정치의 재현과 보통선거와 사회개선을 고취했으나, 제2제정 때 가이아나로 유형당하고, 1870년 제정붕괴 후 귀국했다. 다음해 2월 국민의회 의원으로 선출되고, 뒤에 파리코뮌의 지도자가 되었으나, 정부군의 진압으로 코뮌이 붕괴되기 전인 5월 25일 자진해서 총탄을 맞고 죽었다.

것이었고 기껏 가장 나은 부류라 할지라도 그것은 단지 생각만 그럴 뿐이었다.(『코뮌』, 332쪽)

착한 혁명가 뒤브레이는 그들을 이렇게 평가했다.

그들 대다수는 사회주의에 대해서 전혀 이해하지 못했고 사회주의에 대해서 적개심을 가진 사람도 적지 않았는데 들레클뤼즈가 바로 거기에 해당되었다. 그들은 유산자 계급의 이해를 대변하는 것도 아니었기 때문에 부르주아 정치가라고 부를 수도 없었다. 오히려 그들은 정반대였다. 그들은 하층계급의 편에 서 있었으며 1793년 산악당 사람들이 그랬던 것처럼 하층계급의 지배권을 위해 노력했다. 그러나 산악당과 마찬가지로 이들도 역시 부르주아적 소유관계와 법률관계를 넘어서는 것을 알지 못했기 때문에 바로 그런 점에서 부르주아적 분자들에 해당했다. 그것이 코뮌 혁명가들 가운데 다수파의 실상이었다. 그들 가운데 단지 몇몇만이 노동자계급에 속하는 사람들이었다. 그밖에 코뮌위원들 가운데에는 정규교육을 받은 관료, 약사, 발명가, 변호사 그리고 언론가들도 있었다.

자코뱅파와 구별되는 사람들로는 블랑키주의자들이 있었다. 이들은 모두 7명이었고 이들 가운데 블랑키도 포함되어 있었지만 그는 아직 회의에 참석은 할 수 없는 상태였다. 블랑키주의자들이 3월 18일의 봉기에 별로 기대를 하지 않고 있었다는 것은 봉기가 발발하기 직전에 블랑키가 자신의 건강을 회복시키기 위해 파리를 떠나버렸다는 사실에서 잘 드러난다. 3월 17일 그는 피제(로트 道 소재)에서 체포되었다.

블랑키주의자들은 하층계급의 봉기를 통해서 파리를 지배하고 파리를 통해 프랑스 전체를 폭력적인 방법과 수단으로 지배하려 했다는 점에서 자코뱅주의자들과 일치했다. 그러나 그들은 이런 지배를 만일 새로운 사회체제를 창출하는 데 사용하지 않는다면 피착취자들을 해방시키기에 충분하지 않다고 생각했다는 점에서 자코뱅주의자들보다 한발 앞서 있었다. 말하자면 그들은 사회주의자들이었다. 그러나 그들에게는 언제나 정치적 이해가 경제적 이해보다 앞섰다. 그들은 경제생활에 대해서 배우려 하지 않았고 체계적인 경제지식을 얻으려고 노력하지도 않았다. 그들은 자신들의 이런 경제적인 무지가 자신들이 어떤 도그마에 사로잡히지 않기 위한 것이라고 늘 안이한 핑계를 반복적으로 대곤 했다. 그들은 '선입견'과 '자잘한 논쟁' 때문에 혼란을 겪고 싶어하지 않았다. 만일 프롤레타리아가 권력을 쥐기만 한다면 그들은 자신들이 무엇을 해야 할지를 알게 된다는 것이었다. 그들에게는 오로지 이 권력을 획득하는 것이 가장 중요한 문제였다. 그리고 그들은 권력을 획득하기 위한 수단이 준비된 폭동이라고 간주했던 것이다.

그들이 준비한 폭동들은 계속 실패를 거듭하는 불운을 겪었다. 그런데 이제 하나의 폭동이 성공했고 그것은 그들이 준비한 것이 아니었다.

그러나 블랑키주의 이론은 사고력에 특별히 많은 능력을 필요로 하는 것이 아니었고 즉각적인 행동을 요구했다. 이 이론은 행동인들에게 매우 매력적인 것으로 작용했다. 그렇지만 그 이론을 추종한 사람들은 노동자들보다는 지식인들, 특히 학생들이 훨씬 더 많았다.

당시 블랑키당파 내에서 이들 분자들의 구성비는 다음의 사실을 통해서 명백히 알 수 있다. 1866년 11월 7일 파리의 한 카페에서 블랑키주의자들의 비밀집회가 경찰의 습격을 받아서 참석자들이 모두 체포되었다. 체포된 사람 가운데 직업이 알려진 사람은 모두 41명이었다. 수공업 노동자가 14명, 견습판매원이 4명, 학생이 13명, 작가가 6명, 변호사, 수공업장인, 금리생활자, 자영상인이 각각 1명씩이었다. 11월 7일은 아직 방학기간이었고 따라서 많은 학생들이 파리를 떠나 있었다는 점을 감안한다면 학생들의 숫자는 사실 이보다 훨씬 더 많았을 것이다.

이런 집회는 그 회합의 방식에서는 물론 그 목적에서도 블랑키주의의 특징을 이루는 것이었다.

1866년 9월 제네바에서 인터내셔널의 총회가 개최되었고 블랑키주의자들이 여기에 초대를 받았다. 블랑키가 참가를 반대했지만 코뮌 당선자 가운데 두 사람, 즉 변호사인 프로토(Proto)와 사무직 노동자인 윙

베르(Humbert)가 거기에 참가했다. 이것 때문에 블랑키주의 진영에서는 큰 난리가 일어났다. 왜냐하면 그들의 전통에 따르면 독재는 단지 프롤레타리아 독재에만 해당하는 것이 아니라 당파 지도자의 독재이기도 했기 때문이다. 사실 이 두 종류의 독재는 내적으로 서로 긴밀하게 연관되어 있었다. 블랑키주의의 조직이 만들어진 이래 처음으로 당 수뇌부의 명령을 위반한 사태가 발생한 것이었다. 그때까지 모든 사람들은 수뇌부의 명령을 맹목적으로 따랐다. 그것은 그 후에도 그랬다. 11월 7일의 집회는 프로토를 재판하기 위해서 열린 것이었다. 그러나 재판이 채 끝나기도 전에 집회는 경찰의 습격 때문에 와해되었다. 프로토를 포함한 몇몇은 달아났고 우리가 이미 얘기한 대로 나머지는 체포되었다(여기에 대한 좀더 자세한 내용은 다 코스타Ch. Da Costa, 『블랑키』*Les Blanquistes*, 파리, 1912, 17~22쪽 참조).

코뮌의 블랑키주의자 가운데는 변호사 프로토가 다시 들어가 있었고 11월 7일 체포되었던 사람 가운데 두 사람, 즉 변호사 트리동(Tridon)과 학생 리고(Raoul Rigault)도 포함되어 있었다. 그밖의 당선자로는 법학자이자 의학자인 블랑키——그는 두 가지를 모두 공부했다——와 약사인 유드(Eudes), 회계공무원 페레(Ferré)가 있었다.

블랑키 분파 전체에서 노동자는 단 한 사람, 구리세공사인 샤르동(Chardon)이 있었을 뿐이었다.

인터내셔널 소속의 코뮌 당선자 가운데 블랑키주의자들과 연계되어 있는 사람은 두 사람으로 주물공 뒤발(Duval)과 학생 바양(Vaillant)이 바로 그들이었다.

우리는 블랑키주의자들 가운데 지식인의 비중이 얼마나 높은지를 알게 되었다.

코뮌 내에서도 자코뱅주의자들과 블랑키주의자들은 경제문제에는 거의 관여하지 않았다. 그들이 주로 관심을 쏟아부은 문제들은 베르사유와의 전쟁수행, 파리의 치안, 교회에 대한 투쟁 등이었다. 그들은 마지막까지도 베르사유에 대한 군사적 투쟁과 베르사유와 결탁한 파리의 내통자들에 대한 경찰활동을 수행했고 그런 말이나 행동을 하는 사람들에게 무력을 행사했다.

코뮌 내에서의 인터내셔널파

코뮌 내에서 세 번째 그룹을 형성하고 있었던 것은 인터내셔널 분파로서 이들은 모두 17명이었는데 거의 프루동주의자들이었다.

프루동주의는 블랑키주의나 자코뱅주의와는 완전히 정반대의 견해를 가지고 있었다. 이들에게 1793년의 공포체제는 본을 받아야 할 것이 아니라 경계를 삼아야 할 사례였다. 이들은 이 체제의 약점을 분명히 알고 있었고 그것이 필연적으로 실패하리라는 것도 알고 있었다. 이들은 프롤레타리아가 단지 정치권력을 잡는 것만으로는 그들의 계급적 상태를 변화시킬 수 없으며 그들의 착취상태가 없어지지도 않으리라고 생각했으며 그런 것들은 정치적 변혁이 아니라 경제적 변혁을 통해서만 달성될 수 있다고 생각했다. 그래서 이들은 블랑키주의적인 봉기나 테러리즘의 방식을 불신했으며 민주주의에 대해서도 역시 적잖이 불신을 가지고 있었다. 1848년 2월혁명에서 파리의 프롤레타리아는 권력을 획득했지만 그것을 통해서 그들은 무엇을 얻었단 말인가?

프루동주의에는 프롤레타리아의 정치적 해방투쟁과 그들의 정치참여에 대한 뿌리 깊은 불신이 자리를 잡고 있었다.

오늘날 이것과 비슷한 생각이 다시 등장해서 마치 사회주의 사상의 새로운 성과인 양, 즉 마르크스가 알지 못했고 알 수도 없었던 그런 새로운 경험의 산물인 양 행세하고 있다. 그러나 그것은 반세기 이상이나 오래된 것으로서 마르크스가 몸소 투쟁하고 극복했던 바로 그 사상의 새로운 변종에 불과한 것이다.

물론 이 사상의 현대판은 약간의 수정이 가해진 것이다. 그러나 그것의 노선이 수정된 것은 아니다. 프루동은 프롤레타리아의 해방에서 정치는 아무 쓸모가 없으며 단지 경제적 변화를 통해서만 그런 해방이 이루어질 수 있다는 것을 보여주었다. 그것의 현대판에서는 **민주주의가 자**

본주의의 족쇄에 채워져 있는 한 프롤레타리아의 해방에 아무런 쓸모가 없다고 얘기하고 있다.

그러나 만일 프롤레타리아의 경제적 해방이 정치적 해방보다 앞서야 한다면 논리적으로 볼 때 프롤레타리아의 모든 정치활동은 그것이 어떤 유형의 것이든 모두 똑같이 쓸모없는 것이 될 것이다.

블랑키주의가 기존의 국가권력에 대항하는 정치투쟁에만 일면적으로 눈을 돌리고 있었다면 프루동주의는 프롤레타리아가 국가권력의 도움 없이 스스로 경제적으로 해방될 수 있는 수단만을 추구했다.

그래서 블랑키주의자들은 프루동주의가 노동자들의 열정을 식혀버리고 제2제정에 대한 투쟁에서 노동자들을 멀리 떼어놓는다고 비난했는데 바로 그 제2제정 아래서 프루동주의는 번성했다. 마르크스도 "프루동주의가 보나파르트에게 아부하고 또 사실상 프랑스 노동자들이 그를 좋아하게 하려고 노력했다"(『철학의 빈곤』의 독일어판 출판에 즈음해 1865년 1월의 후기에서, 제2판, 후기 17쪽)고 비난했다.

그러나 프루동주의자들에게는 경제적 계기야말로 무엇보다도 결정적인 것이었기 때문에 프롤레타리아와 부르주아 사이의 계급대립에 대한 의식이나 프롤레타리아가 자신의 힘으로 해방되어야 한다는 인식이 블랑키주의자들에 비해서 훨씬 더 뚜렷했다. 블랑키주의자들은 상당 부분 학생들의 당파였던 데 반해 프루동주의자들은 제2제정 아래의 프랑스에서 제대로 된 노동자정당을 이루고 있었다.

1848년 이후의 반동으로 깊은 혼수상태에 빠져 있던 노동운동이 1860년대에 곳곳에서 깨어나 노동자 인터내셔널을 결성했을 때 프랑스에서 인터내셔널에 가입한 것은 프루동주의자들이었다. 따라서 우리가 이미 보았듯이 블랑키가 자신의 추종자들에게 거기에 가입하는 것을 금지했던 데에는 충분한 이유가 있었던 것이다.

그러나 노동자연맹 인터내셔널이 창설되던 바로 그 시기에 그들의 지도자인 프루동이 사망하고(1865년 1월 19일) 프랑스에서 새로운 계급투쟁의 조건이 형성됨으로써 그들은 인터내셔널 내에서 일면적인 프루동주의로부터 벗어나서 새로운 이론과 새로운 실천을 배우게 되었다.

프루동은 정치를 배제한 순수한 경제적 노동운동을 원했다. 그러기 위해서는 국가권력과 갈등을 불러일으킬 수 있는 어떤 투쟁도 포기해야만 했다. 전적으로 평화적인 수단들, 즉 협동조합, 교환은행, 상호주의에 바탕을 둔 상조금고 등에 의해서만 노동자는 해방될 수 있는 것이었다. 이런 생각은 파리에서는 가능했는데, 왜냐하면 여기서는 이미 앞서도 강조한 바 있듯이 산업적 특성이 대규모 산업으로서의 성격을 거의 가지고 있지 않았으며, 또한 노동자계급이 보기에 착취하는 자본가계급이 산업자본가가 아니라 이자를 받는 화폐자본가나 노동생산물을 시장에 가지고 오는 상인들의 모습을 띠고 있었기 때문이다.

프랑스의 프루동주의자들은 인터내셔널을 통해서 영국의 대규모 산업자본주의에 대해서 알게 되었고 그런 자본주의에 맞는 노동운동, 즉 경제적 토대에 맞추어 그 중점을 투쟁조직에 두는 노동운동, 다시 말해서 프루동에게서는 들어보지 못했던 노동조합과 파업을 강조하는 노동운동에 대해서 알게 되었다.

이런 실천은 근대사회 그리고 사회생활 일반의 법칙에 대한 깊은 통찰에 바탕을 둔 이론에 근거한 것이었다. 그 이론은 인터내셔널 회원들 가운데 극소수만이 알고 있었고 그들 극소수도 아직 완전히 이해하고 있는 것은 아니었지만 그럼에도 이 이론의 창시자는 자신의 위대한 능력을 통해서 인터내셔널 전체에 자신의 정신을 불어넣고 있었다.

마르크스의 이론에서는 프루동주의와 블랑키주의의 일면성이 극복되었다. 마르크스는 프루동주의와 함께 경제적 관계가 근본적인 관계며 그것을 변화시키지 않고는 어떤 형태의 정치적 변화로도 프롤레타리아를 해방시킬 수 없다는 것을 알고 있었다. 그러나 동시에 그는 자본의 지배를 깨뜨리고 프롤레타리아의 해방에 필요한 경제적 변화를 이루어내기 위해서는 국가권력을 장악하는 것이 불가피하다는 것도 잘 알고 있었다.

마르크스에게서 경제적 요소의 본질적인 중요성은 프루동에게서의 그것과는 전혀 다른 성격을 띤 것이었다. 그의 눈으로 볼 때 경제는 정치를 불필요하게 만드는 것이 아니라 필요한 것으로 만드는 것이었다. 즉 정치투쟁의 성격과 성과, 그리고 그것이 다시 경제에 미치는 영향은 모두 경제에 달려 있는 것이었다. 그렇지만 그는 경제적 관계 자체를 끊임없이 진보해나가는 과정으로, 즉 어제까지 정치적 성과로 얻을 수 없었던 것이 오늘은 얻을 수 있는 것이 되고 내일은 아예 불가피한 것으로 되어버리는 것으로 인식했다.

경제적 관계와 경향을 연구해서 거기에 그때그때 정치적 목표와 방법을 맞추는 것, 바로 그것이 마르크스가 보는 경제와 정치의 관계였다. 반면 블랑키주의자와 프루동주의자들은 이런 역사적 견해를 완전히 도외시했다. 그들이 생각한 과제는 어떤 주어진 시기에 경제적인 고찰에 근거해서 무엇이 가능하고 무엇이 필요한지를 찾아내는 것이 아니라 어떤 상황 아래서도, 즉 어떤 역사적·경제적 조건에서도 그들이 원하는 결과를 얻어내기 위해서 필요한 수단을 찾아내는 데 있었다. 만일 사회주의자들이 그런 수단을 찾아낼 수 있다면 그들은 자신들이 원할 때는 언제나 사회주의를 실현할 수 있을 것이다. 우리는 이런 사고방식이 마르크스주의를 통해서 극복될 수 있으리라고 생각했다. 그러나 요즘 이런 사고방식이 다시 널리 퍼지고 있다. 만일 우리가 모스크바나 부다페스트의 경제적 조건에서 어떤 정책이 가능하고 또 필요한지를 다시 한 번 되묻지 않고 단지 사회주의가 곧바로 프롤레타리아들에게 바람직한 것이라는 견해에만 의지한다면 사회주의자들은 어디서나 권력을 잡기만 하면 즉각 사회주의를 실현하는 것을 자신들의 과제로 삼게 될 것이다. 그들의 과제는 사회주의가 가능한지의 여부와 가능하다면 어느 정도까지 가능한지를 연구하는 데 있는 것이 아니라 어떤 경우에나 사회주의를 만들어내는 만능의 수단, 즉 마법의 돌을 찾아내는 데 있다.

그리고 사람들은 오늘날 이 문제, 즉 마법의 돌을 찾아내는 과제를 평의회체제에 기초한 독재체제를 선언함으로써 해결할 수 있다고 생각하고 있다. 프랑스의 제2제정 아래서 블랑키주의자들은 폭동 속에서 그

마법의 돌을 찾아냈다고 생각했으며 프루동주의자들은 교환은행 속에서 그것을 찾아냈다고 생각했다.

마르크스를 완전히 이해한 사람들의 수는 언제나 단지 몇 사람에 지나지 않았다. 그는 지나치게 거대한 사상적 작업을 구상했을 뿐만 아니라 개인의 소망과 욕구를 지나칠 정도로 과도하게 객관적 관계의 인식에 예속되는 것으로 상정했다. 그러나 마르크스와 엥겔스가 제시했던 수단들과 방법, 그리고 목표들은 결국에는 언제나 전반적으로 반복해서 관철되었는데 이는 그것들이 바로 사물의 논리에 따른 것이었기 때문이다.

그리하여 프랑스 인터내셔널주의자들 사이에서도 마르크스의 사상은 점차 프루동의 사상을 밀어냈다.

프랑스에서 노동운동이 다시 살아나자마자 노동조합과 파업은 불가피한 것이 되었다. 제정 프랑스는 운동을 합법적이고 비정치적인 방향으로 돌리려고 노력했으며 그 결과로 1864년 노동조합의 결성과 파업의 실행을 허용했다. 그리고 바로 그해에 인터내셔널이 창설되었다. 프루동주의자들이었던 인터내셔널 회원들은 저절로 되살아난 노동운동에 관여하지 않을 수 없게 되었고 제반 사회적 관계는 그들이 노동자계급의 경제적 이해를 대변하는 가장 중요한 조직으로서 노동자계급의 조직과 운동의 최선봉에 서도록 만들었다. 그러자 이제 그들이 국가권력과 갈등을 빚는 것이 불가피해졌다. 그리하여 그들은 정치투쟁의 길로, 즉 왕정반대 투쟁의 길로 접어들게 되었다.

이런 상황에서 프랑스 인터내셔널주의자들의 출발점이 되었던 프루동주의적인 생각들은 점점 더 마르크스주의적인 생각들로 바뀌어갔다. 그러나 코뮌이 발발했을 때 그들 가운데 어느 누구도 아직 마르크스주의자라고 부를 수 있을 만한 사람은 없었다. 그들은 기존의 오랜 프루동주의적인 토대를 잃었지만 아직 새로운 토대를 확고하게 구축하지는 못하고 있었던 것이다. 그들의 생각은 극히 불분명했다. 그럼에도 그들은 코뮌위원들 가운데 경제생활에 대해서 가장 깊이 연구한 사람들이었고 경제생활의 요구에 대해서 가장 정통해 있는 사람들이었다.

그들은 코뮌 내에서 사실상의 노동자 대표들을 이루고 있었다. 여기에 대해서 리사가레는 다음과 같이 말하고 있다.

사람들은 코뮌을 노동자계급의 정부라고 불렀다. 그러나 그것은 크게 잘못된 것이다. 노동자들은 투쟁과 자치업무에만 참여했고 또 이들 운동은 그들의 입김이 들어가야만 확대되었지만 정부에는 매우 적은 숫자만 참여했다. 〔……〕 3월 26일 선거에서 당선된 70명의 혁명파 가운데 노동자는 단지 25명뿐이었다.(『코뮌의 역사』, 제2판, 145쪽)

그러나 이 25명 가운데 다수파는——13명이었다——인터내셔널파에 속했는데 코뮌위원에 당선된 인터내셔널파는 모두 17명밖에 되지 않았다. 인터내셔널파 가운데 비노동자는 4명뿐이었고 그들 가운데 1명, 즉 대학생이었던 바양은 블랑키주의자의 성향이 있었다. 노동자 출신의 인터내셔널파 코뮌위원 13명 가운데에는 가장 중요한 코뮌지도자들이 포함되어 있었는데 제본공 발랭(Varlin), 금속세공사 티스(Theiß), 염색공 말롱(Malon), 보석세공사 프랑켈(Frankel) 등이 바로 그런 사람들이었다.

자신들의 당파적 견해에 따라서 인터내셔널파는 무력행위와 관련된 업무, 즉 전쟁수행과 경찰업무 등은 자코뱅파와 블랑키파에게 맡기고 자신들은 평화적인 업무, 즉 자치행정과 경제적 개혁업무에 종사했다. 그들 가운데 단 한 사람, 주물공 뒤발만이 호전성을 보였는데 알려진 바에 따르면 그는 바양과 마찬가지로 블랑키주의에 경도되어 있었다. 그는 4월 3일의 베르사유 공격 때 부대장의 한 사람으로 참여했다가 포로로 잡혀서 비노아(Vinoy) 장군의 명령으로 총살되었다. 그리하여 그는 최초의 코뮌 순교자가 되었다.

코뮌에 파견된 인터내셔널파들은 주로 경제적인 영역에만 종사했고 거기서 탁월한 능력을 발휘했는데 특히 행정분야가 그러했다. 예를 들어 티스는 체신업무에서, 발랭과 아브리알(Avrial)은 경리분야에서 그런 능력을 발휘했는데 이들 분야는 고위관리들이 아예 파리를 탈출했거나 또는 자신의 직무를 내버리고 달아나버림으로써 노동자들이 전혀 생소한 이들의 관리업무를 모두 갑자기 떠맡을 수밖에 없게 되어 업무를 수행하는 데 더욱더 어려움이 많았던 분야였다. 코뮌평의회에 참여한 인터내셔널 회원들 외에 파리의 다른 인터내셔널 회원들도 같은 방식으로 성공적인 활동을 수행했는데, 예를 들면 청동세공사인 카멜리나(Camelinat)는 4월에 화폐주조 업무를 맡았는데 거기서 몇 주일 동안 그가 이루어놓은 많은 업무개선 내용들은 나중에 코뮌이 와해되고 나서도 그대로 계승되었다. 지방세 업무를 맡았던 바스텔리카(Bastelica)와 간접세 업무를 맡았던 콩보(Combault)도 그런 예에 속하는 사람들이었다. 이들 두 사람은 모두 노동자들이었다. 코뮌이 최초로 실시한 많은 조치들 가운데 한 가지는 각 행정분야들을 장관 한 사람씩에게 맡긴 것이 아니라 집단적인 위원회에 맡긴 것이었다. 예를 들어 코뮌의 사회주의적 성격을 대표하는 분야인 노동-산업-교환위원회는 인터내셔널주의자들인 말롱, 프랑켈, 티스, 뒤퐁(Dupont, 바구니 제조공), 아브리알(기계공), 제라르댕(Gerardin)과 직업이 알려지지 않은 자코뱅파인 퓌제(Puget)로 구성되어 있었다.

재무위원회 5명의 위원들 가운데에는 인터내셔널파가 세 사람 들어 있었는데 염색공 클레망(Victor Clément), 발랭과 유복한 박애주의자 베슬리(Beslay)가 바로 그들로서 베슬리는 인터내셔널 회원들 가운데 몇 안 되는 부르주아였다. 나머지 위원 가운데 한 사람은 수의사이면서 동시에 오랫동안 왕정에 반대해오던 자코뱅주의자 레제르(Regère)였으며 마지막 한 사람은 회계원인 주르드(Jourde)였다. 주르드는 특정의 정치적인 노선을 따르지 않는 사람으로서 원래는 큰돈을 직접 만지던, 금융가의 고위직을 지냈던 사람이지만 코뮌 아래서 그의 아내는 가족의 빨래를 직접 자기 손으로 센 강에서 했으며 자신은 업무를 수행하던 2개월 동안 1프랑 60상팀 이상의 식사를 한 번도 하지 않았던 사람이었다.

노동위원회와 재무위원회에서 일하는 방식은 전쟁위원회나 경찰위원회에서 일하는 방식과 완전히 달랐다. 이런 방식의 차이에 대해서 리사가레가 쓴 『코뮌의 역사』(독일어판 제2판)의 후기에서 멘델송은 다음과 같이 잘 지적해두고 있다.

코뮌의 전쟁위원회에서 유능하고 성실한 세력이라고는 눈을 씻고 찾아보아도 발견하기 어려웠다. 여기서 보이는 것이라곤 무능함과 무지함, 쓸모없는 공명심, 그리고 온갖 무책임함들뿐이었다. 여기에는 왕정시절에 사회주의 운동이 겪었던 온갖 황량하고 문란한 상황들이 그대로 반영되어 있었다. 그리고 경찰의 힘으로 이런 문란한 상황이 재현되는 것을 막아주는 곳은 유일하게 방돔 광장(Place Vendom)뿐이었다.

경찰과 군사령부의 역할을 맡고 있는 신에베르주의자(Neu-Heberttisten)[47]들의 그 잘난 체하며 뻐기는 요란함에서 벗어날 수 있는 곳은 노동 및 교환위원회였다. 이 위원회는 그 명칭에서 알 수 있듯이 프루동주의의 영향을 받고 있는 곳이지만 과학적이고 분별력 있는 인터내셔널 회원들이 활동하는 곳으로서 불가능한 환상을 철저히 배격하고 가능한 일을 추진하는 곳이었다. 이 위원회는 스스로를 노동자대중의 위원회로 간주했기 때문에 자신들의 권력이 번쩍거리는 휘장이나 외양의 장식에 있지 않다고 보았다. 그들은 노동조합과 노동자단체들의 대표로 이루어진 제안위원회를 만들었다. 그리하여 이 위원회는 주어진 상황이 허락하는 범위 내에서 실행불가능한 것들에는 전혀 관계하지 않고 단지 실행이 가능한 것들만을 처리해나가는 방식으로 자신들의 업무를 수행했다.

사회주의자들은 이 위원회에 몰려 있었고 특히 이 위원회는 마르크스

---

47) 프랑스혁명기 자코뱅 좌파에 해당하던 에베르파를 추종하던 코뮌 내의 분파.

에게 가장 가깝게 서 있었다. 이 위원회의 임무는 코뮌 내에서 가장 혁명적이었지만 그러면서도 매우 신중한 태도를 취하고 있었으며 그런 점에서 참으로 놀랄 만한 것이었다.

재무위원회도 마찬가지로 가지고 있던 이런 신중함의 이유에 대해서 주르드는 전당포업자들과의 논쟁에서 아래와 같이 얘기하고 있다. 논쟁은 원래 20프랑 이하의 액수로 저당잡힌 옷, 가재도구, 작업도구들에 대해서 5월 12일부터 원소유주에게 돌려주도록 한다는 안을 둘러싸고 벌어진 것이었다. 전당포업자들은 그 액수를 국가에게서 변상받도록 되어 있었다. 이 논쟁과정에서 아브리알은 전당포를 폐지하고 좀더 개선된 시설들을 만들어야 한다고 주장했다. 여기에 대해서 주르드는 다음과 같이 반대했다.

새로운 시설을 만들자는 얘기가 있다. 그것을 얘기하기는 쉬운 일이지만 그러나 무엇인가를 새롭게 만들기 위해서는 그전에 먼저 그것을 연구할 시간이 반드시 필요하다. 아브리알이 말한 것처럼 포대(砲臺)를 만들어라, 대포를 만들어라 하고 얘기했을 때 그것들을 실제로 만드는 데에는 시간이 소요될 것이다. 나도 바로 그런 시간이 필요하다고 말하는 것이다.(「5월 6일자 회의」, 『공보』, 5월 7일자, 493쪽)

코뮌은 사회적인 영역에서 거대한 작업을 이룩해낼 시간을 갖지 못했다. 그리고 코뮌의 최고 지도자들은 그런 작업을 충분히 연구하지 않고는 어떤 과제도 착수하려 하지 않았다. 코뮌이 수행한 대부분의 사회적 조치들, 즉 제빵공들의 야간작업 금지나 사업장 내에서의 벌금형의 금지 등은 오늘날 우리가 보면 하찮은 것들 같다.

대부분의 결정들은 조사단계를 넘어서지 않았다. 포위기간과 3월 18일 이후의 기간에 파리에 있는 많은 사업체들이 소유주들이 도망가버려서 내버려지거나 폐쇄되었다. 아브리알의 제안에 따라서 노동자계급에게 매우 우려되는 이런 상황에 대해 설문조사가 실시되었다. 그 결과 다음과 같이 결정되었다.

많은 사업체들에서 그것을 운영하던 사람들이 노동자들의 이해를 고려하지 않고 자신들의 부르주아적 의무를 벗어던짐으로써 그 사업체가 폐쇄되어버리는 사태와 관련해……

자신의 직무에서 도망해버리는 이런 비겁한 행위들 때문에 공동체 생활에서 매우 중요한 많은 일들이 중단되고 그럼으로써 노동자들이 위협을 받는 사태와 관련해서 파리코뮌은 다음 사항을 결의한다.

노동조합들을 모두 소집해 다음의 목적을 위한 연구위원회를 구성하도록 한다.

1. 폐쇄된 사업체들에 대해 그것들이 현재 처해 있는 정확한 상태와 그것들이 보유하고 있는 작업도구들에 대한 통계를 수집한다.

2. 이런 사업체들이 그것을 버리고 도망간 사업주가 아니라 거기서 일하고 있던 노동자들의 협동조합에 의해서 이른 시일 내에 가동될 수 있도록 필요한 실질적인 조치들에 대한 보고서를 작성한다.

3. 이런 협동조합을 위한 규약의 초안을 만든다.

4. 여기서 언급한 사업체들의 주인이 나중에 되돌아왔을 때 이들 사업체를 최종적으로 노동자 협동조합의 소유로 이전하기 위해서 필요한 조건들과 이때 노동조합이 원소유주에게 지불해야 할 배상액의 크기를 결정하기 위한 중재재판소를 설치한다.

이 연구위원회는 코뮌의 노동 및 교환위원회에 자신의 보고서를 제출해야 하며 노동 및 교환위원회는 다시 최단시일 내에 코뮌과 노동자들의 이해에 맞게 법령을 초안하여 이를 코뮌에 제출하도록 위임한다.

이 결의가 반포된 것은 4월 16일이었다(『공보』, 4월 17일). 연구위원회는 5월 10일과 18일에 회의를 했다. 그러고 나서 바로 그 직후에 코뮌이 붕괴되었다. 그래서 사회주의적 성격을 띤 그 위원회는 실천적인 안을 만들지 못했다. 그렇지만 그 위원회의 설치는 만일 프롤레타리아 체제가 오래 지속되었다면 코뮌의 사회주의자들이 걸어갔을 길을 이 위원회가 보여주고 있다는 점에서 중요하다.

전체 기업가 체제를 즉각 폐기하고 이것을 '완전 사회화'하는 것은 여기서 전혀 고려되지 않았다. 오히려 그 반대로 노동자들이 일하고 있던 사업체들을 폐쇄하고 달아나버린 기업가들이 비난의 대상이 되고 있다.

물론 이와 정반대의 비난도 함께 존재했다. 이미 포위기간에 구성되어 있던 20구(Arrondissements) 중앙위원회(국민방위군과 혼동해서는 안 된다)는 사업주들이 노동자들을 사업장에 묶어두고 그들이 국민방위군으로서의 의무에 종사하는 것을 방해하는 것 때문에 어려움을 겪고 있었다.

사업주들이 내팽개쳐버린 사업장들만을 일단 코뮌의 계획에 따라 사회화해야 했으며 그것도 매우 철저한 예비작업을 거쳐서 수행해야 했던 것이다.

사회화를 향한 또 하나의 진보는 제복과 대포 같은 군납과 관련한 분야에서 이루어졌다. 군납은 납품계약에 근거해서 가능한 한 노동자 협동조합에 맡겨졌는데 납품계약은 경리부가 작성해서 노동조합과 노동위원회 사이에 체결되었다. 취업규칙의 초안도 만들어졌는데 이것은 루브르의 무기수리 작업장에서 일하는 노동자들이 코뮌에 제출했으며 10시간 노동일을 규정하고 있었다.

이 취업규칙은 모두 22개 조항으로 이루어져 있었고 5월 21일의 코뮌 『공보』의 628~629쪽에 실려 있다. 그것은 코뮌 내의 사회주의적 노동자들의 사회화 경향을 잘 나타내주고 있다.

이 취업규칙에 따르면 노동자들은 코뮌에 소속된 사업장의 대표들, 즉 사업장 지배인은 물론 작업장 관리자들도 함께 선출해야 했다. 각 작업대(banc)마다 1명씩 노동자를 선임하고 이들 선임된 사람들로 구성된 사업장 평의회를 설치하도록 되어 있었다. 그런 다음 코뮌에서 파견된 감독위원회를 설치하도록 했는데 이 위원회는 사업장 전체의 운영에 대해서 일상적으로 감독업무를 수행하고 회계장부에 대한 열람을 언제든지 자유롭게 할 수 있도록 되어 있었다.

노동자들은 스스로 코뮌의 이해를 지키기 위해서 깊이 고심한 흔적을 보여주었다. 제15조에서 노동시간은 1866년 인터내셔널의 제네바대회에서 결의했던 8시간이 아니라 10시간으로 규정되었다. 그리고 상황이 위급할 경우 사업장 평의회가 동의한다면 초과노동이 가능하도록 되어 있었다. 초과노동에 대해서는 별도의 할증임금을 적용하지 않았다. 임금은 매우 낮게 책정되어 있었다. 이사의 임금은 월 250프랑, 사업장 지배인은 월 210프랑, 직공장은 시간당 70상팀이었다. 일반노동자들에게는 최저임금은 없이 최고임금만 규정되어 있었는데 그 액수는 시간당 60상팀을 초과하지 못하도록 정해두었다.

제16조의 규정은 매우 특이한 것이었다. 여기서는 무기가 필요할 경우 노동자들이 야간작업을 수행해야 할 의무가 있다고 규정하고 있었다. 모든 노동자들은 돌아가면서 야간경비를 서야 할 의무를 지고 있었다. 그 조항의 마지막에는 다음과 같이 씌어 있었다.

현재 상황에서 코뮌은 단 한푼이라도 절약해야 할 급박한 필요가 있기 때문에 야간경비에는 수당이 지급되지 않는다.(『공보』, 629쪽)

참으로 이들 노동자는 자신들의 '독재' 시기가 임금운동을 위한 호황기가 아니라고 간주하고 있었던 것이다. 그들에게는 자신들의 개인적인 이해보다는 좀더 크고 일반적인 사안이 더욱 중요했던 것이다.

코뮌의 사회주의

활화산 같은 열정이 있었는데도 마르크스는 이 신중한 조치들에 대해서 한 마디도 비난하지 않았다. 그는 자신의 『프랑스 내전』(53쪽)에서 이렇게 말하고 있다.

코뮌이 행한 위대한 사회적 조치들은 그 자신을 스스로 만들어나가는 과정을 반영하는 것이었다. 그것이 행한 특수한 조치들은 인민의 정부가 인민에 의해서 움직여나가는 방향을 암시해줄 수 있을 뿐이었다.

마르크스는 이처럼 프롤레타리아 독재를 인민에 의한 인민의 정부로, 즉 민주주의로 규정한 다음 계속해서 코뮌의 금융정책들을 "코뮌의 통찰력과 절제력이 낳은 탁월한"(앞의 책, 54쪽) 업적으로서 찬사를 보내고 있다.

같은 책의 바로 앞부분에서 마르크스는 자본주의에서 사회주의로의 이행기에 수행해야 할 원칙들에 대해서 언급하고 있다.

노동자계급은 코뮌에 대해서 어떤 기적도 요구하지 않았다. 그들은 인민의 결정을 통해서 고정된 형태의 이미 만들어진 이상향을 도입한 것이 아니었다. 그들은 자신들의 해방과 자신들의 생활수준을 향상시키기 위해서는, 현재의 사회가 스스로의 경제적 발전을 통해서 바로 그런 해방과 생활수준의 향상을 거스를 수 없는 것으로 만들어야 한다는 것을 알고 있으며 또한 그들 노동자계급이 수행해나가는 오랜 투쟁과 일련의 역사적 과정을 통해서 인간은 물론 물적 조건 전체가 완전히 변화되어야만 한다는 것도 알고 있었다. 그들은 어떤 이상(Ideale)도 실현할 수 없었다. 그들은 단지 붕괴되어가는 부르주아 사회의 품속에서 이미 자라나고 있는 새로운 사회의 구성요소들을 자유롭게 풀어줄 수 있을 뿐이었다.(50쪽)

사람들은 노동자계급이 어떤 이상도 실현할 수 없다는 문장에서 마르크스가 사회주의 운동에 대해서 아무런 목표도 설정하지 않고 또 아무런 정해진 강령도 부여하려 하지 않았다고 결론을 내려왔다. 그러나 그가 1847년의 『공산당 선언』부터 1880년 게드(Jules Guesde, 1845~1922)[48] 및 라파르그(Paul Lafargue, 1842~1911)[49]와 협력해서 프랑스 노동당의 강령을 작성하기까지의 정황을 돌이켜보면 그렇지 않다는 것을 알 수 있다. 방금 여기서 인용한 문장 속에서도 마르크스는 이미 사회주의 운동의 목표를 다음과 같이 언급하고 있다. 즉 그 목표는 날로 진보하는 계급투쟁을 통해 노동자계급을 해방시키고 '좀더 높은 생활형태'를 '달성'하는 것으로서 이들은 모두 근대기술의 토대 위에서 노동자계급의 지배를 통해 이루어져야 하는 것들이다.

사람들은 이 목표가 바로 이상과 다를 바 없는 것이 아니냐고 마르크스에 대해서 이의를 제기할 수도 있을 것이다. 즉 노동자계급은 이상을[50] 실현해야 하는 것이다. 마르크스가 실현될 수 없는 이상이라고 했을 때 그 의미는 명백히 초월적인 이상, 즉 시공을 초월해 존재하는 영원한 정당성과 평화를 의미하는 것이었다. 마르크스에게 노동운동의 목표는 경제발전 수준에 근거해 만들어지는 것이었다. 그 목표가 실현되는 특수한 형태는 시간과 공간에 따라 달라지는 지속적인 발전과정 그 자체에서 파악되는 것이다. 그에게 사회주의는 '고정된 형태의 이미 만들어진 이상향'이 아니라 하나의 과정이다. 그리고 이 과정은 경제적 관계와 노동자계급의 오랜 발전과정을 전제로 하고 있는 과정이며 노동자계급의 정치적 승리를 통해서 완결되는 것이 아니라 그들이 단지 '새로운 사회의 구성요소들을 자유롭게 풀어줌'으로써 움직여나갈 뿐인 과정인 것이다.

---

48) 파리 출생. 마르크스주의에 입각한 게드주의 이론의 창시자다. 1870년 제2제정 정부를 비판하다가 투옥되었고 제정붕괴 이후 파리코뮌을 지지하는 논설을 썼다가 스위스로 망명했다. 1876년 귀국해서 마르크스주의를 선전했고, 1880년 마르크스의 협력을 얻어 노동당 기본강령을 작성하고 프랑스 노동당을 설립했다. 1893년 이래 여러 번 하원의원에 당선되었고, 그를 중심으로 한 게드파는 노동당의 주류를 이루어 개량주의와 대립했다.

49) 쿠바 산티아고 출생. 프루동의 영향을 받아 사회주의 운동을 하다가 대학에서 쫓겨나 영국 런던으로 이주했다. 그곳에서 마르크스와 알게 되어 1869년 그의 둘째 딸과 결혼했다. 파리코뮌 시대에는 대단한 활약을 했으나 실패한 후에는 에스파냐로 망명했다. 1881년 대사령으로 파리에 돌아와 게드와 함께 프랑스 노동당을 결성해서 1905년까지 당을 지도했다. 1891년 하원의원이 되었으나, 1911년 염세관에 빠져 드라베유에서 부부가 함께 자살했다.

50) 실현할 수 없는 것이 아니라.

이미 20년 전에 마르크스는 노동자계급의 장기간의 교육과 현실관계에 대한 인식을 사회혁명의 전제조건으로서 지적했다.

1848년 혁명이 와해되고 나서 마르크스는 경제적 관계들에 대한 연구를 통해서 당분간 혁명이 일어나지 않을 거라고 생각했다. 이 때문에 그는 그의 그런 생각을 혁명에 대한 배신이라고 간주하는 많은 동지들과 갈등을 빚었다. 그들은 대중들이 혁명에 대한 욕구와 의지를 가지고 있으며 따라서 혁명은 불가피하다고 생각했던 것이다. 이런 생각에 대해 마르크스는 1850년 9월에 다음과 같이 얘기했다.

(공산주의자 동맹의) 소수파들은 비판적 견해 대신에 교조적인 견해를 내세우고 유물론적인 견해 대신에 관념적 견해를 내세우고 있다. 소수파 당신들은 현실적인 관계 대신에 그냥 단순한 의지를 혁명에 대한 추동력이라고 하고 있다. 우리가 노동자들에게 다음과 같이 말하고 있는 데 반해, 즉 여러분은 사회적 관계를 바꾸고 또한 여러분 자신도 함께 바꾸고 그리고 정치권력을 획득할 수 있는 능력도 갖추기 위해서 15년, 20년, 아니 50년 동안 내전을 치르고 민중투쟁을 수행해야만 할 것이라고 말하고 있는 데 반해, 소수파 당신들은 그 반대를 얘기하고 있다. 즉 '우리는 당장 권력을 획득해야 한다. 만일 그렇지 않으면 우리는 이대로 잠들어버릴 수 있다'고 말하고 있다. 우리가 따로 독일 노동자들에게 독일 프롤레타리아의 아직 미성숙한 모습들을 지적해주고 있는 데 반해 당신들은 가장 졸렬한 방식으로 애국심을 부추기고 독일 수공업자들의 신분적인 편견——물론 이것은 잘 알려진 유명한 것이다——에 호소하고 있다. 민주주의자들이 인민이라는 말을 신성시하고 있는 것과 마찬가지로 당신들은 **프롤레타리아**란 말을 그렇게 만들고 있다. 민주주의자들과 마찬가지로 당신들은 혁명적 발전이란 말을 혁명이란 말 그 자체와 바꿔치기해버리고 있다.(마르크스,「쾰른 공산주의자동맹 총회에 대한 고발」,『재판』, 1885, 21쪽)

단순한 의지가 혁명의 추동력을 만들어낸다고 하는 것에 마르크스가 반대했을 때 물론 그는 의지가 혁명과 아무런 관련이 없다고 말하려 한 것은 아니었다. 의지가 없다면 어떤 의식적인 행동도 있을 수 없다. 의지가 없이는 혁명은 물론 역사 자체가 불가능하다. 모든 사회운동의 일차적인 전제조건은 내부의 깊은 욕구에서 우러나오는 각 사회계층들의 강력한 의지로 이루어진다.

그러나 의지만으로는 아무것도 이룰 수 없다. 운동이 성과를 거두기 위해서는 단순한 의지나 단순한 욕구 이상의 것이 있어야만 한다. 나는 영원히 살려는 의지를 가질 수 있다. 그리고 그런 의지는 특별히 비상하게 강력할 수도 있다. 그럼에도 그 의지는 나를 죽음에서 지켜주지 못한다. 만일 운동이 성과를 거두어야 한다면 의지는 **가능한** 것을 지향해야 하고 욕구는 그것을 충족시켜줄 수단을 찾아야만 한다. 그리고 의지가 있는 사람은 그가 맞닥뜨리게 될 저항들을 극복할 수 있는 힘도 가지고 있어야만 한다. **통찰력**이 수행해야 할 과제는 현실의 관계들을 탐구함으로써 가능한 것과 불가능한 것을 구별해내고 상호간의 세력관계를 밝혀냄으로써 사람들의 힘을 그때그때 실행가능한 쪽으로 모아내도록 하는 데 있다. 그래서 어떤 힘의 낭비도 사전에 방지할 수 있다면 기존의 힘은 집약적으로 잘 사용될 것이다.

그러나 사회적인 사안들에서 이런 통찰력은 쉽게 얻어지는 것이 아니다. 왜냐하면 사회의 경제적 토대는 끊임없이 발전하고 변화하는 것으로 파악되며 그에 따라 사회적인 욕구와 그것을 충족시켜줄 수단, 그리고 합목적적인 것을 달성하려는 힘 등도 모두 함께 변화하기 때문이다. 그리하여 사회는 언제나 점점 더 포괄적이고, 복잡하며, 불투명한 것이 된다. 물론 인간의 지적 능력도 자라나며 인식방법도 개선된다. 그렇지만 인간의 정신은 언제나 현실관계를 인식하는 데만 사용되는 것이 아니다. 그것은 자신의 담지자의 욕구를 충족시키려고 끊임없이 노력한다. 그러나 현실적 관계들이 이런 욕구의 충족을 불가능하게 만들 경우 그것은 이런 현실적 관계를 자신의 의지에 유리한 방향으로 해석해버리는 경향이 매우 많다. 인간은 죽고 싶어하지 않는다. 그리고 현실적 관계에 대한 인식은 그가 죽어야 한다는 것을 그에게 말해준다. 그렇지만 인간의 영민함은 이런 현실적 관계 속에서 우리가 죽고 난 후에도 계속 존재한다는 징후를 의식적으로 찾아냈다. 로마제국의 프롤레타리아들은 극도로 궁핍하게 살았다. 그러나 그들은 즐겁고 노동이 없는 향락생활에 대한 강력한 욕구를 느끼고 있었다. 그런데 현실적 관계들은 그런 향락생활에서 그들을 배제하고 있었다. 그렇지만 그들의 정신은 천년왕국에서 바로 그런 향락생활이 가능할 것이라고 약속해주었고 그들은 그런 천년왕국을 반드시 만나게 되리라고 믿었다. 신에 대한 생각은 불가능한 것을 가능하게 만드는, 즉 약한 것을 강하게 만드는 수단이었다. 신은 소수의 학대받는 유대민족을 세상의 주인으로 만들어줄 것이며, 또한 무기도 없이 모여든 농민과 프롤레타리아 무리들이 잘 무장되고 잘 훈련된 제왕의 군대에 맞서서 승리를 얻도록 해줄 것이었다.

19세기에 프롤레타리아들은 그러한 구세주에 대한 믿음을 버렸다. 그러나 한때 파리의 프롤레타리아들이 유럽 전체와 마주섰던 프랑스대혁명의 모습은 프롤레타리아들에게서 다양한 형태로 새로운 기적의 신앙을 불러일으켰는데 그것은 혁명과 혁명적 프롤레타리아가 기적을 일으키는 힘을 가졌다는 믿음, 즉 그것들을 '신성시하는' 신앙이었다. 그것에 따르면 단지 믿음을 가지기만 하면 무엇이든 원하는 것을 모두 얻게 되리라는 것이었다. 그럼에도 만일 아무것도 이루어지지 않는다면 그것은 단지 원하지 않았기 때문일 것이었다.

이런 관념적인 견해에 대항해서 마르크스는 유물론적인 견해를 제기했는데 그것은 현실적인 관계들을 끊임없이 고려하도록 요구하는 것이었다. 물론 이들 관계는 노동자계급의 해방과 좀더 높은 생활형태를 목표로 하는 것으로서, 그 목표는 현재의 사회가 자신의 고유한 발전을 통해서 더 이상 거스를 수 없는 바로 그 목표다. 그러나 그 목표는 '고정된, 이미 만들어진 이상향'으로서 곧바로 얻어지는 것이 아니다. 그것은 모든 시기에 통용되도록 이미 만들어져 있는 형태를 갖추고 있는 것이 아니라 새로운 유형의 사회적 운동과 발전을 만들어내는 것일 뿐이다.

　노동자계급은 아무 때나 그리고 아무 상황에서나 항상 권력을 넘겨받을 수 있을 만큼 충분히 성숙해 있는 것이 아니다. 노동자계급은 그처럼 권력을 넘겨받을 수 있는 능력을 갖출 수 있을 만큼의 일정한 발전과정을 거쳐야만 한다. 그런데 그들은 자신들이 권력을 장악할 수 있는 시기를 스스로 선택할 수 없다. 그래서 막상 권력을 장악하게 되었을 경우 그들은 현존하고 있는 생산양식을 무조건 간단하게 접어버려서는 안 된다. 그들은 현존하고 있는 것들을 잘 살펴서 그것들을 프롤레타리아의 입장에서 좀더 발전시켜나가야 한다. 즉 각기 다른 조건 아래서는 엄청나게 다르게 나타나게 되는 '새로운 사회의 구성요소들을 자유롭게 풀어주어야' 하는 것이다. 그들이 현실의 관계들을 좀더 명료하게 인식하고 그것들을 좀더 착실하게 고려하면 할수록 그들은 그만큼 더 언제나 자신들의 목적에 부합하는 결과를 얻게 될 것이다.

　나폴레옹이 붕괴하고 나서 파리에서 프롤레타리아 혁명의 가능성이 제기되었을 때 마르크스는 깊이 심사숙고했다. 물론 파리시민들은 당시 세계에서 가장 지적으로 깨어 있는 노동자들이었다. 그들은 당연히 이 세계의 심장부에서, 즉 혁명과 계몽의 보금자리에서 살고 있었다. 그러나 왕정은 그들에게 좋은 학교와 언론의 자유, 그리고 정치조직은 물론 노동조합 조직까지도 오랜 기간 금지해왔다. 공화국을 이용해서 노동자 대중에게 좀더 나은 교육을 제공하고 그들을 조직해내는 것은 물론 모든 힘을 다해서 공화국을 수호하는 것, 바로 그것이야말로 마르크스가 보기에 당시의 시대적인 사명이었다.

　나라의 대부분이 아직 농업에 종사하고 있으며 파리조차도 소부르주아적 성격이 강력한 당시의 사회적 상황도 역시 노동자계급에 의한 정치권력의 장악과는 맞지 않는 것이었다.

　그렇지만 세계사는 우리의 단순한 소망에 따라 움직이는 것이 아니다. 혁명의 도래는 촉진될 수 있는 것도 아니지만 마찬가지로 보류될 수도 없는 것이다. 파리 노동자들의 봉기와 3월 18일 그들의 승리는 불가피한 것이었다. 이제 현실의 조건에서 승리를 얻은 프롤레타리아가 이룰 수 있는 것이 무엇이며 그들이 자신들의 힘을 어디에 집중시켜야 할 것인지를 밝히는 것이 중요하게 되었다. 마르크스는 파리코뮌의 가장 중요한 과제가 아직 자본주의적 생산양식을 지양하는 것이라고는 간주하지 않았다. 이것과 관련해서 그는 1871년 4월 12일 쿠겔만(Kugelmann)에게 다음과 같이 쓰고 있다.

> 만일 자네가 내가 쓴 『브뤼메르 18일』의 마지막 절을 자세히 읽어본다면 내가 프랑스혁명이 당장 시도해야 할 것으로서 얘기하고 있는 것이 기존의 관료제적이며 군국주의적인 기구들을 다른 사람의 수중으로 교체하는 데 있는 것이 아니라 바로 그 기구들을 파괴해버리는 데 있다는 것을 알게 될 걸세. 그것은 유럽대륙에서 모든 현실적인 민중혁명을 위한 전제조건이라네. 또한 그것은 우리들의 영웅적인 파리 동지들이 노력하고 있는 바로 그것이기도 하다네.(『노이에 차이트』 영인본, 제20권 제1분책, 709쪽)

이 편지 속에는 사회주의란 말은 한 마디도 들어 있지 않다. 마르크스는 코뮌의 주요 과제로 관료제적이며 군국주의적 권력기구들의 해체를 지적하고 있다.

물론 프롤레타리아는 국가조직의 변화와 함께 자신의 상태를 개선하기 위한 생산과정 조직의 변화도 추구하지 않고는 지배력을 행사할 수 없다. 만일 우리가 이런 목적을 위해 행사되는 정치권력 모두를 사회주의라고 부른다면 그런 점에서는 코뮌에도 사회주의가 있었다. 그러나 그것은 오늘날 우리가 사회주의라고 생각하는 것과는 거리가 먼 것들이다. 물론 부분적으로는 시간의 부족 때문에 그런 것들도 있다. 전체적인 조사가 지속된 기간이 겨우 몇 주일에 불과했기 때문이다. 그러나 문제의 대부분은 코뮌이 소규모 산업들로 이루어진 파리에 국한되어 있었다는 사실에 있다. 거기서는 주어진 경제적 토대에 비추어 개별작업장들이 생산협동조합으로 전환하도록 돕는 것 이상의 것은 거의 이루어질 수 없었다. 산업부문 전체에 대해 하나의 통일된 생산체계와 그것의 판매 그리고 원료조달에 관한 규칙을 총괄해낸다는 것은 사실상 거의 불가능한 일이었다. 코뮌이 국가의 행정기구 전체를 자신의 수중에 장악하는 데 성공했다는 사실은 나라 전체에서도 코뮌이 이런 행정기구의 장악뿐만 아니라 철도의 국유화는 물론 탄광과 제철소의 국유화까지도 이루어낼 수 있었다는 것을 의미한다. 그러나 이 모든 것은 자본주의와 무관한 것들이 아니며 이웃한 독일에서는 이미 나타나고 있거나 준비단계에 들어가 있던 것이지만 그것들은 이미 프롤레타리아–민주주의 체제에서 노동자계급의 사회적 상태가 이미 상당히 나아져 있는 상태를 가리키는 것들이다.

시간의 부족과 나라 전체의 경제적 낙후성이라는 요인 외에 '사회화'에 대한 또 하나의 중요한 걸림돌로서 코뮌사람들의 이론적인 무지함도 빼놓을 수 없었다. 자코뱅주의자들과 블랑키주의자들은 경제적인 사안들에 대해서는 거의 아무런 관심이 없었다. 인터내셔널주의자들은 우리가 이미 본 바와 같이 경제문제에 큰 중요성을 부여하고 있었다. 그렇지만 코뮌 시절 당시에 그들은 아직 이론적인 기반이 취약했다. 그들은 개념적으로 프루동주의를 버리긴 했지만 아직 마르크스주의를 명확한 의식으로 정립해두지는 못한 상태였다.

그렇지만 코뮌에 대한 우려에도 불구하고 마르크스는 코뮌의 방식에 동의했는데 그 방식이란 경제적인 사안들을 개혁하기 전에 먼저 연구하는 것이었으며 성급하게 아무런 지령이나 내렸다가 어떤 성과도 거두지 못함으로써 혼란과 좌절만 초래하는 짓을 하지 않는 것이었다. 이런 조심스러움이 이론적인 통찰력에서 나왔다기보다는 이론적 불안정 때문에 비롯된 것이라고 할지라도 코뮌의 그런 방식은 마르크스가 자신의 유물론적 견해의 필연적인 논리적 귀결로 생각했던 것, 즉 우리를 혁명으로 이끌어가는 것이 단순한 의지가 아니라 현실관계에 대한 인식이라고 했던 것과 일치하는 것이었다.

뒤브류는 파리 봉기의 이런 측면을 그의 『코뮌』(419쪽)에서 다음과 같이 적절하게 표현하고 있다.

대다수의 임노동자들이 기존의 전통적인 토대가 아닌 다른 토대 위에서 사회가 작동된다는 것을 거의 이해하지 못하고 있었고 또한 모든 자본주의적 기구들을 폐기하고 나서 생산과 교환이 정상적으로 작동하기 위해서는 반드시 필요한 협동조합이나 노동조합 같은 기구들이 거의 발전되어 있지 않았다는 확실한 이유 때문에(다른 계급들의 저항은 완전히 무시하더라도) 강제수용이라는 방식의 정책은 거의 불가능했다. 새로운 체제, 특히 사회주의 체제는 지령에 의해서 급조되는 것이 아니다. 지령이나 법령은 오히려 기존의 사회적 관계들을 유지하는 데 사용되는 것들이다. 만일 코뮌이 당시에 이런 방향으로 나아갔다면 아마도 그들은 임노동자들에게서 활발한 활력과 역동적인 헌신을 불러일으키기는커녕 그들 자신의 내부에서 가장 쓸 만한 세력들의 일부가 코뮌에 등을 돌려버리는 사태를 맞았을 것이다. 코뮌은 정치적 기구들의 민주화라는 틀 밑에서 일반적인 사회적 변혁의 길을 닦아나가는 것 이상을 해서는 안 되었다. 그리고 그들은 실제로 그렇게 했다.

그 역사적 사건[51]이 사회적 영역에 미친 작용은 바로 이런 것이었고 여기에 대해서 엥겔스는 그것이야말로 마르크스가 프롤레타리아 독재라고 했던 바로 그 말의 실체였다고 말했다.

코뮌이 그렇게 근접해 있었던 사회화에 대한 마르크스의 방법은 지금도 아직 우리가 따라야 하는 방법이다.

그러나 물론 이 말은 1871년 파리코뮌이 보여주었던 것과 똑같은 방법에 똑같은 신중함으로 오늘날의 독일에 그대로 실행되어야 한다는 말

---

51) 파리코뮌.

은 아니다. 그사이에 가장 역동적인 자본주의적 발전이 반세기나 경과했기 때문이다. 그사이에 이루어진 엄청난 진보는, 당시에 봉기가 일어난 곳이 파리 단 한 군데였으며 그나마 농촌의 지원도 없었을 뿐만 아니라 봉기 그 자체도 순수한 프롤레타리아만의 봉기가 아니었다는 사실, 또한 프롤레타리아가 관료들이나 금융자본가들과 결탁해 있던 농민들——당시 인구의 대다수를 차지하고 있었다(1872년 53퍼센트)——의 우위에 짓눌려 있었다는 사실에서 이미 드러난다. 반면 1918년 독일혁명은 제국의 모든 지역에서 터져나왔으며 대부분 프롤레타리아가 주도했다. 독일의 농업인구는 전체 인구 가운데 약 4분의 1에 불과했고(1907년 29퍼센트) 산업은 대규모화하고 있어서 전 산업분야에서 카르텔화가 진행되고 있었다. 1871년 파리의 프롤레타리아들은 온갖 수단을 사용해 그들에게 계몽과 대중조직의 형성을 가로막고 있던 보나파르트 체제에서 막 벗어난 상태였다. 그러나 독일 프롤레타리아들은 반세기 동안이나 계속된 정치교육과 노동조합 교육을 받은 상태에서, 그리고 수백만의 회원이 가입되어 있는 정치조직과 경제조직들이 존재하는 상태에서 지금 혁명에 돌입했다.

그리고 마지막으로 1871년 파리의 사회주의자들은 불충분한 것으로 드러난 경제이론[52]을 막 포기한 상태였다. 그러나 그들은 좀더 높은 수준의 새로운 이론을 파악하는 데까지는 아직 도달해 있지 않았다. 반면 오늘날 독일의 사회주의는, 모든 나라의 사회주의자들에게서 가장 뛰어난 것으로 인정받고 있을 뿐만 아니라 기존의 모든 경제이론들을 단연 능가하는 우월성 때문에 부르주아 사상가들조차도 두려워하는 탁월한 이론의 명료한 방법론과 역사적·경제적 통찰력을 모두 갖추고 있다.

그런 조건에서는 사회화가 1871년에 비해 훨씬 빠르게 그리고 훨씬 포괄적이고 정력적으로 이루어질 수 있을 것이다.

---

52) 프루동주의.

중앙집권주의와 연방주의

우리는 지금까지 코뮌의 경제적 방식에 대해서 얘기했고 그것이 코뮌에서 완전한 형태로 이루어지지 않았다는 것을 알게 되었다. 코뮌에서 수행된 방식은 의식적이고 계획적인 것이 아니었다. 그러나 물론 그것은 코뮌 내에서 상당히 서로 모순되는 노선들이 함께 협력했기 때문도 아니었다. 코뮌에서 진행된 방식은 하나의 정해진 이론에 따른 것이 아니라 그들 내부에서의 갈등이 빚어낸 절충적인 결과였다. 코뮌 내의 사회주의자들조차도 이론적으로 분명한 인식을 갖추고 있지 못했고 더구나 그들은 소수파였다. 그렇지만 파리 자치단체에서 발표하는 경제적인 사안들에는 그들의 견해가 주로 반영되었다. 왜냐하면 다수파들은 경제에 대해서 별로 중요하게 생각하지 않았을 뿐만 아니라 이 분야에 대한 인식에서도 소수파보다 더 불분명했기 때문이었다.

그러나 코뮌의 정치분야의 상태는 경제분야와 달랐다. 정치분야에는 매우 첨예한 대립들이 있었고 이들 대립은 코뮌 내에서 그대로 드러났다. 이들 대립은 코뮌을 거의 분열시킬 지경이었고 코뮌의 업무수행 능력을 떨어뜨렸다. 그러나 정치분야에서 진행된 전반적인 경향은 제반 사태의 압력 때문에 경제분야에서 이루어진 방식과 마찬가지로 중도노선이 되었고 그것은 마르크스도 받아들인 것이었다.

우리는 코뮌의 다수파가 자코뱅주의자들과 블랑키주의자들로 이루어져 있다는 것을 알고 있다. 이들이 파리코뮌에 참여한 이유는 그들이 1793년의 방식으로, 즉 프랑스 전체를 지배하는 자치단체[53]에 자신들의 의지를 관철시키기 위한 것이었다. 그들은 급진적인 공화주의자들이거나 자유사상가들이었고 왕정체제의 권력기구들, 즉 성직자와 관료 그리고 상비군들을 모두 해체시키고 싶어했다. 그러나 그러기 위해서는 본부를 파리에 두고 있는 가장 강력한 권력수단을 행사하는 국가조직이 있어야만 했고 이는 파리의 지배적인 지위를 강화하게 될 것이었다. 그

---

53) 파리.

들은 1793년의 파리코뮌이 그들이 발전시킨 중앙집중화된 권력수단을 통해서 보나파르트의 왕정체제로 가는 길을 열어주었다는 사실을 잊고 있었다. 그들은 독재권력을 가진 공안위원회가 모든 것을 구원해주리라고 기대했고 엄격한 훈련을 받은 군대와 행정조직의 지원을 받지 못하는 독재는 단지 종이호랑이 독재에 지나지 않는다는 것에 대해서는 생각하지 못했다.

중앙집권적인 자코뱅주의자들과 가장 첨예하게 대립해 있던 사람들은 프루동주의자들로서 이들은 1793년의 전통에 대해서 격렬하게 비판했고 그것도 정말 노골적인 적개심을 보이면서 반대했다. 프루동주의자들은 그 전통이 프롤레타리아들을 자신들의 해방을 향해서 다가서게 하기는커녕 오히려 공포정치 체제로 몰아갔으며 그들을 멍청이로 만들어서 피에 굶주린 야만으로 몰아갔던 것을 잘 알고 있었다. 그러나 그들은 민주주의에 대해서도 상당 부분 비판적인 태도를 취했다. 보통선거는 1848년 반동적인 국민의회를 만들어냈으며 그것은 왕정체제의 버팀목이 되었다. 사실 당시 프랑스의 경제구조에 비추어보면 정부의 정책은 그것이 독재적인 것이든 민주적인 것이든 상관없이 곧바로 프롤레타리아의 해방을 위한 직접적인 수단이 될 가능성이 없었다.

그러나 그 당시 사회주의자들은 바로 그런 수단을 추구했다. 발전 그 자체에 대한 생각, 그리고 민주주의가 프롤레타리아의 정치적 통찰력과 조직적 역량의 발전을 위해서, 또한 그 결과 최종적으로 프롤레타리아의 해방을 위해서 얼마나 중요한지에 대한 생각——바로 이런 생각은 그들에게는 아직 거리가 먼 얘기였다. 당시로서는 프롤레타리아의 즉각적인 해방에 독재도 민주주의도 모두 적합한 것이 아니었다. 프루동주의자들은 그것을 매우 잘 알고 있었다. 그러나 그런 인식에서 그들이 이끌어낸 결론은 별로 좋은 것이 아니었다. 그들이 아무리 열렬하게 원한다 하더라도, 아무런 정책도 없는 상태에서는, 그들은 아무것도 이루어낼 수 없었던 것이다. 그런데 공업지역의 각 자치단체들에서 실시한 공동체 정책은 농업의 비중이 높은 이 나라 중앙정부의 정책과는 완전히 다른 전망을 프롤레타리아들에게 보여주었다. 그리하여 그들에게는 자치단체들에서의 민주주의가 중앙정부의 민주주의와 마찬가지로 중요한 것이 되었다. 그리고 중앙의 의회를 '말만 많은 인간들의 집합소'라고 강하게 비판하고 또 조롱하던 사람들도 자치단체의 '말만 많은 인간들의 집합소'에 대해서는 전혀 아무런 비판도 하지 않았다.

자치단체의 자치권은 프루동주의자들의 이상이 되었다. 이 사상은 그것이 대상으로 삼고 있는 산업의 수준이 아직 소부르주아적인 단계에 있다는 것을 보여주고 있다. 또한 그것은 상품교환의 폐지에 대해서도 생각하지 않았다. 그런데 당시에도 이미 경제적 비중에서 개별 자치단체의 범위를 넘어서는 사업체들이 있었다. 그런 사업체들의 활동을 규제하기 위해 각 자치단체들은 서로 자유로운 협정을 체결할 필요가 있었다. 따라서 프루동주의자들은 농업국가인 프랑스에서도 산업프롤레타리아를 즉각 해방시키기를 희망했다. 단지 그들이 잊고 있었던 사소한 한 가지 문제는 국가를 해체해서 자치권을 가진 지역공동체들로 분할해버린다는 이 생각도 역시 기존의 국가권력을 무너뜨리지 않고는——그것은 프루동주의자들이 우회하고 싶어했던 방법이다——실행될 수 없는 국가주의 사상이라는 점이었다.

따라서 프루동주의자들이 생각했던 코뮌의 이념은 자코뱅주의자들이 생각하던 코뮌의 이념과 정반대의 것이었다. 자코뱅주의자들에게 파리의 코뮌은 프랑스 전체를 지배하기 위한 **국가권력**을 획득하는 수단이었다. 그러나 프루동주의자들에게는 모든 코뮌의 자치권이 **국가권력**을 종식시키기 위한 수단이었다.

아르노(Arthur Arnould)는 자신의 『파리코뮌에서의 인민과 의회의 역사』(*Histoire populaire et parlamentaire de la Commune de Paris*)에서 '혁명적 자코뱅주의자들'과 '사회주의적 연방주의자들'의 두 노선 사이의 대립에 대해서 잘 그려내고 있다.

똑같은 말을 회의에 참석한 여러 사람들은 서로 다른 두 가지 방식으로 이해했다. 한쪽에서는 파리코뮌을 반정부적인 원칙을 처음으로 적용하게 될 조직체의 대명사로, 그리고 중앙집권적인 전제주의 단일국가의 낡은 개념에 대항하는 전쟁으로 생각했다. 이들에게 코뮌은 자치주의 원칙의 승리, 그룹들의 자유로운 연합이자 인민에 의한 인민의 최대한의 직접적 통치를 의미하는 것이었다. 그들의 눈에는 코뮌이 과거의 낡은 방식들을 근본적으로 제거하는 위대한 사회적·정치적 혁명의 첫걸음을 이루는 것이었다. 코뮌은 독재의 이념에 대한 절대적 부정이었고 인민 자신에 의한 권력의 쟁취였으며 따라서 인민의 외부에 있거나 인민의 위에 군림하는 모든 권력을 폐기하는 것이었다. 이런 것을 함께 느끼고 생각하고 또 원하는 사람들이 모여서 이룬 그룹을 사람들은 나중에 사회주의자들 또는 소수파라고 불렀다.

다른 한쪽에서는 반대로 파리코뮌을 과거 1793년 코뮌의 연장이라고 생각했다. 이들이 보기에 코뮌은 인민의 이름을 내건 독재이자 소수의 수중으로 권력을 엄청나게 집중시키는 것이었고, 또한 과거의 낡은 기구들의 해체를 대표하는 것이었는데 이런 해체는 과거의 낡은 기구들을 인민들이 복무하는 무력전쟁의 시기에 인민의 적들에게 대항하는 기구로 개편한 다음 이 기구들의 우두머리를 새로운 사람으로 앉히는 방식으로 이루어지는 것이었다.

이런 권위주의 그룹의 사람들에게서는 중앙집권적인 단일국가의 이념이 완전히 사라진 것이 아니었다. 만일 이들이 지역자치 그룹들의 자유로운 연합의 원칙을 받아들이고 그것을 기치로 내걸었다면 그것은 전적으로 파리의 의지가 그들에게 그렇게 하도록 압력을 행사했기 때문이다. [……] 그들은 오랜 투쟁의 경험을 통해서 얻은 사고방식에 젖어 있었다. 그들은 행동을 시작하자마자 금방 그들이 오랫동안 밟아오던 그 길로 다시 찾아들었고, 물론 분명히 선의의 신념에 따라 한 것이겠지만, 결국 새로운 이념에 낡은 방법을 적용하는 오류를 스스로 범하고 말았다. 그들은 그런 경우 형식이 내용을 규정해버린다는 점을 이해하지 못했고, 자유를 추구하면서 독재나 자의적인 수단을 사용하는 사람은 자신이 얻으려는 바로 그것을 스스로 말살해버리게 된다는 사실을 이해하지 못했다. 매우 다른 성분들로 다양하게 구성되어 있던 이 그룹은 다수파를 이루고 있었고 '혁명적 자코뱅주의자들'로 불렸다.

뒤브뤼는 이 얘기를 인용하면서 여기서 언급하는 사람들은 두 노선의 극단적인 사람들에게만 전적으로 해당되는 것이라고 주를 달아놓고 있다. 그것은 맞는 얘기다. 그러나 그것은 모든 종류의 노선들에 다 해당되는 얘기다. 모든 노선들마다 그 내부의 농도는 제각기 약간씩의 편차가 있는 법이다. 그래서 어떤 노선에 대해서 뚜렷하게 인식하려고 한다면 우리는 그것의 가장 극단화된 논리적 표현, 즉 그것의 고전적인 표현을 살펴보아야 한다.

두 노선 사이의 차이는 매우 컸으며 만일 코뮌이 승리를 거두었다면 이들의 대립은 아마 조정될 수 없었을 것이다. 그러나 코뮌은 승리하지 못했고 또한 논쟁 때문에 양자는 중도노선으로 조정될 수밖에 없었다.

4월 3일부터 코뮌은 수세로 상황이 전환된 것을 알게 되었고 그들은 프랑스를 정복해서 지배하겠다는 모든 생각을 포기해야만 했다. 그리하여 자코뱅주의 사상을 실현하겠다는 생각은 모든 근거를 잃어버렸다. 코뮌을 통해서 지배권을 장악하는 것은 고사하고 이제 파리의 자유가 반동적 프랑스에 의해서 압살당하는 것을 막을 수만 있다면 그것만으로도 기뻐해야만 했다.

마찬가지로 이런 상황에서는 프랑스 국가를 붕괴시키고 자치단체들에게 완전한 자치권을 부여한다는 프루동주의의 꿈을 실현한다는 것도 역시 생각할 수 없는 일이었다.

이런 상황의 조건 때문에 중앙집권적인 자코뱅주의와 연방주의적 프루동주의는 모두 당시의 어느 정도 유리한 세력관계 아래서 달성가능한 공동의 목표를 설정할 수밖에 없었다. 그런 공동의 목표란 프랑스 전체를 위해서 필요하고 또 많은 부르주아 정치가들도 요구하던 것들이었는데 그 내용을 보면 자치단체의 자치, 국가 전체 민주주의에 의해서 정해진 범위 내에서의 자치단체의 자립성, 국가관료들의 권력범위의 축소, 상비군의 민병대로의 대체 등이었다.

인터내셔널파는 우리가 이미 앞서 보았듯이 왕정체제의 마지막 해에 왕정체제, 즉 국가주의적 정책에 반대하는 투쟁에 개입하고 엄격한 프루동주의에 마르크스주의 사상을 결합시키기 시작함으로써 이미 민주국가에 대한 이런 승인에 동참하고 있었다.

최종적인 성과는 마르크스도 인정할 수밖에 없었던 정책이었다. 만일 그가 파리에 있었다면 그는 두 노선 가운데 어떤 노선에도 찬성하지 않고 독립적으로 남았을 것이다. 그러나 상황의 조건 때문에 그리고 여기서도 '단순한 의지'보다는 '현실적인 사정'을 좀더 중요하게 고려한 코뮌 수뇌부의 현명한 판단에 의해서 최종적인 성과로는 마르크스에게 매우 가깝게 다가선 정책의 골격이 만들어졌다. 물론 그들에게는 멘델송(Mendelssohn)의 다음과 같은 말이 단지 경제적인 조치들에 대해서만 해당되는 말은 아니었다(리사가레의 책에 대한 그의 후기, 525쪽).

코뮌의 창시자들은 그들이 무엇을 만들었는지 그들 자신도 제대로 알지 못하는 것처럼 보였다.

정치적인 부문에서 코뮌이 이룩한 새로운 업적은 두 노선 사이의 격렬한 내부투쟁을 통해서 만들어졌다. 코뮌이 앓고 있던 가장 큰 고질병은 조직적 결함이었는데 그것은 당시 파리의 프롤레타리아들이 조직적 습관과 조직화 역량을 갖추지 못하고 있었던 데서 온 당연한 결과였으며 이는 또한 왕정체제가 만들어놓은 유산이기도 했다.

코뮌은 처음부터 베르사유와의 전쟁상태에서 출발했다. 전쟁만큼 조직과 규율이 필요한 경우는 없다. 그런데 코뮌에는 바로 이 조직과 규율이 완전히 결여되어 있었다. 코뮌의 부대들은 스스로 선출한 장교들의 지휘를 받았다. 따라서 장교들은 최고사령부에게서는 독립적이었지만 자신들을 선출해준 병사들에게는 의존적이었다. 이런 방식으로는 강력한 군대가 결코 조직될 수 없으며 그것은 단지 군대가 해체되고 난 빈자리를 겨우 메워줄 뿐이었다. 러시아의 볼셰비키들도 그것을 잘 이해하고 있었고, 그래서 이들은 본격적인 전쟁에 돌입하자마자 곧 병사평의회의 권한과 사병들에 의한 장교의 선출제도를 폐지해버렸다.

국민방위군 산하의 각 대대가 최고사령부의 명령에 따르느냐 않느냐하는 것은 전적으로 그들의 마음에 달려 있었다. 코뮌의 실제 전투원의 수가 얼마 되지 않았던 것은 전혀 놀라운 일이 아니다. 급료가 지불된 수는 사병이 16만 2,000명, 장교가 6,500명이었지만 운명의 4월 3일 이후 포탄이나 총에 맞아 죽거나 행방불명이 된 사람의 숫자는 2만~3만 명가량이었다. 이들 소수의 용감한 사람들이 잘 훈련되고 무장을 잘 갖춘 우세한 병력——5월 하반기에는 12만 명에 달해 있었다——의 적들과 싸우는 엄청난 임무를 떠맡아야만 했다.

아래로부터의 조직의 와해는 위로부터의 조직의 와해에 의해서 더욱 늘어만 갔다. 국민방위군 중앙위원회는 코뮌 아래서도 존속해 있었다. 그것은 코뮌에게 모든 권력을 양도했지만 국민방위군에게 하달되는 모든 지시에 계속해서 개입했다.

마르크스는 1871년 4월 12일 코뮌과 관련해 쿠겔만에게 보낸 편지에서 '중앙위원회'가 자신의 권력을 지나치게 일찍 포기해버리고 코뮌에게 자리를 내주어버린 것을 오류로 지적했다(『노이에 차이트』 제10권, 709쪽). 애석하게도 그는 이 문장에서 왜 자신이 그것을 오류로 생각하는지에 대해 분명한 이유를 밝히지 않아서 우리도 그 이유를 알 길이 없다. 그러나 우리는 그것이 전쟁의 수행에 미친 반작용 때문일 것으로 짐작할 수는 있다. 그는 이것을 파리사람들이 범한 두 번째 오류로 지적하고 있는데 첫 번째 오류는 그들이 3월 18일 이후 곧바로 베르사유로 진군해가지 않았던 것이었다. 이 오류는 그들이 패배하게 되는 원인이 될 수 있었다.

그러나 애석하게도 코뮌의 군사적 상황을 처음부터 절망적으로 만들어놓은 가장 근본적인 오류는 코뮌의 성립 이전에 이미 만들어져 있었다. 전쟁의 수행이 코뮌의 지휘 아래서 이루어지기보다는 중앙위원회의 지휘 아래 이루어졌으면 더욱 성공적이었을 것이라는 증거는 어디에도 없다. 오히려 그 반대로 중앙위원회는 코뮌보다 훨씬 더 불안정한 태도를 취하고 있었다는 것을 보여주고 있다. 무엇보다도 프롤레타리아는 전쟁을 수행할 생각이 강하지 않았던 것이다.

가장 좋지 않은 점은 두 개의 각기 독립적인 지휘권력이 나란히 존재했다는 점에 있었고 여기에다 또 하나 전쟁의 수행에 개입한 제3의 권력이 어우러졌는데 그것은 바로 포병위원회였다.

> 3월 18일에 만들어진 포병위원회는 전쟁위원회가 가지고 있던 대포에 대한 권리를 문제로 삼았다. 전쟁위원회는 몽마르트르에서 획득한 대포들을 마르스펠트 광장에 배치해서 소유하고 있었다.(리사가레, 『코뮌의 역사』, 205쪽)

사람들은 정부권력을 강화해서 전반적인 조직의 해체를 막아보려고 노력했다. 우리가 앞서 언급한 바 있던 기존의 집행위원회(Exekutivkommission) 대신에 4월 20일에 새로운 집행위원회(Exekutivausschuß)가 구성되었는데 그것은 9명의 위원으로 이루어졌고 이들 위원은 9개의 위원회에서 각각 1명씩 선임된 대표들이었다. 그러나 코뮌의 고질적인 병폐는 이런 정도의 변화를 통해서는 치유될 수 없을 정도로 뿌리 깊은 것이었다. 왜냐하면 자코뱅주의자들이 다시 1793년의 전통을 기억해내고는 코뮌 스스로 없애야 한다고 그렇게 주장했던 독재권력을 부여받은 공안위원회를 요구하고 나섰기 때문이었다. 베르사유 군대의 그칠 줄 모르는 압박을 빌미로 "1848년에 가장 아름다운 수염을 가진 사람들 가운데 한 사람"(리사가레, 223쪽)으로 알려진 코뮌위원 미오(Miot)는 4월 28일 공안위원회의 설치를 요구했는데 이것은 다른 모든 위원회의 위에 군림하는 새로운 위원회를 의미하는 것이었다. 강력한 집행력이 필요하다는 데는 의견이 일치했다. 그러나 그것의 명칭에 대해서는 격렬한 논란이 일어났다. 혁명적 자코뱅주의자들은 만일 그 위원회를 공안위원회로 부르게 된다면 이미 그것만으로도 공안위원회를 가지고 있던 1793년 프랑스공화국의 승리의 힘을 그 위원회에 불어넣게 되는 셈이라고 생각했다. 그러나 공포정치 체제를 떠올리게 하는 바로 이 전통을 프루동주의자들은 반대했다.

5월 1일에 찬성 34, 반대 28로 위원회의 구성은 가결되었다. 선거에서 소수파의 대부분은(23명) 다음과 같은 이유를 대면서 표결에 참여하지 않았다.

우리는 후보를 내지 않았다. 우리는 우리가 보기에 유해할 뿐만 아니라 아무런 쓸모도 없어 보이는 그런 기구에 한 사람도 참여시키고 싶지 않았다. 왜냐하면 우리는 공안위원회가 3월 18일의 코뮌혁명의 근원을 이루는 사회개혁의 원칙들을 부정하는 것이라고 간주하기 때문이다.

코뮌의 에너지를 최고도로 끌어올렸다가 결국 코뮌의 해체를 가져오게 될 공안위원회는 이처럼 코뮌을 분열시킴으로써 코뮌의 해체를 증폭시키는 방식으로 출범했다.

그리하여 공안위원회는 처음부터 이미 모든 도덕적 힘을 잃었다. 게다가 코뮌 내에서 거의 유일하게 제대로 된 일을 수행했던 사람들, 즉 인터내셔널파도 공안위원회에 참여하지 않았다. 공안위원회 위원은 한 사람 남김없이 모두가, 리사가레의 표현을 빌리면, '선동가'들의 마음에나 들 만한 사람들뿐이었다.

이미 5월 9일에 이 무능한 위원회는 활동을 중지하고 새로운 위원들을 선출했다. 이번에는 소수파가 선거에 참여했는데 이는 이 끔찍한 위원회의 명칭 뒤에 숨겨진 것이 다름 아닌 사실상의 독재라는 것을 그들이 알게 되었기 때문이다. 그런데도 다수파와 소수파 사이의 대립은 해소되지 않았고 다수파는 소수파를 한 사람도 위원회 위원으로 선임하지 않는 이해하기 어려운 오류를 저질렀다.

두 번째 공안위원회는 첫 번째 공안위원회와 마찬가지로 여전히 무능했을 뿐만 아니라 오히려 첫 번째 공안위원회보다 한술 더 떠서 소수파를 더욱더 적극적으로 배척해 소수파위원들을 공직에서 밀어내버렸는데 그 결과 코뮌은 가장 훌륭한 지도자들을 잃어버리게 되었다.

그것은 공개적인 파국을 불러왔다. 5월 16일 소수파는 팸플릿을 발행해 성명서를 발표했는데 여기서 그들은 무책임한 독재를 위해 자신들을 코뮌에서 몰아낸 것에 대해서 반대한다는 뜻을 밝히고 이제부터 그들은 더 이상 코뮌의 일에 참여하지 않겠으며 단지 구(區)의 일과 국민방위군에서만 활동하겠다고 선언했다. 성명서의 결론부에서 밝히고 있듯이 소수파는 이런 방식으로 그들이 피하고 싶었던——왜냐하면 소수파와 다수파가 추구하는 목표[54]가 같았기 때문에——코뮌의 내부분규에서 벗어나기를 희망했다. 그러나 결론부의 화해적 표현에도 불구하고 이 성명서는 완전한 파국을 의미하는 것으로 비쳐졌다.

그렇지만 행정업무와 경제문제의 조사에서 다수파보다 더 유능함을 보였던 소수파는 정치적인 면에서는 별로 결단력이나 일관된 태도를 보여주지 못했다. 그들은 첫 번째 공안위원회의 독재에 대해서는 5월 1일의 선거에 불참함으로써 반대의사를 밝혔지만 두 번째 공안위원회에는 5월 9일의 선거에 후보자를 냄으로써 바로 그 독재를 승인했다. 5월 15일 그들은 다시 코뮌에서의 업무를 중단함으로써 역시 그 독재에 반대하고 16일에는 반대성명서까지 발표했지만 그들의 친구들인 인터내셔널 연방평의회가 코앞에 적을 두고 코뮌의 단결을 깨뜨려서는 안 된다고 다그치는 바람에 거기에 따랐으며, 17일에는 성명서에 서명했던 22명 가운데 15명이 다시 평의회의 회의에 참석했다. 그러나 소수파의 이런 행동변화와 그들 가운데 몇몇 이성적인 위원들——이 가운데에는 바양

---

54) 당장의 적들로부터 파리를 구출해야 하는 목표.

도 포함된다——의 중재가 있었는데도 다수파는 태도를 누그러뜨리지 않았다. 화해적인 안은 거부되었고 미오가 제기한 다음의 안이 가결되었다.

코뮌은 자신들의 성명서에 대한 서명을 철회하는 소수파 코뮌위원들의 태도를 불문에 부칠 것이다. 코뮌은 이 성명서를 비난하는 바이다.

뒤브류는 여기에 대해서 다음과 같이 얘기하고 있다.

그리하여 자코뱅주의자들과 연방주의자들은 바리케이트의 전투가 끝날 때까지, 즉 죽을 때까지 서로 원수진 형제들로 남아 있었다. (440쪽)

21일 베르사유의 군대가 파리로 밀어닥쳤다. 22일에는 코뮌의 마지막 회의가 개최되었다.

코뮌의 정치는 우리에게 볼 만한 구경거리를 제공했다. 코뮌을 대표하던 두 노선은 각자가 일관된 하나의 강령에 의해서 움직였는데 그 강령은 실행불가능한 것이었고 그것을 따르는 사람들을 아무 쓸모없는 행동으로 이끌었다. 그러나 이런 모든 것들에도 불구하고 두 강령은 상황의 압력 때문에 상호작용을 통해서 하나의 정치적 강령을 함께 만들어냈는데 그 강령은 실행가능한 것이었을 뿐만 아니라 프랑스 전체를 위해서 꼭 필요한 것이었으며 오늘날에도 아직 쓸 만한 핵심을 간직하고 있는 것이다. 그 강령이란 지역공동체의 자치와 상비군의 폐기에 대한 요구였다. 이 두 가지 코뮌의 기본요구는 제2차 파리코뮌 당시와 마찬가지로 오늘날에도 프랑스의 봉기에서 상당히 필요한 것이다.

코뮌의 테러리즘 사상

우리가 공안위원회에 대해서 얘기할 때는 1793년 그 위원회의 정신이 담긴 공포정치 체제를 생각하지 않을 수 없다. 공안위원회의 독재문제를 둘러싼 대립이 테러리즘 문제를 둘러싼 대립으로 이어지는 것은 전적으로 당연한 일이다. 자코뱅주의자들은 처음부터 테러리즘을 투쟁수단으로 인정했던 데 반해 인터내셔널주의자들은 테러리즘을 처음부터 줄기차게 반대했다.

이런 대립은 코뮌의 개회회의에서 이미 뚜렷하게 드러났다. 한 위원이 사형제도의 폐지를 제안했다. 그에게 돌아온 말은 "아, 그는 비노아(베르사유군의 지휘관)의 목숨을 구하려고 하는군"이었다.

인터내셔널 연방위원회 앞으로 보낸 프랑켈의 4월 29일 편지는 인터내셔널의 정책을 다음과 같은 말로 나타내고 있다.

우리는 노동자들의 권리를 입안하려고 한다. 그런데 그것은 설득과 도덕적인 힘에 의해서만 가능하다.

다른 한편 연극평론가인 피아, 회계관 페레, 대학생 리고와 같이 피비린내 나는 험한 말에 익숙하지 않은 사람들도 있었다.

원칙적으로 모든 자코뱅주의자들은 테러리즘적인 조치들에 찬성해야만 했다. 그러나 실제로는 많은 자코뱅주의자들이 그렇지 않았다는 점에 주의할 필요가 있다. 부르주아적인 것이든 프롤레타리아적인 것이든 당시의 민주주의가 전반적으로 고취시켜놓은 인류의 정신적 문명에서 자코뱅주의자들도 대부분 벗어날 수 없었다. 게다가 제2차 파리코뮌이 처한 상황은 테러리즘을 유발한 제1차 파리코뮌의 상황과는 달랐다. 제2차 파리코뮌에게 제기된 문제는 제1차 파리코뮌에서처럼 해결할 수 없는 과제, 즉 프롤레타리아의 이해를 충족시켜줄 공동체를 부르주아적 토대 위에 건설해야 하는 그런 과제가 아니었다. 그리고 그들이 권력을 행사하는 범위도 파리에 국한되어 있었고 이들 파리시민들의 대다수가 그들 편에 서 있었기 때문에 그들은 자신들의 적을 폭력수단을 사용해서 궤멸시킬 필요도 없었다. 그들에게 위협이 되는 적은 그들의 공동체[55]를 둘러싸고 있던 외벽의 바깥에 있었고 그곳은 테러리즘의 수단이 미칠 수 없는 곳이었다.

그래서 테러리즘의 전통을 실천에 옮길 수 있는 동력은 결여되어 있었다. 리고와 페레가 치안위원회에서 신문을 억압하고 체포수단을 사용한 것은 공포정치 체제——이 체제가 사용한 수단들은 리고와 페레가 사용한 수단과는 전혀 다른 것들이었다——를 모방한 것이 아니라 왕정체제를 더욱 나쁜 방향으로 모방한 것이었다. 블랑키주의자 대학생 리고는 왕정체제 아래서 끊임없는 경찰과의 투쟁을 성공적으로 수행해온 사람으로 경찰들의 술책과 간계를 꿰뚫어보듯이 잘 알고 있었다. 그래서 아직 봉기가 일어나기도 전인 3월 9일 염탐꾼의 보고서에는 그에 대해서 이렇게 적고 있다.

그를 잘 아는 사람이 내게 전해온 바에 따르면 그는 비상한 재주와 능숙한 방식으로 경찰을 탐색해내고, 경찰의 추적을 따돌리는 것은 물론, 매우 드물기는 하지만 때때로 혼자서 파리경찰청장의 행세를 하기도 한다고 한다.(『파리코뮌 아래서: 어떤 일지(日誌)』, 라이프치히, 1878, 18쪽)

3월 18일 그는 정말로 파리경찰청장의 직무를 수행하게 되는 기회를 얻었다. 3월 18일부터 3월 19일까지의 야간 동안에 그가 가장 먼저 한 일은 파리경찰청장의 자리를 지키는 일이었다.

그의 경찰업무 활동은 즉시 각계각층에서 격렬한 반발을 불러일으켰는데 특히 인터내셔널주의자들이 더욱 그러했다. 그는 1793년 코뮌의 역사를 본받아 업무를 수행하고 있었지만 인터내셔널주의자들은 1793

---

55) 파리.

년의 원칙과 거의 아무런 관련이 없었던 것이다.

한편 우리가 이미 지적한 바 있듯이 토마와 클레망 장군의 사살은 코뮌의 책임으로 돌려서는 안 되는 것이었다. 그 일은 아직 코뮌이 성립하기도 전에 중앙위원회의 반대에도 불구하고 벌어진 일이었다.

코뮌이 시행한 조치 가운데 단 하나의 조치만을 테러리즘적인 것으로 지적할 수 있는데 그것은 비무장 상태의 사람들에게 폭력을 행사함으로써 적을 위협하려고 한 조치로서 바로 인질들의 억류였다.

인질을 붙잡는 행위가 아무 쓸모없는 일이라는 것은 경험을 통해서 충분히 입증되고 있는데 왜냐하면 그것은 언제나 거의 틀림없이 공포를 불러일으키지만 그 공포는 그것이 다시 유발해내는 새로운 분쟁을 통해서 공포를 더욱 증폭시킬 뿐이기 때문이다.

그러나 4월 3일 이후 무수히 많이 발생했던 경우로서 베르사유가 코뮌포로들을 사살해버린 사태에 대해 코뮌이 어떤 형태로든 저항하고 싶다고 생각했을 때 그들로서는 그런 방법 외에 다른 무엇을 한다는 것은 어려운 일이었다.

뒤발(Duval, 국민방위군의 지휘자로서 4월 3일의 공격에서 베르사유군에게 붙잡혔다)은 물론 퓌토와 샤티용의 포로들에 대한 처형소식으로 불붙은 분노의 압력 때문에 많은 코뮌위원들은 즉각 같은 수의 반동분자들을 사살해야 한다고 요구했는데 여기서 지목된 반동분자들은 일차적으로 파리의 성직자들이었다. 다른 자코뱅주의자들, 특히 들레클뤼즈는 이런 과도한 보복조치에 깜짝 놀라서 인질들에 대한 포고령을 제안했다. 그것은 분명 맹목적으로 유혈의 길로 돌진해가는 베르사유 분자들의 행동에 제동을 걸기 위한 것이었다. 암묵적으로 사람들은 이 포고령이 실제로 시행되어서는 안 된다는 데 의견의 일치를 보고 있었다.(피요Fiaux, 『1871년 내전』*guerre civile de 1871*, 246쪽)

따라서 이 포고령은 사람의 목숨을 없애기 위해서 만들어진 것이 아니라 사람의 목숨을 구하기 위해 만들어진 것이었다. 한편으로 그것은 베르사유가 더 이상의 총살을 집행하지 않도록 하기 위한 것이었고 다른 한편으로는 파리시민들이 즉각적인 보복행위에 나서는 것을 막기 위한 것이기도 했다.

극도로 분노하면서도 고결한 절제와 정의를 잃지 않고 인민들은 내전에 대해서와 마찬가지로 학살극도 증오했다. 그러나 인민들은 적들의 야만적인 살육에서 자신들을 지킬 의무가 있으며 그래서 그들로서는 매우 어려운 일이긴 하지만 앞으로 다음의 원칙에 따라서 행동하게 될 것이다. 즉 눈에는 눈, 이에는 이의 원칙이 바로 그것이다.(『공보』, 4월 6일, 169쪽)

그러나 실제로 코뮌은 '눈에는 눈, 이에는 이'의 원칙에 따라서 행동하지 않음으로써 정말로 자신이 고결하고 정의롭다는 것을 보여주고 있었다.

인질들에 대한 코뮌의 포고령은 다음과 같은 내용으로 되어 있었다. 즉 베르사유와 내통한 혐의가 있는 사람은 즉각 고발된 다음 구속되어야 한다. 재판소가 설치되고 고발된 피의자는 24시간 내에 심문을 받으며 48시간 내에 판결을 받아야 한다. 그러나 모든 판결은 총살형과 같은 것은 안 되고 인질로 구금하는 정도의 것이어야 한다. 모든 전쟁포로들도 마찬가지의 재판을 받아야 하며 여기서 석방될 것인지 아니면 인질로 억류될 것인지가 결정되어야 한다. 포고령의 마지막 부분은 베르사유가 만일 포로가 된 코뮌전사들이나 코뮌의 추종자들을 처형하면 그때마다 처형된 숫자의 세 배에 달하는 인질들을 그 대가로 처형하도록 되어 있었다.

포고령의 마지막 부분에 있던 이 끔찍한 규정은 사실상 사문화되었다. 왜냐하면 베르사유가 잠깐 학살을 중단했다가 곧바로 다시 파리에 인질로 잡혀 있는 그들의 동료들이 위험하든 말든 개의치 않고 포로들에 대한 총살을 계속했는데도 코뮌은 그 보복을 결코 실행에 옮기지 않았기 때문이다.

티에르 측에서도 코뮌의 유혈행동을 자극하는 것을 노골적으로 노리고 있었다. 그는 인질에 대한 총살이 부르주아적 감정과 사상의 지배를 받는 사람들 사이에서 코뮌에게보다는 자신에게 더 유리한 여론을 형성할 것이라는 점을 잘 알고 있었다. 이들 부르주아 세계의 여론은 베르사유가 자행한 무수한 포로들의 학살에 대해서는 담담한 마음으로 지켜보았지만 단지 파리에 인질들이 억류되어 있다는 사실에 대해서는 극도의 분노를 표출하고 있었던 것이다.

티에르는 자신의 이런 비열한 생각을 인질의 교환문제가 제기되었을 때 드러냈다.

4월 5일의 포고령이 발표되고 난 이후 파리에서는 몇 사람의 성직자와 은행가이자 멕시코 탐험대의 발기인인 제케르(Jecker), 그리고 고등법원장 봉장(Bonjean) 등이 인질로 구금되었다. 그런 다음 코뮌은 인질의 교환을 제의했다. 그들은 만일 베르사유 정부가 체포된 블랑키를 석방한다면 구금된 성직자들, 즉 대주교 다보아(Darboy), 주임신부 드게리(Deguerry), 주교 총대리 라가르드(Lagarde)와 고등법원장 봉장을 석방하겠다고 밝혔다.

그들은 선량하게도 만일 협상이 깨지면 다시 돌아오겠다는 서약을 받은 다음 주교 총대리 라가르드로 하여금 티에르에게 보내는 다보아의 편지를 가지고 4월 12일 베르사유로 가게 했다.

이보다 앞서 4월 8일 다보아는 티에르 앞으로 편지를 한 통 보내면서 티에르에게 포로들을 더 이상 총살하지 말라고 부탁했다. 티에르는 여기에 대해 아무런 답변도 보내지 않았다. 4월 13일 파리에서 발행되는 잡지 『라프랑치』(L'Affranchi)에 이 편지가 공개되었다. 그러자 티에르는 답장을 보냈는데 여기서 그는 총살에 관한 모든 소식은 중상모략에 불과하다고 거짓말을 늘어놓았다.

라가르드가 가지고 갔던 두 번째 편지에 대한 답장을 라가르드는 4월

말에 받았다. 그러나 주교 총대리는 자신의 서약에도 불구하고 용의주도하게 호랑이의 소굴로 돌아가지 않았다. 이 답장에서 블랑키의 석방은 거부되었다. 그러나 대주교의 안전은 보장되었고 인질들의 목숨도 위험에 빠지지는 않았다.

교황 눈시우스(Nuntius)와 미국공사 워슈번(Washburne)이 인질교환을 위해 계속 노력했지만 그것들도 모두 수포로 돌아갔다. 따라서 나중에 코뮌이 붕괴해 더 이상 인질들을 보호할 힘을 잃어버릴 때까지 라가르드를 제외하고 위에서 거명된 모든 사람들이 그대로 마자의 감옥에 인질로 구금되어 있었던 것은 전부 티에르의 책임이었다.

티에르가 했던 주장 가운데 코뮌의 야만성에 대해서 퍼뜨린 중상모략은 물론 거짓말이었지만 인질들의 생명이 코뮌 아래서 위험하지 않다고 했던 것은 전적으로 옳은 얘기였다. 그러나 티에르 자신은 바로 이 인질들의 보호막이었던 코뮌체제를 와해시키기 위해 온갖 노력을 다 기울였으며 특히 인질들의 생명이 극도로 위험에 빠진 경우에도 그러했다.

내통자의 도움으로 베르사유군이 전격적으로 파리에 진입한 것은 5월 21일 일요일이었으며, 같은 시각 튈레리앙 공원에서는 인민음악회가 개최되고 있었다. 음악회의 말미에 참모부의 한 장교가 청중들에게 다음 일요일에 다시 음악회를 개최하겠다고 알리면서 다음과 같은 말을 덧붙였다.

어제 티에르는 파리에 진입하겠다고 약속했습니다. 티에르는 진입하지 못했으며 앞으로도 진입하지 못할 것입니다.

바로 그 시각에 베르사유군은 파리에 들어와 있었다. 주민들은 코뮌의 군대가 베르사유군의 급속하고 과감한 진격에 대해 거의 아무런 저항도 하지 못하고 파리 전체를 쉽사리 내줄 만큼 허약하다는 것을 보고 깜짝 놀랐다. 그러나 베르사유군은 매우 천천히 진격했으며 그 때문에 코뮌의 전사들이 집결해서 격렬한 시가전을 벌일 수 있는 시간을 만들어주었다. 시가전은 일주일 내내 계속되었고 그 주일은 피의 주일이었다. 온갖 광란이 극도로 자행되었으며 베르사유군은 추호의 관대함도 보이지 않고 무기를 손에 든 모든 포로들에 대해서 총살을 집행한 것은 물론 단지 의심이 가는 사람들마저도 모두 죽였다. 많은 코뮌 역사가들은 베르사유군이 진격을 천천히 한 까닭은 저항을 유발해서 희생자의 수와 진압 규모를 더 키우기 위한 목적 때문이었다고 시사하고 있다.

만일 베르사유군이 왼쪽 강변로를 따라서 진격해 들어갔다면 파리를 24시간 내에 장악할 수 있었을 것이다. 왜냐하면 그렇게 했을 경우 군대는 단지 해군사령부가 있던 몽마르트르와 메닐몽탕에서만 저항을 받았을 것이기 때문이다. 저항이 조직화될 수 있는 시간을 제공하면서 천천히 파리로 진격한 결과, 실제 코뮌전사보다 8배에서 10배나 더 많은 사람들이 포로로 잡혔으며 바리케이드에서 실제로 전투를 수행하던 사람보다 더 많은 사람들이 사살당했다. 반면 진압군은 사망자가 600명, 부상자가 7,000명에 불과했다.(부르쟁, 『코뮌의 역사』 *l'histoire de la Commune*, 108쪽)

코뮌의 사망자 수는 2만 명을 넘어섰고 많은 사람들은 3만 명으로 추정하고 있다. 군사재판소장 아페르(Appert) 장군은 사망자 수를 1만 7,000명으로 헤아렸다. 그러나 당국에 의해서 파악되지 않은 희생자들의 수는 불분명한데 적어도 3,000명 이상에 달하리라는 것은 틀림없다.

이 끔찍한 광란 속에서 많은 사람들이 복수심에 사로잡힌 것은 당연한 일이었다. 복수심은 그들이 무력해질수록, 그리고 패배가 점점 더 피할 수 없는 상황이 되어갈수록 더욱 난폭해졌다. 코뮌이 더 이상 존립할 수 없는 상황이 되었을 때 비로소 인질들에 대한 총살이 시작되었다. 21일에 베르사유군이 진입했고 22일 시가전이 시작되었으며 24일에 최초로 인질에 대한 총살이 집행되었다.

그러나 이처럼 인질에 대한 총살이 신중한 고려 끝에 내려진 행동이기보다는 절망적인 분노와 맹목적인 복수심 때문이기는 했지만 여기서도 자코뱅주의자들과 인터내셔널주의자들 사이의 대립은 드러났다.

총살을 시작한 것은 광신적인 블랑키주의자 리고였는데 그는 23일부터 24일까지의 밤동안 3월 18일에 붙잡힌 몇몇 근위기병들과 4월 중순에 구금된 편집장 쇼데(Chaudey)를 처형했다. 쇼데는 1월 22일 인민들에게 발포를 한 장본인이었고 이 발포 때문에 리고의 친구인 사피아(Sapia)가 인민들 편에서 목숨을 잃었다.

24일에는 리고 자신도 체포되어 총살당했다. 같은 시각에 늙은 블랑키주의자 장통(Genton)은 인질 6명을 처형했는데 이들 인질 가운데는 우리가 이미 알고 있는 대주교 다보아, 고등법원장 봉장, 그리고 주임신부 드게리 등이 포함되어 있었다. 블랑키주의자 페레는 그에게 이런 처형의 전권을 부여했다.

사형의 집행을 담당한 부대는 거의 어린이에 가까운 젊은이들로 이루어져 있었다. 이런 범죄에 참가한 사람들은 대부분 남자라고 부르기 어려운 젊은이들인데 이들은 도시의 부도덕함, 그리고 수염보다 먼저 자라난 열정에 휩싸여 책임감이라고는 눈을 씻고 살펴보아도 찾아보기 어려운 사람들이었다.(피아, 『내전』, 528쪽)

애석하게도 우리는 이와 똑같은 광경을 독일에서도 전시법을 집행하는 곳이면 어디서나 쉽게 발견할 수 있다.

26일 블랑키주의자 페레는 다시 48명의 인질들에 대한 처분권을 역시 같은 블랑키주의자인 연대장 고이(Goïs)에게 맡겼는데 이들 인질들은 대부분 신부들과 비밀경찰, 그리고 3월 18일에 인민들에게 발포한 근위기병들로 이루어져 있었다. 고이는 자신을 따르던 일단의 무장한 무리들에게 인질들을 데리고 갔는데 이들은 이미 제정신이 아닌 사람들이었다. 왜냐하면 이들은 자신들이 어디서도 자비를 기대할 수 없으며 앞으로 모두 죽게 되리라는 것을 알고 있었기 때문이다. 절망적인 광란에 휩싸인 채 이들은 인질들에게 몰려가서 하나씩 차례로 처형해버렸다. 인터내셔널주의자인 발랭과 세라이어가 이들을 구하기 위해서 노력했으나 모두 허사였다. 오히려 이들은 성난 무리들에게서 베르사유파라고 욕을 들어먹으며 폭행을 당했다.

5월 28일 자신의 목숨을 걸고 인질들을 구출하려고 했던 발랭은 길에서 그를 알아본 한 신부의 밀고로 베르사유군에게 잡혀서 총살당했다.

코뮌의 테러리즘에 대해 분노를 터뜨린 부르주아 분자들은 전투 중에는 물론 전투가 끝난 이후에도 포로들에게 가해진 승리자들의 살육잔치로 헤아릴 수 없이 발생한 희생자들에 대해서는 완전히 입을 다물고 있다. 반면 그들은 코뮌이 붕괴되고 난 후 베르사유군에 의해서 피할 수 없는 죽음의 위협을 받고 있던 몇몇 반란자들이 자행한 보복행위와 무책임성 때문에 희생된 60명의 인질들에 대해서 얘기할 때는 이루 말할 수 없는 극렬한 저주를 아끼지 않고 있다.

바로 이 인질들에 관한 이야기는 코뮌이 어떤 테러리즘과도 관련되어 있지 않다는 것을 뚜렷하게 보여주고 있다. 1871년 프랑스 내전에서 있었던 것처럼 한쪽이 끔찍한 비인간적인 잔혹행위를 자행하고 있음에도 다른 한쪽이 고결한 인간성의 계시를 내걸고 또 실제로 엄격하게 그것을 지켜냈던——몇몇 급진주의자들이 피비린내 나는 과격한 얘기들을 쏟아내고 있었던 것과는 달리——사례는 역사상 어떤 내전에서도 없던 일이며 또한 국가간의 전쟁에서도 거의 찾아볼 수 없는 일이었다.

그리하여 제2차 파리코뮌은 역동적인 공포정치 체제를 만들어낸 제1차 파리코뮌과는 완전히 다르게 종언을 고했다. 제1차 파리코뮌의 공포정치 체제는 파리 노동자들의 저항을 불러일으키지 않고 와해되었다. 오히려 그것의 와해는 많은 사람들에게 날아갈 듯한 기분을 안겨주었고 열렬한 환영을 받았다. 1794년 테르미도르 9일 적대적인 양 당파 사이의 병력이 맞부딪쳤을 때 로베스피에르의 추종자들은 첫 번째 총성이 울리기도 전에 등을 돌리고 뿔뿔이 흩어지고 말았다.

반면 제2차 파리코뮌에 대해서 파리시민들은 극도로 깊은 애착을 가지고 매달렸다. 제2차 파리코뮌을 굴복시키는 데에는 격렬한 시가전을 일주일이나 치러야만 했다. 코뮌의 죽음의 항전이 만들어낸 희생자는 사망자와 부상자, 도망자 등을 합쳐서 거의 10만 명에 달했다.(1871년 7월에 추정된 숫자는 9만 명이었다. 부르쟁, 『코뮌』, 183쪽)

물론 제2차 코뮌은 극렬한 대립으로 분열되어 있었다. 우리는 이들 두 노선이 마지막 전투에 이르기까지 얼마나 적대적이었는지를 지금까지 살펴보았다. 그러나 이들 중 어느 쪽도 다른 쪽에 대해서 테러리즘적 수단을 사용해서 폭력을 행사하지는 않았으며 다수파(볼셰비키는 독일말로 다수파에 해당한다)와 소수파(러시아말로는 멘셰비키다)는 어쨌든 최후까지 함께 힘을 합쳐서 투쟁했다.

그리하여 코뮌 내의 모든 사회주의 노선들은 함께 투쟁하는 프롤레타리아 전체를 대표하고 있었다. 이 점에 대해서는 마르크스는 물론 바쿠닌, 라살파[56]와 아이제나흐파[57] 모두가 인정하고 있다.

최초의 프롤레타리아 정부는 인간의 자유를 갈망하는 모든 사람들의 가슴속에 깊이 간직되었다. 이 '프롤레타리아 독재'가 모든 나라의 프롤레타리아들의 해방투쟁에 미친 강력한 영향은 적어도 그것이 19세기 노동자계급의 영혼에 스며들었던 휴머니즘의 정신으로만 가득 채워져 있었기 때문은 아니었다.

윤리의 순화

야만과 휴머니즘

우리가 이미 본 바와 같이 프랑스대혁명의 유혈행동은 그 후계자들에

---

56) 1863년 창설된 전 독일노동자동맹(Allgemeine Deutsche Arbeiterverein)으로 대표되는 독일 사회주의 노동운동의 일파로서 라살을 추종하는 분파다.
57) 라살파의 노선에 반대해 제1인터내셔널에서의 마르크스주의 노선을 따르던 독일 사회주의 노동운동의 분파로서 1869년 독일사회민주노동당(Sozialdemokratische Arbeiterpartei Deutschlands)을 결성했다. 이들의 창당대회가 아이제나흐(Eisenach)에서 이루어졌기 때문에 이들을 아니제나흐파로 부른다.

게서 반복되지 않았으며 1830년부터 1871년까지 혁명적 전사들은 공포정치 체제 전통의 영향을 받고 있는 경우에도 실천에서는 가능한 한 휴머니즘을 지향하려고 노력했다. 그것은 그들의 적들이 1848년 6월은 물론 1871년 5월에도 여전히 최대의 야만성을 보였던 것과는 대조적이었다.

19세기 동안 우리는 노동계급이 휴머니즘을 향해 꾸준히 전진했다는 것을 알아차릴 수 있다.

그런데 이제 20세기 초에 이르러 새삼 러시아와 독일에서 혁명이 발발하고 다시 18세기의 프랑스혁명을 떠올리게 하는 유혈행동들이 되살아나고 있다. 이런 방향전환은 어떻게 설명해야 하는 것일까?

일반적인 견해에 따르면 휴머니즘은 문화의 산물이다. 이 견해에 따르면 인간은 원래 타고날 때부터 악의적이고 비사교적인 맹수의 본능을 가진 존재며 늘 자신의 이웃을 습격하고 폭력을 행사하는 것은 물론 괴롭힐 뿐만 아니라 죽일 수도 있는 성질을 가진 존재로 간주된다. 교육과 기술, 즉 문화의 진보로 비로소 인간에게는 사회적 감각과 남을 돕는 마음, 상냥함, 잔혹함이나 살육에 대한 혐오 등이 갖추어졌다. 이런 견해는 언어의 표현에서도 후자에서 얘기하는 인간의 사회적 속성들에 대해서는 휴머니즘이나 인간다움 같은 말을 사용하지만 전자의 속성들에 대해서는 동물적 상태로 표현하여 동물(bestia)이나 가축(brutum)으로 낙인을 찍어버리는 표현을 사용하곤 한다. 오늘날 인종학자 가운데 대다수는 여전히 이런 시각을 가지고 있는데 그것은 롬브로소(Lombrosos) 학파가 추종하는 견해로서 이들은 폭력적 범죄를 과거 인간의 조상이었던 동물의 감각적 생활이 되살아난 유전적 현상으로 간주한다.

그러나 아무리 피를 좋아하는 맹수들도 대개 같은 종족을 죽이지는 않는다. 그리고 인간이 본래 폭력적이고 살육을 일삼는 본능을 가진 맹수라고 생각해야 할 이유는 어디에도 없다. 우리는 인간이라는 종족의 조상이 되는 동물이 무엇인지 알지 못한다. 단지 우리가 상정할 수 있는 것은 오늘날 살아 있는 동물 가운데 가장 가까운 동물이 유인원이라는 것 정도일 뿐이다. 유인원과 마찬가지로 인간의 조상은 주로 식물을 섭취하면서 살았을 것이고 작은 동물, 애벌레, 곤충, 파충류 등과 때로는 아직 제대로 날지 못하는 작은 새들도 잡아먹었겠지만 이들 동물보다 몸집이 크고 자신과 같은 종족인 포유류를 식량으로 삼기 위해서 죽이지는 않았을 것이다. 원숭이들 가운데에도 같은 포유류를 잡아먹는 짓을 하는 종류는 없다.

실제로 인간의 조상은 같은 종족을 상대로 목숨을 건 전쟁을 벌이지는 않았다. 그에게는 그렇게 하기에 적합한 기관이 처음부터 갖추어져 있지 않았다. 한 마리의 노획물이나 한 사람의 여자를 놓고 개인들이 서로 싸움을 벌일 수는 있었을 것이다. 그러나 이런 싸움질이 목숨을 위협하는 정도의 것은 아니었다.

그런데 인간의 기술이 그에게 원래 자연적 기관에 없던 새로운 기관을 제공하게 되면, 즉 찌르거나 베거나 할 수 있는 도구와 무기들을 제공하게 되면 사정은 달라진다. 이들 새로운 기관을 통해서 그는 맹수의 기관을 손에 갖추게 되고 그것은 그에게서 맹수의 기능과 맹수의 본능도 함께 발전시켜나간다. 이제 그는 몸집이 큰 동물들을 죽이고 분해할 수 있게 되었다. 그에게서 채식의 비중은 감소한다. 사냥과 살육은 일상적인 업무가 되어갈 것이다.

이제 개인들 사이의 분쟁은 살인으로 이어질 수 있게 되었다. 그러나 대규모 살인인 전쟁은 무기의 등장을 통해서만 설명할 수 있을 것이다.

전쟁은 한 걸음 더 나아간 문화적인 진보, 즉 인간들이 모여서 배타적인 사회를 구성하게 된다는 것을 전제로 한다. 이 점은 지금까지 별로 주의를 기울이지 않은 부분이고 나도 지금까지 그것을 충분히 다루지 않았다. 그러나 여기서는 우리의 주제에서 약간 벗어나는 것이긴 하지만 이에 관해 몇 가지를 지적해두려고 한다.

의심할 나위 없이 인간은 사회적 동물의 한 종류다. 그러나 인간은 배타적인 사회를 구성한다는 점에서 다른 사회적 동물들과 구별된다. 다른 사회적 동물들은 보통 떼를 짓거나 무리를 이루어서 살아가는데 이런 무리들 내에서의 상호관계는 느슨한 형태를 보인다. 생활조건, 먹이의 양, 적의 숫자 등등에 따라서 개개의 동물들은 거대한 무리를 이루었다가 좀더 작은 무리로 나뉘기도 하고 때로는 한 쌍씩으로 나뉘기도 하는데 그러다가 필요한 조건이 형성되면 함께 모여 다시 거대한 무리를 이루기도 한다. 한 개별 동물이 하나의 집단에서 다른 집단으로 옮겨가는 데에는 별다른 어려움이 없다.

인간은 이와 완전히 다르다. 이런 차이가 어디서 비롯되는 것인지를 여기서 모두 설명하기에는 너무 길기 때문에 단지 다음과 같이 짤막하게 힌트만 제시하기로 한다.

동물들 사이의 의사소통수단은 자연적인 소리에 기초해 있는데 이는 몸짓이나 표정을 통한 언어와 마찬가지로 본능적으로 표현되는 것이다. 그것은 다른 동물에게서 배울 필요도 없고 태어날 때부터 타고나는 것이며 따라서 다른 모든 동물들도 동일한 방식으로 표현하는 것이며 누구나 알아들을 수 있는 것이다.

사람이 동물보다 뛰어난 점은 도구 외에도 정교한 언어를 사용한다는 것이다. 태어날 때부터 타고난 것이 아니라 스스로 제작을 해야 하고 이런 제작방법을 자신의 동료에게서 배워야만 하는 그런 기관[58]과 함께 인간의 특징을 이루는 것은 의사소통수단인데 이것도 역시 그는 태어날 때부터 타고나는 것이 아니라 주변에 함께 살아가는 사람들이 먼저 개발해놓은 것을 그들에게서 배워야만 한다. 이 의사소통수단은 그것이 어떤 종류든 처음부터 만들어져 있는 것은 없으며 여러 지역에서 각기 다르게 형성된다. 이 언어를 통해서 사회적 결합력은 더욱 공고하고 긴밀해지는데 이는 언어가 의사소통과 협력을 좀더 용이하고 다양하게 만들어주기 때문이다. 그러나 언어의 차이 때문에 서로 다른 무리와 집단들의 사람들은 서로 지속적으로 격리되어 있다. 모든 사람은 자신이 언어를 배운 무리 속에 계속 머물려고 노력하게 된다. 그는 다른 무리들과

---

58) 도구.

의사를 소통할 수 없으며 다른 무리들에게서 낯설고 불편한 느낌을 받는다.

게다가 또 하나의 계기가 작용한다. 언어는 각 개인들과 그들 상호간의 지위를 표시해준다. 언어는 또한 기억을 붙잡아놓는 작용도 한다. 그리하여 언어는 보관기능을 갖는 요소가 된다. 성장한 동물들은 자신의 부모와 형제자매를 잊으며 이들을 자신과 같은 종족의 다른 동물들과 구별하지 못한다. 인간은 이들과의 관계를 평생 잊지 않고 간직할 수 있으며 부모의 부모는 물론 자식의 자식, 그리고 형제자매들의 자식까지도 모두 알아볼 수 있다.

사람들은 가족이란 것이 본래 주어진 것이라고 생각한다. 그리고 가족에 대해서 '혈육의 인연'(Stimme des Blutes)이란 말을 사용한다. 그러나 사실 그것은 언어가 만들어낸 말의 인연(Stimme der Sprache)이다. 친척을 나타내는 말이 없다면 가족은 지속적인 조직이 될 수 없다. 동물의 경우에는 일단 어린 새가 독립해버리고 나면 곧 혈육의 정이란 것도 끊겨버린다. 만일 오늘날 예를 들어 오스트리아 연방이 독일제국과 통일되어야 하는 것을 이런 비밀스러운 혈연관계 때문이라고 주장하는 경우처럼 가족관계뿐만 아니라 국가관계도 이런 혈육의 인연으로 설명하려고 한다면 그보다 더 우스운 일은 없을 것이다. 왜냐하면 오스트리아 연방에 살고 있는 사람들의 수는 독일제국의 혈통보다는 아마 체코 혈통과 같은 비독일 혈통이 틀림없이 더 많을 것이기 때문이다.

가족의 배타성은 그 소유자가 오랫동안 살아가도록 만들어주는 작업도구, 무기, 그리고 온갖 종류의 저장물품들에 대한 사적 소유가 지속적으로 형성되고 발전해나감으로써 더욱 증대된다. 그가 죽고 나면 이들 소유물은 그와 함께 지속적으로 공동체 내에서 살아가던 사람들에게 귀속되며 그럼으로써 이 공동체가 생명을 다할 때까지 지속될 수 있는 토대로 된다.

그러나 종족의 배타성은 이와 다른 종류의 소유에 의해서 촉진되는데 그것은 자연에게서 주어진 토지에 대한 공동소유다.

동물도 특별히 좋아하는 구역이 있는데 그것은 그가 자라나고 그의 집이 있는 곳으로서 그는 이 구역에서 먹이가 어디에 있는지 은신처와 위험한 곳은 어딘지를 모두 자세히 알고 있다. 그러나 이런 구역의 경계선은 상세하게 그어져 있지 않으며 개개의 동물들은 거기서 충분한 먹이를 구하지 못하거나 큰 위험에 처하게 되면 즉시 자기 구역의 경계선을 넘어서 그에게 좀더 좋은 여건을 제공하는 새로운 구역이 나올 때까지 계속 이동할 수 있다. 여기서 그는 즉시 다른 무리에 합류한다. 그러나 인간의 배타적인 사회에서는 사정이 달라진다. 다른 구역으로 옮겨가는 사람은 거기서 자신과 의사소통이 잘 되지 않는 사람들의 무리와 맞닥뜨리게 된다. 인간들이 먹고사는 것은 각 개개의 사람들이 먹잇감이 고갈된 구역으로부터 인구가 적은 다른 구역으로 옮겨가는 방식으로 이루어지지 않는다. 그런 방식은 좀더 높은 문화적 단계에서라야 비로소 다시 나타나는 것이며 그나마도 단지 불완전하게만 나타난다. 인간의 무리나 종족은 계속해서 함께 모여 살며 이들은 자신들의 구역을 이웃을 희생시켜가면서 확대해나가는 방식을 택한다. 그래서 우리는 무기 기술이 충분히 발전하게 되면 금방 전쟁과 대량의 살인이 시작되는 것을 보게 된다.

우리는 인간의 조상이 동물이었다는 것을 표시하는 야만성이라는 말이 사실은 인간 자신에 의한 문화적 발전의 산물이라는 것을 알 수 있다.

이런 시각에서 보면 윤리적 감각이나 연대감, 그리고 타인을 돕고자 하는 마음이나 동정심 등도 그 성격이 달라진다. 다른 사회적 동물들에게서 이들 감각은 같은 종을 이루는 개개의 동물들 전체에게 적용되는 것이지만 인간에게서는 그 범위가 자신이 속한 사회의 구성원으로 좁혀진다. 자신의 사회에 속하지 않은 사람에 대해서 그는 대개 무관심하고 동정심도 갖지 않으며 때로는 직접적으로 적대적이기도 하다.

그러나 교통의 발달과 함께 사회의 범위는 거기에 속해 있는 각 개인의 느낌에 비해 더욱 크게 확대되고 있다. 오늘날 우리는 우리의 사회적·윤리적 감각의 적용범위가 같은 종을 이루는 인류 전체로 확대되기 시작하는 새로운 출발점에 다가서고 있다. 그러나 전반적으로 볼 때 이런 확대에 비해 우리의 이념이 거기에 맞추어 확대되는 속도는 훨씬 더 느린 상태다.

이와 함께 분업을 통한 경제적 발전과 사회적 관계의 다양화는 배타적 사회——최종적으로 국가의 형태로 완성된다——의 개개인들을 다시 다양한 유형의 그룹으로 분화시켜나가는데 이들 소그룹들은 신사계급, 가족, 교회단체, 동직조합 등과 같은 것들로서 역시 어느 정도 배타적 성격을 가진 사회를 이룬다. 이들 소그룹들은 어느 것들이나 다시 거기에 소속되어 있는 사람들에게만 적용되는 그들만의 특수한 윤리를 발전시켜나간다. 이들 소그룹들도 서로 분쟁을 일으킬 수 있다. 이들 그룹들은 자신의 좁은 조직 내부에서는 최대한의 연대감, 상부상조의 정신, 동정심 등을 발전시켜나가지만 다른 그룹에 대해서는 극히 무정한 냉혹함을 키워나갈 수도 있다. 각 개인들은 많은 사회적 단체들에 소속되어 있으며 이들 단체들은 각기 서로 다를 뿐만 아니라 때로는 서로 대립되는 이해와 윤리적 원칙들로 이루어진 것들이기도 하다. 사회 내부의 모순이 첨예해지면 질수록 그에 따라 각 개인들 내부의 모순도 함께 커진다. 미국 남부 노예 농장주의 부인들은 같은 백인 농장주들 사이에서는 더할 나위 없이 관대하고 남을 돕기 좋아하는 마음씨를 가지고 있는 친절하고 매력 있는 사람들이었지만 노예들에 대해서는 끔찍하게 가혹한 사람들이었다. 똑같은 사람이 자신의 가족들에게는 매우 부드러운 심성을 가지고 있지만 자신의 사업에서는 극히 냉혹한 신념을 가진 사람일 뿐만 아니라 가혹한 노동착취자가 될 수도 있는 법이다.

문화는 일직선으로 곧장 윤리가 순화되는 방향으로만 발전해가는 것이 아니다. 오히려 문화는 그 반대로 자연 그대로의 상태를 황금기의 이상향으로 생각하는——그로부터 우리는 점점 더 나쁜 방향으로 깊이 빠져 들어가게 되었다——형태로 방향을 거꾸로 바꾸기도 한다.

우리는 인류역사의 이런 구조 속에서 두 개의 완전히 대립되는 경향을 구분할 수 있는데 이들 경향은 하나가 끝나면 다른 하나가 뒤를 번갈아가면서 이어지는 형태를 취한다.

두 가지 경향

하나의 경향에 대해서 우리는 이미 살펴보았다. 그것은 살상무기의 끊임없는 개량과 함께 인간들 사이의 대립이 계속 증가해나가는 방향으로 문화가 발전해나가는 경향이다. 나라들 사이의 대립도 점차 증가해나가는 방향으로 발전해간다. 인구가 밀집한 지역과 인구가 희박한 지역 사이의 초기의 대립에서 자연자원을 독점한 부유한 민족과 척박한 황무지로 내몰린 빈곤한 민족의 대립이 발전해가고, 고도로 산업이 발전한 민족과 산업이 낙후된 민족의 대립도 발전해간다. 마지막으로 각 국가들 내부에서는 다양한 유형의 인간에 의한 인간의 착취와 노예화 그리고 이로 인한 그들간의 증오와 잔혹함들이 발전해간다.

그러나 농경이 시작되면서 이것과 반대되는 경향이 등장한다. 이전의 생산양식은 주로 수렵과 목축이었는데 목축에서도 수렵 못지않게 생업 수단으로 무기의 사용과 살육이 필요했다. 왜냐하면 문화가 성립하던 초기에는 가축무리들을 대량으로 위협하던 맹수들에게서 이들 무리를 방어할 필요가 있었기 때문이다. 그런데 농경은 무기의 사용을 필요 없게 만든다. 때때로 농사꾼은 육식동물을 친구로 간주하기도 하는데 이는 그것들이 자신의 밭을 해치는 야생동물들을 막아주기 때문이다. 야생동물을 보호하는 것은 사냥꾼들에게는 중요한 일이었지만 이들 농사꾼들에게는 싫은 일이었다.

새롭게 등장하는 도시에서 살아가는 수공업자와 지식인들에게는 생산과정에서 농경의 경우보다 더 무기가 필요 없게 된다. 이들은 생산품을 만들고 사용하는 데 소요되는 시간과 재료의 소비를 사냥꾼이나 목축업자와는 달리 경제적인 낭비라고 간주하고 가능한 한 이를 줄이려고 한다.

그래서 농민, 수공업자 그리고 지식인들은 점점 더 평화를 사랑하게 된다. 특히 지식인의 경우는 더욱 그러하다. 농민과 수공업자는 자신들의 일을 수행하는 데 육체적인 힘을 필요로 한다. 그래서 이런 육체적인 힘을 그들은 존경하며 노동을 할 때는 물론 놀이를 할 때나 분쟁이 발생했을 때도 쉽게 여기에 호소하게 된다.

그렇지만 지식인에게는 그런 육체적인 힘이 필요 없다. 다른 사람들이 육체적인 힘을 키우는 데 바치는 시간을 그는 자신의 지식을 늘리거나 지적인 능력을 행사하는 데 소비한다. 그들 가운데 글을 통한 논쟁에서 정신적 무기가 아닌 다른 무기를 사용하려는 사람은 그것만으로도 처음부터 논쟁에서 진 것으로 간주된다. 이런 사실은 30년전쟁에서 정점을 이루었던 종교전쟁의 여파로 야만이 판을 치던 분위기에서 일시적으로 독일 대학생들 사이에 주먹질이 나타났다고 해서 부인할 수 있는 것이 아니다.

고대의 성직자들과 기독교시대의 신부들도 그들이 착취하는 지배계급이 아니었을 때는 일반적으로 살육과 폭력행위를 거부했다. 18세기의 지식인들도 마찬가지였다.

지식인들이 착취자가 되면서 그들은 더 이상 평화를 사랑하는 성질을 발전시켜나가지 않게 된다. 그들이 착취자가 아닐 때는 그들도 농민, 수공업자, 프롤레타리아와 마찬가지의 평화적인 성질을 갖는다. 그들은 인간을 타인의 목적을 위한 수단으로 간주하지 않으며 자신을 위한 목적이나 다른 개인이 아닌 전체의 목적을 위한 수단으로 간주한다. 칸트의 윤리학은 바로 이런 시각 위에 서 있으며 칸트에게 윤리학은 특정 계급이나 특정 시기의 윤리학이 아니라 현세의 저 너머 피안에 있는 도덕률로서, 즉 신이라 할지라도 승복해야 하는 그런 도덕률로서, 인간을 수단(무엇을 위한?)으로 사용하는 것을 금하는 것으로 간주된다.(칸트, 『실천이성비판』, 제2장 제5절, "순수실천이성의 공준으로서의 신의 현존재" 참고)

이런 관점을 어떤 방식으로 논증하든 상관없이 그것은 인간성에 대한 최대한의 존경, 인간의 삶과 운명의 신성함을 결론으로 삼는다. 그러나 평화를 사랑하는 이런 경향은 농업과 도시조직의 등장 초기에 이미 결점을 드러내고 있었다. 왜냐하면 평화를 사랑하는 계급과 국가일수록 그들은 더욱더 무방비상태였기 때문이다. 그들은 무장을 갖춘 다른 무리들에게 정복당하고 착취를 당했다. 이들 무장한 무리는 그들 위에 군사적인 귀족으로 군림하면서 과거 사냥과 전쟁수행, 즉 살육행위에 종사하던 수렵민족이나 유목민족들보다 더 강력한 배타성, 다시 말해서 적대적인 이웃사람들에 대한 약육강식의 방식과 본능을 스스로의 원칙으로 확립했다. 그리하여 야만성과 휴머니즘은 문명사회의 두 얼굴이 되었다.

상황에 따라서 이들 둘 가운데 하나가 우세할 때도 있고 다른 하나가 우세할 때도 있었다.

고대 로마에서는 주민 전체가 정복정책의 틀 속에 편입되어 있었다. 로마인들은 전쟁의 승리를 통해서 지중해 주변의 모든 나라를 복속시키는 데 성공했다. 전체 주민은 이들 나라의 착취를 통해서 먹고살았으며 그들은 전쟁과 전쟁을 무자비하게 수행하는 것에 늘상 젖어 있었다. 그리고 전쟁의 승리는 로마인들에게 값싼 노예의 무리를 무진장 공급해주었고 그 결과 그들은 관중들의 즐거움을 위해 노예들을 원형극장에서 서로 싸우고 죽이게 하는 오락까지도 만들어냈다. 검투사 경기, 즉 한가한 여러 계층의 평민들을 위한 오락으로서의 살인은 이처럼 일반화되어버린 잔혹성의 극치를 보여주는 것이었다. 그렇지만 로마인들은 자신들의 고대 로마국가를 야만상태에 있다고 표현한 것이 아니라 문명의 절정에 있다고 표현했다. 검투사 경기는 그렇게 높은 문화를 가진 나라가 자신의 변방에 살고 있던 야만인들의 침입을 받아서 몰락함으로써 비로소 끝이 났다.

경제발전 과정에서 전쟁귀족과 함께 자본가계급도 파생적으로 형성되었다. 자본가는 인간의 착취를 통해서 살아가는 착취자였으며 자신의 착취대상인 인간을 그 자체 목적을 가진 존재로 간주한 것이 아니라 자신의 목적을 달성하기 위한 수단으로 간주했다. 거기에는 이미 비인간적인 잔혹함의 싹이 숨겨져 있었으며 이 싹이 얼마나 자라날 것인지는 사회적 관계가 얼마나 발전하느냐에 달려 있었다. 식민정책은 그들을 통해서 가장 유혈적이고 끔찍한 잔혹행위들을 만들어냈다. 그러나 다른 한편 상업독점의 시기가 되자 상업자본과 산업자본 사이의 대립이 형성되었다. 상업자본은 이 시기에 호전적이며 무자비한 성격을 드러냈다. 그것은 인도 주민들에 대한 학살과 약탈을 자행하고 흑인들에 대한 인간무역을 추진했으며 자신의 정부를 유혈적이고 피폐한 무역전쟁에 몰아넣었다.

산업자본은 이들 전쟁 비용의 대부분을 지불해야만 했고 그로 말미암아 큰 장애를 받았으며 따라서 상업자본에 반대하고 이들에 대해서 분노를 터뜨리고 있었다. 한편 그들은 영국에서 백인 부녀자와 어린이들에게 기아임금만을 주고 과도한 노동을 시킴으로써 끔찍하게 그들을 괴롭히고 있었지만 서인도제도의 흑인노예들에 대해서는 깊은 동정심을 가지고 있었다.

그러나 프롤레타리아는 이 단계에서 결코 통일된 경향을 보이지 않았다. 우리가 이미 본 바와 같이 그의 생활조건은 인간다운 생활의 존엄성을 지키기 어려울 정도로 압박을 받았는데 이는 그가 착취하는 계급이 아니었을 뿐만 아니라 대부분 인간의 삶을 경시하는 분위기 속에서 고통을 받는 피착취자들이었기 때문이다. 로마와 같이 특별히 예외적인 경우를 제외하고는 전쟁도 그에게 단지 부담과 위험만을 가져다주었고 전쟁의 성과와 노획물은 모두 권력자들의 것으로 돌아갔다. 이런 모든 것은 프롤레타리아가 유혈사태와 모든 잔혹행위들에 대해서 혐오하도록 만들어나갔다.

그런데 프롤레타리아는 역사의 무대에 산업프롤레타리아로서 곧바로 등장하는 것이 아니다. 아직 근대적인 대규모산업이 발전하기 전에 봉건제의 쇠퇴를 통해서 이미 프롤레타리아는 대중적 현상이 되어 있었다. 봉건제의 쇠퇴는 농민들에게 갈수록 과중한 조세를 떠넘겼고 이로 인해 농가경영은 몰락하고 그 생산성은 하락했다. 그 결과 농업에서 노동력의 유출이 증가했고 농업에 잔류한 사람들의 노동부담은 더욱 늘어났다. 당시의 산업은 춘프트(Zunft)[59]의 울타리 때문에 협소하게 제한되어 있었기 때문에 남아도는 노동력 가운데 극히 일부분만을 수용할 수 있을 뿐이었다. 일자리가 없이 굶주리고 절망한 무수히 많은 프롤레타리아 대중이 나라 전체에 넘쳐났으며 이들은 생산적인 노동을 통해서는 먹고살 수 없었고 그 돌파구로 구걸, 절도, 심지어는 강도 등과 같이 달리 기식할 수 있는 방도를 찾아 헤맸다. 사회에서 배제되고 무시된 채로 극도로 더럽고 궁색함 속에서 살아가면서 이들 프롤레타리아들은 사회에 대한 격렬한 증오로 가득 차 있었는데 그런 증오는 이들 나라의 근심거리를 사회개혁을 통해서 해결할 능력도 의지도 갖지 않은 권력자들이 무능함과 무의지에 가장 가까이 놓여 있는 수단인 테러리즘을 취함으로써 더욱 커져갔다. 그들은 오로지 공포를 통해서 굶주린 자들이 구걸하고 훔치고 사기를 치고 매음을 하고 강도짓을 하는 것을 막아보려고 했다. 이들 불행한 자들에 대한 가장 강력한 형벌은 교수형이었는데 이런 '부랑아들에 대한 피의 법률'은 마르크스가 자신의 『자본』(보급판, 664쪽)에서 그 법률이 집행된 많은 사례를 소개하고 있다.

그것이 가져온 성과는 사회적 산물이 발생하게 된 토대를 변화시키지 않은 채로 그냥 그 산물만을 없애려고 하는 모든 공포정치 체제가 거두었던 결과와 마찬가지의 것이었다. 아무리 많은 사람들을 노예선으로 보내고 교수대에 목을 매달고 능지처참을 시켜도 범죄자의 수는 줄어들지 않았다. 살아남은 사람들은 도둑질을 계속하는 방법 외에 다른 선택의 여지가 없었던 것이다. 그리고 도둑질은 경찰과의 끊임없는 투쟁을 통해서 이루어졌다. 단 하나 눈에 띄는 성과는 프롤레타리아들이 끊임없이 더욱더 광폭해지는 것이었다. 그들의 증오와 분노 그리고 그들의 피에 굶주린 잔인함은 처형이 잔인해지고 무자비해짐에 따라서 점점 더 커나갔던 것이다.

---

59) 중세 유럽 수공업자들의 동직조합으로 내부적으로는 동직자들의 생활과 경영 수준을 동질적으로 유지하기 위한 각종 강제규정을 만들었고 외부적으로는 시장의 독점을 위한 배타적인 규정들을 두었다.

물론 그것은 프롤레타리아 가운데 범죄와 관련된 부류들에게만 해당되는 것이었다. 그러나 당시 친척이나 이웃 또는 동료 등의 인연 때문에 초기적 임금 프롤레타리아나 하층 소부르주아, 농민——이들은 모두가 한쪽 발을 이미 룸펜프롤레타리아 속에 들여놓고 있던 사람들이다——등과 연루된 무수히 많은 사람들은 감정이나 사고방식에서 그들에게 물들고 있었다.

그리하여 프랑스혁명이 발발할 당시 휴머니즘의 감정은 지식인들과 그들에게 영향을 받은 소부르주아 가운데 비교적 유복한 계층들과 자본가들, 특히 산업자본가들에게 한정되어 있었다. 프롤레타리아와 그들에게 가까운 계층들에게서는 피의 법률이 키워왔던 난폭함과 포악함이, 그것이 표출되는 것을 억누르고 있던 국가권력이 붕괴하자마자 곧바로 모습을 드러내면서 터져나왔다.

유혈행동과 공포정치 체제

사회의 최저빈곤 계층들이 지배계급의 정책에 의해서 이렇게 훈육되고 있었다는 점을 고려할 때 이들 혁명적 분자들이 자유롭게 움직일 수 있게 되자마자 곧 그들의 투쟁을 난폭하고 잔인한 방향으로 이끌어가고 그럼으로써 대혁명을 특별히 유혈적인 혁명으로 만들어갔다는 것은 전혀 놀랄 만한 일이 아니다.

그러나 모든 혁명적인 유혈행동의 원인이 전부 이 같은 것인 양 똑같이 생각해서는 안 된다. 우리는 절망이나 걷잡을 수 없는 공포 때문에 투쟁과정에서 난폭해진 인민대중이 자행한 과도한 행동들과, 권력자들이 자신들에게 위험하게 보이는 분자들을 폭력적으로 억압하기 위해 국가의 계획적인 법률적 형태로 도입하는 심사숙고된 공포정치 체제를 구별해야만 한다.

인민대중이 자연발생적으로 터뜨리는 유혈적인 무법행동은 혁명이 시작될 때 곧바로 나타났다. 반면 공포정치 체제는 지롱드당이 체포되어 처형되는 1793년 여름에야 비로소 시작되었다.

인민대중의 야만성은 바스티유 감옥의 습격이 있던 날 이미 드러났다. 항복한 수비군들 가운데 일부는 단지 살해되는 것으로 그친 것이 아니라 머리를 잘려 의기양양해진 대중들의 창끝에 매달렸다. 머리를 창끝에 매달아서 거리를 행진하는 것은 혁명과정에서 매우 자주 발생했다.

피에 굶주린 잔인함은 유럽 군주들을 상대로 벌어진 혁명전쟁에서 더욱 기승을 부렸다. 프로이센 군대가 파리로 진격해오고 프로이센의 최고사령관이었던 브라운슈바이크 대공은 포고문에서 파리를 완전히 없애버리겠다고 위협했으며 지방의 귀족들이 이 외국의 적들에게 지지를 맹세했다는 소문이 떠돌았다. 그러자 파리시민들은 불안이 뒤섞인 무한한 분노에 휩싸여서 1792년 9월 2일 감옥소에 갇혀 있던 정치범들을 살해하고 말았다. 3,000명의 인명이 희생된 이 유혈행동은 대혁명이 빚어낸 참사 가운데 가장 참혹한 것이었다. 참극을 집행한 대중들에게서는 눈에 띄게 살기가 감돌았다. 그들은 단지 죽이는 것으로 만족하지 않고 이 유혈사태를 즐기기까지 했던 것이다.

왕비의 친구였다는 것이 빌미가 되어 랑발(Lamballe) 공주는 죽임을 당했고 더 나아가 몸이 찢겨지고 심장이 도려내졌다. 실로 메르시에(Mercier)가 보고한 바에 따르면(『새로운 파리』, 제7호, 111쪽) 그녀의 몸을 토막내고 그녀의 음모를 잘라내어 그것으로 수염을 만들어 붙이는 비인간적인 일까지 일어났다.

그녀의 머리도 다른 많은 사람들의 경우와 마찬가지로 창끝에 매달려서 구금되어 있던 왕비의 창가에 내걸렸고 왕비는 이것을 보고 기절했다. 온순한 사람들도 잔인하게 바뀌었다. 하나의 예로 송브뢰의 한 처녀가 경험한 것을 들 수 있는데 그녀는 9월학살 당시 아버지와 함께 감방에 갇혀 있었다. 생마르(Saint-Mart) 출신의 한 남자는 그녀의 아버지 옆에서 폭도들에게 두개골이 박살이 났다. 그녀의 아버지도 똑같은 일을 당할 운명이었다. 그러자 그녀는 필사적으로 자신의 몸으로 아버지의 머리를 감싸안고 오랜 시간 싸우면서 세 군데나 상처를 입고 나서야 비로소 "이 폭도들을 진정시킬 수 있었다. 그런데 그들 가운데 한 사람이 생마르 출신 남자의 두개골에서 흘러나온 피를 유리잔에 받아서 거기에 포도주와 화약가루를 섞은 다음, 만일 그녀가 그녀의 아버지를 구출하고 싶다면 조국의 안녕을 위해 그 잔으로 건배를 하라고 말했다. 그녀는 조금도 망설이지 않고 즉시 그렇게 했고 그런 다음에야 아버지를 데리고 나올 수 있었다."(이 보고는 란다우어Gustav Landauer가 편집한 『프랑스혁명으로부터의 편지 모음집』, 제2권, 176쪽에 실려 있는 내용이다. 이 모음집은 독일혁명이 발발하기 전 여름에 완성된 것이다. 1918년 6월로 기록되어 있는 그 서문은 다음과 같은 바람으로 끝을 맺고 있다.

혁명의 정신과 혁명의 비극을 깊이 알아두는 것은 우리가 당면하고 있는 이 중요한 시기에 우리에게 도움이 될 수 있을 것이다.

이 불행한 사람은 그 '중요한 시기'에 '혁명의 비극'이 얼마나 빨리 자신에게도 밀어닥칠지를 알지 못했다.)

혁명과정에서 절망에 빠져 분노에 휩싸인 대중이 자행한 잔혹행위들이 끔찍하다는 것은 틀림없는 사실이다. 그러나 이런 종류의 재난에 대해서 그 책임을 묻고자 할 때 그것을 혁명의 탓으로 돌려서는 안 된다. 그것들은 오랜 기간 상층의 권력자들이 인민들에게 철저하게 가르쳐온 교육의 산물이기 때문이다. 거기에 대한 증거를 하나만 댄다면 다음과 같다.

1757년 다미앵(Damien)이라는 한 남자가 루이 15세의 암살을 기도했다. 그는 펜을 만들 때 사용하는 호주머니용 칼을 가지고 루이를 한 번 찔렀는데 그것은 전혀 목숨을 위협하는 것이 아니었다. 그러나 그에 대한 복수는 끔찍한 것이었다. 다미앵의 오른팔을 절단한 다음 그것을 그가 보는 면전에서 불에 태웠다. 그리고 그의 팔과 다리 그리고 가슴에 상처를 낸 다음 그 상처에 끓는 기름과 불에 녹인 납을 들이부었다. 그런 다음 그의 사지를 각기 네 마리 말에 묶어서 이들 말을 각기 다른 방향으로 달리게 해서 그의 사지를 찢어 죽였던 것이다.

이 지독한 고문은 인민대중에게 본때를 보이기 위해서 완전히 공개된 장소에서 실시되었다. 그리고 그런 잔혹행위들은 혁명이 일어나던 시기까지 계속 이어졌다. 혁명이 비로소 그 잔혹행위들을 중단시켰다. 1789년 8월 13일에도 뵤자(Gaultier v. Biauzat)는 베르사유에서 다음과 같은 소식을 알리고 있다.

> 지난 화요일 정오경 베르사유 주민들은 한 범죄자의 처형을 가로막 았는데 그는 아버지를 살해한 죄목으로 산채로 수레바퀴에 묶여서 화형에 처하도록 판결을 받은 상태였다.(란다우어, 『프랑스혁명으로부터의 편지』 모음집, 제1권, 315쪽)

이처럼 상층계급에 의해 자행된 야만성이 하층계급이 저지른 야만성보다 앞서 이루어졌던 것이다. 군중들에 의해 자연발생적으로 저질러진 유혈행동들에 대해 의식 있는 혁명지도자들은 전혀 박수를 보내지 않았다. 오히려 그들은 여기에 대해서 깊은 탄식을 쏟아냈다. 9월학살의 경우에도 그것을 사주한 책임을 혁명지도자들에게 돌리는 것은 잘못된 일이다. 만일 우리가 학살사태에 대해서 그들에게 비난을 퍼부을 수 있다면 그것은 기껏해야 그들이 민중의 분노를 막지 못한 것 정도일 뿐이다. 그러나 민중의 분노는 너무도 엄청난 것이어서 아무도 감히 그들을 막아볼 엄두를 낼 수 없었으며 이는 지롱드파의 경우에도 마찬가지였다. 코뮌위원들은 자신들의 목숨이 위태로운 것을 무릅쓰고 왕비를 둘러싸고 있던 부인들을 구하기 위해 노력했고 실제로 앞서 언급한 랑발 공주를 제외하고는 대부분 구출하는 데 성공했다.(크로폿킨, 『프랑스혁명』, 제2권, 5쪽)

9월학살에 대해서 깜짝 놀란 사람들 가운데에는 로베스피에르도 포함된다. 그는 고통스럽게 다음과 같이 외쳤다.

피, 또 피! 아, 이 불행한 사람들은 혁명을 피의 강물에 익사시키고 말 것이다!(블랑, 『프랑스혁명』, 제2권, 207쪽)

마라도 9월학살에 대해서 몸서리를 쳤다.

8월 19일 자신이 갇힌 감방 속에서 학살을 부추기고 9월 2일에는 바로 그런 학살을 프랑스 전역으로 확대시키려고 했던 마라까지도 9월학살에 대해서는 동의하지 않고 최소한 잘못된 것으로 애석해했다는 것은 내가 알기로 어떤 역사가도 지적하지 않았던 특이한 사실이다.(조레스Jean Jaures, 『국민공회』*La convention*, 제1권, 75쪽)

물론 마라가 9월학살에 반대하는 말을 한 것은 인간의 존엄성을 고려한 것이었다기보다는 정치적인 발언이었다. 그러나 로베스피에르는 모든 유혈행동을 근본적으로 싫어하는 지식인이었다. 그것은 그가 1791년 제헌국민의회에서 새로운 형법을 토의하는 과정에서 사형제도를 심의할 때 이미 드러나고 있었다. 로베스피에르는 사형제도가 범죄를 방지하는 것이 아니라 단지 주민들을 더욱 난폭하고 폭력적으로 만들 뿐이라고 생각해서 그것을 폐지해야 한다고 강력하게 주장하는 사람들의 편에 속해 있었다.

그러나 그의 노력은 허사가 되었다. 사형제도는 그대로 존속되었고 단지 그 형태에서만 지나치게 잔인한 모습이 제거되었을 뿐이었다. 즉 머리만은 자르지 않기로 한 것이었다.

이 결정은 마라가 로베스피에르와 견해를 달리해서 국민의회에 갈채를 보낸 매우 희귀한 사건 가운데 하나를 이루었다. 2년 후 로베스피에르는 마라 쪽으로 자신의 견해를 바꾸고 사형제도에 대한 자신의 혐오를 접어버렸다. 사형제도는 그에게 가장 중요한 정치적 투쟁수단이 되었으며 그것은 자신의 정치적 동료들에게도 사용되었다.

우리는 이미 숙고 끝에 계획적으로 실행된 공포정치 체제를 흥분한 인민대중이 저지른 과도한 행동들과 함께 취급해서는 안 된다고 지적했다. 과도한 행동은 주민들 가운데 가장 못배우고 열악한 일부의 사람들이 저지른 것이었으며 공포정치 체제는 높은 교육을 받고 극히 인간적인 감정을 갖춘 사람들이 만든 것이었다.

공포정치 체제는 인민대중의 자연발생적인 잔혹행위와는 완전히 달리 사회적 관계에서 발생했다. 대중의 잔혹행위가 과거 낡은 체제가 가난한 주민들에게 적용했던 피의 법률이 남긴 영향 때문이었다면 자코뱅파의 공포정치 체제는 그들의 권력장악과 때를 같이해서 진행된 전쟁의 한가운데서, 굶주리는 다수 대중의 빈곤 때문에 극도로 어려운 상황에서 그들로서는 해결할 수 없는 과제——부르주아 사회 및 사적 소유제도를 확립하는 동시에 대중의 빈곤을 제거하는 것——가 제기됨으로써 어쩔 수 없이 그들에게 강요된 선택이었다. 그리하여 그들은 극히 절망적인 상태에 빠져서 그들 자신이 그렇게 혐오하고 그들 스스로 쓸모없는 것이라고 선언했던 바로 그 수단을 사용하는 것 외에는 아무런 다른 돌파구를 찾지 못했던 것이다. 과거의 낡은 체제는 대중의 빈곤 때문에 피의 법률, 즉 자신의 테러리즘을 선택했다. 그 대중의 빈곤은 새로운 체제에서도 피의 법률, 즉 테러리즘을 만들어냈다. 이들 사이에 차이가 있다면 낡은 국가는 빈곤한 대중을 지배하기 위해 가난한 사람들을 학대하고 그들의 목을 잘랐지만 새로운 국가는 대중의 빈곤을 없애기 위해 부자들과 그들을 따르는 사람들의 목을 잘랐던 것——학대는 없었다——뿐이었다.

그러나 둘 모두는 자신들의 목적을 달성하지 못했다. 그렇지만 여기에도 다시 차이점이 존재한다. 낡은 체제의 존립은 그것의 공포정치 체제가 프롤레타리아를 제거하느냐 않느냐와는 상관이 없었다. 공포정치가 성공을 거두지 못한 것은 물론 불쾌한 일이긴 하지만 낡은 국가의 존립을 위협하는 것은 아니었다. 왜냐하면 그가 억압하려던 계급인 룸펜프롤레타리아는 스스로의 힘으로 결코 권력을 장악할 수 없었을 뿐만 아니라 경제적으로도 없어도 상관없는 전혀 중요하지 않은 계급이었기 때문이다.

반면 새로운 체제는 자신의 테러리즘을 중단하는 순간 곧바로 파산과 붕괴를 맞게 될 것이었다. 왜냐하면 그것이 억압하려고 하는 계급인 부르주아는 주어진 조건에서 권력을 장악하기에 가장 뛰어난 능력을 갖추고 있었기 때문이다. 또한 그들은 당시 경제적으로도 없어서는 안 되는 계급이었다. 그들을 억압하는 것은 곧바로 사회적 발전, 즉 생산을 방해하는 것이었으며, 그것은 결국 공포정치 체제가 해결을 목표로 하고 있던 대중들의 빈곤을 더욱 심화시켰다.

낡은 공포정치 체제와 새로운 공포정치 체제 사이에는 또 하나의 차이점이 있다. 그것은 체제를 운영해나가는 무리들의 윤리관의 차이에 있었다. 낡은[60] 공포정치 체제는 그것을 집행해나가는 무리들의 윤리관과 전적으로 부합하는 것이었다. 이들 무리는 공포정치 체제를 수행해나가는 데 어떤 불신도 가질 필요가 없었다. 그들은 그런 공포정치 체제를 전적으로 당연한 것으로 생각했다.

그러나 새로운 공포정치 체제는 그 체제를 이끌어나가는 계급의 윤리관과 첨예하게 모순된 상태에서 성립했다. 그래서 공포정치가들은 처음부터 양심의 가책에 시달려야 했는데 이들은 그런 양심의 가책을 피하기 위해서 복잡한 궤변들을 늘어놓았지만 그것은 그들의 윤리적 입장을 훼손시키는 것은 물론 그들의 확신을 동요시키고 그들의 신경을 자극하고 불안감을 증가시켰으며 그들 가운데 많은 사람들을 부패의 구덩이로 밀어넣었다.

비록 절대적인 윤리란 하늘에나 존재하는 것이고 시기별로 나라별로 계급별로 모든 윤리는 상대적인 것이긴 하지만 모든 삶의 문제와 갈등에서 여전히 윤리는 확고한 사회적 결합력과 강력한 태도를 갖게 만들어준다. 우리가 스스로 정언적 명령(kategorische Imperativ)이라고

---

60) 원문에는 '새로운' 공포정치 체제를 지칭하는 것으로 되어 있으나 문맥상으로 '낡은' 공포정치 체제를 지칭하는 것으로 이해되어 옮긴이가 자의적으로 수정했다.

인정하고 있는 윤리적 명제들을 위반하는 것, 즉 스스로를 불신하게 되는 것보다 더 나쁜 것은 없다.

그러나 공포정치 체제가 한번 강력한 저항에 부딪히자마자 급속하고 무력하게 붕괴해버린 것이 이런 윤리적인 문제의 영향 때문인 것으로 책임을 돌려서는 결코 안 된다. 살아남은 공포정치가들은 얼마나 빨리 다른 입장으로 돌아서버렸는가! 나폴레옹에게는 구공화주의자들보다는 입헌군주파가 훨씬 더 위험했다. 그것은 구공화주의자들의 윤리관이 공포정치 체제 아래서 얼마나 힘들게 시달렸는지를 잘 보여주는 징표다.

19세기에서의 윤리의 순화

프랑스대혁명은 세계사에서 가장 유혈적인 사건에 속한다. 그래서 많은 사람들은 여기서부터 제대로 된 혁명에서는 유혈사태가 없어서는 안 되는 것이며 바로 그점 때문에 혁명을 비난하는 것과 유혈사태를 찬양하는 것이 동시에 이루어지게 되었다는 결론을 도출해왔다. 사실 1789년 혁명 자체는 그렇게 잔인하고 폭력적인 성격을 갖도록 만들었던 가장 중요한 원인들을 제거해버렸으며 동시에 미래의 좀더 온건한 형태의 혁명을 준비했다. 그것은 한편으로는 봉건제를 타파하고 산업자본을 장려해서 다수의 프롤레타리아를 룸펜프롤레타리아에서 임노동자로 전환시킴으로써 그런 과업을 달성했다. 그리고 다른 한편으로 그것은 또한 도처에서 다소 빠르고 늦은 속도의 차이는 있지만 결국 민주주의의 승리로 끝을 맺은 한 운동의 족쇄를 풀어줌으로써 그런 과업을 달성했으며 마지막으로 혁명과 자본주의에 대한 연구를 통해서 프롤레타리아 정당이 어떤 순간이든 항상 자신이 달성가능한 것만을 실천적 행동의 목표로 설정함으로써 스스로 공포정치 체제를 불가피하게 선택하게 되는 막다른 골목으로 빠져들어갈 필요가 없도록 만들어주는 이론의 성립을 가져다줌으로써 그런 과업을 달성했다.

혁명을 통해 농민들은 해방되었고 자기 토지의 주인이 되었다. 그럼으로써 농가경제는 좀더 높은 단계로 발전해서 더욱더 많은 수확물을 농민들의 수중에 남겨주었다. 그리하여 농업에서 방출되던 과잉인구의 수는 줄어들었다.

한편 일자리를 찾아서 농촌에서 빠져나온 사람들은 도시에서 고용되었다. 춘프트의 장벽은 허물어졌고 수공업은 자유롭게 발전할 수 있게 되었다. 또한 이제 막 성장하기 시작한 산업자본은 한 산업부문에서 다른 산업부문으로 급속하게 밀려들어갔는데 그것의 급속한 성장과 함께 노동력에 대한 강력한 수요도 증가했다.

이제 산업프롤레타리아는 룸펜프롤레타리아와는 점점 더 뚜렷하게 구별되는 특수한 계급의식을 가진 특수한 계급이 되어갔다. 자본은 수공업 전성기의 자영수공업자들과 수공업도제들의 상태에 비해 산업프롤레타리아의 상태를 갈수록 악화시켜나갔다. 그러나 물론 산업프롤레타리아의 상태는 룸펜프롤레타리아의 상태에 비해서는 두말할 나위 없이 좀더 개선되어갔다. 룸펜프롤레타리아는 계급투쟁을 수행할 수 있는 능력이 전혀 없었다. 산업프롤레타리아는 계급투쟁과 자신의 조직 그리고 자신이 이룩한 성과들을 통해서 실로 놀랄 만한 지적·도덕적인 도약을 이룩해냈다.

물론 초기에는 산업프롤레타리아도 자본에 의해서 단지 경제적으로뿐만 아니라 도덕적으로도 깊이 억눌려 있었다. 자신의 주거조건과 궁핍하고 불안정한 생존상태, 그리고 자신의 무지함 등의 여러 면에서 산업프롤레타리아는 룸펜프롤레타리아 수준을 넘지 못하고 있었을 뿐만 아니라 자신의 단조로운 생활, 그리고 모든 자유를 배제하면서 끊임없이 강요되는 공장규율들, 부녀자와 어린이들까지 동원된 엄청난 혹사 등의 조건에서 산업프롤레타리아는 오히려 룸펜프롤레타리아보다 더 못한 조건에 있었다. 룸펜프롤레타리아 가운데 비교적 원기가 왕성한 사람들은 그 대담함에서 산업프롤레타리아들을 앞질렀는데 이는 룸펜프롤레타리아들에게서 우둔함이 증가하고 있는 반면 난폭함은 줄어들지 않고 있었기 때문이다.

그런 단계에서 프롤레타리아는 스스로를 해방시킬 능력이 없었을 것이다. 단지 프롤레타리아는 지속적인 계급투쟁을 통해서 절망적으로 보이는 그 구렁텅이에서 조금씩 매우 느리게만 빠져나올 수 있었다. 이런 과정이 점차 진행되어가면서 프롤레타리아는 자신의 계급적 상태 때문에 휴머니즘으로의 경향을 점차 뚜렷하게 보였으며, 이런 경향은 혁명과 그것의 여파가 빚어내는 영향을 통해서 프롤레타리아에게 적대적이었던 형법까지도 초기의 잔혹하던 성격이 점차 완화되어감으로써 더욱 가속화되었다.

바로 이 점이 우리가 이미 앞서 지적했듯이 프롤레타리아 가운데 혁명적인 분자들이 난폭한 야만성——프랑스대혁명 시기에 그들의 선배들이 보여준 중요한 특징이면서 동시에 엥겔스도 1840년대에 영국의 공장노동자들에게서 확인한 바 있었던 경향——에서 점차 멀어져가면서 19세기의 운동에서 가장 휴머니즘이 충만한 계급이라는 것을 보여주었던 바로 그 현상을 설명해주는 원인이다.

그와 함께 공포정치 체제를 유발했던 원인들도 사라졌다. 공포정치 체제가 붕괴하고 난 이후 프롤레타리아에게 우호적이며 사려 깊은 연구자들은 이미 프롤레타리아가 부르주아 사회의 토대 위에서는 해방될 수 없다는 사실을 깨달았다. 그들은 이 목표가 생산수단에 대한 사적 소유의 지양과 사회적 생산의 도입을 통해서만 달성될 수 있다는 결론을 내렸다. 그러나 그들은 그런 목적을 달성하기 위한 물적 조건을 자본가에게서도 발견하지 못하는 것은 물론 심리적 조건도 프롤레타리아에게서 발견하지 못했으며 이런 조건을 만들어내는 것이 바로 경제발전과 계급투쟁이라는 것조차도 알지 못했다. 따라서 그들은 '사회문제의 해결'을 위해 하나의 구상(Plan) 내지는 공식(Formel)을 추구했는데 이런 공식은 그들이 권력을 장악하기만 하면 즉시 어떤 조건 아래서도 실행할 수 있는 것을 내용으로 하는 것이었다.

만일 혁명적 프롤레타리아들이 이런 이념에 사로잡혀 그런 권력을 고결한 다수 민중에게서가 아니라 제1차 파리코뮌을 모범으로 하는 정치적 독재 속에서 찾으려 했다면, 그리고 그런 것을 시도하는 프롤레타리아들이 국가 내에서 아직 소수파에 머물러 있었다면, 그런 시도는 언제나 제1차 파리코뮌의 지배형태와 마찬가지의 공포정치 체제를 향하게 될 수밖에 없었을 것이다. 물론 새로운 시도는 제1차 파리코뮌에 비하면 좀더 합리적인 것이었다. 즉 그 시도는 부르주아 사회의 기본골격을 내던져버리고 부르주아 사회 자체를 장악해버리는 것이 아니라 그것의 토대를 폐기함으로써 그런 기본골격을 아예 제거해버리려고 하는 것이었다. 그러나 이런 노력도 막상 그것을 실제로 실현하려 할 때 그런 토대를 폐기하는 데 필요한 사회적 전제조건들이 결여되어 있다면 반드시 실패할 수밖에 없을 것이다. 더구나 소수파가 이런 노력을 추진한다는 것은 다수파에게는 불가능한 것이면서 동시에 불필요한 것, 그리고 다수파의 이해와 모순되는 것을 그들에게 강요하는 것을 의미하게 될 것이고 따라서 그것은 폭력적인 방법으로만 달성이 가능할 것이어서 그것은 결국 필연적으로 유혈적인 공포를 향해서 치닫게 될 것이었다.

그러나 실제 사태가 그렇게 되지 않았던 것은 일단 노동자 대중이 사회주의 사상을 이해하는 것이 매우 점진적으로만 이루어진다는 점 외에도 이들 혁명적 프롤레타리아가 지난 수십 년 동안 자신들과 나란히 손을 잡은 소부르주아 계급과 연합해서 1789년부터 1794년까지의 기간에 파리에서 도달할 수 있었던 그런 강력하고 지배적인 지위를 다른 어디에서도 더 이상 달성하지 못했다는 사실에 기인하고 있었다.

물론 제2차 파리코뮌은 프롤레타리아들에게 파리에 대한 지배권을 가져다주긴 했지만 그것은 프랑스에 대한 지배권은 아니었다. 그리고 파리에서도 당시 사회주의자들은 우위를 차지하지 못하고 있었다. 게다가 이들은 당시에 확고한 이론적 토대를 갖추지 못했고 따라서 매우 신중하고 조심스럽게 행동했다.

그들이 확고한 이론적 토대를 얻은 것은 코뮌 이후에 마르크스주의가 대중 속으로 파고들어가기 시작하면서부터였다. 그 토대는 마르크스와 엥겔스가 1840년대에 기초를 세우고 50년대와 60년대에 심화시킨 유물론적 역사관이었다. 그들은 합법칙적인 발전의 사상을 역사에 도입했는데 합법칙적 발전이란, 그들의 견해에 따르면, 경제적 관계의 발전을 통해서 규정되는 것이었다. 이런 시각에서 그들은 자본주의적 생산양식이 결국 사회주의적 생산양식을 필연적이고 불가피한 것으로 만드는 상태를 창출하고 만다는 것을 인식했는데 또한 그들은 경제적 관계가 충분히 성숙하지 않는 한 전자의 생산양식을 후자의 생산양식으로 대체하려는 어떤 노력도 성공을 거둘 수 없다는 것도 인식했다.

그들이 보기에 사회주의자들의 임무는 이제 더 이상 어디서나 즉시 사회주의를 도입할 수 있는 그런 사회화의 구상이나 정식을 찾아내는 데 있는 것이 아니라 경제적 관계를 연구하고 이런 연구결과에 근거해서 그때그때 사회에서 필요한 것을 밝혀내고 그것을 실현하기 위해 노력하는 데 있었다.

따라서 이제 사회주의자의 임무는 단지 사회주의를 실행해나가는 데 있는 것이 아니었다. 사회주의자들은 사회주의의 실행이 아직 불가능한 상황에서는 자본주의적 경제관계에도 개입해야 했으며 프롤레타리아의 입장에서 그것의 발전을 촉진시켜야만 했다.

사회주의자들은 그런 인식을 결코 곧바로 이해하지 못했다.

몇 년이나 지난 후 인터내셔널에서조차도 아직 사회주의자들은 자유무역이나 파업 같은 현상들을 임금제도에 별로 심각한 영향을 미치지 않는다는 이유로 중요하지 않은 것으로 경시했다. 마르크스와 엥겔스는 노동자들이 현재의 자본주의에서 빚어지는 경제적 문제와 갈등들이 프롤레타리아의 해방에서 갖는 중요성을 이해하도록 가르쳤다.

그리하여 마르크스주의의 가르침을 받은 프롤레타리아들에게 사회주의는 이제 어디서나 즉시 그리고 어떤 조건에서도 실현될 수 있는 것이 아니게 되었다. 정치권력을 획득한 경우에도 프롤레타리아는 주어진 특수한 조건에 맞는 형태로 그리고 바로 그 주어진 조건에서 가능한 수준만큼만 사회주의를 실행할 수 있는 것이었다. 이런 견해에 따르면 사회주의를 실행하는 것은 단번에 기습적으로 이루어낼 수 있는 일이 아니었다. 그것은 오랜 역사적 과정의 산물로 이루어지는 것이었다. 이 과정에서 사회주의자들은 언제나 주어진 세력관계와 물적 조건에서 해결가능한 과제들만을 골라서 착수해야 하는 것이었다. 만일 사회주의자들이 여기에 잘 맞추어서 행동한다면 그들의 사업이 실패하거나 또는 그들이 프롤레타리아와 사회주의의 정신에 위배되는 유혈적인 대량테러로 어쩔 수 없이 끌려 들어가는 절망적인 상태에 빠지는 일은 없을 것이었다.

실제로 마르크스주의가 사회주의 운동을 지배하게 된 이후 세계대전에 이르기까지 사회주의자들이 수행한 거의 모든 의식적인 위대한 운동들은 큰 패배를 겪은 적이 없으며 공포정치 체제를 통해서 사회주의를 실현하려는 생각도 사회주의 진영에서 완전히 사라졌다.

마르크스주의가 사회주의의 지배적인 교의가 되었던 바로 그 시기에 민주주의가 서유럽에서 뿌리를 내리기 시작했고, 그리하여 거기서 민주주의가 과거 투쟁의 목표였던 것에서 이제 정치생활의 굳건한 토대가 되기 시작했다는 상황은 이런 경향을 더욱 가속화시켰다. 그럼으로써 프롤레타리아의 계몽과 조직화는 더욱 손쉬워졌고 경제적인 조건과 계급들 사이의 세력관계에 대한 프롤레타리아의 통찰력도 더욱 높아졌으며, 그 결과 환상을 좇는 무모한 모험은 예방되고 또한 계급투쟁의 방법으로서 내전을 선택하는 일도 피하게 되었다.

1902년 나는 내 저작인 『사회혁명』(「제6장 민주주의」)에서 이렇게 쓴 바 있다.

민주주의가 최고의 가치를 갖는 까닭은 그것이 혁명적 투쟁의 형태를 좀더 높일 수 있기 때문이다. 이처럼 투쟁형태가 높아진다는 것은 그것이 1789년이나 1848년의 경우처럼 아무런 정치적 교육도 받지 못한 것은 물론 투쟁분자들 사이의 세력관계에 대해서도 아무런 통찰력을 갖지 못하고 또한 투쟁의 임무나 그것을 달성하기 위한 수단에 대해서도 아무런 깊은 인식을 갖추지 못한, 그런 조직화되지 못한 대중에 의한 투쟁이 더 이상 아니라는 것을 의미한다. 그것은 또한 온갖 소문이나 우연적인 요소들에 의해 쉽게 휩쓸리고 혼란에 빠지는 그런 대중에 의한 투쟁도 더 이상 아니라는 것을 의미한다. 그것은 계몽되고 조직화된 대중들에 의한 투쟁이 된다는 것을 의미하며 꾸준한 지속성과 사려 깊은 신중함 속에서 이루어지는 투쟁으로서 어떤 충격에도 쉽게 휩쓸리지 않고 어떤 굴곡이 있어도 흔들리지 않으며 아무리 실패를 겪어도 꺾이지 않는 그런 투쟁이 된다는 것을 의미한다.

한편 선거전은 자신과 적의 세력을 가늠하게 해주는 수단이다. 그렇기 때문에 선거전은 계급들과 당파들 사이의 세력관계, 즉 그들의 약진과 쇠퇴에 대한 투명한 통찰력을 가져다주며 성급한 행동을 막아주고 패배를 모면하도록 만들어준다. 그러나 그것은 또한 적들에게도 그들이 스스로 지켜내지 못하는 많은 부분들이 있다는 것을 인식시켜주고, 그래서 만일 자신들의 생사와 관련된 문제가 아닐 경우에는 자신들의 입장을 자발적으로 양보하도록 만들어줄 가능성도 제공해준다. 그리하여 투쟁은 점차 희생과 잔인함이 줄어들고 맹목적인 우연에 의존하는 일이 적어지는 형태로 되어간다.

이런 모든 상황들이 함께 어우러지고 여기에 산업프롤레타리아가 교육을 받음으로써 룸펜프롤레타리아 수준을 넘어서는 것은 물론 사회주의 이론이 발전하는 것과 함께 민주주의가 공고해지는 것 등과 같은 모든 요소들이 함께 합쳐지면서 1845년에 엥겔스가 자신의 『영국 노동자 계급의 상태』(제2판, 298쪽)에서 내뱉었던 그 침울한 우려는 점차로 사라지게 되었다. 엥겔스는 그 책에서 다음과 같이 말하고 있다.

만일 영국의 부르주아가 각성하지 않는다면——드러난 모든 정황을 살펴볼 때 그들은 아직 각성하지 않고 있는 것이 틀림없다——지금까지 있었던 어떤 혁명과도 견줄 수 없는 끔찍한 혁명이 닥쳐올 것이다. 절망에 쫓긴 프롤레타리아들이 횃불을 손에 들 것이고 인민의 복수가 1793년의 그것과는 비교될 수 없을 정도의 분노와 함께 자행될 것이다. 부자들에 대한 빈민들의 전쟁은 지금까지 한 번도 겪어보지 못한 가장 피비린내 나는 것이 될 것이다."

그러나 엥겔스가 품었던 이런 우려는 단지 그가 곧 발발할 것이라고 예상했던 혁명의 경우에 대한 것이었다. 그의 이런 우려는 그것이 비록 극히 미성숙하고 특히 세속적이며 룸펜프롤레타리아와 매우 근접해 있는 분자들이 대량으로 산업으로 흘러들어갔던 1840년대에 이루어진 것이긴 하지만 다소 지나친 것이었다. 그러나 엥겔스도 만일 혁명이 급박하게 발발하지 않는다면 프롤레타리아들은 스스로 발전해서 사회주의 정신을 충분히 갖출 수 있는 시간을 갖게 될 것이며 그에 따라 혁명도 좀더 온건한 형태를 취하게 될 것이라고 예상했다.

프롤레타리아들이 사회주의적 요소와 공산주의적 요소들을 받아들이는 정도에 정확히 비례해 혁명에서도 피비린내와 복수 그리고 분노가 그만큼 줄어들 것이다.

엥겔스가 예상했던 혁명은 1848년에 일어났지만 막상 영국에서는 발발하지 않았다. 그 혁명이 좌절되고 난 이후 유럽의 모든 나라들에서는 자본주의 발전의 국면이 시작되었고 이 발전은 노동자계급의 경제적, 정치적, 지적, 도덕적 역량이 대폭 강화되는 경향을 동반했다. 그리하여 유럽의 선진국들에서는 노동자계급의 상이 바뀌었다. 코뮌이 붕괴되고 나서 1년이 지난 1872년에 마르크스는 이미 미국, 영국, 네덜란드 등과 같은 나라들에서는 프롤레타리아 혁명이 평화적인 형태를 취할 수 있다는 자신의 예상을 피력했다.
그때 이후로 프롤레타리아의 봉기는 훨씬 더 진보된 형태를 취했다. 물론 사려 깊은 사람이라면 누구나 독일, 오스트리아, 러시아와 같은 군국주의적 군주체제의 경우는 오로지 무력수단에 의해서만 전복될 수 있다는 점에 대해서 전혀 의심할 필요가 없었다. 그렇지만 그럴 경우에도 유혈적인 무장폭력 수단에 호소하는 경향은 점차 줄어들고 프롤레타리아만이 고유하게 행사할 수 있는 권력수단인 노동거부, 즉 대중파업에 호소하는 경향이 점차 증가했다. 물론 독일이나 러시아의 구체제 인물들은 자신들을 뿌리뽑으려는 온갖 시도들에 대해서 피로써 그것을 잠재우려 할 것이라는 점을 인식해야만 할 필요가 있었다. 그렇지만 18세기 말에 그랬던 것처럼 만일 프롤레타리아들이 다시 한 번 권력을 잡았을 때 그들 가운데 상당수가 유혈사태나 복수 그리고 분노에 휩쓸릴 것이라는 예상은 이제 더 이상 할 필요가 없었다. 그것은 역사발전의 수레바퀴가 완전히 거꾸로 돌아가는 것에 해당할 것이었다.

『공상에서 과학으로의 사회주의의 발전』(*Die Entwicklung des Sozialismus von der Utopie zur Wissenschaft*)의 저자인 엥겔스의 견해, 즉 프롤레타리아 혁명의 난폭성과 조악함이 지속적으로 감소하리라고 예상했던 그 견해에 대해 최근 「과학에서 행동으로의 사회주의의 발전」("Die Entwicklung des Sozialismus von der Wissenschaft zur Tat")이라는 제목의 논문——이것은 부하린(N. Bucharin)의 책 『공산주의자 강령』(*Das Programm der Kommunisten*, 취리히, 1918)의 서문에 해당한다——에서 표출된 견해는 정반대의 의견을 취하고 있다. 거기서는 다음과 같이 쓰고 있다.

자본주의가 한 나라에서 점점 더 강력하게 발전하면 할수록 그것을 방어하려는 투쟁은 점점 더 무자비해지고 난폭해지며, **프롤레타리아 혁명**은 더욱 유혈적으로 되고, 승리를 거둔 노동자계급이 패배한 자본가계급을 굴복시키기 위해서 사용하게 되는 수단도 점점 더 무자비하게 된다.(서문, 19쪽)

그것은 마르크스와 엥겔스가 예상했던 것과는 정반대의 것이다. 그것은 겨우 1년 반 동안 이루어졌을 뿐인 볼셰비키의 실천을 전체 사회발전의 일반적 법칙으로 끌어올리려고 한다는 점에서 잘못된 것이다. 그것은 또한 설사 이런 실천이 '자본가들의 방어전쟁이 무자비해지고 난폭해지는 것' 때문에 유발된 것이라고 하더라도 역시 잘못된 것이다. 자본가들은 1917년 11월 페테르스부르크와 모스크바에서는 물론 바로 얼마 전 부다페스트에서도 이런 난폭성을 뚜렷하게 보여준 적이 없었기 때문이다.

그러나 프롤레타리아 혁명이 다시 한 번 극도로 유혈적인 것이 되었다는 것은 틀림없다. 나는 이런 사태의 원인이, 내가 가진 "늙은이의 고집"이나 "늙은이의 노망"(부하린, 같은 책, 22쪽) 때문인지는 몰라도 최근 발발한 혁명들에 비해 세계대전에서 패배한 나라들에서도 결코 적지 않게 나타났던 자본가들의 '난폭함'과는 전혀 다른 요인들에 있다고 생각한다.

전쟁의 영향

휴머니즘이 고양되는 방향으로 진행되던 지금까지의 발전과정이 다시 야만성이 강화되는 방향으로 거꾸로 돌아가게 된 주된 원인은 세계대전에서 찾을 수 있다. 그러나 이미 그전에도 윤리가 순화되어가는 주된 방향을 거스르는 경향들이 있었다.

그런 경향 가운데 가장 중요한 것은 프랑스혁명 자체에 의해서 되살아났다. 그것은 지속적인 결원의 보충과 병력의 수적 우위를 통해서 황제연합군의 직업군인들에게 대항해야만 했던 혁명정부의 필요 때문에 만들어진 **국민개병제**였다.

프랑스가 국민개병제를 다시 포기했을 때 오히려 이 제도를 넘겨받아서 그것을 존속시키고 더욱 발전시켜나간 단 하나의 군주국가가 있었다. 그것은 유럽의 열강들 가운데 가장 작고 신생국가였던 프로이센이었는데 이 나라는 국경선이 매우 불리하게 되어 있어서 자신의 존립을 위해서는 자신의 인구에 비해 다른 어떤 나라보다 훨씬 더 많은 군대를 필요로 했다. 게다가 구프로이센은 태생적으로 마치 의붓자식처럼 열강들 가운데 가장 가난한 나라였다. 프로이센은 이들 열강들의 틈바구니에서 스스로 존립하기 위해서 다른 모든 것을 희생해서라도 오로지 강력한 군대를 유지해야만 했다. 그리하여 프로이센은 그것이 탄생한 날부터 강력한 군국주의 국가의 반열에 들어가 있었다.

독일에 관한 자신의 책(『독일에서 내가 보낸 4년』*My four years in Germany*, 런던, 1917, 44쪽)에서 미국대사 제라드(Gerard)는 프로이센의 군국주의적 성향을 노골적으로 보여주는 몇 가지 말들을 모아서 전하고 있다.

125년도 더 전에 위대한 연설가인 미라보는 혁명 초기에 이렇게 말했다. '전쟁은 프로이센의 국가적인 산업이다.' 그 후에 나폴레옹은 '프로이센이 포탄으로 이루어졌다'고 지적했으며 1870년 보불전쟁 직전에 프러시아 주재 프랑스 대사관에 근무하던 무관이 프랑스 정부에 올린 보고에는 다음과 같이 씌어 있었다. '다른 나라들은 나라가 군대를 소유하고 있지만 프러시아에서는 군대가 나라를 소유하고 있습니다.'

국민개병제와 군국주의의 숭상 덕택에 프로이센은 1866년과 1870년 전쟁에서 승리를 거두었다. 이로 말미암아 유럽대륙의 나머지 나라들도 국민개병제를 채택하지 않을 수 없게 되었다. 같은 시기에 철도는 전쟁수행에서 결정적인 요소가 되었다. 모든 군국주의 국가들은 각기 자신의 힘이 닿는 대로 군대를 지속적으로 증강시킬 수 있는 가능성과 군비경쟁의 필요성에 쫓겨서 필연적으로 국민개병제의 적용에 점점 더 심혈을 기울이게 되었고 그래서 우리는 결국 심각한 질병을 앓거나 신체장애 상태에 있지 않은 남자주민들은 모두 병역에 종사하게 되는 엄청난 결과에 도달하게 되었다.

그러나 병역이라는 것은 인간에 대한 유혈행동에 길들여진다는 것, 즉 이런 유혈행동에 대한 경쟁을 의미한다. 그것은 인간성을 말살하고 야만성을 키우는 것을 의미한다. 18세기에 직업군인은 소수였고 인민대중은 이들에게서 윤리적인 영향을 별로 받지 않은 채로 남아 있었다. 국민개병제를 통해서 이제 19세기 동안 인민대중은 병역의무의 야만적인 영향을 점차 많이 받게 되었는데 그것이 가장 꾸준하게 그리고 가장 널리 확대된 곳은 프로이센이었다.

그리하여 19세기의 휴머니즘적인 경향은 비록 완전히 그 효과가 소멸되어버린 것은 아니었지만 상당한 정도로 방해를 받았다.

원래 휴머니즘적 경향이 가장 뚜렷하게 드러난 것은 지식인들에게서였다. 지식인들은 오랫동안 병역을 면제받고 있었으며 직업군인이 비는 자리에 강제충원이 필요할 경우에도 이를 위한 징집제도는 주로 농민, 수공업자, 임노동자들이 대상이 되었고 부르주아와 지식인들은 면제를 받았다. 그러나 국민개병제는 이들에게도 예외를 남길 수 없게 만들었으며 오히려 이들을 예비지휘관 장교로서 더욱 필요로 했다. 지식인들은 여전히 병역과 관련해서 예외적인 지위를 지켰는데 이제는 예외적인 지위가 군대에서 완전히 면제를 받는 형태가 아니라 군대 내에서 1년 동안 지원군인이나 예비장교로서 특혜를 받는 형태를 띠었다. 그럼으로써 지식인들은 그들의 사상과 감성에 군국주의의 영향을 받게 되었는데 이런 영향은 나머지 다른 계급들에 비해 훨씬 더 큰 것이었다.

왜냐하면 군국주의는 그들에게 특권적 지위를 가져다주었고 이를 통해 그들에게 군대에 대한 호감을 불어넣었기 때문이다. 군대는 또한 직업장교들을 매개로 해서도 그들에게 영향을 미쳤다. 이들 직업장교들은 병역을 자신들의 생업으로 삼았는데 이는 그들에게 병역이 단지 일시적인 문제가 아니며 모든 적대행위에서 언제나 먼저 기선을 잡아야 하고 힘과 용기에서 상대편을 압도해야만 한다는 것을 의미했으며 따라서 그들은 단지 몇 년 동안 의무적으로 복무해야 하는 보통 사람들에 비해 훨씬 더 군국주의적 성격을 많이 띠게 될 수밖에 없었다. 그리하여 지식인들은 다른 일반 주민들에 비해 훨씬 더 군국주의의 영향을 많이 받게 되었다. 그로 인해 그들의 직업활동에서도 그들의 모든 생각은 필연적으로, 경험에 의해서 일상적인 사소한 많은 장애요인들이 있다는 것을 알고 있는 실천가들에 비해 훨씬 더 일사불란하고 그런 의미에서 좀더 급진적으로——이것은 극단적으로 반동적인 사상과도 일맥상통한다——
발전해가게 되었다.

  예비장교가 되거나 또는 되려고 하면서 직업장교들을 본받으려 했던
지식인들은 모두 군국주의적 사상의 철저함이나 엄격함에서 직업장교
들을 오히려 쉽사리 능가했다. 그래서 지식인들 가운데 군국주의에 심
취한 사람들은 국민개병제에 의해서 인민대중 전체에 퍼져나가게 된 야
만성과 폭력성의 선구자가 되었다. 여기서도 프로이센은 다른 나라들을
앞질렀는데 왜냐하면 프로이센은 가장 앞서서 1년 동안의 지원군 제도
와 예비장교 제도를 도입했고 예비장교들에 대한 지위 면에서도 다른
어떤 나라들보다도 더 많은 특혜와 우대를 부여했기 때문이다.

  국민개병제에도 불구하고 프롤레타리아들은 그 계급적 상태 때문에
군국주의의 폭력적 경향보다 온건화 경향이 더욱 우세했던 반면 지식인
들, 특히 프로이센의 지식인들은 여러 가지 요인으로 온건화 경향이 폭
력화 경향에 밀려났고 이는 계급대립을 더욱 격화시키는 데 상당 부분
기여했다.

  여기서 얘기된 지식인들의 경향은 자본가들에게도 그대로 적용되는
데 이들에게서 휴머니즘적 본능은 처음부터 자신들의 계급적 상태 때문
에 그것과 반대되는 경향을 강력하게 드러냈다.

  그러다가 세계대전이 발발하고 거의 모든 건강한 남자들이 4년 동안
징집명령을 받게 되자 군국주의의 야만적 경향은 무자비함과 난폭함의
절정으로 치달았으며 프롤레타리아도 이런 경향에서 벗어날 수 없었다.
프롤레타리아는 이들 야만적 경향에 깊이 감염되어 모든 점에서 난폭해
진 상태로 고향에 돌아왔다. 이들 귀환자들은 군대문화에 물들어 걸핏
하면 가만히 있는 고향사람들에게 자신의 요구와 이해를 관철시키려고
폭력행위와 유혈행동을 일삼았다. 이제 폭력행위는 내전의 한 요소가
되었다. 그리고 이것은 다시 대중이 더욱더 난폭해지는 경향을 부추겼
다. 전쟁의 영향에서 벗어나게 되면서 성인들 가운데 많은 사람들은 점
차로 본래의 평화적인 생각과 감성을 되찾아갔다. 그러나 청소년들의

경우는 상황이 훨씬 나빴다. 이들은 어떤 교사나 지도자도 없이 세계대전이 치러지는 4년 동안 전쟁이 낳은 야만성에서 전혀 아무런 방어장치 없이 고스란히 그 영향을 온몸으로 받았고 그들의 평생 동안 결코 지울 수 없는 인상을 받았던 것이다.

거기에다 프롤레타리아 계층 내에 중요한 변화가 있었다.

전쟁은 소부르주아들에게 가장 가혹한 어려움을 부과했고 이들 가운데 많은 사람들은 징발로 인한 수탈 때문에 프롤레타리아로 영락했다. 이들 새로운 프롤레타리아들은 지금까지의 프롤레타리아들의 계급투쟁과 거리를 두고 있었고, 따라서 대중들의 계몽과 그들간의 연대를 이끌어오던 사회주의 정당들의 지도 아래 이미 오래전부터 계급투쟁이 이루어지고 있던 곳에서는 바로 그런 사회주의 정당의 노력 덕분에 프롤레타리아들이 갖추고 있던 교육, 규율, 조직화 능력 등을 전혀 갖추고 있지 못했다.

기존의 프롤레타리아 내부에서도 심각한 변화가 일어났다. 모든 노동자들과 마찬가지로 숙련노동자들 가운데서도 전시에는 사망과 부상, 그리고 질병을 통한 인구의 감소가 평화시에 비해서 훨씬 더 많았다. 그러나 이와 함께 후진양성에 대한 배려는 거의 없었다. 이들을 교육시킬 시간과 인력이 부족했고 또한 이런 교육활동을 해야 할 필요도 결여되어 있었다. 평화시의 다양한 산업들은 몇몇 틀에 박힌 물건들만을 생산하는 단조로운 군수산업들로 대체되었고 이들 군수산업의 노동자들은 아무런 숙련도 갖추지 않은 신참자도 쉽게 따라 할 수 있는 간단한 조작만으로 작업을 수행했다. 그리하여 독일 산업의 번영을 가져오는 데 크게 기여했던 숙련노동자들의 수는 전쟁 중에 크게 감소했고 이들 대신에 미숙련노동자들의 수가 크게 증가했다.

숙련노동자들은 노동자들 가운데서 가장 잘 조직되고 가장 잘 교육받았으며 가장 명료한 사고를 할 수 있는 노동자들이었다. 반면 미숙련노동자들은 조직되지 못하고 배우지도 못했으며 모든 것에 무관심했다.

물론 이런 무관심은 전쟁 중에 급속하게 사라졌다. 끔찍한 결과를 가져온 이 엄청난 사건은 가장 밑바닥 계층까지 포함한 인민 전체를 뒤흔들었으며 이들을 불같은 흥분 속으로 몰아넣었다. 그러나 동시에 사회주의 교육을 받은 숙련노동자들의 수는 모든 점에서 못배우고 훈련받지 못한 노동자들이나 프롤레타리아로 영락한 소부르주아들의 수에 비하여 감소했고, 이것은 지금까지 프롤레타리아를 이끌어왔던 사려 깊은 교육을 받은 소수파가 지도력을 상실하고 이들 대신에 맹목적인 감정이 그 지도력을 대신하게 되었다는 것을 의미했다.

이런 현상은 전쟁이 극심한 경제적 피폐, 즉 대량의 실업, 끝을 모르는 물가상승, 생필품의 부족 등을 남겨줌으로써 더욱 가속화되었다. 절망에 빠진 대중은 최대한의 급진적인 변화를 요구했는데 그러나 그것은 그들이 제대로 생각해보지도 않은, 좀더 나은 새로운 사회형태를 창출하기 위한 것이 아니라 단지 당장의 극심한 빈곤에서 탈출하기 위한 것일 뿐이었다.

프롤레타리아에게는 자신의 빈곤한 상태를 지양하는 것이 언제나 가장 급박하고 실천적인 문제다. 그것은 마르크스주의를 이해하기 위한 전제조건으로 경제적·역사적 지식이 필요하다는 점 이외에 왜 마르크스주의 사상이 노동자계층에 쉽게 뿌리를 내릴 수 없는지를 설명해주는 또 하나의 주된 요인이다. 대중은 본능적으로 그들에게 어떤 발전경로를 가르쳐주는 이론보다는 실행하기만 하면 어떤 조건 아래서도 당장 그들의 고통을 없애줄 것이라고 약속해주는 정식이나 계획을 제시하는 이론을 더욱 선호한다. 프롤레타리아들에게, 그들의 결정적인 해방이 지난 발전과정을 거쳐서 만들어지는 조건들에 달려 있다고 가르치는 이론을——물론 그렇다고 해서 이 이론이 무조건 아무것도 하지 말고 기다리기만 하라고 요구하는 것은 아니고 오히려 정력적으로 계급투쟁을 이끌도록 그들을 부추기기도 한다——신봉하라고 하는 것은 거의 기대하기 어려운 일이다. 그러나 어쨌든 그것이 아무리 프롤레타리아가 받아들이기 어려운 일이라고 할지라도 전쟁 전 최근 몇십 년 동안 프롤레타리아들의 상태가 사회의 즉각적인 사회주의적 변혁에 그들이——

적어도 계급투쟁과 사회주의 운동의 주력부대인 숙련노동자들의 경우
——당장의 생사를 걸어야 할 필요는 없게 될 정도로 그들의 상태가 개
선되어버렸다는 것은 부인할 수 없는 사실이다.

오늘날 이들 숙련노동자들은 정치적 · 경제적 투쟁에서 미숙련노동자
들에게 뒤처져 버렸다. 그리고 그들의 곤경은 그들이 더 이상 가만히 앉
아서 기다릴 수 없을 만큼 급박하게 되었다.

그리고 설사 기다린다 하더라도 전쟁이 끝나면서 결국 그들의 손에
정치권력이 쥐어져버렸는데 무엇을 더 기다린단 말인가?

전쟁은 단지 노동자계층 가운데 가장 낙후된 사람들을 계급투쟁의 전
선으로 끌어냈을 뿐만 아니라 군대의 와해를 통해서 유럽에서 가장 경제
적으로 낙후된 지역에서 도시의 프롤레타리아들과 문맹의 농민들——러
시아에서 드러나고 있듯이 독자적으로 정치권력을 수행할 수 있는 능력
을 전혀 갖지 못한——을 지배계급으로 만들어주었다.

물론 어떤 계급도 일단 권력을 장악했다면 그들이 정권을 장악한 조
건이 어떤 것이든 상관없이 그 정권을 포기하지는 않는다. 만일 러시아
나 헝가리의 프롤레타리아가 자신들의 나라가 낙후되었다고 해서 그처
럼 그들이 장악한 정권을 스스로 포기한다면 그것은 어리석은 일일 것
이다. 그러나 올바른 마르크스주의 정신에 입각해 있는 사회주의 정당
이라면 이들이 승리한 프롤레타리아들에게 부여할 과제는 프롤레타리
아가 처해 있는 현재의 물적 · 심리적 조건에 맞추어질 것이며 러시아처
럼 아직 자본주의적 생산이 발달하지 못한 나라에 즉각적으로 완전한
사회주의를 건설하려고 하지는 않을 것이다.

물론 그런 정당이 대중을 지도해나갈 능력이 있을지는 의문스러운 일
이다. 현실정치가들에게는 궁극적으로 올바른 전망을 간직한 채 당장의
실패를 감수하는 것보다 당장 지배권을 행사하는 것이 더욱 중요하게
보인다. 그들에게는 가능성의 경계를 넘어선 정책이 반드시 파산하고
만다는 것을 명백하게 밝힘으로써 당장 나쁜 평판을 받더라도 일단 파
산을 피한 다음 그 후에도 계속 살아남아서 자신들의 이상이 폐기되는

것을 막을 수 있는 세력으로서의 역할을 수행하는 것은 만족스러운 일이 아니다.

라살과 마르크스의 대립으로 대표되는 현실정치와 과학으로서의 정치 사이에 존재하는 오랜 대립은 1917년 러시아에서 혁명이 발발한 이후 다시 등장했다.

마르크스는 1865년 2월 23일에 쿠겔만에게 보낸 편지(1918년 5월 1일 내가 출판한 『사회주의자』*Sozialist*에 게재되어 있다)를 통해서 독일 노동자들이 1849~59년 동안의 반동 때문에 그 발전이 크게 장애를 받았다는 점을 설명하고 있는데 그 결과,

독일 노동자들은 단번의 도약을 통해서 축복받은 땅으로 갈 수 있다고 약속한 허풍쟁이 구세주(라살과 같은)에게 현혹되지 않게 되었다.

그러한 도약이나 그러한 구세주는 마르크스의 취향에 맞지 않았다. 그러나 라살의 시대와 마찬가지로 제2차 러시아혁명의 시대도 역시 상황은──비록 원인은 다르지만──마르크스의 사상에 대해서 매우 불리한 것으로 드러났다. 마르크스주의 교육을 받은 러시아 노동자들은 죽었거나 제대로 교육받지 못한 후진세대의 대중에 의해서 매몰되어버렸거나 또는 이들 대중 때문에 사상적 혼란을 겪었다. 그리하여 러시아에는 블랑키나 바이틀링(Wilhelm Weitling, 1808~71)[61] 또는 바쿠닌 등으로 대표되는 마르크스주의 이전의 사상들이 만연하고 있었다.

그것은 바로 혁명을 수행해야 할 조건이었고 그런 점에서는 무엇보다도 러시아가 가장 앞서 있었다. 그리고 그런 조건이 단지 원시적인 사고

---

61) 독일의 재봉사로서 1835년 파리에서 독일 망명자 좌파에 의한 정의자동맹의 지도자가 되어 1840~43년 스위스에서 활동하다가 체포되었다. 그 후 영국·독일 등지에서 사회주의 운동을 전개했으나 마르크스주의 노선과 맞지 않아 사회주의 운동의 주류에서 이탈해 1849년 미국으로 망명했고 거기서 공산주의 코뮌의 설립을 위해 힘썼으나 실패했다. 푸리에, 오언 등과 사상적 흐름을 같이하는 공상적 사회주의자로서 독일 최대의 이론가였다.

방식을 다시 불러일으킬 뿐만 아니라 정치적·경제적 투쟁의 형태를 유혈적이고 난폭하게 만들었다는 것은 당연한 일이며 우리의 생각으로 이런 원시적 사고방식은 프롤레타리아가 지적이고 도덕적인 발전을 이룩해야만 비로소 극복될 수 있는 것이었다.

사업에 대한 공산주의자들의 견해

압류와 조직화

세계대전은 거의 모든 계층의 사람들을 야만으로 몰아넣고 프롤레타리아 가운데 미성숙한 사람들이 그 운동의 전면에 나서도록 만들었으며 그 결과 프롤레타리아의 곤궁을 무한히 심화시킴으로써 그들에게 차분한 생각보다는 끝없는 절망을 안겨줌으로써 노동자계급을 도덕적으로나 지적으로 후퇴시켜놓았다. 또한 전쟁은 군국주의 사상을 강력하게 발전시킴으로써 프롤레타리아들에게 원시적인 견해들을 부추겼는데 원시적인 견해들은 무식하고 천박하게 살아가는 사람들에게 잘 맞는 사고방식으로서 세계역사를 결정짓는 요인은 단순한 폭력이며 어떤 것이든 원하는 것을 관철하려고 할 때는 단지 그에 필요한 힘을 무자비하게 행사하기만 하면 된다는 사고방식이었다.

마르크스와 엥겔스는 이런 견해와 끊임없이 싸웠다. 엥겔스가 쓴 고전적인 책 『오이겐 뒤링 씨의 과학의 전복』(*Herrn Eugen Dührings Umwälzung der Wissenschaft*)에서는 3개의 장에서 고스란히 '폭력 이론'만을 다루고 있다(제3판, 162~192쪽). 이 뒤링의 이론은 철저히 비마르크스주의적인 것이다. 엥겔스는 폭력이 설사 혁명의 옷을 입고 나타날 때조차도 그것을 반대하는 데 주저하지 않았다. 그것은 오늘날 여러 형태로 옹호되고 있는 견해, 즉 혁명적인 프롤레타리아 운동에서는 운동의 오류를 지적하는 것이 자칫 혁명의 열기를 식힐 수 있으므로 그렇게 해서는 안 된다는 견해와는 다른 견해다.

물론 어떤 하나의 혁명에서 몇몇 개별적인 오류나 잘못들을 지나치게 엄격하게 비난해서는 안 된다. 역사적인 상황 가운데 가장 어려운 것은 혁명의 상황이며 여기서 사람들은 전혀 전망을 가질 수 없는 완전히 새로운 상황과 맞닥뜨리게 된다. 만일 안전한 장소에 숨어 있거나 또는 아예 멀리 떨어진 곳에 앉아 있는 관찰자가 투쟁의 한가운데서 모든 책임과 위험을 감당하고 있는 사람들이 범한 실수를 가혹하게 비난하려고 한다면 그것은 매우 얄팍한 바리새인들의 위선에 불과할 것이다.

그러나 단지 그때그때의 잘못된 정보나 불충분한 정보 때문이 아니라 잘못된 원칙적 시각 때문에 필연적으로 야기된 잘못에 대해서는 그것을 비난하는 것이 반드시 필요하다. 이런 잘못들은 그런 시각을 극복해야만 피할 수 있으며 만일 그런 잘못에 대해 비판 없이 지나쳐버리거나 사이비적인 혁명의 이해를 들먹이면서 적당히 얼버무리거나 오히려 찬사를 보내게 된다면 그것은 미래의 모든 혁명운동에 위협이 될 것이다.

마르크스와 엥겔스는 그런 혁명에 대한 비판에 그들의 '활화산 같은 혁명적 열정'을 조금도 아끼지 않았다.

거기에 대한 증거로는 1873년 가을 엥겔스가 라이프치히에서 발간되는 『폴크스슈타트』(Volksstaat)에 게재한 비판을 가장 먼저 들 수 있다. 이 글은 그해의 7월 5일 에스파냐에서 공화국이 선포된 이후 터져나온 봉기에 대한 비판이었는데 이 봉기는 7월 26일에 이미 몇몇 예외적인 지역을 제외하곤 대부분 진압되었다. 그런 예외 가운데 하나가 1874년 1월까지 버텨낸 카타고니아의 봉기다.

봉기가 완전히 진압되기 전 엥겔스는 이미 "창피스럽기 짝이 없는 이 봉기 〔……〕 우리 시대의 사람들이 결코 본받아서는 안 될 경고의 의미를 보내는 사례"에 대해서 통렬한 비판을 퍼부었다.

이 글은 「사업에 대한 바쿠닌주의자들의 견해」라는 제목으로 쓰어진 연재논문이었는데(『폴크스슈타트』, 10월 31일, 11월 2일, 11월 5일자) 1894년에 엥겔스가 『폴크스슈타트에 실린 인터내셔널』(Internationales aus dem Volksstaat)이라는 책으로 새롭게 출판했다(베를린, 포어베르츠 출판사). 우리는 볼셰비즘에 대한 연구를 수행하는 모든 사람들에게 이 책을 권하고 싶다. 많은 점에서 이 글은 볼셰비즘을 이미 예견하고 있는데 그것은 에스파냐 혁명의 상황이 오늘날 공산주의자들의 상황과 많은 유사점을 가지고 있기 때문이다.

엥겔스는 에스파냐 인터내셔널주의자들의 대다수가 바쿠닌주의의 '동맹'(Allianz)에 가입해 있다는 사실을 글의 서두에서 지적하면서 뒤를 이어 다음과 같이 쓰고 있다.

> 1873년 2월 공화국이 선포되자 에스파냐의 동맹파는 매우 어려운 처지에 빠지게 되었다. 에스파냐는 산업적으로 매우 낙후된 나라이기 때문에 거기서는 노동자계급의 즉각적인 완전한 해방은 아직 전혀 생각할 수 없는 상태다. 그러한 해방에 이르기 전에 에스파냐는 먼저 여러 발전단계들을 거쳐야만 하고 또한 일련의 장애물들을 제거해야만 한다. 이런 예비적인 발전단계들을 거치는 시간을 최대한 단축하고 이들 장애물들을 신속하게 제거하는 것, 바로 이것들을 할 수 있는 기회를 공화국은 제공했던 것이다. 그러나 이 기회는 에스파냐 노동자계급의 실질적인 정치적 참여를 통해서만 활용될 수 있는 것이었다. (17, 18쪽)

그렇지만 이런 정치적 참가란 코르테스(Cortes),[62] 즉 국민의회의 선거와 그 의회활동에 참여하는 것을 의미하는 것이다. 그런데 바쿠닌주의자들은 즉각적이고 완전한 노동자계급의 해방을 원했다. 당시 에스파냐의 상황에서 볼 때 의회주의적 민주주의는 그런 즉각적인 해방을 위한 수단으로는 결코 적합하지 않은 것이었고 단지 프롤레타리아의 발전

---

[62] 에스파냐·포르투갈의 의회. 옛 '궁정'을 뜻하는 말로서 12~13세기에 이베리아반도 소국가의 귀족·고위성직자·도시대표들로 구성된 신분제의회가 되었다. 15세기 이후 시민상층부의 귀족화로 점차 쇠퇴하다가 16세기 초 '코무네로스 반란'을 최후로 에스파냐 절대왕정의 지배도구로 전락했으며 19세기부터 근대적인 국민의회 형식을 갖추게 되었다.

과 성숙을 위한 수단으로는 반드시 필요한 것이었다. '어떤 선거에' 참여한다는 것을 '바쿠닌주의자들은 치명적인 범죄로 생각했다'.

그렇다면 선거투쟁 대신에 그들은 무엇을 하려고 했던가? '노동자계급의 즉각적이고 완전한 해방'을 위한 수단이 되는 노동자평의회는 아직 존재하지 않았다. 바쿠닌주의자들은 총파업을 선언하고 또한 에스파냐를 무수히 많은 작은 주(州)들로 해체하도록 요구했으며 그럼으로써 전체운동을 일련의 지역운동들로 분할시키고 '영구혁명'을 선언하려고 했다.

그 결말은 단지 운동의 해체와 에스파냐 인터내셔널 전체의 와해에 그치는 것이 아니었고 "지금까지 바쿠닌주의자들이 외쳐오던 원칙들 ——그들이 상황의 압력에 밀려 이미 하나씩 둘씩 포기해야만 했던——의 부정"(32쪽)이었다.

오늘날 러시아는 이와 다른가?

물론 최근의 혁명이 발발했을 때 러시아 노동자들 사이에서 지배적인 사상은 아나키즘이 아니라 마르크스주의였던 것은 틀림없는 사실이다. 사실 러시아에서만큼 마르크스주의가 사회주의 이론으로서 전반적인 인정을 받고 있는 곳도 없다.

수십 년 동안에 걸쳐서 러시아 사회주의자들은 전화위복을 이루어냈으며 그들 나라의 낙후된 농업의 성격에서 장점을 찾아냈다. 그들은 그들 나라의 촌락단위 토지공유제의 잔재가 근대 사회주의의 건설을 특별히 용이하게 만들 것이라고 생각했다.

이런 견해에 대항해서 다음과 같은 인식, 즉 러시아의 프롤레타리아 및 러시아 사회 전반의 아직 발전되지 못한 모습에 비추어보면 혁명이 갖추어야 할 내용은 비록 그 혁명에서 프롤레타리아가 가장 두드러진 역할을 수행했다 할지라도 단지 부르주아적인 성격을 띨 수밖에 없다는 인식에 이르게 한 것, 그리고 이런 인식을 오랜 기간의 힘든 투쟁을 통해서 일반에 널리 통용시킨 것 등은 모두 악셀로트(Pavel Borisovich Akselrod, 1850~1928)[63]와 플레하노프(Georgii Valentinovich

Plekhanov, 1856~1918)[64]가 지도하던 러시아 마르크스주의자들의 위대한 공헌이었다.

이 견해는 적어도 혁명이 프롤레타리아에게 권력을 안겨주고 그리하여 프롤레타리아의 즉각적인 해방의 문제가 당장의 의제로 떠오르기 전까지는, 그리고 사회주의가 단지 지식인들과 상층의 엘리트 노동자들에 의해서만 수행되고 있기까지는, 러시아 사회주의 운동 내에서 지배적인 견해를 이루고 있었다.

그러나 혁명이 실질적으로 러시아 인민대중의 대다수를 운동에 끌어들이게 되자 계속해서 마르크스주의적 사상을 견지하는 것은 엄청나게 어렵게 되었다. 왜냐하면 이들 인민대중은 단지 자신들의 필요와 자신들의 생각에만 사로잡혀 있었고 그들이 요구하는 것이 주어진 조건에서 실행가능한 것인지 그리고 사회적으로 바람직한 것인지에 대해서는 조금도 고려하지 않는 무리들이었기 때문이다.

이런 상황에서 볼셰비키들은 자신들의 마르크스주의를 고수하지 않

---

63) 러시아의 혁명가이자 사회민주주의자. 러시아 체르니고프 출생. 우크라이나의 유대인 집안에서 태어나 키예프 대학 졸업 후 1870년대에 나로드니키 운동에 참가했으며 플레하노프와 평생을 같이 행동했다. 스위스 망명 중에 마르크스주의로 전향해 러시아 최초의 마르크스주의 단체인 '노동해방'을 조직했으며, 『이스크라』(Iskra)지의 편집자를 거쳐 레닌과 대립하여 제2차 당 대회 때는 멘셰비키 편에 서서 그 이론적 지도자가 되었다. 1905년 혁명 후에는 해당파로 활약했고, 1917년 10월혁명 때는 혁명을 역사적 범죄로 규정, 볼셰비키의 권력장악을 반대하고, 제2인터내셔널의 사무국원으로도 있었다. 10월혁명 이후 계속해서 서유럽에 거주했다.

64) 러시아의 혁명가. 러시아 구달로프카 출생. 하급 귀족의 아들로 태어나 사관학교와 상트페테르부르크 광산학교를 중퇴하고 나로드니키 혁명결사 '토지와 자유당'에 참가했다. 1880년 망명해서 엥겔스, 카우츠키 등과 친교를 맺었고 「공산당선언」을 러시아어로 번역했다. 1883년 제네바에서 마르크스주의를 선전하기 위한 노동해방단을 조직하고, 마르크스주의로 전향했다. 1889년 제2인터내셔널의 러시아 대표로 활동했으며 1900~1903년 레닌이 발간한 신문 『이스크라』를 편집했다. 그러나 레닌과 결별하고 멘셰비키의 지도자가 되었으며 1917년 2월혁명으로 37년 만에 귀국했는데 10월혁명에는 부정적인 태도를 취해 볼셰비키와 대립하던 중 이듬해 사망했다.

았다. 그들은 군중심리에 휩싸였고 거기에 자신들의 몸을 맡겨버렸다. 그럼으로써 그들이 러시아의 지배자가 된 것은 당연한 일이다. 그것이 앞으로 어떤 결말을 가져오게 될 것인지, 그리고 필연적으로 어떤 결말을 가져오고 말 것인지는 다른 문제였다.

그들은 대중의 단순한 의지를 혁명의 추동력으로 사용함으로써 과거에 그들이 그렇게도 확산시키기 위해 노력했던 마르크스의 사상을 포기했다. 그들은 단지 '프롤레타리아 독재'라는 마르크스의 말을 자신들의 것으로 사용함으로써 과학적인 양심과 마르크스의 이름이 안겨주는 인기를 모두 얻게 되리라고 생각했다. 그들은 이 말을 통해서 마르크스주의 정신에 반하는 모든 죄악에서 그들이 사면될 수 있다고 생각했다.

혁명은 전쟁의 결과로 발발했다. 군인들은 더 이상 싸우는 것에 지쳐 있었다. 볼셰비키는 전쟁을 계속 수행하는 것을 반대하는 진영의 가장 선두에 섰다. 그들은 모든 수단을 동원해서 군대의 해산을 주장했고 그것이 독일 군국주의 귀족들을 돕게 될 수도 있다는 점에 대해서는 전혀 개의치 않았다. 다행히도 독일 군국주의 귀족들이 전쟁에서 승리하지 못하고 따라서 그것이 독일의 혁명으로 이어졌지만 그것은 물론 볼셰비키 때문에 그렇게 된 것은 아니었다.

군대의 완전한 해산은 하층계급들에게 완전한 자유를 가져다주었다. 농민들은 즉시 대농장들을 분할해서 그들 각자의 사적 소유로 배분할 것을 요구했다. 대농장들이 농민계층에게 귀속되는 것은 불가피한 일이었지만 만일 그것이 체계적으로 진행되었다면 그것은 대경영이 달성해 놓은 기술적 업적을 희생시키지 않는 형태로 수행될 수 있었을 것이다. 그렇지만 그렇게 하는 데에는 시간이 필요했을 뿐만 아니라 농민들도 기다리려고 하지 않았다.

볼셰비키들은 농촌지역에 무정부상태를 용인하는 방식으로, 즉 각 농촌공동체에 자율권을 부여함으로써 농장토지의 분할이 기술적인 후퇴와 많은 생산수단의 파괴를 수반하면서 가장 원시적인 형태로 이루어지도록 함으로써 농민들을 자기편으로 끌어들였다. 그 대신에 농민들은 볼셰비즘이 도시에서 마음대로 행동하도록 허용했는데 볼셰비즘은 도시의 노동자들에 대해서도 역시 현실의 조건을 고려하기보다는 단지 그들의 의사에만 따르는 방식으로 노동자들을 자기편으로 끌어들였다.

프롤레타리아들은 굶주리고 있었고 자신들이 억압받고 착취당한다고 느끼고 있었으며 자본주의의 족쇄를 당장 끊어버리도록 절박하게 요구했다. 그들의 의사에 따라 행동하기 위해서는 연구할 시간은 물론 깊이 심사숙고해볼 시간도 없었다. 몇 번만 세게 걷어차면 러시아 자본주의라는 건물은 산산조각이 날 것이었다.

자본주의 생산을 사회주의 생산으로 교체하는 것은 두 가지 계기를 통해서 이루어진다. 하나는 소유문제며 다른 하나는 조직문제다. 그러한 교체는 생산수단에 대한 사적 소유의 지양과 그것의 사회적 소유로의 이행, 즉 국가적·공동체적 또는 협동조합적 소유형태로의 이행을 필요로 한다. 그러나 그것은 또한 자본주의적 경영조직을 사회적 경영조직으로 교체하고 그런 경영조직의 전체 경제구조 내에서의 기능을 교체하는 것을 필요로 한다.

이 두 가지 전환 가운데 소유의 전환은 지극히 간단한 것이다. 자본가들의 재산을 압류하는 것보다 쉬운 일은 없다. 그것은 단지 권력의 문제일 뿐이며 다른 나머지 사회적 전제들과는 전혀 관련이 없다. 산업자본주의가 존재하기 오래전인 상업자본이나 고리대자본의 시대에 우리는 이미 봉건영주나 귀족 때로는 인민대중이 상인과 은행가, 화폐대부자들의 재산을 압류하는 사례들을 볼 수 있다. 중세에는 단지 유대인에 대한 잦은 재산압류만 있었던 것이 아니고 경건한 신앙의 시대인데도 교회나 수도원의 보물창고도 종종 압류를 당하는 일이 있었다. 즉 14세기 초에 프랑스의 필리프 4세는 엄청나게 부유한 템플기사단의 수도원들을 압류하기도 했다. 근대 사회주의가 아직 존재하기 전에 순진한 사람들은 부자들의 재산을 훔쳐서 가난한 사람들에게 나누어주는 의적들을 인류애를 실천하는 착한 사람들로 생각했다. 이런 종류의 '사회주의'를 실행하는 것은 극히 간단한 일이었다. 전쟁과 코뮌이 발발하기 직전인 1869년 바쿠닌이 러시아 청년들에게 러시아의 도적떼 두목이었던 스텐카 라진(Stenka Rasin, 본명은 Stepan Timofeyevich Razin, 1630~71)[65]——1667년 도적떼를 결성해 4년간 러시아 남부에서 활동하다가 결국 정부에 붙잡혀 죽임을 당했다——이 걸어갔던 길을 호소했던 것은 러시아 프롤레타리아들의 '아직 덜 발달된 모습'을 그대로 보여주는 것이었다.

조직화의 문제는 압류처럼 간단하지 않다. 자본주의적 기업은 매우 정교한 유기체로서 자본가나 그의 대리인이 그것의 머리를 이루고 있다. 자본주의를 지양하려고 한다면 우리는 자본가가 앉아 있는 머리 부분이 기능하지 않고도 그것과 거의 비슷하거나 또는 훨씬 더 잘 돌아가는 그런 유기체를 만들어내야만 한다. 이것은 필리프 4세나 스텐카 라진이 했던 것처럼 그렇게 간단한 일이 아니다. 그것은 일련의 물적·심리적 전제조건들을 필요로 하며 생산은 물론 판매, 원료조달 등에 대한 자본주의적 조직화가 상당히 높은 수준으로 이루어져 있어야 하는 것을 필요로 한다. 또한 그것은 프롤레타리아에 대해서도 그들이 자신의 이웃동료들에 대한 의무는 물론 사회 전체에 대한 의무도 의식하고 있을 것을 요구하고 대중조직들에서의 오랜 활동경험을 통해서 자발적인 규율과 자주관리에 익숙해 있을 것을 요구하는데 이는 결국 그들이 지적으로 충분히 성숙해서 가능한 것과 불가능한 것을 구별할 줄 알고, 과학적인 교육을 받아 확고한 성격을 가진 지도자와 무지하고 확신이 없는

---

65) 러시아 농민반란의 지도자. 스텐카 라진은 그의 별칭이다. 러시아 돈 지방 카자크의 부유한 가문 출신으로 카자크에 대한 정부의 간섭을 증오해서 무산 카자크와 도망 농노를 규합, 1667년부터 이듬해에 걸쳐 볼가 강 하류와 카스피해 연안을 휩쓸고 다녔다. 1670년 다시 볼가로 진출, 강어귀의 아스트라한을 점령한 뒤 북상해서 볼가 중류까지의 광대한 지역의 농민을 지주와 관리들에 대항하는 반란에 합류시켰다. 그러나 그해 10월 심비르스크(현재의 울리야노프스크) 교외에서 정부군에 대패한 후, 남쪽으로 도망쳐 돈에서 재기를 꾀했으나, 이듬해 4월 체포되어 모스크바로 압송 처형되었다. 이 반란은 러시아 역사상 대규모 농민반란으로서, 그는 민요(「스텐카 라진」)로도 불려 오랫동안 러시아 농민의 기억에 남았다.

선동가를 구별할 수 있어야 한다는 것을 의미한다.

이런 조건들이 주어져 있지 않으면 자본주의는 지속적으로 그리고 성공적으로 사회주의로 교체될 수 없다. 그리고 이런 조건들이 이미 충분히 발전해서 무르익어 있는 지역이나 산업부문들에서도 사회주의적 조직화는 사실관계에 입각한 철저한 조사를 통해서 신중하게 준비되어야 한다. 왜냐하면 새로운 조직이 그때그때 취하는 형태들은 처음부터 모든 산업부문이나 모든 나라, 모든 시기에 대해서 언제나 적용될 수 있는 형태로 주어지는 것이 아니라, 즉 '고정되고 이미 만들어져 있는 이상향'이나 영원한 '이념'의 형태로 주어진 것이 아니라, 상황에 따라서 많은 차이가 있을 수 있고 또한 그것이 성공을 거두기 위해서는 언제나 그때그때의 조건에 따라 가장 합목적적인 형태로 조정되어야 하기 때문이다.

그러나 사회주의화의 두 계기, 즉 재산의 압류와 새로운 조직화는 만일 기존의 생산을 대신해서 혼란이 빚어지고 그리하여 결국에는 생산이 정지되어버리지 않기 위해서는 서로 긴밀하게 결합을 유지해야만 한다. 필리프 4세와 스텐카 라진은 단지 압류만 수행했을 뿐이었는데 이는 그들이 새로운 생산양식을 창출하려는 의도를 가지고 있지 않았기 때문이다. 그러나 사회주의로의 이행은 이렇게 단순한 방법을 통해서는 만들어질 수 없다.

그렇지만 대중은 참을성이 없었으며 기다리려고 하지 않았다. 그들을 만족시키기 위해 볼셰비키는 정권을 장악하고 나서 사회주의화의 과정을 두 부분으로, 즉 그것의 두 계기를 각기 분리시켰는데 이들 계기는 하나가 없이는 다른 하나도 제대로 살아남을 수 없는 것이었다. 그들은 먼저 스텐카 라진이 보여준 방식을 그대로 따라 했으며 그런 다음 상황이 좋아졌을 때 조직화를 보완하는 작업에 착수했다. 서로 긴밀하게 결합해 있으며 단지 그런 결합을 통해서만 효력을 발휘하는 것들이 이처럼 서로 분리되어버린 것이었다. 레닌도 이 점을 1918년 4월 자신의 글 「소비에트 권력의 다음 과제」에서 인정했다.

지금까지 최우선적인 과제로 간주된 것은 수탈자들에 대한 직접적인 압류조치였다. 이제부터 일차적으로 수립되어야 할 계획은 이미 자본가들에게서 압류한 사업체들과 나머지 다른 모든 경제사업체들의 회계업무와 통제업무를 조직화하는 것이다.(14쪽)

프롤레타리아의 영도 아래 수행된 우리의 사업 가운데 생산과 생산물의 분배에 대한 전반적인 회계업무와 통제업무는 착취자들에 대한 직접적인 압류사업에 비해서 뒤처져 있다. [……] 이들 분야의 사회주의적 변혁에서 우리는 매우 뒤처져 있는데(그리고 이들 분야는 매우 본질적인 분야들이다) 이런 낙후성은 전반적인 회계업무와 통제업무가 불충분하게 조직화되어 있기 때문이다.(23쪽)

사업체들과 산업부문에 대한 압류는 이들에 대한 사회주의적 조직화가 가능한지의 여부에 대한 조사 없이 이루어졌다. 그러한 조직화가 가능한 부문의 경우에도 일단 압류부터 했는데 왜냐하면 압류는 아무런 준비 없이 곧바로 실행가능한 것이었고 노동자들이 기다리려고 하지 않았기 때문이다.

그 결과는 곧 나타났다. 러시아의 경제적 생활상은 농업에 비해 산업부문에 종사하는 사람의 수가 매우 적다는 점에서 낙후되어 있었다. 그러나 산업 내부를 들여다보면 여기에는 근대적인 형태의 대규모 사업체들이 대다수를 차지하고 있었다. 그것은 1871년 파리의 산업수준을 훨씬 뛰어넘는 것이었다. 파리코뮌의 경우 사회주의화에 관한 한 거기서는 단지 생산협동조합의 형태 정도만 생각해볼 수 있었다. 러시아의 공장들은 여러 가지 점에서 대규모 사업체들이었고 따라서 자본을 축출한 다음 이들 공장에게 가장 시급한 문제는 그것들의 국유화로 생각되었다.

생산협동조합의 경우 노동자들의 수입은 자신과 동료들의 노동에 의존한다. 이 수입액의 크기는 그들이 시장에 공급하는 생산물의 양에 의해서 결정된다. 생산협동조합은 판매는 물론 원료의 구매에도 신경을 써야만 한다. 국유화된 공장의 경우 노동자들은 여전히 과거와 마찬가지로 임금을 받는데 단지 이제는 그것을 자본가에게서 받는 것이 아니라 국가에서 받게 된다. 그들의 수입액의 크기는 그들이 이룩한 생산성의 크기에 의존하는 것이 아니라 그들이 국가권력에게 행사할 수 있는 압력의 크기에 의존하게 된다. 국가는 공장생산물의 판매는 물론 원료조달도 직접 수행해야 할 것이다.

이런 조건 아래서 생산이 성공적으로 이루어지기 위해서는 사회의 번영은 물론 자신의 번영도 자신의 노동생산성에 달려 있다는 사실을 잘 인식하고 있는, 잘 훈련되고 높은 지적 수준을 갖춘 노동자계층이 필요할 것이다. 또한 그런 노동자계층이 있다고 하더라도 효과적인 생산을 기대할 수 있으려면 적절한 조직화 조치가 취해져서 노동자계층 외에 국가권력과 소비자계층도 각 개별 사업체들과 전체 산업부문에 대해서 필요한 영향력을 행사할 수 있고 자본주의적 유인을 충분히 대체하고 남을 만한, 노동을 위한 유인이 만들어져야만 할 것이다.

그런데 당장 이런 조직화는 물론 노동자들에게 필요한 지적 능력과 훈련도 부족했다. 더구나 사태를 더욱 어렵게 만든 것은 전쟁과 그 여파로 기존의 프롤레타리아 가운데 무식하고 성숙하지 못한 사람들이 극도로 난폭한 상태에 빠져 있다는 사실이었다.

물론 러시아 노동자들은 자신들의 촌락공동체에서 강력한 연대감을 전수받고 있었다. 그러나 이런 연대감은 촌락공동체의 범위에 제한되어 있었다. 그것은 단지 개인적인 친분관계에 얽힌 소규모집단의 범위에만 국한되어 있었다. 그런 연대감은 커다란 사회적 전체범위와는 무관한 것이었다. 이런 조건에서 만들어진 달갑지 않은 현상들에 대해서는 볼셰비키 자신들도 한탄을 토해내지 않을 수 없었다. 트로츠키는 자신의 글「노동, 규율, 그리고 질서가 사회주의 소비에트 공화국을 구할 것이다」(17쪽)에서 이렇게 말하고 있다.

피억압자들에게 인간성을 일깨우는 혁명은 당연히 그러한 각성의 초기에는 외견상, 만일 그렇게 부르고 싶다면, 무정부주의적이라고도 부를 수 있는 성격을 띠게 된다. 인간성의 원초적 본능에 대한 이런 각성은 흔히 조악한 이기주의의 성격을 띠는데 철학적인 용어로 표현한다면 '자기중심주의적 성격'을 띤다. 〔……〕 사람들은 자신에게 도움이 되는 것을 얻기 위해 자신이 할 수 있는 온갖 노력을 모두 기울이고 있으며 또한 오로지 자신만을 생각하고 전체적인 계급적 관점에 대해서는 관심을 기울이지 않고 있다. 그리하여 이런 종류의 질서파괴적인 분위기와 개인주의적이고 무정부주의적이며 도적떼 같은 경향들이 곳곳에 넘쳐나고 있는데 특히 이런 경향은 지방의 영락한 계급들에게서 광범위하게 드러나고 있으며 그 중심에는 과거의 군인들이 있고 그다음으로 노동자계급 가운데에도 일부 그런 무리들이 나타나고 있다.

이들은 사회주의를 촉진하기 위해 자신들의 임금도 억제했던 파리코뮌의 노동자들과는 완전히 다른 분자들이다.

이런 상황에서 압류된 사업체들에서 생산이 어떻게 이루어졌을지는 불을 보듯 뻔한 일이다. 사람들은 임금을 최대한 올렸고 그에 대한 대가로 노동은 최소한으로 제공했다. 그것을 좀더 쉽게 하기 위해 도급노동(Akkordarbeit)[66]은 철폐되었다. 그 결과 나타나게 된 현상은 페테르스부르크의 푸틸로프 공장에서 있었던 것처럼 한 회계연도 기간에 국가의 보조금은 9,600만 루블이었는 데 반해 그 공장에서 생산된 생산물의 총가치는 1,500만 루블에 불과한 그런 일이었다.

이런 경제의 필연적인 파산을 연기하기 위해서는 단지 지폐를 아무런 제한 없이 마구 찍어내는 방법뿐이었다.

공장에서 일을 거의 하지 않게 된 노동자들이 힘들고 더럽고 어려운 일들을 기피하는 것은 당연한 일이었다.

---

66) 작업량에 임금이 비례적으로 연계되어 있는 형태의 노동.

이런 노동들이 없어서는 안 되는 노동이라는 점에서 이런 노동들이 사회주의 사회에서 순조롭게 이루어질 수 있도록 만드는 일은 일찍이 사회주의자들이 골머리를 앓던 문제였다. 푸리에는 오물장의 노동을 '오물쟁이'들에게, 즉 오물장을 즐겨 파헤치는 젊은이들에게 맡김으로 써 이 문제를 해결할 수 있으리라고 생각했다.

물론 이런 유머러스한 해결책은 만족할 만한 해결책이 아니다. 사회주의적 원칙과 합치되고 또 성공을 거둘 수 있는 유일한 방법은 힘들고 혐오스럽고 또는 건강을 해치는 노동들에서 해롭고 혐오스러운 부분을 제거해내는 기술에 의존하는 방법이다. 그것이 불가능할 경우 이런 측면에 대해서 특별한 혜택을 제공해서 그 불이익을 상쇄시키는 방법, 즉 특별히 높은 임금을 주거나 특별히 낮은 노동시간을 허용하는 것 등의 방법 이외의 다른 방법은 없다.

볼셰비키는 다른 새로운 해결방법을 찾아냈다. 그것은 사회주의적 원칙과 일치하는 것은 아니었지만 흥분한 노동자대중의 '군중심리'와는 일치하는 것이었다. 그것은 간단하게 의무노동을 도입하는 것이었다. 그렇지만 그 의무노동은 지금까지 임노동자의 신분으로 노동을 수행하고 있던 사람들을 대상으로 하는 것이 아니었다. 이미 새로운 사회적 관계의 영향 때문에 원료나 연료의 부족, 또는 수송의 어려움으로 공장들이 하나씩 차례대로 문을 닫아야 했고, 그 결과 일자리를 찾지 못한 노동자들의 수가 날로 증가하고 있는 상황에서 어떻게 이들 임노동자들에게 다시 의무노동을 부과한단 말인가.

아니었다. 의무노동은 노동하지 않는 것을 구실로 삼아 범법자로 낙인찍힌 사람들, 즉 '부르주아'들에게만 부과되었다.

일반적이고 '형식적인' 민주주의 대신에 평의회 공화국은 바로 프롤레타리아 민주주의를 정립했던 것이다. 노동하는 자만이 정치적 권리를 가질 수 있었고 그들만이 충분히 먹고 국가로부터 보호를 받아야만 했다. 위협이 되는 자들은 범법자로 낙인찍혀야만 했다.

외견상 완벽해 보이는 이 사회주의 사상에는 단 하나의 결점이 있었다. 거의 2년 동안 노동자평의회 공화국은 단지 노동자들에게만 선거권을 부여했는데 오늘날까지도 여전히 풀리지 않는 수수께끼는 바로 이것이다. 도대체 누가 노동자인가? 우리는 각기 다른 공산주의자들에게서 이에 대해 제각기 다른 대답을 듣고 있다.

처음 시작할 때 노동자평의회는 대공장 임노동자들의 대의기구였다. 노동자평의회 그 자체는 성격과 역할이 분명하게 잘 짜인 조직으로서 혁명에서 매우 중요한 역할을 수행했다. 그러다가 '평의회 지상주의'는 보통선거에 의해 구성된 국민의회를 노동자평의회의 중앙위원회가 대체하는 방향으로까지 발전했다. 그런데 노동자평의회가 대공장들에만 국한되어 있다면 이 중앙위원회의 입지는 지나치게 좁게 될 것이었다. 그러나 이 범위를 넘어서면서 동시에 '부르주아'들을 선거에서 배제하려는 것은 불가능한 일이었다.

부르주아와 노동자 사이의 경계를 엄밀하게 긋는 것은 어디서도 불가능한 일이며 여기에는 언제나 자의적인 요소가 개입할 수밖에 없는데 그것은 바로 평의회지상주의가 독재적인 자의적 지배의 토대로서는 적합하지만 투명하고 체계적으로 잘 짜인 국가헌법을 세우는 데에는 대단히 부적합하다는 것을 의미했다.

특히 지식인들의 경우 그들이 부르주아로 간주되느냐 않느냐의 문제, 즉 그들이 선거권을 갖느냐 마느냐와 강제노동의 의무가 부과되느냐 마느냐의 문제는 전적으로 소비에트 당국의 마음먹기에 달려 있었다.

소비에트 공화국에서 '부르주아'는 그들의 모든 정치적 권리는 물론 자신들의 생산수단이나 소비수단도 아무런 보상 없이 압류당했으며 더구나 그들에게는——사실은 그들에게만——의무노동도 부과되었다! 러시아에서 부르주아는 노동할 의무를 가진 유일한 사람들이면서도 노동하지 않기 때문에 법적 권리를 박탈당한 유일한 사람들이기도 했다! 소비에트 러시아에서 노동자의 범주에 드느냐 부르주아의 범주에 드느냐 하는 것은 현재 그들이 수행하는 기능에 따라서 분류되는 것이 아니라 혁명 전에 그들이 담당하고 있던 기능에 따라서 분류되었다. 소비에트 공화국에서 부르주아는 특별한 인종으로 생각되었으며 그들에게 찍힌 낙인은 결코 지워지지 않는 것이었다. 어떻게 치장을 하든, 어떤 옷을 입고 있든 흑인은 흑인이고 몽고인은 몽고인일 수밖에 없는 것과 마찬가지로 부르주아도 부르주아일 수밖에 없었는데 이는 설사 그들이 거지가 되든, 또는 자신의 노동으로 살아가든 아무 상관이 없었다. 그들이 어떻게 살아가든 말이다!

부르주아는 노동할 의무는 있었지만 그들이 잘 알고 그들에게 가장 적합한 일을 스스로 구할 권리는 없었다. 그 대신 그들에게는 가장 더럽고 싫은 일들이 강제로 주어졌다. 그 대가로 그들은 많은 양이 아니라 가장 적은 양의 식량배급을 받았으며 이로 인해 그들은 굶주림을 면할 길이 없었다. 그들에게 돌아간 생필품의 배급량은 군인들이나 소비에트 공화국이 운영하는 공장의 노동자들에 비해 4분의 1에 불과했다. 이들 군인과 노동자들에게 1파운드의 빵이 배급될 때 부르주아들에게는 4분의 1파운드의 빵이 배급되었으며 전자에게 16파운드의 감자가 배급될 때 후자에게는 4파운드만 배급되었다.

이들 규정에는 프롤레타리아의 생활수준을 높이고 '좀더 높은 생활형태를 만들어내기 위한' 노력들에 대해서는 단 한마디도 없으며 그 대신 프롤레타리아들의 복수심이 가장 미성숙한 형태로, 지금까지 좋은 팔자를 타고난 사람들, 즉 좋은 옷을 입고 좋은 집에서 살고 좋은 교육을 받은 사람들에게——프롤레타리아들은 자신들의 운명이 바로 이들 때문이라고 생각했다——마음대로 발휘될 수 있도록 풀어놓았을 뿐이었다.

혁명의 추동력으로서 이처럼 복수심을 '마음대로' 풀어놓은 상태는 그 양상이 볼셰비키들이 의도했던 것보다 정도가 지나쳐버린 경우가 많았다. 과거의 부르주아들을 한때 그들이 부리던 노동자들의 처지와 마찬가지로 아무런 법적 권리도 없이 단지 일하는 짐승의 지위로 만들어버린 이 사상은 무르칠로프카의 노동자평의회 포고령에서 잘 표현되고 있다.

소비에트는 브랸스크 주(州) 무르칠로프카에 주둔하고 있는 포병사단의 필요에 따라서 부르주아 및 투기가 계급 가운데 60명의 부녀자들을 모집해 병영으로 옮기는 업무에 대해서 이들을 선발하고 이들을 지휘할 권한을 사라예프(Gregor Sareieff) 동지에게 위임한다. 1918년 9월 16일.(빈치 말례예프 Dr. Nath. Wintsch-Malejew, 『볼셰비키들은 지금 무엇을 하고 있는가』 *What are the Bolschewists doing*, 로잔, 1919, 10쪽)

이런 포고령의 책임을 볼셰비키들에게 돌리는 것은 부당한 일일 것이다. 그것은 9월학살이 국민공회 사람들에게 그랬던 것처럼 볼셰비키들에게도 달갑지 않은 일이었다.

그러나 전체 지방 소비에트 조직들에서, 비록 그것이 단 한 군데라 할지라도, 부르주아에 대한 증오와 경멸이 그들에게서 모든 정치적 권리뿐만 아니라 극히 기본적인 인권이나 인간의 존엄성조차도 모두 박탈할 정도로까지 될 수 있는 그런 사상이란 것은 얼마나 끔찍한 것인가.

프롤레타리아의 성숙

그런 형태를 취한 '군중심리'에 대해서는 볼셰비키들로서도 그대로 내버려둘 수 없는 것이 당연한 일이었다. 볼셰비키들은 부르주아에 대해 재산을 압류하고 그들을 법률의 바깥으로 추방한다고 선언하고 프롤레타리아를 '신성한 존재'로 만든 다음, 뒤이어서 이 신성한 존재에게 모든 사회주의화와 압류의 전제조건을 이루는 데 필요한 성숙함을 갖추도록 하려고 노력했다.

트로츠키는 이렇게 말했다.

우리는 이미 오래전부터 우리에게 필요한 조직과 필요한 규율, 필요한 역사적 교육 등이 결여되어 있다는 것을 알고 있었다. 우리는 이 모든 것을 알고 있었으며 이것들 때문에 권력을 획득하는 것을 방해

받지는 않았다. 우리는 앞으로 우리가 모든 것을 배우고 익히게 될 것이라고 확신했다.(『노동, 규율 등등』, 16쪽)

과연 트로츠키는 기관차의 경우에도 그것을 타고 가는 도중에 '모든 것을 배우고 익히게' 될 것이라는 확신을 가지고 기관차에 올라타서 그 것을 운전해나갈 수 있다고 얘기할 수 있었을까? 물론 그가 그렇게 할 수 있는 능력이 있다는 것은 틀림없겠지만 그러나 그렇게 하는 데에는 시간이 걸리는 것이 아닐까? 기관차가 금방 탈선하거나 폭발하지는 않 을까? 기관차를 운전하려면 그전에 미리 기관차를 운전할 수 있는 기술 을 갖추고 있어야만 한다. 마찬가지로 프롤레타리아도 생산을 지휘하려 면 그전에 거기에 필요한 자질을 갖추고 있어야만 한다. 특히 최소한 전 쟁으로 인해 모든 재고가 바닥나고 그래서 우리가 그날그날을 겨우 연 명해나가고 생산의 중단으로 직접 굶어죽는 일이 속출하는 상황에서는 생산에 공백이 발생하거나 생산이 멈춰버리는 일은 있어서는 안 된다.

레닌도 이미 부르주아에 대한 압류과정에 브레이크를 걸 필요가 있다 는 생각을 하고 있었다.

만일 우리가 지금 처음의 속도대로 계속해서 자본에 대한 압류를 진행하려고 한다면 우리는 틀림없이 파멸을 맞게 될 것이다. 왜냐하 면 생각이 있는 사람이 보기에는 누구에게나 프롤레타리아적인 회계 업무를 조직화하는 우리의 사업이 '수탈자의 재산을 직접적으로 압류 하는' 사업보다 뒤처져 있는 것이 분명하고 명백하기 때문이다.(『소비 에트 권력의 다음 과제』, 14쪽)

그러나 레닌은 이에 좌절하지 않고 어떤 일이 있어도 소비에트는 '자 본에 대항하는 선전활동을 성공적으로 달성'할 수 있을 것이라고 약속 하고 있다. 왜냐하면 러시아 프롤레타리아들은 매우 빠른 속도로 성숙 해나갈 것이기 때문이라는 것이다. 그는 이렇게 말하고 있다.

다수 대중에게 문명을 일깨우고 교육을 확대하는 것은 노동생산성의 증가를 위한 조건이라고 생각한다. 이런 교육의 발흥은 현재 엄청나게 빠른 속도로 이루어지고 있다. 그것은 '개화와 자발성의 약진'에 힘입어서, 즉 현재의 소비에트 조직 덕분에 인민대중의 깊숙한 부분까지 널리 확산되고 있다.(같은 책, 33쪽)

인민대중에 대한 교육의 증진에는 두 가지 유형이 있을 수 있다. 먼저 그것은 학교를 통해서 계획적이고 체계적으로 이루어질 수 있다. 이 학교교육 부문의 경우 러시아는 아직 엄청나게 해야 할 일이 많은 상태다. 그런 학교교육이 충분히 이루어지기 위해서는 많은 교육수단과 상당한 정도의 잉여를 조달해줄 수 있는 생산의 호황상태가 필요하다. 그러나 러시아의 생산수준은 너무도 한심해서 학교교육은 극도로 어려운 상태에 빠져 있을 수밖에 없다. 물론 볼셰비키는 예술과 과학을 위해서 그리고 이것들을 대중들 사이에 가능한 한 널리 보급하기 위해 노력을 기울이고 있다. 그러나 그럴 수 있는 가능성은 경제적 족쇄에 묶여 극도로 제한되어 있다. 따라서 이 학교교육의 분야에서는 급속하고 풍부한 생산의 증가에 의존하는 급속한 '교육의 진흥'은 전혀 기대할 수 없다. 오히려 반대로 이런 생산의 증가는 바로 교육진흥의 전제조건에 속해 있다.

그러나 성인들은 대부분 국가나 자치단체들이 설립한 학교에서 교육을 받기보다는 생활이라는 학교를 통해서 교육을 받는다. 그들에게 가장 좋은 교육의 가능성은 민주주의를 통해서 주어지는데 이런 민주주의의 본질적인 구조는 모든 사실들의 정보와 토론에서 완전한 자유가 부여되는 데 있다. 이런 자유는 각 당파와 정치적 노선들 모두에게 똑같이 주어져서 이들은 인민들의 영혼을 사로잡기 위해 각자 나름대로 노력을 기울이게 되며, 그 결과 국민공동체에 소속된 사람들은 모두가 온갖 방면에서 제기되는 주장들을 검증하고 그럼으로써 스스로 독자적인 판단을 내려야 하는 상황에 처하게 된다. 결국 민주주의는 계급들 사이의 투쟁에 최고의 형태를 부여하게 되는 것이다. 왜냐하면 민주주의에서 모든 당파는 주민 전체를 대상으로 하기 때문이다. 각 당파는 모두 일정한 계급적 이해를 대변하지만 이런 이해가 공동체 전체의 일반적 이해와 관련이 있는 것처럼 보여주지 않으면 안 된다. 그리하여 근대국가의 민주주의는 촌락단위의 지역주의나 춘프트적인 직종 이기주의 정책이 갖는 편협성을 극복하게 된다. 민주주의에서는 대중의 안목이 정치적 참여를 통해서 상당히 넓어지게 된다.

인민들의 이런 교육가능성은 소비에트 공화국이 저질렀던 것처럼 민주주의를 말살하고 그 대신에 노동자평의회가 전권을 장악함으로써 모든 '부르주아들'에게서 법적 권리를 박탈하고 언론의 자유를 폐기하게 되면 곧바로 봉쇄되어버린다. 그럼으로써 임노동자의 개별적인 이해는 사회전체의 이해에서 분리되고 이와 동시에 노동자들은 각 계급과 당파들 사이의 투쟁에서 제기되는 주장들을 독자적으로 검증해볼 수 없게 된다. 왜냐하면 이런 검증은 이제 그들 각자 대신에 용의주도한 상부에서 이미 수행해버리기 때문인데 상부의 사람들은 소비에트 체제의 전지전능함에 대해 의심을 품게 할 만한 모든 사상과 정보들을 노동자들에게서 격리시키기 위해 세심한 노력을 기울인다.

물론 그것은 진리를 지키기 위해서 그렇게 해야만 한다. 가난하고 무지한 인민들은 폭력적인 권력기구와 결탁한 부르주아 언론들을 통해서 정신을 홀리거나 감염되지 않도록 보호되어야 한다. 그런데 현재의 러시아에 부르주아 신문을 볼셰비키의 신문보다 우위에 두도록 하는 권력기구가 어디에 존재한단 말인가? 더구나 볼셰비키의 언론탄압은 그 정도가 너무나 심해서 단지 부르주아 언론뿐만 아니라 현재의 정부체제에 충성을 보이지 않는 다른 모든 언론들에 대해서도 가해지고 있다.

이런 체제를 옹호하는 변론은, 세상에는 절대적인 진리가 존재하며 이런 진리를 지키는 것은 단지 공산주의자들뿐이라는 순진한 견해에 근거해 있다. 그 변론은 때때로 다른 견해를 가져다 붙이기도 하는데 그것은 모든 문필가들은 타고난 거짓말쟁이들이며 진리를 신봉하는 사람은 공산주의자들뿐이라는 것이다. 사실 우리는 당연히 어디서나 쉽게 그들이 진실이라고 간주하는 것들을 신봉하는 사람들과 거짓말쟁이들을 함께 볼 수 있다. 그러나 거짓말이 통하는 것은 기껏해야 거기에 대해서 아무런 제재도 두려워할 필요가 없는 그런 경우에만, 즉 단 한 가지 노선의 언론만이 발언할 수 있는 경우에만 가능하다. 그럼으로써 그 언론은 거짓말을 지어낼 수 있는 특허장을 획득한 셈이며 따라서 거짓말이 가능한 모든 요소들을 부추기고 그것들을 최대한 이용하게 되는데 이는 특히 집권층의 상황이 절망적일수록, 그래서 그들에게 진실이 두려워지면 질수록 더욱 심해진다.

따라서 정보의 진실성은 언론의 자유를 폐기함으로써 촉진되는 것이 결코 아니라 그 반대로 극도로 훼손된다.

어떤 견해가 참인지에 관한 문제에 대해서 우리는 필라테(Pontius Pilate, ? ~ ?)[67]와 이야기해보아야 한다. 도대체 진리란 무엇인가? 절대적인 진리는 존재하지 않는다. 단지 인식의 과정만이 존재한다. 그러나 만일 어떤 당파가 자신의 견해만을 유일하게 구원을 행할 수 있는 진리로 독점화하고 다른 견해들은 모두 억압한다면 이 인식과정은 언제나 손상을 입을 것이며 그와 함께 인간의 인식능력도 손상을 입을 것이다.

볼셰비키 지도자들 가운데 이상주의자들은 그들이 진리를 독점하고 있으며 악행이라는 것은 그들과 다르게 생각할 때만 저질러지는 것이라는 선의의 믿음으로 행동하는 것이 분명하다. 그러나 에스파냐 종교재판소의 재판관들도 바로 그런 선의의 믿음을 가지고 있었으리라는 것을 우리는 인정해주어야만 한다. 이런 체제에서는 '인민대중의 문화적인 개화나 교육의 증진'이 이루어질 수 없다. 물론 종교재판관들과 소비에

---

67) 로마 티베리우스 황제 때의 사마리아·이도메아·유대의 제5대 총독(재임 26년 ~36년). 빌라도라고도 불린다. 예수가 유대인들의 고소로 그에게 잡혀 오자 예수의 무죄를 인정하면서도 민중의 강요에 굴복해서 예수 대신에 강도 바라바를 석방하고 예수에게 사형을 선고했다. 후에 그는 사마리아인들의 학살사건 때문에 로마로 소환되어 자살한 것으로 전해진다.

트 공화국의 지도자들 사이에는 한 가지 차이점이 있다. 전자는 현세에서 대중의 물적·정신적 향상을 희망하지 않았다. 그들은 단지 하늘나라에서의 이들 대중의 영혼을 구제하려고 했을 뿐이다. 소비에트 지도자들은 종교재판이라는 방식을 통해서 어떻게 해서든 대중의 생활수준을 높일 수 있다고 믿고 있다. 그들은 종교재판의 방식이 대중의 생활수준을 얼마나 영락시킬 수 있는지에 대해서는 전혀 주의를 기울이지 않고 있다.

높은 수준의 국민교육과 더불어 대중의 높은 도덕적 수준도 사회주의의 전제조건이다. 그러한 도덕은 단지 강한 사회적 감각과 연대감, 그리고 희생정신과 헌신의 자세 등으로 나타날 뿐만 아니라 이들 감정이 동료들의 좁은 테두리를 넘어서 사회 전체로까지 확대되는 형태로 나타나는 것을 의미한다. 우리는 파리코뮌의 프롤레타리아들에게서는 이미 그런 도덕성이 상당히 무르익어 있었다는 것을 보았다. 그러나 오늘날 볼셰비키 프롤레타리아들이 입만 열면 떠벌리는 그 대중에게서는 이런 도덕성이 결여되어 있다.

이제 그런 도덕성은 반드시 확립되어야만 한다. 그래서 트로츠키는 이렇게 외치고 있다.

동지들, 우리는 이 공산주의적 도덕성을 가르치고 지지하고 또한 발전시키고 확립해나가야 할 의무가 있다. 그것은 우리 당이 해야 할 활동영역 가운데 가장 최우선적인 과제다.(『노동, 규율 등등』, 21쪽)

그런데 트로츠키는 정말 새로운 도덕성이 하룻밤 사이에 만들어질 수 있다고 생각했을까? 그것은 오로지 매우 서서히 발전되어가면서 만들어지는 것이다. 그러나 생산을 증진하는 일은 한시도 더 기다릴 수 없다. 만일 공산주의적 도덕성이 사회주의화가 시작되기 전에 미리 만들어져 있지 않다면, 그리고 자본가들에 대한 압류가 이루어지고 난 이후에야 그것을 발전시켜나갈 생각을 하게 되었다면 그것은 이미 때가 너무 늦어버린 것이다.

그렇다면 그것을 어떻게 발전시켜나가야 할 것인가? 그것은 **설교를 통해서 가르쳐야만** 한다. 마치 설교를 통해서 태초에 무엇인가가 만들어진 것처럼 말이다. 만일 마르크스주의자들이 이런 도덕적 설교에 자신들의 희망을 건다면 그들은 그것만으로도 이미 자신들이 어떤 막다른 골목에 갇혔는지를 그대로 보여주는 셈이다.

그러나 물론 새로운 도덕은 단지 가르치는 것으로 그치는 것이 아니라 후원을 받기도 해야만 한다. 그렇다면 어떻게? 도덕은 우리의 삶과 노력의 산물로서 우리는 이런 삶과 노력을 통해서 우리의 생계를 영위하며 도덕도 바로 그것을 통해서 형성된다.

투쟁하는 프롤레타리아가 발전시켜나가는 고매한 도덕성은 두 가지 계기에 의존한다. 사회에서 가장 가난하고 가장 약자로서 프롤레타리아는 가장 깊은 내적 연대를 통해서만 자신들을 주장할 수 있다. 이들의 진영에서는 각자의 헌신과 희생정신이 가장 고귀한 가치로 간주되는데 이는 각자가 가진 부의 크기에 의해서 평가되는 자본가계급의 경우와는 정반대로서 이들 자본가 진영에서는 각자가 어떤 방식으로 그 부를 획득했는지는 문제가 되지 않는다.

그러나 강한 연대감만으로 새로운 사회를 건설할 수 있는 사회주의적 도덕성이 형성되지는 않는다. 그런 연대감은 만일 그것이 좁은 범위에 국한되어 있으면서, 즉 예를 들어 세습귀족, 관료, 장교단 등과 같이 사회의 다른 구성원들을 희생시키면서 자신들의 이익을 추구할 경우, 오히려 반사회적으로 작용할 수도 있다.

근대 프롤레타리아들의 연대감이 사회주의적 도덕성의 수준에 도달하는 것은 그 연대감이 인류 전체로까지 확대되었을 때이며 이는 프롤레타리아 자신의 해방이 인류 전체의 해방 없이는 불가능하다는 의식에서 비롯되는 것이다.

이미 엥겔스는 젊었을 때 이런 사실을 인식하고 프롤레타리아 도덕성의 대폭적인 고양을 예견했다. 그는 자신의 『영국 노동자계급의 상태』

(제2판, 299쪽)에서 다음과 같이 서술하고 있다.

프롤레타리아가 사회주의적이고 공산주의적인 요소를 자신의 내부에 받아들이는 정도에 정확히 비례해 혁명은 유혈과 보복, 그리고 난폭함에서 벗어나게 된다. 공산주의는 그 원칙에서 부르주아와 프롤레타리아 사이의 적대적 관계의 수준을 넘어서 있다. 공산주의는 이런 적대적 관계의 역사적인 의미를 단지 현재에 대해서만 옳은 것으로 인정할 뿐이며 미래에 대해서는 인정하지 않는다. 그것은 바로 이런 적대적 관계를 극복하려고 한다. 그러므로 그것은 이런 적대적 관계가 존재하는 한 자신을 억압하는 자들에 대한 프롤레타리아들의 분노를 필요한 것으로 간주하며 또한 그것을 초기 노동운동의 가장 중요한 지렛대로 간주한다. 그러나 공산주의는 이런 분노를 넘어서 있는데 왜냐하면 공산주의의 문제는 인류의 문제이지 단지 노동자들만의 문제는 아니기 때문이다. 개별적인 보복을 하려거나 또는 각 개개의 부르주아들이 기존의 사회적 관계 아래서 지금과 다르게 행동할 수 있으리라고 생각하는 것은 공산주의자들에게는 있을 수 없는 일이다. 〔……〕 따라서 영국의 노동자들이 사회주의 사상을 점차 받아들이면 들일수록 현재 그들이 가지고 있는 분노, 즉 모든 것을 없애버리려고 하는 폭력적인 성격을 가진 그들의 분노는 점차 가라앉을 것이며 또한 부르주아에 대한 그들의 난폭하고 격렬한 태도도 점차 사라질 것이다. 만일 투쟁이 발발하기 전에 프롤레타리아 전체가 공산주의에 의해서 교화될 수만 있다면 그 투쟁은 매우 평화적으로 이루어질 수도 있을 것이다. 그러나 그것은 이제 더 이상 가능한 일이 아니며 그러기에는 이미 너무 늦어버렸다(엥겔스는 1845년에 곧 혁명이 발발할 거라고 예견하고 있었고 이 혁명은 1848년에도 발발했지만 그것들은 모두 영국에서는 발발하지 않았고 대륙에서만 일어났으며 또한 프롤레타리아 혁명도 아니었다—카우츠키). 그러나 나는 이미 영국에서는 이제 불가피하게 되어버린 부자들에 대한 가난한 자들의 전면적이고 직접적인 전쟁이 발발하기 전에 적어도 사회문제에 대한 본질들이 프롤레타리아들에게 널리 알려짐으로써 전쟁을 통해서 공산당이 혁명의 폭력적인 요소들을 지속적으로 극복하고 테르미도르 9일과 같은 반동을 예방할 수 있게 되리라고 생각한다.

테르미도르 9일은 로베스피에르가 타도되고 파리의 공포정치 체제가 붕괴된 날이었다. 엥겔스는 이와 비슷한 파국이 예방되기를 원했으며 이를 위해서 공산주의자들이 부르주아에 대한 프롤레타리아의 계급투쟁에서 폭력성과 야만성을 제거하고 일반적 이해를 우선시하도록 만들고 싶어했다.

우리는 엥겔스가 생각했던 공산주의가 오늘날의 볼셰비키들과는 완전히 다르다는 것을 알게 되었다. 엥겔스가 원했던 것은 바로 볼셰비키들과 대립해 있는 러시아 사회주의자들이 지향하던 바로 그것이었다. 볼셰비즘은 '초기 노동운동'의 폭력성과 야만성을 자신의 혁명의 원동력으로 삼음으로써 자신의 사회주의 적들을 물리쳤다. 또한 볼셰비즘은 자신의 사회주의 적들을 물리치기 위해 인류 전체의 문제를 '단지 노동자들만'의 문제로 만들어버림으로써 사회주의 운동을 격하시켰고 임노동자들(그와 더불어 농촌의 빈농들에게도)에게만 전권을 부여했으며 자신들에게 찬성하지 않는 모든 사람들의 권리를 완전히 박탈해버리는 것은 물론 극도의 빈곤 속으로 밀어넣는 방식으로 자신들의 지배를 시작했다. 또한 볼셰비즘은 계급을 철폐한다고 하면서 기존의 부르주아를 헬로트(Helot)[68]라는 새로운 계급으로 바꾸어서 만들어내고 말았다. 볼셰비즘은 인류 전체를 해방시켜 좀더 높은 수준으로 끌어올리기 위한 사회주의 투쟁을 최악의 학대와 고문으로 점철된 개개인들에 대한 복수와 분노의 표출로 바꾸어버림으로써 프롤레타리아들의 도덕성을 높은 수준으로 끌어올린 것이 아니라 오히려 도덕적으로 타락시켜버렸다. 볼

---

68) 옛 스파르타의 국유노예를 가리키며 여기서는 부르주아들이 국가에게서 모든 권리를 박탈당함으로써 사실상의 국유노예라는 의미로 사용되었다.

셰비즘은 착취자들에 대한 압류와 새로운 사회적 조직의 창출 사이에 이어져 있는 깊은 내적 관련을 분리시킴으로써 이런 도덕적 타락을 더욱 부채질했는데 착취자들에 대한 압류는 이런 새로운 조직을 통해서만 사회주의적 성격을 띠게 되는 것이었다. 이런 양자간의 분리는 생산수단으로부터 소비수단으로까지 곧장 확대되었다. 거기서 한 걸음만 더 내디디면 그것은 곧바로 스텐카 라진이 행했던 산적행각이었다.

볼셰비즘 강령의 부정적인 측면은 아무런 어려움 없이 대중들에게 쉽게 이해되었다. 즉 그 강령은 이렇게 이해되었던 것이다. 사람이 가질 수 있는 것은 무엇이든 그것을 얻거나 손에 넣기 위해서 사람들은 싸울 필요도 없으며 어떤 의무도 더 이상 인정할 필요가 없고 단지 그것을 그냥 가지기만 하면 된다는 것이었다. 즉 그것은 레닌이 놀라운 방식으로 간결하게 표현했던 그대로 '빼앗겼던 것을 도로 빼앗기만' 하면 된다는 것이었다.(가브론스키 D. Gawronsky, 『러시아 볼셰비즘의 결산』 *Die Bilanz des russischen Bolschewismus*, 베를린, 1919, 39쪽)

이것은 산적두목 스텐카 라진이 이미 소비에트 공화국에 자신의 기념비를 세웠다는 것을 의미한다.

이런 방식으로 볼셰비즘은 새로운 공산주의의 도덕을 '후원하고' 설파했으며 이 새로운 도덕이 없이는 사회주의 건설이 불가능하다고 주장했다. 그것은 러시아 프롤레타리아들 가운데 점점 더 많은 수가 도덕적으로 타락했다는 것을 의미했다.

그런 결과는 볼셰비키들 내부의 이상주의자들에게도 끔찍한 일이었다. 그러나 그들은 이런 현상을 그냥 지켜보기만 하고 그 원인에 대해서는 알아보려 하지 않았다. 왜냐하면 그것은 그들의 정부체제 전체를 무너뜨릴 수도 있는 일이었기 때문이다.

그들은 절망적으로 대중에게 공산주의의 도덕성을 가르칠 수 있는 수단을 모색했다. 그러나 그들 마르크스주의자들과 용감한 혁명가들, 그리고 신출내기들이 찾아낼 수 있었던 것은 궁색한 미봉책에 불과한 것으로서 과거의 낡은 사회가 자신들의 죄악의 산물에서 벗어나기 위해서 매달렸던 수단들인 재판과 감옥소 그리고 처형이었다. 말하자면 공포라는 수단이었던 것이다.

레닌은 앞서 우리가 이미 여러 번 언급했던 글, 즉 「소비에트 공화국의 다음 과제에 대한 글」(47쪽)에서 다음과 같이 말하고 있다.

재판은 규율을 가르치기 위한 도구다. 만일 굶주림과 실업을 러시아의 주된 불행으로 생각하고 이 불행은 단번에 없앨 수 있는 것이 아니라 오로지 전면적이고 포괄적이며 전반적인 조직화와 규율을 통해서만 없앨 수 있다는 생각 [……] 그리고 이때 이런 굶주림과 실업의 고통을 가져온 책임이 어떤 경제영역이나 어떤 사안에서 작업규율을 위반한 모든 사람에게 있다는 생각——그래서 그런 책임이 있는 자를 찾아서 재판에 회부해 가차 없이 처벌하는 것이 반드시 필요하다는 생각——분명하고 뚜렷하게 드러나 있는 현재의 사태는 이런 생각들만으로는 아직 부족할 만큼 더욱 심각한 수준이다.

러시아 프롤레타리아들을 사회주의에 필요한 만큼 성숙시키기 위해서는 가차 없는 처벌을 통해서 그들이 갖추고 있지 못한 공산주의의 도덕성을 그들에게 주입해야만 하는 것이다. 그러나 '가차 없는 처벌'을 통해서는 도덕성이 결코 고양되지 않을 것이며 그런 처벌은 그나마 남아 있던 마지막 도덕성마저도 완전히 파묻어버리게 될 것이다. 가차 없는 처벌이란 낡은 과거의 체제가 달리 어떻게 해볼 수 있는 방법을 알지 못해서 할 수 없이 선택하는 악일 뿐으로서 이는 그 체제에게 좀더 나은 생활조건을 통해서 좀더 향상된 도덕성을 만들어낼 수 있는 돌파구가 봉쇄되어 있기 때문이다. 프롤레타리아에게 도덕성을 좀더 높이기 위해서 가차 없는 처벌 이외에 다른 방법을 찾지 못하는 사회주의 체제는 그것만으로도 이미 자신의 파산상태를 보여주고 있는 셈이다.

독재

사실 레닌도 재판을 통한 처벌만으로 특별히 도덕성이 고양되리라고 기대하지는 않았던 것처럼 보인다. 왜냐하면 바로 이런 재판에 대한 요구에 뒤이어서 그는 또 하나의 요구를 제기하고 있기 때문인데 그것은 "사업체의 각 개별 지도자들에게 독재적이고 무제한적인 전권을 허용"(49쪽)하자는 것이다.

> 모든 기계제 대공업은——이는 곧 물적 생산의 원천이자 사회주의의 토대다——의사결정에서 무조건적이고 엄격한 통일을 필요로 한다. 〔……〕 그러나 이처럼 엄격한 의사결정의 통일을 어떻게 보장할 수 있을 것인가? 그것은 수천 명의 의사(Wille)를 단 한 사람의 의사(Wille)에 복종하게 함으로써 가능하다.
> 이런 복종은 노동에 참여하는 사람들이 전반적으로 이상적인 인식 능력을 갖추고 잘 훈련되어 있을 경우에는 마치 오케스트라의 지휘자가 유연한 지휘를 하는 것과 같은 상황을 연상시킬 수 있다. 그러나 노동자들이 잘 훈련되어 있지 않고 인식능력도 떨어질 경우에는 엄격한 독재의 형태를 취할 수도 있다.(51쪽)

지금까지 우리는 노동자계급의 인식능력과 훈련수준이 프롤레타리아의 성숙을 위한 전제조건이며 프롤레타리아의 성숙이 없이는 진정한 의미에서의 사회주의가 불가능하다고 간주해왔다. 레닌도 방금 언급한 글의 도입부에서 이렇게 말하고 있다.

> 그러한 혁명은 인구의 대다수가, 특히 노동하는 사람들의 대다수가 스스로 역사적으로 만들어낼 때만 성공을 거둘 수 있다.(6쪽)

그는 사회주의가 소수파에 의한 업적이 아니라 인구의 대다수에 의한 업적이고, '특히' 노동자의 대다수에 의할 때만 가능한 것이며 그러나 동시에 '노동하는 사람들'만의 업적이 될 수는 없다는 것을 논증하고 그럼으로써 자의적인 원칙에 반대하고 민주주의 원칙의 정당성을 논증한 다음, 다음과 같이 말하고 있다.

오로지 프롤레타리아와 극빈 농민층이 스스로 충분한 의식과 이념적 소신, 자기희생의 정신, 불굴의 끈기 등을 모두 갖추고 있을 때에만 사회주의 혁명의 승리는 보장될 것이다.

그런데 그는 이제 이런 승리가 재판소와 사업체 지도자의 독재를 통해서 보장되어야 한다고 얘기한다.

혁명은 이제 막 대중을 채찍 아래에 굴복시켰던 오랜 강력하고 힘든 족쇄를 부숴버렸다. 그것은 어제의 일이었다. 오늘 바로 그 혁명은 이제 사회주의의 이익을 위해 대중이 노동과정 지휘자의 단일한 의사에 아무런 반대 없이 복종하기를 요구한다.(52쪽)

대중들은 어제 획득했던 자유를 오늘 다시 빼앗기게 되었는데 왜냐하면 그들은 "스스로 충분한 의식과 이념적 소신, 자기희생의 정신, 불굴의 끈기 등을 모두 갖추고 있지 못하기" 때문이라는 것이었다. 그러나 7쪽에서는 대중에게 이런 자질이 결여되어 있으면 사회주의가 실현될 수 없다고 결론을 내려놓고 다시 52쪽에서는 반대로 "사회주의의 이익을 위해서" 미성숙한 대중들이 독재적인 사업체 지도자들에게 "아무런 반대 없이 복종"해야 한다고 요구하고 있다. 그와 함께 그들의 상태는 그들이 자본주의적 생산양식 아래서 도달해 있던 수준 이하로 떨어지게 되었다. 자본주의적 생산양식 아래서 그들은 자본에게 복종했지만 그러나 아무런 반대 없이 무조건 복종하지는 않았기 때문이다.

물론 레닌과 그의 청중들은 이런 독재가 "노동자들과 피착취자들에 의해서 이루어지는" 것이라는 점에서 자본가적 기업경영과는 구별된다는 사실과 "그 독재가 대중을 일깨워서 역사적 창조의 과업을 수행하도록 고양시킬 목적으로 만들어진 조직에 의해서 이루어지는" 것이라는 사실에서 위안을 삼고 있다. 그리고 그들은 "소비에트 조직이 바로 이런 종류의 조직에 속한다는 것이다."(51쪽)

모든 비판을 배제하고 막아버리는 것이 어떻게 대중을 일깨우고 그들을 역사적 창조의 과업으로 이끌게 하는 것인지에 대해서는 이미 앞서 얘기한 바 있다. 소비에트 조직은 거기에 아무런 변화도 일으키지 못한다. 그러나 "대중을 아무런 반대 없이 개별 지도자들에게 복종시키는" 그 철(鐵, eiserne)의 독재가 대중의 조직화를 통해서 어떻게 대중의 자유로운 자치활동을 이루어낼 수 있단 말인가? 대중에 의해서 선출되고 대중에 의해서 파면될 수 있으며 대중에 의해서 재선이 결정되는 그런 사람은 언제나 대중에게 의존적인 상태에 놓일 것이며 대중이 동의하지 않는 것은 아무것도 실행할 수 없을 것이다. 그는 자신을 뽑아준 조직의 몇몇 개별 구성원의 불복종에 대해서 만일 이들의 불복종을 다수가 반대할 경우에는 이를 잠재울 수 있겠지만, 만일 다시 자신이 이들 다수의 의사에 반해 자신의 명령을 집행하려고 하기만 하면 금방 모든 것은 허사가 되고 말 것이다.

따라서 개인의 독재와 민주주의는 서로 합치될 수 없는 것이다. 그것은 소비에트 민주주의의 경우에도 그대로 적용된다. 물론 레닌은 '이런 방식의 고찰'이 '완전히 틀린 것'이라고 반박하고 있다. 그러나 그의 이런 반박의 근거는 단지 표현의 강도를 높이는 것에 의해서만 제시되고 있을 뿐이다. 왜냐하면 레닌의 반박이란 것은 "만일 우리가 무정부주의자들이 아니라고 한다면 우리는 자본주의에서 사회주의로의 이행에서 국가의 필요성, 즉 강제의 필요성을 받아들이게 된다"(50쪽)는 것 이외에는 달리 없기 때문이다.

그의 이 말에 우리가 동의한다는 것은 두말할 필요도 없다. 민주주의도 당연히 강제를 배제하는 것은 아니다. 그러나 민주주의에서 강제가 이루어지는 유일한 방법은 다수가 소수에 대해서 행사하는 강제뿐이다. 자본주의에서 사회주의로의 이행에서 필요한 강제는 다수 노동자들이 소수의 자본가들에게 행사하는 강제다. 그러나 레닌이 여기서 말하는 혁명의 두 번째 단계, 즉 프롤레타리아들이 이미 자신의 족쇄를 깨뜨려버린 단계에서는 이런 강제가 아무런 의미도 갖지 않는다. 레닌이 말하는 강제는 개인이 노동자 대중에게 행사하는 강제를 의미한다. 이런 종류의 강제가 민주주의와 합치되지 않는다는 것에 대해서 레닌은 단 한마디도 반론을 제기하지 않은 채 단지 희한한 요술을 통해서 그런 강제가 필요한 것인 양 만들려고 한다. 즉 그는 사회주의의 도입을 위해서 다수 대중이 개별 자본가들에게 행사해야 하는 강제, 다시 말해서 민주주의와 잘 합치되는 강제로부터 사회주의를 도입하기 위해 누군가에 의해서 의도적으로 행사되는 강제는 설사 그것이 다수 대중에 대한 개인의 전권을 의미하는 것이라고 할지라도 모두 민주주의와 합치된다고 재빨리 결론을 내려버리고 있다.

그는 이렇게 결론을 내리고 있다.

그러므로 소비에트(즉 사회주의적) 민주주의와 개인의 독재권력의 사용 사이에는 아무런 원칙적인 대립도 결코 존재하지 않는다.

그것은 그럴 수 있다. 그러나 그러기 위해서는 '소비에트 민주주의'가 거기에 어떤 누구도 사회주의라는 이름을 붙이기만 하면 자의적인 지배권을 개입시킬 수 있는 여지를 남기지 않는다는 것을 입증해야만 할 것이다.

만일 어떤 사업체의 노동자들이 자신의 관리자에게 아무런 반대 없이 복종해야 한다면 그 관리자는 노동자들에 의해 선출되어서는 안 되고 노동자들 위에 군림해 있는 권력에게서 임명되어야 한다. 그렇게 된다면 사업체 내에 있는 사업장평의회도 아무 말을 못할 것이다. 또한 그렇게 된다면 그 독재자를 임명하는 중앙집행위원회도 독재권력을 행사할 것이 분명하고 소비에트는 단지 그림자에 불과한 조직으로 격하되고 소비에트에 대표자를 파견하는 대중은 모든 실질적인 권력을 잃게 될 것이 틀림없다.

문히하우젠(Karl Friedrich Hieronymus von Münchhausen)[69]이 자신의 허황된 수렁에서 빠져나오지 못하는 것과 마찬가지로 '의식과 이념적 소신, 자기희생, 그리고 끈질긴 인내심'이 결여된 노동자계층은 그들을 고양시켜줄 독재자를 스스로 선출해서 그 독재자가 그들의 행동에 대해서 의식과 이념적 소신, 자기희생, 그리고 끈질긴 인내심이 필요하다고 요구할 때 그에게 무조건 복종할 능력도 가지고 있지 않다.

또한 단지 지적인 면뿐만 아니라 도덕적인 면에서도, 여기서 요구되는 탁월한 자질을 갖춘 독재자를 어디서 구할 수 있을까? 자의적인 지배는 그것이 개인에 의해서 이루어지든 일단의 무리에 의해서 이루어지든 상관없이 언제나 지배자의 부패를 유발할 싹을 지니고 있다. 이런 부패의 결과에서 벗어날 수 있는 것은 이들 지배자가 단지 특출한 품성을 갖춘 몇몇 예외적인 경우에 그칠 뿐이다. 러시아의 독재자들이 모두 철저하게 이런 자질을 갖추고 있다고 감히 우리는 장담할 수 있을까? 레닌은 이들 독재자들이 매우 신중한 검증을 통해서 걸러지게 될 것이라고 약속한다.

우리는 가능한 한 신중하고 참을성 있게 제대로 된 조직관리자들을 검증하고 찾아내는 방법을 밟아가려고 한다. 우리가 찾아내려고 하는 그런 사람은 냉철한 판단력과 실무적인 재능을 갖추고 있으며 사회주의를 위해서 헌신할 각오가 되어 있고 아무런 잡음 없이(그리고 약간의 분규나 잡음이 있다고 할지라도) 다수의 사람들을 지속적으로 일치단결 시켜서 빈틈없이 소비에트 조직의 틀 속에서 작업을 시켜낼

---

69) 독일의 남작으로서 모험담의 작가. 종종 허황한 얘기를 하는 사람에 비유된다.

수 있는 그런 사람을 가리킨다. 단지 그런 사람들만이 가장 단순한 과제로부터 극히 어려운 과제까지 차례로 검증을 받으면서 관리책임자의 지위에 임명될 수 있을 것이다. 우리는 이런 조직관리자를 검증해내는 것에 대해서 아직 배운 적이 없다. 우리는 앞으로 그것을 배우게 될 것이다.(41, 42쪽)

여기서 '우리'라는 것이 누구를 가리키는 것인지는 얘기하고 있지 않다. 그러나 그것이 무지하고 교육받지 못하고 쉽게 분규에 휘말리는 대중이 아닌 것만은 분명하다. 그것은 상부 기관, 즉 중앙집행위원회일 것이다. 그러나 이 기관도 인민노동의 관리자를 올바로 선발해내는 기술을 '아직 습득하지 못하고 있다'. 이 어려운 기술은 앞으로 습득하게 될 것이라고 약속되고 있다. 그리고 그 약속은 기한을 얘기하고 있지 않다. 분명한 것은 단지 현재에는 아직 그런 관리자의 선발이 극히 불충분한 방식으로 이루어지고 있다는 사실뿐이다. 즉 대중이 아직 필요한 만큼 성숙해 있지 않을 뿐만 아니라 관리자들도 아직은 성숙해 있지 않은 것이다. 압류가 집행되고 나서 이제 조직화로 나아가려고 하는 마당에 우리는 모든 것이, 특히 국가경제의 최고관리자들의 선발이 이제 겨우 학습되어야 할 과제가 되어 있다는 것을 알게 되었다.

부패

그리고 새로운 체제에는 어떤 분자들이 떠넘겨졌는가!

아무리 심오하고 강력한 인민운동도 역사상 더러운 대가를 치르지 않았던 적은 없었다.——즉 거기서는 경험이 미숙한 신참내기들에게 빌붙어서 활개를 치는 온갖 모험가들, 사기꾼들, 허풍선이들, 목소리만 큰 사람들이 난무했으며 아무 생각 없이 우왕좌왕하거나 어리석은 짓 또는 쓸모없는 일들이 자행되었으며 개별 '지도자들'이 수십 가지일을 벌여놓고 하나도 끝을 맺지 못하는 그런 일들이 벌어졌던 것이

다.(레닌, 『다음의 과제』, 40쪽)

물론 모든 위대한 인민운동이 이런 좋지 않은 현상을 겪을 수밖에 없다는 것은 틀림없는 일이며 우리는 독일에서도 이런 현상을 보고 있다. 그러나 그렇다고 하더라도 러시아의 소비에트 체제는 몇 가지 독자적인 특징을 보여주고 있다.

무엇보다도 거기서만큼 '신참내기들'의 '경험이 미숙했던' 곳은 아무데도 없었다. 그것은 불가피한 것이었다. 절대주의 아래서 저항세력들은 국가와 자치단체의 행정조직, 그리고 모든 대규모 조직활동이나 행정활동에 대한 식견을 쌓는 것이 불가능했으며 거기에 참여하는 것은 더더욱 불가능했다. 혁명가들, 특히 그들 가운데 참을성 없고 폭력적인 성향을 가진 분자들의 이해는 경찰과의 싸움, 즉 지하의 음모활동에 집중되어 있었다. 그러므로 그들이 갑작스레 권력을 잡았을 때 경험이 미숙하다는 것을 이유로 그들을 비난해서는 안 되는 일이었다. 그러나 이런 미숙함은 러시아에서 혁명이 발발했을 때 무지하고 훈련되지 않은 대중을 지도해나가야 할 사람들이 그렇게 미숙한 신참자들이라는 점에서 이들 대중이 사회주의를 실현해나가기에 러시아가 얼마나 미성숙해 있었는지를 보여주는 또 하나의 계기이기도 했다. 그것은 또한 대중과 그들의 지도자들이 민주주의를 통해서 훈련이 되어야 하는 것이 바로 사회주의의 전제조건이라는 것을 다시 한 번 보여주는 것이었다. 절대주의에서 사회주의 사회로 단번에 도약할 수는 없는 일이다.

그다음으로 소비에트 체제가 과거의 위대한 인민운동들과 구별되는 점은 이 체제가 '모험가들, 사기꾼들, 허풍선이들, 목소리만 큰 사람들'을 감시할 수 있는 가장 좋은 수단, 즉 언론의 자유를 제거해버렸다는 것이다. 그럼으로써 이들 분자는 전문지식을 갖춘 사람들의 비판을 모면하게 되었다. 그렇지만 그들이 접촉할 수 있는 사람들은 무지한 노동자와 병사들 그리고 미숙한 신출내기들뿐이었다. 그런 사람들에게서 그들은 인기를 얻었다. 물론 볼셰비키 지도자들은 진짜와 가짜를 가려내고 진지하고 무사공평한 조직가들을 사기꾼들과 도둑들에게서 구별해낼 수 있는 방법을 미리 배워야만 했다. 그러나 그들이 이런 것을 '배우기' 훨씬 전에 러시아 노동자들의 낙후성 때문에 생산은 정체되고 완전히 멈춰서 버릴 위험에 처해졌다. 이런 위험을 해결할 수 있는 것은 단지 지도자의 독재뿐이라고 생각되었다. 충분한 선별이 이루어지기도 전에 이들에게 독재를 부여해야만 했다. 그리하여 미리 심사숙고했다면 피할 수 있었던 이런 종류의 독재는 단지 나쁜 방향으로만 작용하게 되었다. 압류를 먼저 실시하고 그다음에야 조직화에 착수했던 것과 마찬가지로 이제 여기서는 독재를 먼저 실시하고 그다음에야 이들을 선별하기 위한 방법을 배우려고 한 것이다.

이처럼 앞뒤가 뒤바뀌어버린 조치는 사회주의를 현실적 관계에 의거하지 않고 단지 의지에 따라서 도입하려고 하면서 곧바로 불가피한 일이 되어버렸다.

그러나 소비에트 체제는 단지 제대로 검증받지도 않고 비판도 불가능하게 된 이들 '모험가들, 사기꾼들, 허풍선이들, 목소리만 큰 사람들'이 활개를 치는 피해만 받게 되지는 않을 것이다. 그 체제는 또한 심성이 풍부하고 정신적으로 수준이 높은 지식인 동지들이 자신에게서 등을 돌려버리는 피해도 적잖이 입게 될 것이다.

지식인들의 협력 없이는 사회주의는 오늘날과 같은 수준의 생산을 수행할 수 없다. 과거 사회주의가 아직 선전 단계에 있었을 때, 즉 프롤레타리아에게 역사에서의 자신의 지위와 거기서 비롯되는 자신의 역사적 과제를 명료하게 의식화시키는 것만이 문제로 되어 있었을 때 사회주의는 자신의 이론을 다듬고 그것을 일반화하기 위해 지식인들을——그들이 부르주아 출신의 학자든, 프롤레타리아 출신의 독학자든 모두——필요로 했다. 그때 문제가 되었던 것은 지식인들의 숫자가 아니라 단지 질일 뿐이었다.

그러나 오늘날 우리가 사회주의를 실제로 수행해나가게 된 시기에 들어서게 되면서 사정은 완전히 달라졌다. 자본주의적 생산과 자본주의 국가가 무수히 많이 신뢰할 수 있고 열정적이며 과학적으로 잘 훈련받은 세력들의 도움 없이는 존립할 수 없는 것과 마찬가지로 사회적 생산과 노동자계급에 의해 지배되는 국가체제에서도 이들은 여전히 필요하다. 그들이 없이 또는 그들과 등을 돌린 상태에서 사회주의는 불가능하다.

사회주의 이론의 개발과 선전에서처럼 사회주의의 건설을 위한 실천적인 협력에서도 인류의 해방이라는 대명제에 대한 열정적인 헌신이 지식인들에게 반드시 필요한 것은 아니다. 그러나 적어도 그들 가운데 상당수가 사회주의 생산의 가능성과 유용성을 확신하고 만일 그들이 여기에 협력했을 때 지적인 낭비가 없겠다는 정도의 생각은 최소한으로 필요하다. 이미 육체노동의 영역에서도 강제노동은 순조로운 생산과 조화를 이루지 못하고 있다는 점을 고려하면 정신노동의 영역에서는 더욱 그러할 것이다.

지식인들이 사회주의의 실행가능성에 대한 의심을 버리고 필요한 권력이 자신들을 지지해주기만 하면 사회주의의 건설을 위해서 협력할 각오를 갖는 것은 사회주의적 생산을 위한 전제조건에 속하는 일로서, 말하자면 사회가 사회주의를 위해서 충분히 성숙하기 위해서는 반드시 먼저 도달해야만 하는 바로 그런 조건에 속한다. 사회주의를 위한 다른 조건들이 갖추어지면 질수록, 그리하여 현실에 대한 인식이 편견 없는 지식인들에게 사회주의에 대한 확신을 가져다주면 줄수록 이런 조건도 더욱더 잘 갖추어질 것이다.

볼셰비키들은 지식인들의 이런 중요성을 처음부터 제대로 인식하지 않았고 단지 그들은 병사, 농민, 도시수공업자들의 맹목적인 추동력에만 주로 매달렸다.

지식인 대중은 물론 지식인 가운데 사회주의자들조차도 처음부터 볼셰비키들에 대해 반대했는데 왜냐하면 그들은 볼셰비키들이 감행하려고 하는 즉각적이고 완전한 사회주의화가 달성되기에는 러시아가 아직 충분히 성숙해 있지 않다고 생각했기 때문이다. 이런 문제까지는 생각하지 못하고 있던 다른 사람들도 지식인들에게 가해지는 가혹한 박해를 보고는 볼셰비키들에게서 등을 돌렸다. 노동자들이 자신들만 공장을 운영하려고 했기 때문에 지식인들은 공장에서 추방당했고, 노동자평의회가 사실상 육체노동자들에게만 선거권을 부여했기 때문에 지식인들은 정치적인 권리도 박탈당했다. 지식인들은 조금이라도 소유하고 있는 재산이 있을 경우 이를 모두 압류당했고 문화적인 생활을 영위할 수 있는 가능성도 모두 박탈당했다. 실로 그들은 강제노동과 굶어죽는 형벌에 처해졌던 것이다.

처음 볼셰비키는 지식인들 없이, 즉 '전문가들' 없이 그들이 모든 일을 처리해나갈 수 있으리라고 생각했다. 차리즘의 견해는 장군이라면 누구나 아무런 예비교육을 받지 않고도 정부의 어떤 자리에나 앉을 수 있다는 것이었다. 소비에트 공화국은 차리즘에서 다른 많은 것들과 함께 이런 견해도 물려받았으며 단지 그들은 장군 대신에 그것을 프롤레타리아로 바꿔놓았을 뿐이었다. 볼셰비즘 이론가들은 이 과정을 "과학에서 행동으로의 사회주의의 발전"이라고 이름붙였다. 그러나 그것은 차라리 "과학으로부터 딜레탕티슴(Dilettantismus)[70]으로의 사회주의의 발전"이라고 부를 수 있는 것이었다.

어린애가 웅덩이에 빠지고 나서야 무엇이 필요한지를 깨닫고 웅덩이를 덮으려고 하는 것과 마찬가지로 소비에트 공화국에서는 현실의 사회적 관계에 대한 깊은 통찰 없이 단지 의지에 의해서만 일을 처리하는 것이 일반화되고 나서야 지식인들을 일에 끌어들여야겠다는 생각을 했는데, 물론 그 일은 앞서 이미 얘기했던 강제노동은 아니었고 그들에게 적합하고 그들이 정통해 있는 그런 일이었다. 정부의 업무를 수행하는 지식인들은 부르주아로 간주되지 않고 부르주아로 취급당하지도 학대받지도 않게 되었다. 그들은 '생산적이고' '유용한' 노동을 수행하는 '경제

---

70) 이탈리아어의 딜레타레(dilettare: 즐기다)에서 유래된 말로써 예술이나 학문에 대해서 하나의 정립된 입장을 취하지 않고 다만 이것저것 즐기기만 하는 태도를 뜻한다. 아마추어리즘으로 해석되기도 한다.

활동' 인구의 범주에 편입되었고 압류로부터 보호를 받았으며 넉넉한 수입을 받게 되었다.

이들 지식인들의 대다수는 자신의 확신에 의해서가 아니라 단지 가난과 학대에 대한 두려움 때문에 정부의 업무에 종사했기 때문에 그들의 노동은 당연히 사실상 생산적이지도 않았고 별로 유용하지도 않았다.

트로츠키는 예를 들어 앞서 이미 인용한 글인 『노동, 규율 등등』에서 이 문제를 고발하고 있다. 그는 이렇게 말한다.

태업에 대한 투쟁의 첫 단계는 이들 태업자들의 조직을 무자비하게 파괴하는 데 있다. 그것은 반드시 필요하며 따라서 옳은 일이다.

이제 소비에트의 권력이 안정된 지금 시기에 태업에 대한 투쟁은 어제의 태업자들을 새로운 체제가 필요로 하는 종사자, 실무자, 기술적 지도자들로 바꾸어내는 데 있다.(13, 14쪽)

즉 트로츠키는 지식인들을 사회주의화를 위한 종사자와 지도자들로 만들기 위해서 '반드시 필요하고 따라서 옳은' 길이 일차적으로는 그들에 대해 '무자비하게' 짓밟는 일이라고 생각하고 있는 것이다.

그것이 어떤 결과를 가져올 것인지에 대해서 그는 스스로 이렇게 얘기하고 있다.

우리는 구시대적인 태업을 분쇄하고 구시대 관리들의 대다수를 쇠빗자루로 쓸어내버렸다. 이들 구시대 관리들의 자리를 새롭게 맡은 사람들은 결코 모두가 우수한 자질을 보여주지는 못했다. 행정부문의 모든 부문에서 사정은 마찬가지였다. 빈자리를 맡은 사람들 가운데에는 먼저 우리 당의 동지들이 있었다. 이들은 지하활동을 하던 사람들로서 혁명학교를 나온 사람들이었으며 가장 우수한 사람들이었고 투쟁가이자 성실하고 품위 있는 사람들이었다. 그러나 다른 한편으로 그런 빈자리를 맡은 사람들 가운데는 출세주의자들, 음모가, 인생의 낙오자들도 있었으며 이들은 구체제 아래서는 일자리가 없었던 사람들이었다. 한꺼번에 엄청나게 많은 훈련된 새로운 노동자들을 키워낼 필요가 생긴 상황에서 많은 구체제의 낙오자들이 새로운 체제의 이들 빈 구석자리들에 함께 끼어들어 갔다는 것은 전혀 놀라운 일이 아니었다.

여러 관청이나 기관에서 일하던 동지들 가운데 많은 사람들은 조직적이고 창조적이며 철저한 일을 수행할 능력을 전혀 보여주지 못했다. 오늘날 우리의 전체 상황이 이제 우리가 공포가 아닌 양심의 의무에 따라서 진력을 다해 사업을 집행하도록 요구하고 있는 이 시점에 우리는 그런 동지들을 내각에 근무하는 동지들 가운데서 흔하게 보게 되는데 특히 이런 동지들은 10월혁명파 볼셰비키들에게서 많이 발견되고 있으며 이들은 하루에 겨우 4시간에서 5시간을 근무하고 있으면서 그나마도 매우 해이한 기강 아래서 일을 하고 있다.(18, 19쪽)

그것은 지식인들을 확신에 의해서가 아니라 이리저리 발길질을 통해서 끌고 가려는 정책이 빚어낸 '필연적인' 일이기는 하지만 그러나 그렇다고 해서 전혀 '옳은' 결과는 아니었다.

그래서 성과를 높이기 위해서는 또 다른 수단을 강구해야만 했다. 1871년 파리코뮌은 국가공무원들의 봉급액수를 최고 6,000프랑으로 제한했다. 소비에트 공화국도 이와 비슷한 조치를 취하려고 했으나 그것은 이루어지지 않았다. 그들은 여기서도 다시 반대의 조치를 취해야만 했다. 레닌은 거기에 대해서 이렇게 지적하고 있다.

우리는 지금 과거의 부르주아적 방식에 따라서 부르주아 전문가들 가운데 가장 뛰어난 사람에게 매우 높은 '보수'를 지불하지 않으면 안 되게 되었다. 〔……〕 그러한 조치는 일종의 타협이며 파리코뮌과 모든 프롤레타리아 권력의 원칙들과 배치되는 조치인 것이 분명하다. 〔……〕 그러한 조치가 자본에 대한 공세의 휴전——일정한 영역에서 일정한 수준의——을 의미하는 것일 뿐만 아니라 우리 사회주의 소비에트 권력을 한 걸음 후퇴시키는 것이기도 하다는 것은 틀림없는 사실이다.(『소비에트 권력의 다음 과제』, 19쪽)

그러나 레닌은 그것이 어쩔 수 없는 일이라고 생각했다. 그리고 그의 생각은 옳은 것이었다.

높은 봉급을 주어야 하는 이유는 두 가지였다.

사업체의 규모가 커질수록, 그래서 거기서 일하는 노동자의 수가 많을수록 다른 조건이 변하지 않는다면 그 사업체가 창출하는 잉여가치의 양은 더욱 커질 것이다. 만일 한 사람의 노동자가 하루에 5마르크의 잉여가치를 생산한다면 100명의 노동자를 거느린 사업체는 하루에 500마르크의 잉여가치를, 1,000명의 노동자를 거느린 사업체는 5,000마르크의 잉여가치를 생산하게 될 것이다. 사업체의 규모가 커지면 그만큼 그것을 조직하고 관리해나가는 것이 어려워지고 이런 조직과 관리를 해낼 수 있는 사람의 수도 적어지지만 반면 이런 우수한 인력을 유치하는 데 필요한 수단도 그런 사업체나 그 소유주는 좀더 많이 갖게 될 것이다. 따라서 대규모 사업체가 커갈수록 그들 사업체 관리자들의 봉급도 많아질 것이고 그들 가운데에는 엄청난 액수를 받는 경우도 생길 것이다. 국가행정기구에서도 이런 상황이 적용될 수 있다. 만일 국가행정기구의 고위관료들의 봉급이 그 기구의 지위에 맞게 높지 않다면 국가행정기구는 이들 고위관료들——물론 이들이 단지 자리만 지키고 있는 사람이 아니라 쓸모있는 능력을 갖추고 있을 경우에만 그렇겠지만——이 민간 산업 부문으로 유출되는 것을 각오해야 할 것이다. 그렇게 되면 국가행정기구의 업무능력은 빈곤해질 것이고 이것이 바로 국영부문이 민영부문에 비해 자주 경쟁에서 뒤지게 되는 원인의 하나를 이룬다.

만일 코뮌이 붕괴하지 않고 그대로 지탱되고 대규모 사업체들이 사회주의화되지 않고 코뮌 아래서 자본주의적으로 발전했다면 그것이 가능했을지, 그리고 그럴 경우 관리자들의 봉급이 최고 6,000프랑으로 고정된 채로 대규모 사업체들이 유지될 수 있었을지의 여부도 역시 의문스럽기는 하다. 이 점에 대해서 4월 2일의 포고령은 당시 파리의 산업상태가 소부르주아적이었다는 점을 잘 말해주고 있다. 그리고 또한 그것은 물론 코뮌의 구성원들이 아무런 사리사욕을 갖고 있지 않기 때문이기도 했다. 우리가 이미 앞에서 지적한 바 있는 재무장관 주르드(Jourde)의 유명한 예는 바로 그런 점을 잘 말해주고 있다.

그러나 소비에트 러시아에서는 강력하게 성장하는 민간의 거대산업과 경쟁하기 위해 우수한 '전문가들'에게 높은 봉급을 지불하는 것이 불가능했다. 왜냐하면 이들 거대산업은 이미 압류를 당했거나 황폐화되어 버려서 민간부문에 아무런 잉여가치도 만들어주지 못하고 있었기 때문이다. 높은 봉급은 단 하나의 목적을 위해서만 사용될 수 있었다. 즉 그것은 지식인들 가운데 유능한 사람들이 품고 있는 거부감을 없애고 그들이 소비에트 공화국에 참여하고 새로운 체제를 지지하는 것이 그들에게 이익이 된다는 것을 일깨우기 위한 목적이 있었을 뿐이었다. 그들에게 확신을 심어줄 수 있는 방법은 없었고 굶주림의 채찍도 별다른 효과를 발휘하지 못하게 되었기 때문에 남은 방법은 이제 단 하나, 그들에게 최소한 자본주의적 생활조건을 다시 제공하는 방식으로 그들을 사들이는 방법밖에 없었던 것이다.

우리는 지금까지 소비에트 공화국에서 사회주의적 생산을 운영해나갈 관리자로 선발된 사람들이 어떤 사람들인지를 살펴보았다. 그들 가운데 일부는 구시대의 음모가들, 진지한 투쟁가들로서 이들은 훌륭한 양심을 가지고 있었지만 실무를 처리하는 데는 '경험이 없는 미숙한 신참내기'들이었다. 그리고 또 다른 한편에는 많은 지식인들이 있었는데 이들 가운데 한 부류는 자신들의 신념과는 상관없이 단지 새로운 권력에 몸을 맡기려는 사람들로서 이들은 그 권력이 어떤 것이든 아무것에나 몸을 맡기는 사람들이었다. 지식인들 가운데 또 다른 부류는 공포와 굶주림과 박해 때문에 어쩔 수 없이 참여한 사람들이었고 마지막으로 또 한 부류는 높은 봉급을 통해서 사들인 사람들이었다. 트로츠키도 스스로 인정했듯이 이들은 "전혀 우수한 자질을 갖춘 사람들이 아니었다". 그들은 뭔가 지식을 갖추고 있었을지는 모르지만 그들은 명백히 소신이 분명한 사람들은 아니었다. 소신이 분명하면서 동시에 실무에도 밝은 그런 사람은 눈을 씻고 보아도 찾기 어려웠다.

바로 이런 사람들의 손에 이제 사회주의를 구하기 위한 명목으로 노동자들이 아무런 반대 없이 복종해야만 하는 독재적인 권력이 주어지게 될 것이다. 이런 독재권력은 아무리 훌륭한 사람도 부패시킬 수 있는 경향이 있다. 그런데 소비에트 공화국에서는 바로 그런 권력을 처음부터 부패한 상태에 있는 사람들에게 맡기게 된 것이다.

사회 전반이 빈곤에 빠져 있고 압류당하고 있는 상태에서 이들은 새로운 자본주의를 위한 토대를 자신들의 수중으로 끌어모으고 있다. 상품생산은 아직 계속되고 있으며 앞으로도 계속되어야만 한다. 왜냐하면 사적 경제로서의 농가경제는 상품경제며 그것이 전체 생활을 지배하고 있기 때문이다. 그런데 농가경제는 갈수록 적은 잉여만을 생산하고 있다. 소비에트 공화국은 농촌부락의 전체 권력을 토지를 거의 소유하지 못한 빈농들에게 부여했는데 이들은 생활수단에서 아무런 잉여도 생산하지 못하는 사람들이다. 이들보다 유복한 농민들은 자신들이 생산한 모든 잉여를 아무런 보상 없이 빼앗기듯이 국영곡물 상점에 공급해야만 한다. 그러나 이런 일은——그것이 제대로 실행될 경우——단 한 번만 성공적으로 이루어질 수 있을 뿐이다. 그 다음해에는 이들 유복한 농민들은 자신들에게 필요한 것 이상을 생산하지 않으려 할 것이기 때문이다. 따라서 농가경제의 수확량은 더 이상 늘어나지 않게 될 것이다. 이런 상황에서도 만약 잉여를 생산하려는 농민들이 있다면 그들은 그것을 감추었다가 몰래 밀거래업자들에게 팔려고 할 것이다.

동시에 산업도 정체되어 있다. 그래서 정부지출은 오로지 새로운 지폐를 무제한적으로 찍어내는 것을 통해서만 겨우 충당될 수 있을 것이다. 이런 상황에서는 프랑스대혁명 시기에 볼 수 있었듯이, 그리고 오늘날 독일에서도 비록 그 정도는 다소 덜할지 모르지만 역시 마찬가지로,

환투기가나 밀거래업자, 그리고 고리대금업자 등이 급격히 자라난다. 노동생산성을 발전시키고 대중의 생활수준을 높이기 위한 물적 토대를 창출하는 자본주의의 최고의 형태는 자본주의의 가장 기생적인 형태들이 강력하게 부활함으로써 이미 제대로 피어나기도 전에 무너져버렸다.

물론 소비에트 공화국은 프랑스의 공포정치 체제와 마찬가지로 투기가와 밀거래업자 그리고 상품투기가들을 없애버림으로써 이들 병폐들을 억눌러보려고 하고 있다. 과거 프랑스에서는 이들 기생적 무리들을 단두대로 보냈지만 이제 소비에트 공화국에서는 이들을 총살하는 형태로 그 방식만 바뀌었을 뿐이다. 그러나 양자가 모두 실패할 거라는 점에서는 똑같다. 이런 방식이 빚어내는 유일한 결과는 1793년과 마찬가지로 오늘날에도 역시 이들 악질자본들이 취하는 위험수당이 증가하게 되리라는 사실뿐이며, 또한 이들 가운데 부주의한 자본들이 독재자들의 그물에 걸렸을 때 이들 독재자들이 요구하거나 얻게 되는 뇌물의 액수도 그만큼 더 증가하게 되리라는 점뿐이다. 그리하여 이것도 다시 재산을 긁어모으는 새로운 토대가 될 것이다.

러시아 신흥관료들의 이런 뇌물경제에 대해서 좀더 자세한 사례를 알고 싶은 사람은 가브론스키(Gawronsky)의 책『러시아 볼셰비즘의 결산』(Bilanz des russischen Bolschewismus)에서 58쪽부터 몇 쪽에 걸쳐 뇌물의 사례에 대해 서술해놓은 부분을 참고하면 될 것이다.

노동자 대중이 '아무런 반대 없이' 몸을 내맡기게 된 이들 새로운 '독재자들'을 어떻게 통제할 것인가? 대중을 도덕적으로 교화시킬 때와 마찬가지로 소비에트 체제는 이들 노동자들의 지도자들을 도덕적으로 교화시키는 방법으로도 단지 재판을 통해서 공포를 불어넣는 방법만을 알고 있을 뿐이다. 프롤레타리아 독재가 그들의 '조직가들'에 의한 독재로 대체되었다면 이제 이 조직가들의 독재는 다시 재판정의 독재로 대체되어야만 한다.

혁명재판소와 '공직자들의 반혁명, 투기 그리고 범법행위와 투쟁하기 위한' 비상위원회가 곳곳에 설치되고 있는데 이들은 자신들에게 걸려든

투기가나 밀거래업자는 물론 관리들 가운데 이들을 도와준 사람까지 모든 사람을 마음대로 판결을 내리고 고발하고 언제든지 총살시킬 수도 있다. 그들은 여기서 그치지 않고 파탄에 빠진 이 공포의 경제체제 전반에 대해서 진지한 비판을 가하는 사람들도 모두 한꺼번에 싸잡아서 처리하고 있다. 모든 반대파들에게는 '반혁명'이라는 이름을 씌우고 있으며 이것은 그들이 어떤 무리들이든 어떤 동기를 가지고 있든 그리고 어떤 수단을 사용하든 어떤 목적을 가지고 있든 아무 상관이 없다.

그러나 애석하게도 이런 온갖 방법도 전혀 도움이 되지 못하고 있다. 오히려 볼셰비키들 가운데 성실한 투쟁가들은 혁명을 정화시킬 마지막 희망인 이 비상위원회도 역시 부패했다는 사실에 경악하게 되었다. 가브론스키는 『비상위원회 주보』(61쪽)에 실린 다음과 같은 쓰라린 얘기를 인용하고 있다.

곳곳에서 우리에게 들려오는 소식에 따르면 도위원회, 특히 지역위원회들에서는 자격이 없는 자들은 물론 직접적인 범법자들까지도 위원회에 끼어들어 가려 하고 있다고 한다.

그런데 가브론스키는 이처럼 위원회에 끼어들려고 하는 것이 단지 시도로만 끝나는 것이 아니라 종종 성공하기도 한다는 소식도 전하고 있다.(62쪽) 즉 혁명적 공산주의의 중앙기관지인 『아르바이츠빌렌』[71]의 1918년 10월 10일자에 실린 한 논문은 이렇게 얘기하고 있다.

모두의 기억들 속에 남아 있는 바에 따르면 지역 소비에트들은 '비상위원회'에 의해서 말 그대로 공포의 도가니 속에 빠져버렸다. 자연도태가 이루어졌다. 소비에트에는 비교적 괜찮은 사람들이 남았으며 반면 비상위원회에는 온갖 종류의 도둑질을 곧바로 할 준비가 되어

---

71) *Arbeitswillen*, '노동의 의지'라는 뜻이다.

있는 갖가지 떠돌이 인간들이 모여들었던 것이다.

그리하여 사회주의를 통해서 인간성을 개조한다는 볼셰비키의 프로그램은 결국 아무런 쓸모가 없는 것이 되어버리고 있으며, 몇몇 성실한 투쟁가들은 점점 불어나는 무지와 부패와 절망의 흙탕물 속에 잠겨서 결국 거기에 빠져 죽을 지경에 이르고 있다.

볼셰비즘의 변질

서방의 많은 혁명가들은 이 글이 씌어지고 있는 시기(1919년 5월)에 아직 볼셰비즘이 권력을 장악하고 있으며 매우 굳건하게 버티고 있다는 점을 의기양양하게 지적하고 있다. 그러나 이들에 대한 비판가들은 볼셰비즘이 권력을 획득한 초기에 이미 그것이 곧 붕괴할 것이라고 예언했다.

만일 볼셰비즘이 자신들의 강령을 충실하게 지켰다면 이런 붕괴는 실제로 벌써 오래전에 닥쳤을 것이다. 볼셰비즘이 지금까지 버틸 수 있었던 것은 그들이 자신들의 강령을 하나씩 둘씩 포기하고 결국 자신들이 목표로 했던 것과 완전히 반대의 지점에 도달했기 때문이다.

그들은 권력을 획득하기 위해서 자신들의 민주주의 원칙들을 내팽개쳤다. 그들은 권력을 유지하기 위해서 이들 민주주의 원칙에 뒤이어 자신들의 사회주의 원칙들도 역시 내팽개쳤다. 그들은 **사람들**을 지켜내려고 노력했고 그 대신 자신들의 **원칙**을 희생시켰으며 그럼으로써 자신들이 진정한 의미에서의 기회주의자들임을 스스로 보여주었다. 러시아에서 볼셰비즘은 지금까지 승리를 거두었지만 사회주의는 거기서 이미 패배했다.

우리는 볼셰비즘 체제 아래서 발전되어온 사회형태, 즉 볼셰비키의 방법이 사용되면서 필연적으로 발전해간 사회형태만을 계속 살펴보고 있다. 지금까지 얘기된 것들을 다시 한 번 짤막하게 요약해보기로 하자.

우리는 현재의 볼셰비키 러시아의 농민층이 아무런 제약 없는 사적 소유와 최대한의 상품생산의 토대 위에 서 있다는 것을 살펴보았다. 이들은 도시의 공업과 아무런 유기적인 통일 없이 혼자서 생활을 꾸려나가고 있다. 도시의 공업은 농촌을 위한 상품잉여를 전혀 생산하지 않고 있기 때문에 농업생산물이 자발적이고 합법적으로 도시에 공급되는 것도 갈수록 부진한 상태를 보이고 있다. 농민들은 한편으로는 폭력적인 징발이나 아무런 보상 없는 약탈에 의해서, 또 다른 한편으로는 불법적인 밀거래를 통해서 옛날에 쌓아둔 공산품 가운데 마지막 재고를 농촌으로 반출하는 방법을 통해서 공산품을 조달받고 있다.

대토지소유를 붕괴시키고 나자 볼셰비즘은 농민들에게 더 이상 아무것도 줄 것이 없었다. 볼셰비즘에 대한 그들의 사랑은 증오로 바뀌었으며 이런 증오는 먼저 노동하지 않고 따라서 농업을 위해서 아무런 생산물도 공급해주지 못하는 도시의 노동자들에게로 향했다. 그리고 그 증오는 군인들을 농촌으로 보내서 생활수단을 징발해간 권력자들에게로 향했다. 또한 그들은 온갖 종류의 속임수 교환방식을 통해서 농민들에게서 잉여를 빼앗아가려고 하는 도시의 투기가들과 밀거래자들을 경멸했다.

이처럼 완전히 소부르주아적인 농촌경제와 더불어 도시에서는 사회주의화하려는 사회가 등장하고 있다. 이 사회는 계급차별을 철폐하려고 했다. 그 사회는 상층계급들을 끌어내리고 해체하는 것으로부터 시작했으며 하나의 새로운 계급사회를 완성함으로써 끝을 맺었다. 그 사회에는 세 계급이 포함되어 있다.

가장 하층계급은 과거의 '부르주아들'로서 말하자면 자본가, 소부르주아, 지식인들 가운데 이 사회체제에 반대한다고 생각되는 무리들이다. 이들은 정치적인 권리를 박탈당하고 모든 생산 및 소비수단을 약탈당한 채로 종종 극히 혐오스러운 종류의 강제노동에 종사해야 하며 또한 그 대가로 거의 굶어죽을 정도이거나 정말 굶어죽기에 꼭 알맞은 정도만을 식량으로 지급받고 있다. 스파르타의 노예나 다름없는 상태에 처한 이들 최하층계급의 참상은 자본주의가 한때 만들어냈던 그 끔찍스런 참상들에 버금가는 것이다. 바로 이것이 볼셰비즘의 고유한 폭력행위들이 만들어내고 있는 것이며 또한 인류의 해방을 위한 볼셰비즘의 위대한 첫걸음인 것이다.

이들 최하층 바로 위에 중간계급으로 임노동자계층이 있다. 이들은 정치적으로 특권을 누리고 있다. 단지 그들에게만 헌법에 명시된 바에 따라 도시에서의 선거권과 언론 및 결사의 자유가 주어져 있다. 그들은 자신들의 일자리를 스스로 선택할 수 있으며 자신들이 스스로 통제하는 노동의 대가로 충분한 보수를 받을 수 있다. 아니 좀더 정확하게 말하면 과거에는 그럴 수 있었다. 왜냐하면 현재의 상태에서 러시아의 산업은 대다수 임노동자 대중에게 그렇게 해줄 수 있는 능력을 점점 상실해가고 있기 때문이다.

산업을 구출하기 위해서 노동자계층 위에 새로운 관료계급을 만들어야 했는데 이들은 점점 더 실질적인 권력을 장악해가고 있어서 노동자들의 자유를 명목상의 자유로만 변질시켜가고 있다. 물론 이런 일이 노동자들의 저항 없이 이루어진 것은 아니며 그런 저항은 산업과 교통체제가 전반적으로 붕괴되어가고 농촌과 도시 사이의 단절이 식량사정을 점점 악화시켜서 결국 노동자들의 명목임금이 계속 상승하는데도 식량을 구하기 어렵게 되어감에 따라서 함께 커져갔다.

노동자 계층에게서 볼셰비키들에 대한 열광은 점차로 사라져갔다. 그러나 관료들에 대한 노동자계층의 반대는 그들에 비해 높은 교육을 받은 관료들의 폐쇄된 조직에 비해서 비조직적이며 분산적이고 무지한 것이었다. 그래서 이들 관료들에 대한 반대는 제대로 나타나지 않았다.

그리하여 노동자평의회의 독재는 새로운 관료들의 독재로 발전해갔는데 이들 관료는 노동자평의회에서 직접 파견되거나 또는 임명되거나 아니면 거기서 승인을 받은 사람들이었다. 이들은 도시의 세 계급 가운데 최상층계급이며 과거의 공산주의 사상가들과 투쟁가들의 지도 아래 만들어진 새로운 지배계급이다.

낡은 관료제였던 '진'(秦)[72]의 절대주의가 새롭게, 그러나 전혀 개선되지 않은 모습으로 다시 나타났다. 그리고 이 절대주의와 함께 직접적인 범법행위를 통해서 초기 산업자본주의 아래 깊숙하게 숨겨져 있던 새로운 자본주의의 싹도 함께 새롭게 형성되었다.

단지 낡은 봉건적 대토지소유만이 새롭게 부활하지 않았다. 러시아의 사회적 관계는 그것을 철폐하기에는 충분히 성숙해 있었다. 그러나 자본주의를 철폐하기에는 아직 충분히 성숙하지 않았다. 자본주의는 자신의 부활을 축하했으나 그 형태는 과거에 비해서 프롤레타리아에게 훨씬 더 억압적이고 고통스러운 것이었다. 사적 자본주의는 고도로 발전된 산업적 형태를 띤 것이 아니었고 빈약하고 야비한 밀거래와 화폐투기의 형태를 띠었다. 산업자본주의는 사적 자본주의에서 국가자본주의로 되었다. 원래 국가의 관료와 사적 자본의 관리자들은 서로 비판적으로 대립했고 때로는 극히 적대적이기도 했다. 노동자들은 어떤 때는 전자에게 어떤 때는 후자에게 대항하는 것이 옳았다. 그런데 이제는 국가의 관료와 자본가적 관료가 하나로 합쳐져버렸다. 그것이 바로 볼셰비즘이 만들어낸 위대한 사회주의적 변혁의 최종결과물이었다. 그것은 지금까지 러시아에서 있었던 모든 전제정치 가운데 가장 억압적인 독재를 의미하는 것이었다. 착취자에 대한 압류에 사용하기 위해 민주주의는 노동자평의회의 독재로 바뀌었으며 그것은 이제 다시 새로운 관료의 독재로 바뀌었고 이는 노동자들을 과거에 그들이 겪었던 것보다 훨씬 더 큰 경제적 예속에 빠뜨림으로써 민주주의가 노동자들에게도 사문화되어버리는 결과를 가져왔다.

그런데 이런 자유의 상실은 그들에게 복지의 증가를 통해서 보상되고 있는 것이 아니다. 새로운 경제적 독재는 앞서 있었던 경제적 무정부상태——그것은 급속하게 종말을 맞게 될 것이었다——보다는 분명 무엇인가 조금 나은 것이다. 경제적 무정부상태가 가져올 종말은 독재를 통해서 약간 연기되기는 하겠지만 그것이 특별히 나을 것도 없을 것이다.

---

72) 중국 주(周)나라 때 제후국의 하나로 중국 최초로 통일을 완성한 국가(기원전 221~기원전 207).

왜냐하면 새로운 관료들도 경제적으로 그다지 운영을 잘 해내지는 못할 것이기 때문이다.

새로운 조직이 지금까지 얼마나 불만스럽게 운영되고 있는지에 대해서는 무엇보다도 최근 『프라우다』를 통해서 발표된 교통위원 크라신(Krassin)의 긴급성명에서 잘 드러나고 있다. 그의 성명은 다음과 같다.

1. 기존의 철도관리 체계는 5년간의 전쟁이 빚어낸 객관적인 어려움과 결합되어 교통이 거의 마비될 정도로 교통체계 전체가 파탄지경에 빠져 있다.

2. 이런 파탄의 원인은 잘못된 조직형태나 운영방법은 물론 낮아진 인적 생산성과 운영형태 및 운영기구의 잦은 변경 등에도 있다.

3. 우리에게 당면해 있는 과제는 최소한의 굶주림을 면할 수 있는 식량배급과 산업에 필요한 최소한의 연료 및 원료가 충분히 공급될 수 있도록 교통체계를 재건하는 것이며 이 과제는 철도부문의 인력들이 영웅적으로 전력을 다해주어야만 달성될 수 있을 것이다.

4. 이 일은 한시도 지체되지 않고 즉각 이루어져야 하는데 왜냐하면 그것이 이루어지지 않으면 혁명의 모든 성과가 사라질 위험에 처할 것이기 때문이다.

5. 친분에 의존하고 실질적으로 아무런 책임감이 부여되지 않은 관리방법 대신에 인력 관리의 원칙과 책임감이 좀더 강조되는 원칙들이 확립되어야 한다. 전철수(轉鐵手)에서부터 평의회위원에 이르기까지 전원이 나의 모든 지시에 철저하고 확고하게 따라야만 한다. 개혁조치들은 중단되어야 하며 가능한 한 모든 곳에서 과거의 방식을 다시 도입해야 하며 중앙사무소와 선로들에 설치된 과거의 각종 기술적 장치들은 다시 복구되고 유지되어야 한다.

6. 도급제 작업의 도입이 반드시 필요하다.

크라신은 소비에트 정부 내에서 중요한 인물로서 실무적인 훈련을 받고 과학적인 교육도 제대로 거친 몇 안 되는 조직적 재능을 갖춘 사람이다. 그리고 철도 종사자들은 러시아 노동자계층 가운데 엘리트그룹을 이루고 있었다. 이들은 차리즘 아래서도 이미 훌륭한 조직을 발전시켜 나왔으며 끊임없이 탁월한 지적 능력을 보여왔다. 그런데도 그들의 상태가 바로 이러했던 것이다.

포고령이 명백하게 보여주고 있는 것은 곤경의 원인이 숱하게 반복적으로 주장되고 있듯이 단지 전쟁의 결과 때문만은 아니라는 사실이다. 전쟁의 결과는 이런 곤경을 단지 좀더 심화시켰을 뿐이었다. '혁명의 모든 성과가 사라질 위험에 처하도록 위협'하고 있는 것은 사회적 관계의 미성숙이다. 혁명을 구출하기 위해서 당장 필요한 것은 '개혁조치들을 중단하고 과거의 방식을 다시 도입하는 것은 물론 과거의 기구들을 복원하는' 일인 것으로 생각된다. 즉 혁명의 **사람들**(Münner)을 구하기 위해서 **제도**(System)의 혁명은 본래 상태로 되돌려야 하는 것처럼 생각되는 것이다.

물론 이전의 다른 포고령들이 그랬던 것처럼 이런 포고령이 그것을 실행할 인간들을 변화시키지는 못할 것이다.

과거의 자본주의가 그랬던 것처럼 이 새로운 '공산주의'도 자신의 무덤을 스스로 파고 있다. 그러나 과거의 자본주의는 단지 스스로의 무덤만 판 것이 아니라 새로운 강력한 생산력도 만들어냄으로써 스스로의 무덤을 파면서 그 죽어가는 자리에 좀더 높은 생활형태를 앉혀놓았다. 현재의 러시아와 같은 조건에서 공산주의는 현존하는 생산력을 저해할 뿐이다. 그것의 무덤에는 좀더 높은 생활형태가 자리를 잡지 못할 것이며 오히려 과거의 원시적인 생활형태만이 거기서 새롭게 시작될 것이 틀림없다.

그런 체제는 강력한 무력수단, 즉 맹목적으로 명령에 복종하는 군대의 힘을 빌려야만 단지 일시적으로나마 유지될 수 있다. 볼셰비키는 바로 그런 군대를 만들었으며 그리하여 이 부문에서도 자신들이 살아남기 위해 자신들의 원칙을 포기할 준비를 했다.

그들은 처음 '기존의 국가기구들'을 그것의 군사적·관료적 기구들과 함께 파괴하는 것에서 출발했다. 그것을 끝내고 난 다음 그들은 자신들이 살아남기 위해서는 바로 그런 기구들을 다시 만들 필요가 있다고 생각한 것이다.

그들은 군대를 해체하고 그 대신 병사평의회를 만들어서 이 평의회가 자신들의 장교를 직접 임명 또는 해임하고 자신들이 마음에 들 때만 그런 장교들의 명령에 따르도록 해야 한다고 가장 앞장서서 주장함으로써 권력을 잡았다. 병사평의회는 노동자평의회와 더불어 볼셰비키 정책의 처음과 끝을 이룬다. 이들 평의회에는 모든 권력이 부여되었다.

그러나 그것은 탁상공론에 불과했다. 볼셰비키들은 저항에 부딪히게 되자 곧 군대를 필요로 하게 되었는데 그 군대는 군기가 해이해져 있거나 각 부대마다 제각기 자기 마음대로 따로따로 움직이는 그런 군대가 아니라 명령에 따라서 싸우고 어떤 경우에도 자신들에게 복종하는 그런 군대를 의미했다.

처음에는 열의가 절대복종을 대신할 수 있을 것이다. 그러나 노동자들의 열의가 식기 시작하고 지원자의 수가 점점 줄어들고 각 부대 곳곳에서 명령을 어기는 사태가 나타나기 시작하면 그다음에는 어떻게 될 것인가?

산업에서 민주적인 사업체가 존속하기 위해서는 일정한 정도의 물적·정신적 조건이 필요하다. 무력을 발전시켜야 하는 군대에서는 이미 그 본질에서 민주주의는 배제되어 있다. 전쟁은 언제나 민주주의의 무덤이었다. 전쟁이 오랫동안 지속되는 내전의 경우도 이는 마찬가지다. 볼셰비즘은 필연적으로 내전을 만들어냈고 그럼으로써 필연적으로 병사평의회의 폐지도 함께 가져왔다. 볼셰비키 독재는 노동자평의회의 개선(改選)을 어렵게 만들고 모든 반대자들을 평의회에서 추방함으로써 노동자평의회를 그림자처럼 아무 내용도 없는 껍질만의 기구로 만들어버렸다. 그리고 이제 병사평의회에 대해서도 볼셰비키 독재는 장교의 선출을 비롯한 그것의 모든 중요한 기능들을 빼앗아버렸다. 장교는 옛날과 마찬가지로 정부가 임명했다. 그리고 지원자가 충분하지 않았기 때문에 볼셰비즘 이전과 마찬가지로 다시 강제징집 제도를 실시했다. 그것은 정부와 국민들 사이에 새로운 갈등의 원인이 되었다. 군대의 증가로 말미암아 다시 숱한 농민들의 봉기가 발생했다. 군대 내에서 집단적인 탈영은 일상사가 되고 있는데 이것은 대량의 총살이 집행되고 있는 사실에서 짐작할 수 있다.

1919년 5월 29일자 『위마니테』(*Humanité*)에는 볼셰비즘에 매우 우호적인 한 기사가 실렸는데 그것은 러시아에서의 현장취재에 토대를 둔 것으로 「공산주의자의 원칙과 그 적용」이라는 제목을 달고 있었고 다음과 같은 문장으로 끝을 맺고 있다.

적군(赤軍, Krasnaya armiya)[73]은 협정의 산물이다. 볼셰비키 체제는 여러 번 반복해서 자신의 반군사주의를 천명해왔다. 러시아 국민들은 평화를 매우 사랑하는 국민으로서 예나 지금이나 여전히 전쟁을 싫어한다. 징집은 강력한 저항에 부딪히고 있다. 과거 차르의 군대에서와 마찬가지로 적군에서도 여전히 많은 탈영병이 발생하고 있다. 한 체제가 자신이 정해둔 목표에 도달하지 못하는 것은 그 체제의 모든 사람들이 정해진 길을 따르지 않기 때문인 것으로 보인다.

이것은 바로 적군에 대해 열광하는 전형적인 사람으로서 볼셰비키의 원칙에 깊이 심취한 사람이 표현한 것이다.

변명이나 핑계를 무시하고 사실 자체만을 본다면 이들 사실은 군사적인 영역에서도 과거 차르체제 아래의 상태가 다시 복원되었을 뿐만 아

---

73) 1918년부터 1946년까지의 소련 육군의 명칭. 정식 명칭은 노농적군(勞農赤軍). 1918년 1월 인민위원회의 결정에 따라 러시아혁명을 방위하고 세계 프롤레타리아 혁명운동의 군사적 전위임무를 수행하기 위해서 지원제로 발족했다. 지원병의 부족으로 구제정의 장교를 채용하고 7월에는 징병제로 바꾸어서 18~40세의 남자에 대해 병역의무를 부과했다.

니라 오히려 더욱 악화되었다는 것을 보여주는데 왜냐하면 볼셰비키들의 반군사주의적인 원칙의 천명에도 불구하고 새로운 군국주의는 과거보다 훨씬 더 강력한 것으로 발전해나간 것이 명백하기 때문이다. 이 점에서는 프랑스대혁명 시기에 공화국이 나폴레옹의 제정을 준비했던 사회적 관계가 여기서 다시 반복되어 나타나고 있는 셈이다.

그러나 레닌은 러시아의 나폴레옹이 되는 것으로 끝나지 않을 것이 틀림없다. 코르시카 출신의 나폴레옹은 프랑스의 깃발이 유럽 전체에서 승리의 깃발로 나부끼게 함으로써 프랑스 사람들의 마음을 사로잡았다. 그것은 한편으로 유럽을 정복하려는 혁명의 원칙을 만족시켜주는 것이었고 다른 한편으로 프랑스 군대가 유럽 전체를 약탈해서 그 노획물로써 프랑스를 부유하게 만들었다는 점에서 만족을 안겨주었는데 이 만족감은 아직도 여전히 살아 있다.

러시아는 방어전에서만 강하다. 러시아에서 교통의 불편함은 침략군을 저지해주기도 하지만 그것은 또한 러시아 군대가 자신의 국경을 넘어서 다른 나라로 침입해 들어가서 승리를 거두는 것도 어렵게 만든다. 그래서 레닌도 물론 자신의 혁명의 깃발이 유럽 전체에서 승리의 깃발로 나부끼기를 희망했을지 모르지만 그것은 전혀 가망이 없는 일이었다. 또한 볼셰비키의 혁명적 군국주의는 러시아를 부강하게 만들지도 못할 것이며 오히려 그것은 새로운 빈곤의 원천이 되고 있을 뿐이다. 오늘날 러시아의 산업은 일부 복구된 범위 내에서조차 주로 군수품의 생산에 치중하고 있으며 다른 생산적 목적에 쓰이고 있지 않다. 러시아 공산주의는 사실상 모든 점에서 병영(兵營)사회주의로 되어가고 있다.

볼셰비키 방식의 경제적·도덕적 실패는 이제 피할 수 없는 것이 되고 있다. 그런 실패가 군사적인 붕괴를 통해서 비로소 끝을 보게 될 것이라면 그것은 단지 연기될 수 있을 뿐이다.

어떤 세계혁명이나 바깥에서의 도움도 볼셰비키 방식의 경제적 실패를 가로막을 수는 없을 것이다. '공산주의'에 대한 유럽 사회주의의 임무는 다른 곳에 있다. 즉 어떤 한 사회주의 방식의 도덕적 파탄이 사회주의 전체의 파탄으로 이어지지 않도록 하는 것, 그리고 이 방식을 마르크스주의와 엄격하게 구별해내고 이런 구별을 대중에게 의식화시키는 일이 바로 그것이다. 대중에게 볼셰비즘과 사회주의를 동일한 것으로 선전하고 대중에게 소비에트 공화국이 노동자계층과 사회주의의 전능을 깃발에 내걸고 있다는 이유만으로 사실상 사회주의를 실현한 것이라고 믿게 만드는 것을 사회혁명을 위한 봉사로 생각하는 급진적 사회주의 언론들은 사회혁명을 매우 잘못 이해하고 있는 것이다.

테러

물론 여기서 서술한 사태들이 볼셰비키의 의도에서 비롯된 것은 아니었다. 오히려 그 반대로 그들이 의도했던 것은 그것과 완전히 다른 것이었으며 그들은 온갖 수단을 다 써서 자신들의 의도를 지키려고 노력했다. 그러나 모든 것은 결국 볼셰비키 체제가 처음 출발할 때 사용했던 것과 같은 처방으로 흘러갔는데 그것은 바로 폭력, 즉 몇몇 독재자들에 의한 자의적인 폭력으로서 그것은 그들에 대한 아무리 조그만 비판도 불가능하게 만들었다. 공포정치 체제는 공산주의적 방식의 불가피한 결과가 되어갔다. 그런 필연적인 귀결을 막으려는 것은 헛된 노력이었다.

볼셰비즘 아래서 무성했던 여러 현상 가운데 하나가 테러리즘이며 이것은 처음에 모든 언론의 자유를 철폐하는 것에서 시작해 대량학살 체제에서 그 정점을 이루었는데 그것은 볼셰비즘에 대한 격렬한 증오를 불러일으킨 원인 가운데 특히 두드러지는 것이면서 가장 반발을 많이 가져온 장본인이었다.

그러나 만일 우리가 그렇게 폭력적이고 역사적인 대량학살에 대해서 그 과실의 책임을 어디로든 돌려야 한다면 그것은 그들의 비극적인 운명 때문이지, 그들 자신의 개인적인 책임으로 돌릴 수는 없다. 과실의 책임 문제를 해명하려는 사람은 개인이 도덕적 규범을 위반한 것을 조사해야 하는데 그것은 좀더 엄격하게 얘기해서 그들 각 개인의 의도를 의미할 수 있다. 어떤 집단이나 계급, 국민 등은 사실상 아무런 의도를 갖지 않으며 이들에게는 그런 의도를 가진 기관이 없으며 따라서 이들은 과실을 저지를 수도 없다. 집단이나 조직은 통일적으로 행동할 수는 있지만 이런 행동을 수행하는 각 구성원 개개인의 동기는 제각기 매우 다를 수 있다. 그리고 이러한 동기들은 도덕적인 책임에서 결정적인 원인을 이룬다.

볼셰비키들의 동기는 분명 아주 좋은 것이었다. 권력을 장악한 초기에 그들은 자신들이 프롤레타리아의 계급상태에서 비롯되는 휴머니즘 사상으로 완전히 충만되어 있다는 것을 잘 보여주었다. 그들의 첫 번째 포고령은 사형제도를 폐지하는 것이었다. 그러나 만일 그들에게 책임을 물으려 한다면 그것은 바로 이 포고령이 발표된 시기에 그들이 권력을 위해 그렇게 오랫동안 굳건하게 견지해오던 민주주의와 사적 유물론의 원칙들을 포기하기로 결정했다는 점에 있을 것이다. 그들의 책임은 그들이 1873년 에스파냐의 바쿠닌주의자들이 그랬던 것과 똑같이 러시아의 낙후성에도 불구하고 '노동자계급의 즉각적이고 완전한 해방'을 선언하고 이 목적을 위해 민주주의는 '맞지 않기' 때문에 프롤레타리아 독재라는 간판 아래 그들 자신의 독재를 확립했던 점에 있다.

그들의 책임은 바로 여기서 찾아야 할 것이다. 일단 이 길로 접어들게 되자 그들은 테러리즘을 피해갈 수 없었다. 폭력행위 없이 평화적이고 현실적인 독재가 가능하다는 생각은 하나의 환상에 불과하다.

테러리즘의 도구는 우리가 앞서 얘기했던 혁명재판소와 비상위원회였다. 두 기구의 운영은 군부대에서의 강제노동 조치를 제외한다 하더라도 그 희생자의 수를 헤아릴 수 없을 정도로 끔찍한 것이었다. 비상위원회에 의한 희생자들은 도대체 그 수가 얼마인지 완전하게 조사한다는 것 자체가 어려운 일이다. 그러나 어쨌든 희생자 수는 수천 명에 달하는 것이었다. 가장 적게 잡는 사람의 얘기를 빌리더라도 그 수는 6,000명에 달하고 있다. 어떤 사람은 그 두 배에 달한다고도 하고 또 어떤 사람은 세 배로 얘기하기도 한다. 거기다 마음대로 구금되고 죽도록 가혹행위를 당하거나 고문을 당한 희생자의 수도 제대로 헤아리기 어려울 정도다.

볼셰비즘을 옹호하는 사람들은 적들, 즉 핀란드 근위병, 발트 해의 귀족들, 반혁명적 구차르체제 아래의 장군들이나 제독들도 이런 가혹행위 면에서는 별로 나을 바가 없다고 항변한다. 그러나 다른 사람이 도둑질을 한다고 해서 도둑질이 정당화될 수 있는 것일까?

다른 사람들은 자신의 권력을 유지하기 위해 인간의 생명을 마음대로 희생한다고 하더라도 그것이 그들의 원칙을 해치는 것이 아니겠지만 볼셰비키들이 그렇게 한다는 것은 인간생명의 존엄성에 대한 그들 자신의 원칙을 배신하는 것을 의미하는데 그 원칙은 그들이 스스로 천명하고 제기하고 정당화해왔던 바로 그 원칙이었다. 우리가 이들 귀족이나 구체제의 장군들과 싸우는 이유는 그들이 인간의 생명을 대수롭지 않게 생각하고 단지 그들의 권력을 위한 수단으로만 간주했기 때문이 아닌가?

물론 그 목적이 서로 다르다고 얘기하기도 한다. 즉 목적이 좀더 고귀한 것이라면, 권력자의 파렴치한 목적 때문에 그의 수중에서 천박하게 되어버린 수단도 신성한 것으로 변모된다는 것이다. 그러나 목적이 무조건 모든 수단을 신성하게 만드는 것은 아니며 그것이 그렇게 할 수 있는 것은 단지 수단이 목적과 일치할 때뿐이다. 목적에 위배되는 수단은 목적에 의해서 신성시될 수 없다. 인간에게 내용과 목적을 제공하는 생명을 희생시킴으로써 생명을 옹호할 수는 없듯이 자신의 원칙을 포기하는 방식으로 자신의 원칙을 지켜낼 수는 없는 법이다. 좋은 의도가 나쁜 수단을 사용하는 사람에게 용서를 가져다줄 수도 있겠지만 그럼에도 수단 그 자체의 잘못은 그대로 남는다. 그런 수단을 많이 사용하면 할수록 그것이 저지른 잘못도 그만큼 더 커질 뿐이다.

그런데 볼셰비키 테러리즘의 목적이 전혀 문제가 없는 것은 결코 아니다. 그것의 당면과제는 그것이 만들어낸 군국주의적 관료제 권력기구들을 그들이 계속 장악하는 데에 있다. 물론 그것은 이들 기구 내에서 부패와의 투쟁을 통해서 이루어져야만 한다.

올해 4월 1일 『프라우다』에서 두켈스키(Dukelski)는 볼셰비즘과 정부기구 내에서 자신의 범죄적 목적에 이용하기 위해 공산주의와 결탁하려는 들러리꾼들과 도둑들 그리고 야바위꾼들을 정화해내야 한다고 요구했다. 레닌은 여기에 대해서 다음과 같이 말하고 있다.

　편지의 주인은 우리가 우리 당에서 야바위꾼들과 도둑들을 정화해내야 한다고 요구하고 있다.——이것은 전적으로 정당한 요구로서 우리가 이미 오래전부터 제기해왔고 또 실행해오던 것들이다. 우리는 야바위꾼들과 도둑들을 **처형하고 있으며** 앞으로도 **계속 처형해나갈 것이다**. 그러나 우리는 이런 정화작업이 좀더 신속하고 철저하게 이루어질 수 있도록 정직하고 편견 없는 지식인들의 도움을 필요로 하고 있다.

　처형——그것이 공산주의 통치술의 처음이며 동시에 끝이다. 그렇지만 레닌은 그래도 도둑들과 야바위꾼들과의 싸움을 위해서 지식인들에게 도움을 요청하고 있지 않은가? 물론 그는 지식인들이 이런 투쟁을 도울 수 있는 유일한 수단, 즉 **언론의 자유**는 계속해서 유보시킨 채로 이 말을 하고 있다. 그런 야바위꾼들과 도둑들은 온갖 무제한적이고 통제되지 않은 행정권력에 빌붙어 있다가 언론의 자유가 지켜지지 않는 틈을 이용해서 독버섯처럼 자라나는 무리들이며, 따라서 이들은 무제한적인 언론의 자유를 통해서만 통제가 가능하다.

　그러나 오늘날 러시아의 언론은 야바위꾼들과 도둑들이 끼어 앉아 있는 그런 행정기구들의 수중에 모조리 들어가 있다. 이런 상황에서 레닌은 야바위꾼들과 도둑들이 혁명재판소와 비상위원회에까지 끼어들어가서 이들 기구를 이용해 '정직하고 편견 없는 지식인들'을——야바위꾼들과 도둑들의 범법행위를 감시할 능력을 가진——처형하게 되지 않는다고 어떻게 장담할 수 있을까?

　부패와의 싸움을 위해서 만들어진 비상위원회는 절대적인 전권을 가지고 있으며 모든 통제에서 완전히 자유롭고 따라서 가장 부패되기 쉬운 조건 아래서 일을 수행하고 있다. 1793년의 혁명재판소도 엄청날 정도로 마음대로 행사할 수 있는 권력을 가지고 있었다. 피고소인에게 보장된 재판권은 극히 적었다. 그렇지만 그것은 언제나 공개리에 이루어 졌고 따라서 혁명재판소의 행동은 부분적으로 통제가 가능했다. 소비에 트 공화국의 비상위원회는 비공개로 개최되었고 피고소인에게는 어떤 재판권도 보장되어 있지 않았다. 증인은 말할 것도 없고 피고소인 자신 에 대한 심문도 반드시 이루어지는 것이 아니었다. 피고소인을 처형하 는 데에는 단지 고발이나 혐의가 있는 것만으로도 충분했다.

이런 폐해는 그 정도가 너무나 극심해서 결국 그 권한을 폐지해버리 는 지경에 이르렀다. 새로운 규정에서 비상위원회는 사전에 조사를 진 행하거나 판결을 내리기 전에는 더 이상 처형을 하지 못하도록 되었다. 그러나 자의성이란 것은 독재의 본질과 깊이 연루된 것이어서 독재가 사라지지 않는 한 자의성도 폐기할 수가 없는 법이다. 그래서 이 규정 도 '명백히 반혁명적인 음모'의 경우에는 예외를 두도록 허용함으로써 곧바로 무효화되고 말았다. 즉 이를 통해서 당연히 모든 자의적인 처형 의 문이 활짝 열리고 말았던 것이다. 이런 예외 규정이 남아 있는 한 그 것은 도둑들과 사기꾼들을 보호하게 되었지만 동시에 행정기구들을 정 화시키기 위해서 필요한 '정직하고 편견 없는 지식인들'은 보호받지 못 하게 되었다. 도대체 그런 정화활동은 '반혁명활동'과 무엇이 다른 것 일까?

불만을 조금이라도 토로하는 것은 도둑질을 한 것과 마찬가지의 위험 에 처하게 되어 있다. 그리고 이런 위험은 거기에 항변한다고 해서 사라 지는 것이 아닌데 이는 그 위험이 정직한 공산주의자와 도둑이 똑같은 이해관계를 갖는 영역과 관련된 것이기 때문이다. 소비에트 공화국에 대한 비판은 도둑과 마찬가지의 영향을 미치기 때문에 어느 것이 덜하 다고는 결코 말할 수 없는 것이다.

그래서 반혁명이나 관료들의 범법행위와 투쟁하기 위한 전(全)러시 아비상위원회는 최근 다음과 같은 성명서를 발표했다.

최근에 이어지고 있는 일련의 소요들은 크라스노프(Pyotr Nikolaevich Krasnov, 1869~1947)[74]에 대한 진압에도 불구하고 여전히 좌익 사회주의 혁명파들과 좌익 멘셰비키들의 준동이 멈추지 않고 있음을 보여주고 있다.

이들의 모든 활동은 우리 군대의 해체(브랸스크, 스사마라, 스몰렌스크), 우리의 산업(페트로그라드, 툴라) 및 교통제도, 식량제도의 교란(철도파업)을 목표로 하고 있다.

이에 전 러시아 비상위원회는 앞으로 크라스노프군의 백군과 좌익 맨셰비키나 좌익 사회주의 혁명파의 백군을 구별하지 않을 것임을 선포한다.

비상위원회가 내리는 처벌조치는 앞으로 이들 양자에 대해 똑같은 수준으로 적용될 것이다.

우리에게 체포된 좌익 사회주의 혁명파와 멘셰비키들은 인질로 간주될 것이며 이들의 운명은 이들 두 당파의 행동에 의해서 결정될 것이다.

전 러시아 비상위원회 위원장 드지에진스키(F. Dzierżyński).(전 러시아 중앙집행위원회『이스베스챠』, 1919년 3월 1일, 제59호에서 발췌)

말하자면 군대에서 해체의 징후가 포착되고 산업노동자와 철도노동자들에게서 불만이 증가하고 있다는 것을 이유로 비볼셰비키 사회주의자들 가운데 지도적인 사람들이 구금되고 이들은 이제 프롤레타리아들의 저항이 조금이라도 계속되는 징후만 포착되면 즉각 처형되도록 만든 것이다.

불만을 가진 프롤레타리아를 진압하는 것, 바로 이것이 오늘날 러시아에서 자행되고 있는 대량학살이라는 끔찍스러운 수단을 신성하게 만들어주는 숭고한 목적이다. 그러나 그런 수단이 경제적 실패를 성공으로 변모시켜주지는 못할 것이다.

---

74) 러시아의 왕당파 장군으로서 1917년 8월의 코르닐로프 반란 때의 사령관. 러시아혁명 직후 케렌스키 밑에서 적군과 싸우다 가치나에서 포로가 되었다.

단지 그런 끔찍한 수단은 볼셰비즘의 붕괴를 러시아 대중이 어떻게 받아들일 것인지에서 제2차 파리코뮌의 붕괴를 전체 사회주의 프롤레타리아들이 받아들였던 방식이 아니라 1794년 테르미도르 9일에 로베스피에르의 붕괴를 프랑스 전체가 받아들였던 방식으로 만들어줄 수 있을 뿐이다. 즉 그 붕괴는 무거운 중압감으로부터의 해방감으로 받아들여질 것이며 마음 깊이 가슴 아픈 울분을 불러일으키는 패배로 받아들여지지는 않을 것이다.

소비에트 공화국의 전망

레닌 정부는 테르미도르 9일의 위험에 처해 있다. 그러나 그것은 테르미도르의 경우와 다를 수 있다. 역사는 반복되는 것이 아니다. 주어진 조건에서 달성될 수 없는 목표를 설정한 정부가 붕괴하는 유형에는 두 가지가 있을 수 있다. 하나는 자신의 강령을 끝까지 고수하다가 결국 붕괴되는 경우며, 다른 하나는 자신의 강령을 조금씩 변경하다가 결국 포기해버림으로써 붕괴하지 않고 그대로 살아남는 경우다. 목표와 관련해서 본다면 두 경우는 동일한 결과, 즉 똑같이 실패로 끝을 맺는다. 그러나 거기에 참여한 사람들과 관련해서 본다면 거기에는 상당한 차이가 존재하는데, 즉 그들이 국가권력을 장악하고 있느냐 아니면 그들의 적에게 타도되어 위대한 패배자로서 권력을 빼앗기고 축출되느냐의 차이를 보인다.

로베스피에르는 테르미도르 9일에 붕괴했다. 그러나 모든 자코뱅주의자들이 그와 운명을 같이하지는 않았다. 많은 자코뱅주의자들은 현실의 조건을 현명하게 받아들임으로써 오히려 더욱 출세하기도 했다. 나폴레옹도 원래는 공포정치파의 일원이었으며 로베스피에르 형제와도 친하게 지내는 사이였다. 로베스피에르의 누이 마리아는 나중에 이렇게 말하고 있다.

보나파르트는 공화주의자였다. 내가 보기에 그는 산악파 편에 서 있었다. 〔……〕 내가 영사직을 수행하면서 3,600프랑의 연금을 받게 된 것은 큰오빠에 대한 그의 존경심과 나의 작은오빠와의 우정, 그리고 나의 불행에 대한 그의 동정심이 모두 함께 작용한 결과였다.(로즈 J. H. Rose, 『나폴레옹 1세』, 슈투트가르트, 1906, 제1권, 50쪽에서 인용)

단지 개인뿐만 아니라 전체 당파가 이 같은 방식으로 스스로 변신해서 불안정한 지위에서 털끝 하나 다치지 않은 채로 권력과 위세를 유지할 수도 있다. 러시아에서의 공산주의 실험의 실패가 볼셰비즘에 의해서 똑같은 방식으로 변형되고 그들이 권력을 쥔 당파로 구출되는 것도 이것과 마찬가지다. 볼셰비즘은 벌써 그런 길에 들어서 있다. 참으로 현실정치가답게 볼셰비키들은 현실의 조건에 잘 적응하는 기술을 그들이 권력을 장악하는 과정을 통해서 매우 잘 발전시켜나갔다.

그들은 원래 보통, 평등선거로 선출된 국민의회를 원칙적으로 지지했지만 막상 그 의회가 그들에게 방해가 되자 곧바로 그것을 폐기해버렸다. 그들은 원래 사형에 대해 반대론자들이었지만 유혈로 지배한 당사자이기도 했다. 그들은 국가에서 민주주의가 폐기되고 나자 프롤레타리아 내부에서 가장 열렬한 민주주의의 옹호자들로 나섰다.

그러나 그들은 바로 그 민주주의를 개인의 독재를 통해서 점차 조금씩 밀어냈다. 그들은 도급제를 폐지했다가 그것을 다시 도입했다. 그들은 자신들의 체제 초기에는 과거 국가의 관료제적인 지배기구들을 해체하는 것을 자신들의 임무로 표방했다. 그러나 그들은 그 대신에 새로운 관료제적 지배기구들을 만들어냈다. 그들은 군대의 기율을 해체함으로써 권력을 장악했지만 결국 그 군대도 다시 만들었다. 그들은 새롭고 엄격하게 훈련받은 민중군대를 창설했던 것이다. 그들은 계급을 평준화시키려고 했지만 프롤레타리아 밑에 새로운 계급을 다시 만들어냈고 프롤레타리아를 특권적인 계급으로 끌어올리고 프롤레타리아 위에도 높은 수입과 특권을 가진 또 하나의 새로운 계급을 만들어냄으로써 새로운 계급차별을 만들어냈다. 그들은 농촌에서 빈농들에게만 정치적 권리를 부여함으로써 자산가농민들을 옴짝달싹 못하게 만들었다. 그러나 그들은 다시 자산가농민들에게 참정권을 인정했다. 그들은 처음 자본에 대한 가혹한 압류로부터 시작했지만 오늘날에는 이미 자본가들의 도움을 얻고 있으며 어떻게 해서든 외국자본을 끌어들이기 위해 미국의 자본가들에게 러시아 지하자원의 절반을 제공하고 있다.

프랑스의 전쟁특파원인 노도(Ludovic Naudeau)는 『탕』(Temp)지에 레닌과의 인터뷰 기사를 짤막하게 실었는데 여기서 그는 특히 레닌이 보이고 있는 자본에 대한 우호적인 태도를 다음과 같이 전하고 있다.

우리는 우리나라에 제공된 외국의 차관들에 대해서 이자지불을 승인하고 또한 그것을 실제로 지불하는 것은 물론이며 만일 다른 지불수단이 부족할 경우에는 곡물, 석유 또는 기타 다른 지하자원으로 지불할 것도 기꺼이 제안하려고 합니다. 이들 지하자원은 러시아의 경제가 제대로 돌아가기만 하면 틀림없이 남아돌게 될 것입니다. 우리는 또한 계약에 입각해서, 물론 여기에는 외교적인 관계가 먼저 수립되어야 한다는 것이 전제되어 있긴 합니다만, 3국협상(Triple Entente)[75] 국가들의 자본가들에게는 삼림의 채벌과 광산의 채굴을 허가하려고 합니다. 물론 이것도 러시아 소비에트 공화국을 정부의 실체로 인정한다는 것을 전제로 한 것입니다. 우리는 영국과 일본, 미국의 자본가들이 이런 허가를 얻기 위해 매우 활발하게 노력하고 있다는 것을 알고 있습니다.

---

75) 제1차 세계대전 이전 독일의 제국주의적 정책에 대항하기 위해 영국, 프랑스, 러시아 사이에 맺어진 동맹체제를 가리킨다. 구체적으로는 1891년 러·프동맹, 1904년 영·프협상, 1907년 영·러협상에 의해 구축되었다. 제1차 세계대전 중인 1917년에 러시아의 혁명발발로 러시아가 탈퇴하면서 3국협상 체제는 붕괴했다.

인터뷰란 것은 반드시 지켜야 하는 문서는 아니다. 그러나 여기서 언급되고 있는 소비에트 공화국의 의도는 다른 많은 믿을 만한 러시아 특파원들을 통해서도 다시 확인되고 있다. 그 의도는 삶의 현실에 대한 뚜렷한 분별력을 보여주고 있다. 그러나 만일 외국자본가들에게 러시아의 토지를 80년간 임대해준다면 그것은 바로 공산주의적 강령의 포기를 의미하는 것이며 또한 그런 강령의 실현을 완전히 멀리 미루어버리는 것을 의미하는 것이기도 하다.

따라서 이제 러시아 프롤레타리아의 즉각적인 해방수단으로서 공산주의는 이미 좌초한 것이며 단지 남아 있는 것은 레닌의 정부가 볼셰비키 방식의 파산을 얼버무려 넘어가면서 그대로 존속되느냐 아니면 반혁명세력들이 이 정부를 전복시키고 그것의 파산을 강제로 선포하느냐의 문제일 뿐이다.

우리는 볼셰비즘이 전자의 길을 밟아가기를 희망한다. 그리하여 볼셰비즘이 자연법칙적 발전단계들을 건너뛸 수 없다는 마르크스주의적 진화론의 토대를 다시 인식하게 되기를 바란다. 그것이 덜 고통스러운 길이며 또한 국제프롤레타리아들에게도 유익한 길일 것이다. 그러나 애석하게도 세계사의 흐름은 이런 우리의 바람대로 되지는 않을 것이다.

볼셰비즘의 원죄는 그것이 독재의 통치형태, 즉 한 개인에 의한, 또는 소수가 굳게 뭉쳐 있는 조직에 의한 무제한적인 권력지배라는 단 한 가지 의미만을 가지고 있는 통치형태를 통해서 민주주의를 축출해버렸다는 점에 있다.

독재는 전쟁과 마찬가지로 오늘날 독일에서 러시아의 유행에 영향을 받아 독재사상에 물들어버린 사람들에게 그것이 없으면 금방 끝장이 나고 말 것이라는 생각을 불러일으키고 있다. 전쟁과 마찬가지로 독재도 만일 국가권력을 장악하게 되면 누구나 쉽게 시작할 수 있으며 일단 시작하고 나면 전쟁과 마찬가지로 마음대로 끝낼 수도 없게 된다. 독재를 시작한 사람에게는 양자택일이 제시되는데 그것은 승리하거나 아니면 파국으로 끝을 맺는 것이다.

러시아는 당장 외국자본의 도움을 필요로 하고 있다. 그러나 만일 소비에트 공화국이 국민의회와 언론의 자유를 보장하지 않으면 외국자본들은 소비에트 공화국에 참여하지 않을 것이다. 그것은 이들 자본가들이 민주주의 이념을 신봉하는 사람들이기 때문이 아니다. 그들은 차리즘 정부에 대해서도 아무런 망설임 없이 수십 억을 원조했다. 그런데 혁명정부에 대해서는 아무런 사업적 신뢰를 보내지도 않고 또한 그 정부의 존립을 의심하고 있는데 이는 혁명정부가 신문에서 어떤 비판도 용납하지 않고 국민의 다수가 그들을 명백히 지지하지 않는 것을 그들이 보고 있기 때문이다.

소비에트 정부는 언론의 자유를 보장하고 의회를 소집해야 한다는 점에 대해서 이해를 하게 되고 또 할 수 있을 것인가?

많은 볼셰비키들은 그들이 언론의 자유는 물론 의회의 소집도 두려워할 필요가 없다고 주장하고 있다. 그런데 왜 그들은 그것을 보장하지 않는 것일까? 만일 그들이 잘 사용하기만 하면 그들에게 도덕적인 힘과 그들에 대한 신뢰까지도 엄청나게 증대시킬 것이 틀림없는 그런 수단을 그들은 왜 물리치고 있는 것일까? 이미 앞에서 언급한 부하린의 『공산주의자 강령』서문에서는 다음과 같이 말하고 있다.

카우츠키와 그 일당들이 혁명에 필요하다고 제기하는 조건은 혁명이 부르주아들에게 혁명의 의지에 따르도록 할 권리도 가지고 있지만 이와 함께 부르주아들에게 의회의 구성과 언론의 자유를 통해서 자신들의 주장을 제기할 수 있는 가능성을 부여할 의무도 함께 갖는다는 점에 있다. 논쟁을 업으로 하는 이들 논쟁꾼들에게는 자신들이 그런 주장을 할 만한 권리가 있는지의 여부는 중요하지 않고 오로지 그런 주장을 자신들이 제기한다는 점만이 중요하다. 이 기발한 주장은 추상적으로 생각하면 혁명을 손상하지 않고도 충족될 수 있다. 그러나 혁명이란 것은 내전이며 거기서 대포와 기관총을 들고 싸우는 계급들은 호메로스[76] 식의 고리타분한 논쟁은 하지 않는다. 혁명은 그들의 적들과 논쟁을 하는 것이 아니라 그들을 쳐부수는 것이며 반혁명도 역시 상대편을 쳐부수는 것이다. 이들 혁명진영과 반혁명진영의 양자는 모두 그들이 독일 제국의회의 의사일정을 전혀 고려하지 않는다는[77] 비난이 각자에게 퍼부어지리라는 것을 잘 알고 있다.(서문, 23쪽)

반혁명에 대해서조차 그 유혈적인 악행들을 정당화하는 이 말은 필자가 바로 몇 쪽 앞에서 혁명에 대해서 얘기하고 있는 부분과 비교해보면 매우 놀라운 것이다.

사회주의 혁명은 자본가계급의 퇴장에서 시작해 자본주의 경제가 노동공동체로 이행함으로써 비로소 종결되는 오랜 하나의 과정이다. 이 과정은 어느 나라에서나 적어도 한 세대 이상의 기간이 요구되며 이 기간이 바로 프롤레타리아 독재 기간이다. 즉 이 기간에 프롤레타리아는 한 손으로는 자본가계급을 끊임없이 타도해나가야 하며 다른 한 손은 사회주의 건설작업을 위해 비워두어야 한다.(서문, 18쪽)

결국 혁명은 내전과 동일한 의미를 가지며 이 전쟁에서는 어떤 용서도 없이 한쪽이 다른 쪽을 분쇄하지만 그러나 이런 타도는 늘 계속되는 것은 아니다. 왜냐하면 이 즐거운 과정은 "적어도 한 세대 이상의 기간을 필요로 하기 때문이다".

이처럼 기관총과 독가스탄이 난무하는 형태로 수행되면서 모든 것을 초토화시켜버리는 내전, 그것은 인구를 대폭 감소시키는 것은 물론 국민들을 극히 난폭한 야만상태로 몰아갔던 과거의 30년전쟁보다 나라 전체를 훨씬 더 끔찍하게 황폐화시키고 생산의 원천을 완전히 고갈시켜버리는 것이다. 그런데 바로 이것이 사회주의가 의미하는 "좀더 높은 생활

---

76) Homeros(기원전 800?~기원전 750): 고대 그리스의 시인, 서사시 『일리아스』와 『오디세이아』로 널리 알려져 있다.
77) 즉 논쟁을 통해서 평화적으로 문제를 해결하려 하지 않는다는.

형태를 창출"하기 위한 바로 그 길이 되어야 한다는 것이다!

사회혁명에 대한 이런 '기발한' 개념은 분명 '논쟁을 업으로 삼는 논쟁꾼들'이 만들어낸 것이 아니라 '혁명을 업으로 삼는 혁명가들'이 만들어낸 것이며 이들 혁명가들은 폭동을 혁명과 동일시하는 사람들이며 만일 혁명이 내전의 형태가 아니라 민주주의의 형태로 이루어진다면 자신들의 삶의 의미를 상실해버리는 사람들이다.

그러나 이런 생각도 한 가지 옳은 부분이 있다. 즉 민주주의냐 아니면 내전이냐 하는 단 두 가지의 가능성만이 존재한다는 것이다. 그래서 민주주의를 폐기하려는 사람은 반드시 내전을 생각해야만 하는 것이다. 그들이 완전히 절망적이고 냉담한 국민들, 즉 사회주의 사회를 건설하는 데에서 가장 나쁜 질의 인간들과 관계할 경우 그들은 독재를 피할 길이 없게 된다.

우리에게는 민주주의냐 내전이냐의 양자택일만이 있기 때문에 우리는 만일 사회주의가 민주적 토대 위에서 아직 실현될 수 없다는 것이 드러날 경우, 즉 국민의 다수파가 사회주의를 거부하고 있을 경우 사회주의 실현의 시간은 아직 도래하지 않았다고 결론내릴 수 있다. 그러나 이에 반해 볼셰비즘은 사회주의가 어디서나 소수파에 의해서 다수파에게 강요되어야 하는 것이며 또한 그것은 단지 독재와 내전을 통해서만 이루어질 수 있을 것이라고 얘기하고 있다.

볼셰비즘이 국민들 사이에서 스스로 소수파라고 느낀다는 사실, 바로 그것만으로도 그들이 민주주의가 '혁명을 손상하지 않을 것이라고' 했던 자신들의 단언에도 불구하고 바로 그 민주주의를 그렇게 완고하게 거부하는 이유를 이해할 수 있다. 만일 그들이 다수파에게서 지지를 받고 있다고 생각했다면 그들은 설사 대포와 기관총이 사용되는 투쟁만을 유일한 혁명적 투쟁으로 간주했다 할지라도 민주주의를 기피할 필요가 없었을 것이다. 만일 혁명적 의회가 그들을 지지한다면 1793년의 혁명적 파리시민들이 바로 그것 때문에 무장투쟁을 더욱 손쉽게 할 수 있었던 것처럼 볼셰비즘도 무장투쟁을 더욱 손쉽게 할 수 있게 될 것이다.

그러나 의회는 볼셰비즘의 편에 서지 못했다. 볼셰비키들은 정부를 장악했을 때 대중들, 즉 노동자와 병사, 그리고 대다수 농민층의 지지를 받아서 자신들의 권력을 세웠다. 그러나 그들은 그럴 때에도 보통선거를 실시하려 하지 않았다. 의회를 해산하고 새로운 선거를 실시하는 대신에 그들은 아예 의회를 몰아내버렸다.

그때부터 볼셰비즘에 대한 반대파들은 날이 갈수록 늘어났고 그에 따라 그들의 추종자들은 모든 비공식적인 언론에 대해서 좀더 예민해져 갔으며 비판적인 사회주의자들은 소비에트에서 축출되었다. 그것은 바로 공포정치 체제로의 이행을 알리는 징후였다.

이런 상황에서 독재를 철폐하고 민주주의를 향해서 점진적으로 복귀한다는 것은 거의 불가능한 일이다. 민주주의를 향하던 지금까지의 모든 움직임은 급속히 종결되었다. 볼셰비키들은 살아남기 위해서 **관료**, **군국주의**, **자본주의**와 가능한 모든 것들을 타협할 각오가 되어 있다. 그러나 민주주의와의 타협은 그들이 보기에 자살이나 다름없으며 이제 그들이 오로지 제공할 수 있는 것은 내전을 종식시키고 러시아를 다시 경제부흥의 길 위에 세워서 좀더 나은 생활형태를 위한 번영을 이룩해나가는 길뿐이다.

민주주의가 없이는 러시아는 파멸한다. 그런데 민주주의를 통해서 볼셰비즘은 파멸한다. 마지막이 어떻게 될지는 충분히 예측할 수 있다. 그것이 반드시 테르미도르 9일일 필요는 없다. 그러나 나는 그것이 테르미도르 9일에서 그다지 멀지 않을 것으로 보여서 두렵다.

세계혁명의 전망

볼셰비키들도 자신들의 궁극적인 승리에 대한 확신을 전혀 보여주고 있지 못하다. 그러나 그들은 하나의 구명줄에 모든 희망을 걸고 있다. 만일 러시아가 혁명을 위해서 선택된 민족이 아니라면 이제 러시아 국민을 구출해줄 수 있는 구세주는 세계혁명이 될 수밖에 없다.

그러나 세계혁명이란 것은 무엇인가? 우리는 그것을 두 가지 방식으로 이해할 수 있다. 하나는 전 세계에서 동시적으로 프롤레타리아의 세력이 점차로 증가하고 계급투쟁이 점차 첨예하게 발전해서 사회주의 사상이 점차로 자라남으로써 드디어 사회주의가 모든 나라의 존망을 결정하는 세계적인 세력이 된다는 것으로 이해할 수 있다. 다른 또 하나는 볼셰비즘의 방식으로 세계가 혁명화한다는 것으로 이해할 수도 있는데 그것은 즉 가까운 장래에 모든 큰 나라들에서 프롤레타리아가 정치권력을 장악하고——만일 그렇지 않으면 이 혁명은 러시아의 소비에트 공화국을 구출할 수 없을 것이다——평의회공화국이 곳곳에서 세워지며, 모든 비공산주의 분자들에게서 권리를 박탈하고 공산당의 독재를 이룩함으로써 전 세계에서 한 세대 동안의 오랜 기간에 걸쳐 진행되어온 내전들을 새롭게 부추기는 것을 의미한다.

이런 성과를 끌어내기 위한 꾸준한 선전작업이 한창 진행중이다. 그런 선전작업으로 볼셰비키 방식의 세계혁명이 이루어지지는 않을 것이다. 그러나 만일 그런 선전작업이 서유럽에 실질적인 영향을 미치는 데 성공한다면 그것은 전자가 의미하는 바의 세계혁명에 심각한 위험이 될 것이다.

왜냐하면 러시아적인 방식의 세계혁명을 옹호하는 사람들의 주된 과제는 프롤레타리아들 사이의 골육상쟁을 새롭게 부추기는 것이기 때문이다.

처음부터 당의 분열을 통해서 출생했고, 그런 다음에는 자기 나라의 다른 사회주의 정당들에 대항해 투쟁하면서 권력의 자리에 오르게 된 볼셰비즘은 내전을 통해서 러시아에서 자신들의 권력을 지키려고 노력했고 그 내전은 결국 골육상쟁을 낳았다. 그리고 자신들의 권력을 지키기 위한 최후수단으로서 그들은 아직 단결된 상태로 남아 있던 다른 모든 사회주의 정당들까지도——이들 정당들에서 다수가 볼셰비키를 지지하지 않는다고 드러나자——분열시키려고 했다. 이것이 바로 '제3인터내셔널'의 진상이다. 그들은 이런 방식을 통해서 세계혁명을 불러일으키려고 했던 것이다.

그리고 그런 방식은 기분이나 악의에서 비롯된 것이 아니라 볼셰비즘 자체의 본질에서 비롯된 것이며 또한 그것은 서유럽에서 이미 '만들어지고 있는' '좀더 높은 생활형태'와는 거리가 먼 것이다.

서유럽에서 민주주의는 러시아에서처럼 이제 막 시작된 어제의 일이 아니다. 민주주의는 한 세기 동안에 걸친 투쟁의 성과로서 일련의 혁명을 통해서 얻어진 것이며 대중에게 피와 살로 깊숙이 뿌리를 내린 것이다. 그래서 서유럽에서는 큰 세력을 이루고 있는 사회계급들 전체에 대해서 그들의 정치적 권리를 박탈한다는 것은 완전히 불가능한 일이다. 프랑스에서 농민들은 무시하기 어려운 세력을 형성하고 있으며 이들은 사적 소유를 추구하면서 점차 세력을 키워나가고 있다. 부르주아들은 프랑스에서 다시 투쟁에 익숙한 계급이 되어 있으며 영국에서는 더욱 그러하다. 러시아의 프롤레타리아는 틀림없이 서유럽에 비해서 취약하다. 그러나 러시아 제국의 부르주아는 그보다 훨씬 더 취약하다. 러시아처럼 군국주의 귀족의 세력이 강력한 나라들에서 부르주아는 국가권력 앞에서 매우 소심하고 두려워하며 국가권력이 자신들을 보호해주기를 맹목적으로 신봉하면서 자라난다. 그러므로 이런 나라들에서 자유주의는 초라한 형색을 갖는다. 국가권력이 붕괴하고 군국주의적 보호막이 사라지고 국가권력이 프롤레타리아의 수중으로 넘어가면 스스로 강력한 정치투쟁을 한 번도 수행해본 적이 없는 부르주아들은 너무나 놀라 완전히 낙담해버려서 적에게 모든 영토를 싸움 한 번 하지 않고 그대로 넘겨주고 만다.

서유럽에서 하층계급들은 수세기 동안의 오랜 계급투쟁을 통해서 자기 자신들은 물론 상층계급들에 대해서도 교육을 시켜왔다. 상층계급들은 프롤레타리아들에게 존경심을 갖게 되었으며 동시에 프롤레타리아들의 봉기를 사전에 타협을 통해서 누그러뜨림으로써 파국을 피하는 기술을 잘 발휘하는 장인이 되기도 했다. 그런데 앵글로색슨 계열의 나라들에서는 부르주아들도 오래전부터 강력한 상비군의 도움을 받지 않은 채 스스로 잘 버텨나가야만 했으며 이들은 국가권력은 물론 프롤레타리아에 대해서도 오로지 자신들의 힘에만 의존해서 대항하는 것을 배워나 갔으며 그리하여 어떤 위험이 밀어닥치더라도 쉽게 겁을 집어먹지 않게 되어갔다.

그리고 이들 나라는 전쟁에서 승전국이 되었다. 이들 나라에서는 중앙집권적 권력의 군대나 러시아의 군대처럼 전쟁의 결과 군대가 약화되지도 않았고 해체되지도 않았다. 동유럽에서는 군대가 해체된 상태에서 병사들이 혁명의 주요 세력이 되었는데 이들 병사들이 어떤 계급 출신이든 그것은 상관이 없었다. 이들 무장세력은 혁명을 촉진시키기도 하지만 또한 아직 세력이 취약한 수준에 머물러 있는 혁명세력들이 권력에 도전하고 아직 그들의 능력으로는 해결하기 어려운 문제들을 제기하도록 부추길 수도 있다. 승전국에는 이런 설익은 혁명세력들이 존재하지 않는다. 승전국들에서는 사회주의가 국가권력을 획득하게 되는 것이 오로지 그들이 민주주의의 틀 속에서 다른 당파들에 대해서 우위를 점할 만큼 충분히 강력할 때만 가능하며 이들 나라에서는 사회주의가 민주주의와 관계를 끊을 하등의 이유가 없을 뿐만 아니라 또한 민주주의를 독재로──사실상 언제나 개인의 독재로 흘러가버리는──대체해버릴 프롤레타리아의 최상층도 존재하지 않는다.

물론 오늘날 프랑스 사회주의자들 사이에서는 볼셰비키들에 대한 동정심이 매우 강하다. 그러나 이런 동정심은 자신의 자본주의 정부가 외국의 사회주의 정부를 무력으로 타도하려는 기도에 반대해서 그들이 벌이는 매우 정당한 저항에서 비롯된 것일 뿐이다. 많은 사람들은 또한 러시아에서는 볼셰비키적 방식이 맞는 것이라고 생각하기도 한다. 그러나 그들은 똑같은 방식이 프랑스에서도 적용될 수 있다고 생각하지는 않는다. 물론 프랑스에서도 아직 블랑키주의적인 폭동의 전통이나 프루동주의적인 반의회주의가 완전히 소멸된 것은 아니다. 정반대의 경향을 가진 이들 두 요소는 매우 드문 방식으로 혼합되어 생디칼리슴이라는 형태로 새롭게 부활되었다. 이들 두 요소가 볼셰비즘에게 토양을 제공할 수도 있다.

그러나 그렇다고 해서 볼셰비즘이 프랑스나 영국 또는 미국의 전체 프롤레타리아들에게 받아들여지고 있는 것은 결코 아니다. 이들 나라에서 볼셰비즘의 세력이 강화될 수 있는 것은 결정적인 대투쟁을 결말지어야 할 시기에, 그리고 살아남기 위해서는 완전한 배타성을 이룩해야만 하는 바로 그런 시기에 배타성을 내세우면서 프롤레타리아 전체의 대오가 분열될 때뿐이다. 즉 우리가 앞서 이미 보았듯이 세계혁명에 대한 볼셰비키들의 선전은 실질적으로 준비된 세계혁명을 촉진할 수 있는 것이 아니다. 오히려 그것은 세계혁명을 위험에 빠뜨릴 수 있을 뿐이다.

공산주의는 이미 독일에서 자신의 분열적 경향으로 혁명을 위태롭게 만들고 있다. 전쟁 전 독일 사민당은 세계에서 가장 강력한 사회주의 정당이었다. 통일된 사회인식을 토대로 강고한 단결력을 과시하면서 이들은 중앙당의 깃발을 추종하고 있던 기독교 노동자들의 지지를 획득함으로써 이제 막 전체 국민의 다수파를 장악할 시점에 도달해 있었다. 만일 그들이 다수파를 장악하게 되면 민주주의를 위한 투쟁, 특히 프로이센에서의 선거투쟁은 정치권력을 장악하기 위한 투쟁이 될 것이었다. 그렇게 하여 만일 그들이 정치권력을 획득하게 된다면 그 권력은 독일의 자본주의가 발전을 통해서 끌어모은 부를 인민대중의 상태를 급속하게 개선시키는 데 사용할 수 있는 눈부신 성과를 거두게 될 것이었다.

세계대전은 이 부를 철저하게 쓸어가버렸다. 평화가 왔을 때 독일은 어떤 생산양식으로도 대중의 유복한 생활을 즉각 만들어내기에는 불가능한 절망적인 상태에 있었다. 그러나 세계대전은 또한 군대의 붕괴와 해체를 통해서 사민당이 정권을 장악하게 만들어주었는데 그것은 물론 사민당 세력이 강해져서가 아니라 사민당의 적들이 스스로 파산했기 때문에 이루어진 일이었으며 또한 사민당이 전쟁 때문에 스스로 분열됨으로써 자신이 생각해도 세력이 취약하다고 생각하던 바로 그런 시기에 이루어졌다.

사민당이 정권을 장악한 정당으로 계속 남고 싶어했다면 사민당의 즉각적인 재통합은 당장 절실하게 요구되는 문제였다. 게다가 시대적 상황이 부여한 이런 요구는 분열을 가져왔던 원인인 전쟁에 대한 견해차이가 이제 전쟁의 종결과 함께 사라져버렸기 때문에 더더욱 관철되어야하는 것으로 생각될 수 있는 것이었다.

그러나 소비에트 공화국의 성립 이후 독일의 사회주의 진영에는 새로운 분열의 싹이 자라났는데 그것은 우리 정당이 민주주의에 대한 자신의 근본적인 요구를 폐기하고 노동자평의회 독재를 국가형태로 관철해야만 한다는 볼셰비키의 선전 때문이었다. 이처럼 우리 정당의 본질과 불가분의 관계에 있는 요구를 포기하라는 주장을 그럴듯하게 꾸미기 위해 볼셰비키들은 스스로를 사회민주주의자라고 부르기를 중단했다. 그들은 스스로를 공산주의자라고 불렀으며 이는 공산당 선언에 쓰여 있는 참된 마르크스주의를 자신들이 지향하기 위한 것이라고 주장했다. 그들은 마르크스와 엥겔스가 1847년 말 『공산당 선언』을 집필하고 난 몇 달 후에 '민주주의의 기관지'로서 『노이에 라이니셰 차이퉁』을 발간했던 것을 잊고 있었다. 이처럼 마르크스와 엥겔스의 시각에서는 민주주의와 공산주의가 전혀 대립적인 것이 아니었던 것이다.

독일에서는 독재와 민주주의의 대립이 혁명을 겪은 두 사회주의 정당과 함께 제3의 사회주의 정당을 만들어냈는데 그것은 바로 공산주의자들의 정당이었다. 이 정당은 다른 두 정당 모두의 정책에서 내적 분열과 불안을 불러일으켰으며 독립사민당(USPD)[78] 내부에서는 강력한 볼셰비키적 경향을, 그리고 일부 우파 사회주의자들에게서는 이런 경향에 대한 반발을 가져왔다. 이런 반발은 도를 넘어서 이들이 부르주아 정당들에게로 지나치게 경도되는 결과를 가져오기도 했는데 이들은 이미 정쟁중지라는 전시정책을 통해서 이들 부르주아 정당들과 상당한 정도로

---

78) 1914년 제1차 세계대전의 참전여부를 놓고 독일의 사민당 내에서 대립이 발생했고 참전을 찬성한 다수파 사민당에 반발해 참전에 반대해서 분당을 해나간 사회민주당 좌파들이 구성한 정당을 가리킨다. 혁명 이후 극좌파인 스파르타쿠스단과 연합해서 소비에트 체제를 모방한 평의회 체제에 바탕을 둔 직접민주주의를 주장했다.

연합적 관계를 이루고 있었다. 11월 9일의 혁명은 이런 부르주아들과의 연합관계를 무너뜨리고 그것을 독립사민당과의 노동연합으로 바꾸어놓았다. 그러나 그것은 애석하게도 단지 일시적인 현상에 불과했다.

서유럽에서는 물론 독일에서도 독재의 구호는 제국 전체에 걸쳐 독자적이고 지속적이며 실질적인 독재를 가져올 수 없었다. 그러기에는 일반 국민들의 수준이 이미 너무 진보해 있었다. 독재를 달성하려는 몇몇 프롤레타리아 계층의 온갖 노력이 이룩할 수 있었던 것은 단지 일시적이고 국지적인 성공뿐이었고 이것은 또 하나의 전반적인 결과를 동반했는데 그것은 제국의 정치적·경제적 해체의 증가와 반혁명적인 군국주의적 독재를 향한 유인의 증가였다.

그러나 이것 역시 지속적이고 전반적인 힘을 발휘할 수는 없었다. 독일에서는 노동자들을 거스르고는 더 이상 지속적인 지배가 불가능하게 되었던 것이다. 베를린에서의 노스케(Gustav Noske, 1868~1946)[79] 군대의 불법행위, 그리고 뮌헨에서의 끔찍한 난행들은 정부가 가진 독재 권력의 힘을 보여준 것이기보다는 이들 독재 권력이 불러일으킨 정신들, 즉 스스로 국가를 이끌어나가는 것이 아니라 단지 아무런 거리낌 없이 무자비한 복수 행위를 감행할 수 있는 권력을 갖게 된 정신들에 대해서 독재 권력이 얼마나 무력한지를 그대로 보여주는 것이다.

좌파든 우파든 독재를 향한 노력은 실제로 현실의 독재를 만들어낼 수는 없으며 단지 무정부상태와 완전한 파멸을 만들어낼 수 있을 뿐이다. 그리고 모든 생산이 중단되고 모든 생활수단들이 소진되었을 때 이런 상태가 약속할 수 있는 것, 즉 그런 방식으로 '이루어낼 수 있는' '좀 더 높은 생활형태'로서 약속할 수 있는 것은 다름 아닌 야만적인 식인종

---

79) 독일의 사민당 우파에 속한 정치가. 제1차 세계대전 중 열렬한 전쟁지지파였으며 1918년 11월 키일에서 혁명이 발발했을 때 급진파를 누르고 치안을 회복하는 데 결정적으로 기여했다. 바이마르공화국에서 국방장관이 되었고 각지의 좌파를 진압하는 데 노력했으며 1919년 3월 총파업 때는 즉결재판을 통해서 다수의 노동자를 죽임으로써 파업을 진압했다.

의 생활형태뿐이다.

그리고 그다지 멀리 갈 것도 없이 독재를 도입하려는 모든 시도가 가져올 유일한 결과는 야만성과 폭력성의 증가뿐이며 이들 경향은 정치적·경제적 투쟁들의 성격을 그렇게 결정하고 그 투쟁의 희생자들을 증가시키는 것은 물론 모든 적극적인 창조활동을 불가능하게 만든다. 그것은 노스케의 유혈체제는 물론 평의회 독재에도 마찬가지로 해당된다.

외견상 독재는 매우 단기간에만 지속되고 또한 아무런 폭력행위도 일으키지 않는 것처럼 선전되고 있다. 그러나 그것은 온갖 착각 가운데서도 가장 잘못된 착각이다. 모든 계급이 왕성한 정치활동을 수행할 정도로 성장해 있는 나라에서 독재를 수행하려는 정당은 누구나 반드시 폭력행위를 저지를 수밖에 없다. 그들 정당의 의도가 아무리 평화를 지향하는 것이라고 할지라도 그리고 그들의 의지가 단지 독재를 통해서 긍정적인 사업을 수행할 수 있는 힘을 얻으려는 것뿐이라고 할지라도 독재가 그들의 체제에 등장하면 곧바로 그들의 독재적인 태도에는 폭력행위 이외에는 아무것도 남지 않게 될 것이다.

폭력행위를 피해서 안정되고 긍정적인 창조활동으로 갈 수 있는 유일한 길은 민주주의인데 이것은 외견상 이론적으로는 사회주의 좌파에 의해서, 실천적으로는 사회주의 우파에 의해서 억압되고 있다. 국민의회만으로는 아직 민주주의라고 할 수 없다. 그러나 보통, 평등선거에 의해서 구성된 인민의 대표가 없이는 어떤 민주주의도 불가능하다는 것은 당연한 일이다.

오늘날 제국 전체를 어느 정도 결합시킬 수 있는 유일한 기구는 노동자평의회나 독재적인 정부가 아니라 제국의 모든 지역에서 파견된 대표들로 구성되는 국민의회뿐이다.

물론 현재의 의회가 보여주고 있는 모습은 매우 유쾌하지 못한 것이 틀림없지만 그러나 그들 대다수를 선출한 사람은 도대체 누구란 말인가? 그것은 바로 '일하는' 국민들이며 이들이야말로 바로 노동자평의회를 제도로 만들기 위해서 노동자평의회의 선거를 직접 수행해야 할 바로 그 사람들이다. 독립사민당이 의회선거에서 얻은 표는 의회 전체의 10분의 1도 채 되지 않는다. 노동계급은 나라 전체의 10분의 9를 차지하고 있는데 말이다.

노동자평의회가 국민의회와 근본적으로 다른 모습을 보일 수 있는 것은 그것이 단지 대공장의 임노동자들을 포괄하고 있는 한에서만 그러하다. 이들 대공장의 임노동자들은 그 자체로서 정책에서 진보적인 계기를 이룰 수 있을 뿐만 아니라 사회주의화에서도 없어서는 안 되는 존재들이다. 그러나 그 자체만으로 그들이 국민의회를 대체할 수는 없다. 평의회체제가 대공장 노동자들의 범위를 넘어서 점차 확대되어갈수록, 그리하여 그것이 점차 전체 노동대중을 포괄해갈수록 중앙평의회는 그 본질에서 국민의회를 점점 더 닮아가게 되는데 단지 평의회체제에서는, 국민의회의 경우 다수파가 국민의 다수를 대표한다고 만방에 알림으로써 스스로 얻게 되는 그런 권위가 인정되지 않는다.

최근 모스크바에서 열린 '제3인터내셔널 대회'에서 의회주의와 민주주의가 본질적으로 '부르주아' 노선이라고 규정한 테제의 주장만큼 잘못된 주장도 없다. 의회주의와 민주주의는 국민의 유형과 그 계층에 따라서 다양한 내용과 형태를 가질 수 있다. 의회 내에서 부르주아 정당들이 우세할 경우 '의회주의'는 부르주아적 성격을 띤다. 이들 정당이 아무런 쓸모도 없을 경우 그들의 의회주의도 더 이상 아무런 쓸모를 갖지 못한다. 그러나 의회 내에 사회주의 다수파가 자리를 잡게 되면 이 모든 것은 근본적으로 변하지 않을 수 없게 된다.

그런데 자본가들이 언론을 장악하고 노동자들을 매수하고 있기 때문에 설사 완전히 자유로운 비밀선거가 치러진다 하더라도 이제 그런 것은 가능하지 않다고 얘기하는 사람들이 있다. 그러나 만일 자본가들이 현재와 같이 혁명이 일어난 이후에도 노동자들을 이런 방식으로 매수하는 것이 가능하다고 한다면 그들은 노동자평의회의 선거에서도 마찬가지로 유권자들에게 영향력을 행사할 수 있을 것이 틀림없다.

완전한 자유가 보장된 가운데 비밀선거가 실시되고 전체 인구 가운데 임노동자의 비중이 우세한 상태에서도 자본가들이 프롤레타리아들에게 행사하는 돈의 위력 때문에 사회주의자들이 의회 내에서 다수파를 획득하는 것이 불가능하다는 주장은 이들 프롤레타리아들이 비열하고 소심한 문맹자들의 집단에 불과하다는 것을 의미하며, 프롤레타리아의 책무가 파산했다고 선언하는 것이나 마찬가지다. 만일 프롤레타리아가 실제로 그렇게 취약한 계급이라면 그들에게 아무리 정교하게 잘 고안된 제도가 있다 할지라도 그들이 도덕적 · 지적인 무능에도 불구하고 승리를 획득할 가능성은 존재하지 않을 것이다.

만일 현재의 독일 국민의회가 부르주아적 성격을 띠고 있다면, 광범위한 노동자계층은 물론 독립사민당 내에도 국민의회에 대한 불신을 불어넣고 선거전에 대한 이들의 관심을 줄이고 또한 다른 한편의 노동자 무리들, 특히 이제 막 부르주아들의 조종에서 벗어나려고 하고 있던 기독교 계통의 노동자들을 다시 부르주아들의 조종을 받도록 도로 밀어내버리는 이런 모든 사태에 대한 책임이 적어도 볼셰비키들의 선전 때문이라고 하지는 않을 것이다.

물론 현재의 국민의회 아래서 독일이 건강해질 수 없다는 것은 틀림없는 사실이다. 그러나 그렇다고 해서 기존의 의회를 대상으로 한 투쟁에서 벗어나서 민주주의와 보통선거권, 그리고 국민의회 제도 그 자체를 대상으로 하는 투쟁으로 방향을 전환한다면 건강을 회복시키기 위한 과정은 촉진되는 것이 아니라 오히려 저지될 것이다. 즉 그것은 건강을 회복할 수 있는 유일한 지점인 바로 그곳에 투쟁을 집중시킴으로써 건강의 회복을 가로막게 되는 것이다. 그 지점이란 바로 국민의회의 선거인데 이 선거를 통해서 프롤레타리아들은 사회주의화——만일 곧장 가능하기만 하다면——를 힘차게 추진하고 이제 막 시작하고 있는 독일의 민주화를, 특히 자치분야의 민주화를 거침없이 관철시키려는 의사를 가진 자신들의 대표가 다수파를 이루도록 만들게 될 것이다.

진정한 사회주의 정부가 정권을 획득하기 위해서는 그들의 강령이 결코 독재만은 안 되어야 할 것이다. 그 대신에 그들은 대중의 지지를 구하게 될 것이다. 이들 대중에는 기독교 노동자들은 물론 부르주아 무리들까지도 포함될 것인데 물론 그러기 위해서는 이들 부르주아들이 그들의 강령 속에서 투쟁적이고 독재적인 경향을 띠는 내전의 단계에서 공화국을 구출해낼 수 있는 수단을 발견해야 할 것이다.

만일 공산주의자들 가운데 민주주의를 부르주아적 지배 방법이라고 주장하는 사람이 있다면 이들에게는 민주주의의 대안인 독재가 다름 아닌 부르주아 이전의 원시적인 무력지배 방식으로 가는 길이라는 점이 반론으로 제기되어야 할 것이다. 보통 및 평등선거권으로 이루어진 민주주의는 부르주아적 지배의 특징이 아니다. 부르주아들은 자신들의 혁명시기에 평등선거를 도입한 것이 아니라 차별선거를 도입했으며 이것은 프랑스, 영국, 벨기에 등지에서 모두 그러했다. 오랜 기간의 힘든 투쟁을 거치고 나서야 비로소 프롤레타리아들이 보통 및 평등선거권을 쟁취했다는 것은 너무도 잘 알려진 사실인데 바로 이 사실을 모든 공산주의자들과 그들에게 우호적인 사람들은 깡그리 잊어버린 것처럼 보인다. 보통 및 평등선거권으로 이루어진 민주주의는 주먹에 의한 계급투쟁을 머리에 의한 계급투쟁으로 바꾸는 방법이며 자신의 적들에 비해서 지적으로나 도덕적으로 더욱 성장해 있는 계급만이 승리를 거둘 수 있도록 만드는 방법이기도 하다. 민주주의는 좀더 높은 생활형태——문명인들에게 사회주의는 바로 이것을 의미한다——를 만들어낼 수 있는 유일한 방법이다. 독재는 우리가 아시아적이라고 불렀던 바로 그런 유형의 사회주의로만 이끌어갈 뿐이다. 그러나 막상 공자나 부처가 아시아 사람이라는 점에 비추어 보면 그것도 사실은 잘못된 표현이다. 오히려 그것은 타타르(Tatar)[80] 사회주의라고 부를 수 있는 것에 해당한다.

만일 독일 노동자계급이 자신들이 거둔 승리에서 거의 아무런 소득도 얻지 못하고 자신들의 해방을 위한 도구로 민주주의를 충분히 이루어내

---

80) 우랄산맥 서쪽, 볼가 강과 그 지류인 카마 강 유역에 사는 투르크 어계(語系)의 종족. 농목축업을 주로 하는 민족으로 카우츠키는 야만적이라는 의미로 사용했다.

야 한다는 것을 아직 제대로 이해하지 못하고 있다면 그 책임은 물론 세계대전의 끔찍한 영향이 주된 것이긴 하지만 그것을 제외한다면 나머지 대부분은 주로 공산주의자들의 분열적이고 해체적인 행동들과 프롤레타리아들의 역량을 쓸모없는 모험에 낭비해버린 그들의 행동에 돌려져야 할 것이다.

민주주의가 훨씬 더 나은 전망을 보여준 곳은 서유럽과 미국의 사회주의에서였다. 이들 지역, 특히 앵글로색슨 계열의 나라들은 세계대전으로 인한 경제적 타격을 좀더 적게 받았다. 이들 나라에서는 프롤레타리아의 진보나 권력의 획득이 언제나 곧바로 프롤레타리아의 생활조건의 향상을 가져올 것이 분명하며 '좀더 높은 생활형태'를 만들어낼 것이 분명하다.

그러나 동시에 이들 지역에서는 부르주아 세계에 대한 프롤레타리아들의 투쟁이 전쟁 전에 비해서 훨씬 더 집약적인 형태를 띨 것이 틀림없다. 애국심이 넘쳐나는 시기, 즉 전쟁이 발발하고 그런 다음 승리를 획득하게 된 그 시기는 급속히 끝나가고 있다. 이제는 이미 애국심이 가라앉는 시기가 시작되었으며 이런 반대의 경향은 평화가 정착되면서 돌이킬 수 없는 속도로 진행될 것이다. 왜냐하면 그런 평화는 패전국에게 어떤 전쟁 배상금이 부과되든 상관없이 승전국 국민들의 희생정신을 점차로 줄어들게 만들 것이고, 이들 나라에서의 전반적인 주된 이해관계를 외부의 문제에서 내부의 문제로 되돌려지도록 만들 것이기 때문이다.

프롤레타리아들의 저항은 전반적으로 그들의 의식적 역량이 뚜렷하게 상승한 정도를 넘어서 더욱더 역동적인 형태를 띠게 될 것이다. 독일의 혁명, 그리고 러시아의 혁명은 바로 이런 경향에 한층 더 불을 붙여놓았다.

볼셰비키 방식에 대한 태도가 무엇이든 상관없이 프롤레타리아 정부가 그 큰 나라에서 단지 정권을 잡았을 뿐만 아니라 지금까지 거의 2년 동안이나 극히 어려운 조건 아래서 버티고 있다는 사실은 모든 나라의 프롤레타리아들에게 큰 힘을 불어넣고 있다. 그럼으로써 볼셰비키들은 실질적으로 세계혁명을 위해서 매우 큰일을 하고 있는 셈인데 이는 그들이 자신들의 교시를 통해서 프롤레타리아적인 사안들을 혁명적인 방향으로 이끌기보다는 오히려 그것을 방해하고 있는 해악보다 훨씬 더 중요한 것이다.

전 세계의 프롤레타리아는 운동에 돌입해 있으며 그들의 국제적인 압력은 매우 커져서 이제 어떤 경제적인 발전도 자본주의적인 성격은 물론 사회주의적인 성격을 함께 띠지 않을 수 없게 되었다.

그리하여 세계대전은 명백히 **자본주의적 발전의 종언**과 **사회주의적 발전의 출발**을 의미하는 분기점이 될 것이다. 이 과정에서 우리는 단번에 자본주의에서 사회주의의 세계로 뛰어넘어갈 수는 없을 것이다. 사회주의는 미리 정해진 구상에 따라서 건설하는 것이거나 또한 일단 실행되고 나서는 언제든지 다시 똑같은 방식으로 반복해서 실행시킬 수 있는 그런 기계적인 것이 아니다. 그것은 사회적인 상호작용들이 진행되는 하나의 과정이며 이런 과정은 다른 모든 사회적 행위와 마찬가지로 자신의 일정한 법칙을 갖지만 동시에 이 법칙 내부에서 다양한 형태를 취하며 우리가 오늘날 아직도 알아차릴 수 없는 그런 과정을 따라서 발전하게 되는 그런 과정이다.

우리는 오늘날에도 아직 '인민의 결정을 통해서 이미 형태가 갖추어진 완성된 유토피아를 도입'할 수는 없다. 현재 이루어지고 있는 것은 단지 사회주의적 발전을 시작할 수 있는 '모든 요소들의 족쇄가 풀리고' 있다는 것이다. 만일 이런 상태가 세계 전체에서 이루어지고 있다는 점에서 그것을 세계혁명이라고 부르려고 한다면 우리는 세계혁명의 초입에 들어서 있다. 그러나 그 세계혁명은 독재라는 방법을 통해서는, 대포와 기관총을 통해서는, 그리고 정치적·사회적 적들을 분쇄하는 것을 통해서는 결코 이루어지지 않을 것이며 그것은 단지 민주주의와 휴머니즘을 통해서 이루어질 것이다. 오로지 그럼으로써만 우리는 프롤레타리아의 역사적 임무인 좀더 높은 생활형태에 도달하게 될 것이다.

찾아보기

410

지은이 카를 카우츠키

카를 카우츠키(Karl Kautsky, 1854~1938)는 마르크스주의 이론가이자 독일 사회민주당 지도자로, 프라하에서 태어났다. 빈 대학교 재학시절 오스트리아 사회민주당에 입당했으며 1880년 취리히로 이주한 뒤 마르크스주의자가 되었고, 정치이론가인 베른슈타인의 영향을 받았다. 런던에서 엥겔스와 알게 되어 1895년 엥겔스가 사망할 때까지 깊은 관계를 유지했다. 1883년 카우츠키는 마르크스주의적 평론지인 『노이에 차이트』(*Neue Zeit*)를 창간했고, 1917년까지 취리히·런던·베를린·빈 등지에서 이 잡지를 계속 발행했다. 1891년에는 독일 사회민주당이 채택한 에르푸르트 강령을 입안했다. 그러나 이후 이 강령은 비변증법적이며 의사과학적(擬似科學的)인 일종의 진화론을 당에 제공했다는 이유로 레닌으로부터 비판을 받는다. 제1차 세계대전 때까지 카우츠키는 독일 사회민주당에서 마르크스주의의 대가로 인정받았으나, 전쟁이 발발하자 그는 반전을 주장하는 소수파인 독립사회민주당에 가담했다. 1917년 러시아 10월혁명 이후에는 폭력혁명과 프롤레타리아 독재를 반대해, 다수파인 사회민주당과 멀어졌다. 그가 독일 혁명가들에게 좌익적이고 과격한 성향으로 이탈하지 말라고 경고했는데도 대다수의 독립사회민주당원은 스스로 공산당에 입당했다. 그러나 독일 사회민주당의 다수파와 소수파 계파들은 그의 오랜 노력으로 다시 통합했다. 1918년 이후 카우츠키는 독일 외무부의 공문서들을 편집해 제1차 세계대전의 발단과 관계된 비밀문서를 출판했다. 1924년 이후 빈에서 문학활동에 전념했으나 1938년 독일군이 오스트리아를 점령하자 빈을 떠나지 않을 수 없었다. 저서로는 『권력에의 길』 『막다른 골목에 처한 볼셰비즘』 『유혈 혁명』 『유물론적 역사관』 『전쟁과 민주주의』 『사회주의자와 전쟁』 『카를 마르크스의 경제이론』 『토머스 모어와 유토피아』 등이 있다.

옮긴이 강신준

강신준(姜信俊)은 고려대학교 독문학과를 졸업한 뒤
같은 대학교 경제학과 대학원에서 석사·박사학위를 받았으며,
독일 프랑크푸르트 대학에서 독일 노동운동사를 연구했다.
지금은 동아대학교 경제학과 교수로 있다. 저서로는『수정주의 연구 1』
『정치경제학의 이해』『'자본'의 이해』『노동의 임금교섭』『자본론의 세계』
『한국노동운동사 4』(공저)『일본 자본주의 분석』(공저)『미국식 자본주의와
사회민주적 대안』(공저)『재벌의 노사관계와 사회적 쟁점』(공저) 등이 있으며,
역서로는 한길사에서 펴낸 베른슈타인의『사회주의의 전제와 사민당의 과제』,
도프의『임금론』, 호르바트의『자주관리제도』, 마르크스의『자본 2·3』,
뢰비트의『마르크스냐 베버냐』(공동편역) 등이 있다.

한국학술진흥재단 학술명저번역총서

서양편 ● 38 ●

'한국학술진흥재단 학술명저번역총서'는
우리 시대 기초학문의 부흥을 위해
한국학술진흥재단과 한길사가 공동으로 펼치는
서양고전 번역간행사업입니다.

프롤레타리아 독재

지은이 · 카를 카우츠키
옮긴이 · 강신준
펴낸이 · 김언호
펴낸곳 · (주)도서출판 한길사
등록 · 1976년 12월 24일 제74호
주소 · 413-832 경기도 파주시 교하읍 문발리 520-11
www.hangilsa.co.kr
E-mail: hangilsa@hangilsa.co.kr
전화 · 031-955-2000~3
팩스 · 031-955-2005

상무이사 · 박관순 | 영업이사 · 곽명호
편집 · 배경진 서상미 정인혜 백은숙 | 전산 · 한향림 노승우
마케팅 및 제작 · 이경호 | 관리 · 이중환 문주상 장비연 박경미 김선희

출력 · 지에스테크 | 인쇄 · 현문인쇄 | 제본 · 경일제책

제1판 제1쇄 2006년 11월 30일